LE MÉDECIN DES PAUVRES

PAR
XAVIER DE MONTÉPIN

Édition illustrée de vignettes sur bois, gravées par H. DELAVILLE

SUR LES DESSINS DE J.-A. BEAUCE

PRIX : 1 fr. 80 Centimes

PARIS
LIBRAIRIE CHARLIEU FRÈRES ET HUILLERY, RUE GIT-LE-COEUR, 10
Victor BENOIST et Cⁱᵉ Successeurs

PROLOGUE

LA NUIT DU 17 JANVIER

I. — PIERRE PROST.

Nous prions nos lecteurs de vouloir bien remonter avec nous de près de deux siècles et demi dans le passé, ce qui nous reportera vers le commencement du dix-septième siècle, — et nous leur demandons de nous accompagner dans cette vieille province de Franche-Comté, qui, depuis Charles-Quint, appartenait à l'Espagne.

En l'an 1620, une demeure modeste, moitié maison, moitié chalet, s'élevait à l'entrée d'un vallon boisé, à deux ou trois portées de mousquet de l'endroit où commence la déclivité de cette colline sur laquelle se disséminent encore aujourd'hui les chaumières du hameau de Longchaumois.

Cette maisonnette, plus vaste que les huttes voisines, ne se composait cependant que d'un rez-de-chaussée formant deux pièces.

Le grenier se trouvait immédiatement au-dessus de ces pièces.

Autour de la maison s'étendait un enclos planté d'arbres fruitiers d'une médiocre venue, et dont une clôture de houx défendait l'approche au bétail et aux maraudeurs. — Une porte à claire-voie, ou plutôt une barrière mobile, se fermant avec un système de chevilles tout à la fois très-incomplet et très-compliqué, donnait accès dans la basse-cour, car on voyait quelques poules y picorer çà et là;

une chèvre, attachée au tronc d'un poirier par une corde lâche, y tondait l'herbe touffue, de manière à former autour de l'arbre un cercle dépouillé, aussi parfaitement régulier que s'il eût été tracé par les deux branches d'un grand compas.

Ce rustique logis était la demeure d'un homme qui jouissait à Longchaumois, et dans tous les villages des alentours, à trois ou quatre lieues à la ronde, d'une estime et d'une popularité parfaitement méritées.

Cet homme, fils de simples cultivateurs et presque paysan lui-même, se nommait Pierre Prost.

Il n'était pas riche, tant s'en fallait ; mais, outre sa maisonnette, il possédait quelques champs dont le produit lui permettait de vivre sans demander au travail manuel son pain de chaque jour.

Pierre Prost appartenait à la grande famille de ces hommes marqués au front d'un sceau divin et de qui l'on peut dire, au jour de leur mort : — *Ils ont passé sur la terre en faisant du bien*, quelle que soit d'ailleurs la position sociale dans laquelle le hasard ou la Providence les ait fait naître.

Faire du bien !... telle avait été, en effet, la constante préoccupation de Pierre Prost dès sa jeunesse, et il n'était presque qu'un enfant encore que déjà il se demandait de quelle façon il pourrait s'y prendre pour être sans cesse utile à ceux qui l'entouraient, et à l'aide desquels l'extrême médiocrité de ses ressources ne lui permettrait point de venir d'une certaine façon.

Pieux, et même un peu exalté dans ses croyances, comme le sont généralement les paysans des montagnes, vivant loin des villes et du contact du monde — (comme ils l'étaient surtout à cette époque), — Pierre Prost songea d'abord à se faire prêtre.

Mais il y avait en lui je ne sais quels vagues instincts d'indépendance que la rigidité de la discipline ecclésiastique épouvantait. — Le jeune montagnard renonça donc à devenir le médecin de l'âme et résolut de se faire le médecin du corps.

A dix-huit ans, et sachant seulement lire et écrire, il s'en alla à Dôle pour y étudier. — Dôle, aujourd'hui pauvre petite sous-préfecture fort modeste et presque ignorée, possédait alors une très-réelle et très-sérieuse importance. — Cette ville était le chef-lieu du principal des trois *bailliages* de la Franche-Comté. — Elle était en outre le siége du parlement dont les états généraux nommaient les membres, et qui administrait la province.

Au bout de quatre années d'un travail assidu, Pierre Prost revint à Longchaumois. — Sa science aurait fait sourire dédaigneusement tout étudiant de nos jours, de seconde année et de moyenne force. — Mais à cette époque, et dans ces montagnes sauvages et profondément inconnues, Pierre Prost était en vérité un médecin très-habile et très-savant.

Ce jeune homme de vingt-deux ans vécut, à partir de ce moment, non pas pour lui, mais pour les autres. — Il se fit le médecin des pauvres. — Il passa ses jours et ses nuits à courir de la plaine à la montagne, portant ses secours et ses soins à tous ceux qui les réclamaient, et n'acceptant aucune rétribution pour ses fatigues et ses ordonnances.

En médecine, l'habitude et l'expérience sont les deux tiers du talent ; — aussi Pierre Prost, dont l'intelligence était belle et l'entendement développé, ne tarda-t-il guère à devenir un praticien remarquable. — Il fit des cures extraordinaires : — la voix du peuple les grossit encore et cria presque au miracle ; — bref, la réputation du médecin paysan grandit de telle sorte qu'il fut appelé dans quelques manoirs, et qu'il compta dans sa clientèle des dames châtelaines et des gentilshommes.

Il ne se faisait en aucune façon prier pour accepter l'argent de ces nobles clients ; mais, tout aussitôt, cet argent était déposé par lui entre les mains du vénérable curé de Longchaumois, avec prière de le répartir en aumônes.

Les médecins de ce genre ont été rares à toutes les époques, et très-sincèrement je crois que la race en est aujourd'hui tout à fait perdue ; — cependant il n'est peut-être pas impossible que je me trompe, — et je souhaite me tromper.

Le jeune Franc-Comtois menait depuis dix années cette admirable existence de charité et de dévouement, quand il se prit d'amour pour une jeune fille des environs de Saint-Claude. — Cette jeune fille n'avait pour dot que sa grande beauté, ses vingt ans et sa bonne réputation ; — elle se nommait Tiennette Levillain.

Pierre Prost la demanda en mariage. — Il avait alors trente-deux ans, mais il paraissait en avoir au moins quarante, par suite des fatigues et des privations de toutes sortes qu'il supportait avec une héroïque insouciance. — Sa taille était haute, — sa figure expressive et belle, mais bronzée par le soleil et les vents, — son front dégarni, — ses épaules légèrement arrondies.

L'été, Pierre Prost portait un sarrau de toile bise. — L'hiver, il s'habillait comme les paysans, d'un droguet gris très-épais et grossièrement coupé par une tailleuse du village.

En somme, il n'avait rien de ce qui pouvait séduire une jeune fille, — mais Tiennette Levillain, qui n'était point romanesque, consentit avec bonheur et reconnaissance à devenir la femme du médecin de Longchaumois.

Le mariage fut célébré le 14 janvier 1618. — Pierre Prost put comprendre, ce jour-là, à quel point il était populaire et adoré dans le pays. — Une immense multitude, venue de toutes les paroisses environnantes, se pressait autour de la petite église dans laquelle les deux époux recevaient la bénédiction nuptiale. — Quand ils sortirent, — lui fier et joyeux, — elle toute rougissante sous sa blanche couronne de mariée, — d'unanimes acclamations retentirent, et c'était à qui leur souhaiterait le plus longue vie, prospérité, beaux enfants, bonheur sans nuage et le reste...

Certes, les populations n'eussent point témoigné cet empressement ardent et venu du cœur, au premier président du parlement de Dôle, le plus important magistrat des trois bailliages.

Ce que furent, dès d'abord, les joies ardentes et chastes de cet intérieur, je ne saurais en aucune façon le raconter ; — c'est une lyre et non point une plume qu'il faudrait pour chanter ce doux poème d'amour honnête et de félicité domestique.

Au bout d'un peu plus d'un an de mariage, Tiennette devint grosse.

Pierre Prost attendait ce moment avec une impatience facile à comprendre. — Il avait toujours aimé les enfants plus que tout au monde, et l'idée d'avoir un enfant à lui, un enfant de sa Tiennette adorée, lui chatouillait le cœur d'une façon délicieuse.

Hélas ! l'homme sait bien ce qu'il désire, — mais souvent une main inconnue se complaît à le frapper avec une sanglante ironie dans l'accomplissement même de ses vœux les plus caressés.

Le 14 janvier 1620, c'est-à-dire deux ans, jour pour jour, après son mariage, — Tiennette mourut en mettant au monde une petite fille.

Comment, — en regardant se fermer pour toujours les beaux yeux bleus de cette femme bien-aimée, — en voyant le dernier souffle s'exhaler de ses lèvres pâlies, — en appuyant sa main sur son cœur qui ne battait plus, — en comprenant qu'il était à tout jamais séparé de la douce et pure compagne de sa vie, — comment Pierre Prost ne devint-il pas fou ?...

C'est le secret de Dieu.

Il est permis seulement de supposer que le montagnard ainsi foudroyé se souvint qu'il ne restait pas absolument seul en ce monde, et que Tiennette expirée lui léguait une pauvre petite créature, faible et chétive, pour laquelle il lui fallait vivre et combattre.

Aussitôt qu'un homme, dans l'une de ces effroyables crises de l'existence, a triomphé des premières étreintes de la douleur et de la folie, cet homme est sauvé !

Tiennette était morte à onze heures du soir.

Le lendemain au matin, après une nuit de lutte indicible et de tortures sans nom, Pierre Prost avait triomphé. — Il semblait calme.

— Seulement, des rides profondes se creusaient sur son front, — ses yeux disparaissaient à demi sous l'arcade sourcilière agrandie. — Son visage dévasté était celui d'un vieillard, et ses cheveux avaient blanchi.

Le premier paysan qui vit cette figure étrange, — cette pâleur de cadavre, — ces yeux mornes et secs, — recula avec épouvante et crut qu'un spectre lui apparaissait.

— Mon ami, lui dit Pierre Prost, tandis qu'un difficile sourire contractait ses lèvres, — si je te parais changé, c'est que je suis bien malheureux... Tiennette est morte cette nuit...

Quelques heures après, tout le pays savait quel coup de tonnerre inattendu venait de frapper le médecin des pauvres, et, comme au jour du mariage, mais vêtues de deuil et les yeux en pleurs, les populations des paroisses voisines accouraient pour conduire jusqu'à sa dernière demeure, dans son suaire et dans son cercueil, cette belle et pauvre jeune femme qu'elles avaient accompagnée à l'autel, souriante et radieuse sous sa virginale parure.

Contre l'usage, Pierre Prost voulut assister à la sinistre cérémonie et conduire lui-même le deuil.

Tant que le convoi fut en marche, — aussi longtemps que durèrent les prières de l'Église, — le médecin fut impassible. — A peine si par intervalles un tressaillement convulsif des muscles du visage venait révéler ses tortures intérieures combattues.

Mais lorsqu'on arriva dans le cimetière, — lorsqu'on descendit le cercueil, avec des cordes, au fond de la fosse fraîchement creusée, — quand les premières pelletées de terre tombèrent sur la bière avec ce bruit sourd et sinistre qui n'a pas d'équivalent parmi les autres bruits de ce monde, — Pierre Prost ne put contenir les impétueux sanglots qui montaient de son cœur à sa gorge, en soulevant sa poitrine comme le vent du nord-ouest soulève les vagues de l'Océan...

Il enfonça son mouchoir dans sa bouche pour comprimer les cris inarticulés qui jaillissaient de ses lèvres haletantes, — il se prosterna, ou plutôt il se précipita tout étendu sur la terre couverte de neige ; — il appuya son front sur cette neige qu'on vit fumer et se fondre au contact de son crâne ardent.

Lorsque la fosse fut comblée, — lorsque le dernier verset du *De profundis* eut retenti, et, vaguement répété par les lointains échos des montagnes, se fut éteint dans le silence, — Pierre Prost se releva.

Il était redevenu calme, — il venait de triompher pour la seconde fois.

Alors plusieurs femmes l'entourèrent. — C'étaient de jeunes et vigoureuses paysannes, tenant dans leurs bras de frais marmots dont quelques-uns se suspendaient à leurs mamelles rebondies.

Et chacune d'entre elles lui demandait, comme une faveur spéciale et enviée, de la choisir pour être la nourrice de la petite fille.

Le médecin des pauvres les remercia avec effusion, mais n'accepta point. Il avait décidé que la pauvre orpheline, privée du lait de sa mère, ne toucherait de ses lèvres le sein d'aucune autre femme, et n'aurait pour nourrice que la belle chèvre aux pis gonflés, qui, l'été, tondait l'herbe autour des poiriers de l'enclos, et l'hiver, dans une petite étable attenant au logis, grignotait d'une dent délicate quelques poignées du foin aromatique recueilli sur les plateaux de la montagne, et qu'embaumaient de leurs senteurs le thym et le serpolet desséchés.

Quelle que fût la volonté de Pierre Prost, chacun dans le pays s'était accoutumé à la regarder et à la respecter comme une volonté sage. Personne n'insista donc, et le médecin paysan regagna solitaire cette humble maison où, quelques jours auparavant, il trouvait à son retour le bonheur souriant, l'attendant sur le seuil, et, maintenant que la moitié de sa vie venait de s'en éloigner, il ne restait plus qu'un berceau près du foyer désert...

Et qui sait même si ce berceau ne serait pas bientôt vide à son tour, car, nous le répétons, l'orpheline était chétive et faible, — elle ne semblait point, comme certains enfants, s'attacher à la vie par des racines vigoureuses, — et l'une des principales raisons du refus de Pierre Prost de la confier aux soins d'une nourrice, avait été le desir et presque la nécessité de veiller sur elle jour et nuit, jusqu'au moment du moins où sa constitution semblerait avoir repris un peu de cette force et de cette vitalité qui lui manquaient d'une façon si complète.

Du cimetière de Longchaumois à la demeure du médecin, il n'y avait qu'une distance de quelques centaines de pas sur la pente raide de la colline.

Abîmé dans sa douleur, — le front baissé, — les mains inertes, — le regard vague et perdu, Pierre Prost franchit lentement cette courte distance.

Il poussa la porte de l'enclos sans même songer à la refermer derrière lui. — Il entra dans la maison...

Un vagissement plaintif l'accueillit. — L'enfant pleurait.

— Pauvre innocente créature, — murmura le médecin, en la prenant dans ses bras, — à peine vivante, et la douleur t'assaille déjà!...

— Ah! puisse Dieu, dans sa bonté, te rappeler à lui tout de suite, si tu dois souffrir un jour ce que ton père souffre aujourd'hui!...

II. — UNE VISITE ÉTRANGE.

C'était la troisième nuit après la mort de Tiennette, et, depuis trois jours, la nature entière, comme si elle eût voulu se mettre à l'unisson du déchirement de l'âme de Pierre Prost, se livrait à d'effroyables convulsions.

Cette nuit-là, la tourmente déchaînée depuis déjà soixante et douze heures sur les sommets du Jura, semblait redoubler d'impétuosité, de minute en minute et presque de seconde en seconde.

La neige qui tombait sans relâche, et dont s'emparaient au passage des tourbillons comparables à de gigantesques trombes d'air, formait de dangereuses avalanches sur les pentes abruptes des montagnes, comblait à demi les vallées et détournait de leurs cours les torrents que ces barricades glacées forçaient à rebrousser chemin vers leurs sources.

En traversant les forêts de noirs sapins séculaires qu'elle courbait comme des gaules flexibles sous son vol dévastateur, la tempête avait des bruits étranges, des sonorités presque fantastiques.

Tantôt c'étaient des sifflements pareils à ceux d'une armée de dragons volants emportés dans les airs par leurs ailes de feu, — tantôt de grandes rumeurs poignantes et désolées. — On eût dit alors que les montagnes gémissaient, que les pics perdus dans les nuages se plaignaient lamentablement et que les rochers poussaient de longs sanglots.

Puis retentissaient des détonations successives dont les coups de tonnerre et le fracas de l'artillerie, par un jour de combat, ne pourraient donner qu'une idée très-imparfaite.

C'étaient les craquements d'agonie des vieux pins brisés par la tempête, puis tordus, soulevés, emportés comme des brins de paille.

Il pouvait être onze heures du soir; — de grands nuages noirs et lourds couraient sur la surface du ciel, ainsi que des chevaux de bataille, interceptant d'une façon absolue la clarté pâle des étoiles; et cependant, grâce à cette lueur bizarre qui se dégage de la neige couvrant le sol, les ténèbres n'étaient point opaques.

Nous allons pénétrer dans la seconde des deux pièces qui composaient, ainsi que nous l'avons dit, l'habitation du médecin.

Cette pièce, assez large, mais très-basse et prenant jour sur l'enclos par deux fenêtres étroites, avait un ameublement d'une simplicité toute primitive, et ne différait guère que par certaines recherches de propreté des chambres occupées par les plus pauvres paysans du voisinage.

Des planches de sapin, à peine rabotées et ajustées grossièrement les unes à côté des autres, formaient le plancher. — Le plafond se composait de planchettes un peu plus minces, soutenues par des poutrelles presque brutes.

Les murailles blanchies à la chaux avaient pour tout ornement quelques *images* représentant des portraits de saints et de martyrs, enluminés brutalement de couleurs vives et criardes, et encadrés dans de naïves légendes en vers.

Le foyer ne se trouvait point au milieu de la chambre, selon l'habitude des chalets de la Suisse et de la montagne. — Il y avait dans l'un des angles de la pièce une haute cheminée en pierre, sur le manteau de laquelle on voyait une statuette de bois peint, figurant la Notre-Dame d'Einsielden.

En face de la cheminée se trouvait le lit; — il était en bois blanc et disparaissait presque entièrement sous de longs rideaux sans plis, d'une étoffe de serge verte rayée de jaune.

Une petite table de vieux chêne noir, à pieds tordus, — une immense armoire de noyer, à panneaux sculptés — (de ces armoires qui se transmettent de mère en fille dans les familles de paysans, et qui contiennent dans leurs profondeurs tout le linge de la maison), — quatre ou cinq chaises de bois et deux escabelles, composaient le mobilier.

Il y avait en outre au-dessus de la petite table trois ou quatre rayons qui supportaient des livres de médecine, — et, au-dessus de ces rayons, un assez beau christ d'ivoire, cloué sur une croix d'ébène.

Ce christ était un cadeau de la noble dame abbesse du couvent de Baume-les-Dames, laquelle, dans une maladie très-grave, avait été soignée et guérie par Pierre Prost.

Enfin, auprès de la cheminée, et sous la faible clarté qui tombait d'une petite lampe de cuivre, on voyait un berceau.

Des racines amoncelées dans le foyer se consumaient lentement et sans donner de flamme.

Il était, nous le répétons, onze heures du soir, et les battements d'ailes de la tempête faisaient trembler et craquer la maison sur ses fondations ébranlées. — L'un des volets, détaché par un coup de vent, et presque arraché de ses gonds, heurtait furieusement la muraille qu'il frappait de seconde en seconde comme une catapulte.

Pierre Prost, agenouillé près du berceau, et plus pâle encore que lorsqu'il suivait au cimetière la dépouille mortelle de Tiennette, n'entendait même pas ces bruits formidables qui remplissaient d'épouvante les bonnes gens de Longchaumois et leur faisaient croire, dans leur superstition naïve, que la fin du monde était proche.

Penché sur la figure livide et décomposée de la pauvre orpheline, le médecin sentait une douleur nouvelle s'ajouter à ses cuisantes douleurs, en contemplant le combat acharné de la mort et de la vie qui se disputaient le corps chétif de son enfant; — et Pierre Prost comprenait bien dans cette lutte suprême où la mort allait l'emporter, toute tentative de sa part serait vaine, et tout secours impuissant.

Oui, l'enfant était condamné! l'enfant allait mourir! — la fosse à peine comblée de la mère allait se rouvrir pour recevoir la fille!

Pour la sauver, pour la faire vivre seulement une heure encore, il faudrait un miracle de Dieu, — il faudrait une résurrection!

Non-seulement Pierre Prost était un croyant, mais il était encore un fervent chrétien; et cependant, ce miracle nécessaire pour lui garder sa fille, il ne songeait même pas à l'implorer de Dieu.

Dans le paroxysme du désespoir qui l'étreignait, du découragement qui l'écrasait, il lui paraissait manifeste que rien de ce qu'il demanderait ne lui serait accordé.

Il ne blasphémait point, — il ne maudissait pas la main qui le frappait si rudement, — il ne pouvait ni pleurer, ni prier, — il s'engourdissait dans la souffrance avec une sorte d'amère volupté.

Chaque minute en s'écoulant rapprochait l'enfant de la crise suprême qui devait l'emporter. — Un râle convulsif soulevait la pauvre petite poitrine endolorie, — les lèvres devenaient tout à fait blanches, — la figure semblait se fondre et s'effacer comme un de ces masques de cire qu'on approche d'un foyer ardent, — le froid envahissait les extrémités... La mort était là!...

Pierre Prost voyait clairement tout cela. — Il le voyait avec le cœur du père, — il le voyait avec la science du médecin; — il comptait les secondes, et il s'étonnait que cette créature débile et à peine formée pût résister et souffrir si longtemps.

Quelques minutes s'écoulèrent encore, puis la bouche de l'enfant s'entr'ouvrit pour pousser un cri qu'elle n'acheva pas. — Son corps se tordit sous la secousse d'un sarment jeté dans un brasier, — le râle s'éteignit, — tout mouvement cessa...

La mort était venue!...

Pierre Prost appuya longuement ses lèvres sur les lèvres muettes et glacées du petit cadavre, — ensuite il se prosterna la face contre terre, et, ne pouvant plus prier Dieu de lui conserver son enfant, il lui demanda avec ardeur de l'envoyer rejoindre Tiennette.

Sa prière dura longtemps.

Elle fut interrompue par un bruit subit et inattendu. — On ouvrait la porte de la pièce dans laquelle se trouvait Pierre Prost.

Ce dernier releva la tête, et vit en face de lui, avec surprise mais sans terreur, trois hommes enveloppés de grands manteaux noirs, — portant sur la tête de larges chapeaux de feutre à la mode espagnole, — et (ce qui était plus étrange que tout le reste) — cachant leurs visages sous des masques de velours noir.

L'un de ces hommes dépassait les deux autres de toute la tête, et, quoiqu'il fût revêtu d'un costume exactement pareil aux leurs, il y avait dans son attitude, — dans ses bras croisés sur sa poitrine, — dans le rayonnement de son regard qu'on voyait étinceler à travers les trous du masque, — il y avait dans tout cela un je ne sais quoi qui décelait tout d'abord l'habitude du commandement.

On ne risquait pas de se tromper en affirmant que ces trois hommes n'étaient point égaux. — Il y avait là, à coup sûr, un gentilhomme et deux valets.

Certes une semblable apparition, à cette heure et par cette nuit de tempête, était faite pour épouvanter les plus résolus ; mais tout homme absorbé par un grand et profond désespoir perd momentanément le sentiment de la peur, et cela se comprend sans peine.

Pierre Prost demanda donc, d'une voix que ses angoisses précédentes avaient affaiblie, mais qui ne tremblait pas :

— Qui que vous soyez, — soyez les bienvenus dans ma triste demeure, et dites-moi ce que vous voulez...

L'homme qui semblait le maître des deux autres, et que nous désignerons par ces mots : *le masque noir*, répondit :

— Nous cherchons un homme du nom de Pierre Prost...
— Vous êtes chez lui.
— C'est vous qui êtes cet homme ?
— C'est moi.
— Vous pratiquez la médecine, et vous passez pour être habile dans l'art de guérir...
— Je suis médecin à la vérité, mais non point habile, et si, parfois, Dieu s'est servi de ma main pour soulager, c'est lui et non pas moi qu'il faut glorifier...
— On a besoin de vous, — reprit le masque noir ; — préparez-vous à me suivre...
— Cette nuit ?...
— A l'instant même...
— C'est impossible...
— Impossible, dites-vous ! — Pourquoi ?...
— Parce qu'en ce moment tout me manque à la fois, le courage et la force, et presque la confiance en Dieu... — Regardez-moi, vous qui me parlez, et vous verrez bien que je n'ai pas l'air d'un vivant, mais bien plutôt d'un trépassé échappé de sa sépulture...
— Que vous est-il donc arrivé, pour vous accabler ainsi ?
— Il m'est arrivé ce qu'aucun homme, si féroce et si vindicative que fût son âme, ne souhaiterait à son plus mortel ennemi.... — J'avais une femme que j'aimais de toute mon âme et cent fois plus que ma vie... cette femme venait de me donner un petit enfant... Il y a trois jours, ces deux anges de mon foyer étaient là, vivants, près de moi... — la mère est morte il y a trois jours... l'enfant est mort il y a cinq minutes... — Vous voyez que j'ai le droit de vous répondre, comme je le fais, que tout me manque à la fois, et que je ne puis pas vous suivre...

Le masque noir s'approcha du berceau et regarda l'enfant dont le visage bleuissait rapidement.

— Avez-vous vu quelqu'un cette nuit ? — demanda-t-il ensuite.
— Personne que vous.
— Ainsi, tout le monde ignore que cet enfant a cessé de vivre ?...
— Tout le monde.
— C'est bien.
— Mais, — murmura Pierre Prost, étonné de ces interrogations, — que vous importe cela ?...

Le masque noir ne répondit pas.

Il fit un signe à l'un des deux hommes qui l'accompagnaient et qui portait une lanterne de corne transparente.

L'homme s'approcha.

Le masque noir échangea quelques mots tout bas avec lui, puis, se tournant vers le médecin, il lui dit d'une voix impérative :

— Donnez une pioche à cet homme, ou une hêche, ou quelque outil de jardinage avec lequel il soit possible de creuser la terre...
— Les outils que vous demandez se trouvent dans la pièce qui précède celle-ci. — Que voulez-vous en faire ?...

Le masque noir ne répondit pas plus à cette question qu'il n'avait répondu à celle qui lui avait été adressée un instant auparavant.

Il fit un nouveau signe, et les deux hommes masqués sortirent en même temps de la chambre.

Le masque noir s'approcha de la fenêtre, et là, muet, immobile, il attacha son regard sur un point de l'enclos où ne tarda point à paraître la faible lueur de la lanterne de corne que secouait la tempête.

L'un des hommes tenait cette lanterne, tandis que l'autre se livrait à un travail bizarre avec sa pioche et sa bêche. — Après avoir écarté la neige, il creusait dans la terre durcie un trou large d'un pied, long de deux et profond de trois.

De chaque côté de ce trou il amoncelait la terre et les cailloux qu'il venait d'en tirer.

Quand cette besogne fut achevée, les hommes masqués quittèrent l'enclos, — la lanterne disparut, — et, un instant après, un bruit de pas dans la première pièce annonça leur retour.

Pierre Prost s'était abandonné de nouveau à sa torpeur douloureuse, et il semblait avoir oublié complétement qu'il n'était pas seul.

Le masque noir s'approcha de lui et lui toucha légèrement l'épaule.

Le médecin ne tressaillit point ; — il releva la tête, — il attacha son regard sur son étrange interlocuteur, et il demanda :

— Que me voulez-vous encore ?...

Le masque noir se tourna vers le berceau, et dit à Pierre, en désignant le petit cadavre :

— Voulez-vous ensevelir vous-même cet enfant, ou faut-il que l'un de mes compagnons se charge de cette besogne ?...
— Ensevelir mon enfant ! — s'écria Pierre Prost. — Pourquoi l'ensevelir maintenant ? — La nuit sera longue encore, — il y a loin d'ici jusqu'au jour, et je ne veux pas me séparer si vite de ce pauvre corps !...
— Dans cinq minutes, — répliqua l'inconnu, — ce corps reposera dans la fosse qu'on vient de creuser pour lui... — Hâtez-vous donc de l'envelopper dans ses langes qui lui serviront de suaire... ou, si vous ne le faites pas, d'autres vont le faire à votre place.

Et, comme le médecin semblait hésiter, l'un des hommes se dirigea vers le berceau et porta la main sur les toiles qui couvraient la petite fille expirée.

Un gémissement sourd, une sorte de cri rauque et inarticulé s'échappa de la poitrine du malheureux père à qui cet homme parut un profanateur sacrilége, et qui, s'élançant vers lui, le repoussa rudement.

Le personnage ainsi malmené mit la main sur un couteau de chasse pendant à la ceinture de cuir écru qui serrait son pourpoint autour de ses reins, et sans doute il allait se servir de ce couteau contre Pierre Prost qui ne se serait pas défendu...

Mais un geste impérieux du masque noir l'arrêta.

Le médecin avait saisi le frêle cadavre, — il l'entourait de ses deux bras, et il l'appuyait contre son cœur comme s'il eût voulu le réchauffer ou le défendre.

— Mais enfin, pourquoi, — balbutia-t-il, — oui, pourquoi me l'enlever sitôt ?... — De ma femme et de mon enfant c'est tout ce qui me reste... — Pourquoi m'envier cette lugubre joie de le garder au moins jusqu'au jour ?... pourquoi m'empêcher de pleurer pendant quelques heures encore sur ses mains froides et sur ses lèvres mortes ?...

Le masque noir haussa les épaules.

— Eh ! croyez-vous donc, — répliqua-t-il avec une brutale hauteur, — croyez-vous donc que je me mêlerais de vos affaires de famille si quelque puissant intérêt, que vous n'avez pas besoin de connaître, ne me poussait à intervenir ?... — L'heure avance... — le temps marche... — il faut en finir... — il faut que cet enfant disparaisse, et qu'il disparaisse à l'instant... — il le faut ! — je le veux !... — Hâtez-vous donc, je vous le répète, si vous tenez à l'ensevelir vous-même, — sinon, je vous jure que dans moins du quart d'une minute on va vous l'enlever de force...

Au ton dont furent prononcées les paroles qui précèdent, le médecin comprit qu'il avait affaire à quelque terrible et irrévocable détermination, et qu'il ne lui restait qu'à courber la tête et à obéir.

Il appuya sa bouche sur le front glacé, couronné jadis par lui de tant de riantes espérances, et qu'il voyait en ce moment pour la dernière fois.

Avec les langes il fit une sorte de linceul, et il dit au masque noir :

— Puisque vous êtes arrogé le droit de m'imposer votre volonté, et puisque vous êtes le plus fort, commandez. — Je suis prêt... — que faut-il faire ?...

— Suivez ces hommes.

Pierre Prost le suivit passivement.

Ils le conduisirent dans l'enclos, auprès de la fosse fraîchement creusée. — Là il s'agenouilla, — il plaça le cadavre au fond de cette funèbre couche, — et celui des hommes qui tenait la bêche rejeta dans l'intérieur la terre amoncelée sur les bords.

Au bout d'un instant, une petite éminence annonçait seule que, dans cet endroit, la terre venait d'être remuée.

L'ouragan grondait toujours, — la neige continuait à tomber. — Évidemment, le lendemain tout aurait disparu sous une couche blanche uniformément épaisse...

Mais, pourquoi donc cacher ainsi ce corps comme les mères infanticides qui enfouissent pendant la nuit les cadavres des enfants assassinés par elles ?... Malgré toutes les angoisses et toutes les préoccupations de sa douleur, Pierre Prost s'adressait involontairement cette question, et il ne pouvait pas y répondre...

Les deux hommes retournèrent vers la maison où les attendait le masque noir.

Ils firent signe au médecin de les précéder. — Il obéit de nouveau, et toujours passivement ; il lui semblait qu'il était le jouet de quelque rêve terrible et invraisemblable, et il se disait : — Dans un instant, je vais m'éveiller !... Hâtez ce réveil, ô mon Dieu .. hâtez-le, car je deviens fou !...

III. — LE PROLOGUE D'UN DRAME.

Hélas! Pierre Prost devait acquérir bien vite la certitude que tout ce qui se passait pendant cette nuit sinistre avait un terrible cachet de réalité.

— Eh bien? — demanda le masque noir, au moment où les deux hommes et le médecin rentrèrent dans la pièce qu'il n'avait pas quittée, — est-ce fait?

— C'est fait, monseigneur, — lui fut-il répondu.

Le masque noir se tourna vers Pierre Prost.

— Écoutez-moi, — dit-il, — et tâchez d'oublier pour un instant vos chagrins afin de me bien comprendre! — Chacun des outils de chirurgie dont vous vous servez pour la guérison d'un blessé, est entre vos mains un instrument passif et docile; — il vous sert, mais sans en avoir conscience. — Tant qu'il vous est utile, vous le conservez avec soin; — s'il s'use et s'il devient mauvais et dangereux, vous le brisez et vous le jetez loin de vous... — Cette nuit, entre mes mains, vous allez devenir un instrument pareil à ceux de votre profession; — de même que vous vous servez d'eux, je vais me servir de vous, — vous m'obéirez, comme ils vous obéissent, et sans même chercher à comprendre quel est le but du service que vous me rendez... — Grâce à cette obéissance prompte et passive, vous n'aurez rien à craindre. — Il ne vous sera fait aucun mal, et, dans quelques heures, vous serez de retour ici, sain et sauf... — Mais si vous essayez seulement une résistance insensée, — si jamais, après m'avoir obéi cette nuit, vous cherchez la clef d'un mystère qui doit rester impénétrable pour vous, — si jamais une parole indiscrète vous échappe, — fût-ce dans dix ans, fût-ce dans vingt ans, — souvenez-vous de ce que je vais vous dire, et ne croyez point que ce soit une vaine menace, — je vous retrouverai partout, si bien caché que vous puissiez être, et je vous briserai comme on brise un instrument inutile et dangereux!... Ne l'oubliez pas, et ne me forcez point à m'en souvenir!..

Le masque noir se tut.

Pierre Prost, debout en face de lui, attachait son regard sur les trous de ce carton impassible, recouvert d'un velours inerte, au fond desquels étincelaient les yeux de son interlocuteur, pareils à des lampyres dans le creux sombre d'un rocher.

— M'avez-vous entendu? — demanda le masque noir.

— Oui, répondit le médecin.

— M'avez-vous compris?

— J'ai compris que vous aviez quelque chose de terrible à me commander, et qu'il me fallait vous obéir à l'instant, et me taire à toujours, ou que j'étais perdu...

— Est-ce cela?

— Oui, c'est cela, — et que décidez-vous?

— Rien... — rien du moins avant que vous ayez répondu à une question que je veux vous adresser...

— Et cette question?...

— La voici: — Quand trois hommes masqués, — dont l'un est un seigneur, — viennent la nuit chez un pauvre médecin ignoré, chez un paysan comme moi, et quand l'un de ces hommes, — le seigneur, — dit au paysan: — J'ai besoin de toi, — si tu ne m'obéis pas, c'est la mort; — si tu me trahis, c'est encore la mort, n'est-il pas permis et vraisemblable de supposer que c'est pour un crime que le gentilhomme a besoin du médecin?... — S'agit-il en effet d'un crime entre nous, monseigneur? — Votre réponse dictera la mienne. — Si vous réclamez mon concours pour quelque œuvre infâme, s'il faut obéir ou mourir, tuez-moi tout de suite, — je n'obéirai pas!...

Le masque noir haussa les épaules.

— Eh! — s'écria-t-il, — vous êtes fou! — c'est pour accomplir une bonne action, et non point pour commettre un crime, que j'ai besoin de vous. — Il y a deux créatures humaines à sauver... — une femme qui se tord dans les angoisses de l'enfantement, et l'enfant qui va naître d'elle...

Pierre Prost n'hésita plus.

Il ouvrit l'immense armoire dont nous avons parlé, et il y prit quelques instruments d'acier enveloppés dans un étui de peau.

— Est-ce là tout ce qu'il vous faut pour un accouchement? — demanda le masque noir.

— Oui.

— Alors, vous êtes prêt à nous suivre?

— Je suis prêt.

— Dans ce cas, il me reste une dernière précaution à prendre...

— Laquelle?

— Celle-ci...

Le gentilhomme fit un signe, et l'un de ses compagnons attacha sur le visage du médecin un masque de velours qui n'avait pas d'ouverture à la place des yeux.

Pierre Prost, ainsi aveuglé momentanément, se contenta de dire:

— Je vous préviens qu'il ne me sera point possible de pratiquer, sans y voir, même l'accouchement le plus simple...

— On vous rendra l'usage de vos yeux quand il le faudra — répondit le masque noir, — venez...

En même temps il lui prit la main et il l'entraîna, — lui faisant traverser rapidement la seconde pièce et l'enclos, — jusqu'à la porte à claire-voie qui s'ouvrait sur le chemin de Longchaumois.

De l'autre côté de cette porte se trouvait un équipage bizarre.

Vous avez vu souvent, n'est-ce pas? ces chariots dont les paysans se servent pour aller aux foires, et qui, dans leur simplicité rustique, se composent d'un train allongé, placé sur quatre roues et recouvert d'une toile épaisse, tendue et arrondie sur des cerceaux.

Deux chevaux noirs, d'une grande beauté, étaient attelés à un chariot pareil, dont on avait seulement remplacé les roues par des patins de traîneau.

Ces chevaux piaffaient dans la neige et hennissaient d'épouvante à chacun des bruits étranges et grandissants de la tempête.

Un homme debout en face d'eux, et les mains posées sur leurs mors, avait toutes les peines du monde à les maintenir en place.

Dans l'intérieur du traîneau se trouvaient deux ou trois bottes de paille. — Pierre Prost, toujours guidé par le masque noir, s'assit sur l'une de ces bottes. — Le gentilhomme se plaça à côté de lui, — les deux hommes s'étendirent derrière eux; — le quatrième inconnu, — celui qui n'avait pas quitté l'attelage, — s'élança d'un bond sur le cheval de droite, — saisit les rênes, — et le traîneau s'ébranla, impétueusement emporté.

Si profondes, si douloureuses que fussent les deux blessures qui saignaient au cœur de Pierre Prost, ce dernier fut forcément distrait de ses cuisants chagrins, de ses regrets amers, par la prodigieuse étrangeté de sa position, dont il ne se dissimulait point le danger réel, malgré les quelques paroles rassurantes du masque noir.

De même que les abîmes et les gouffres vertigineux attirent fatalement le corps, de même le mystère attire la pensée humaine.

Malgré lui Pierre Prost se mit à songer à cette incompréhensible aventure dans laquelle le hasard ou la fatalité lui donnait un rôle.

Malgré lui, il s'efforça de sonder par la réflexion les ténèbres qu'on faisait en sorte d'épaissir autour de lui, — et tout d'abord, il se demanda où donc on le conduisait.

Sans cesse par voies et par chemins, la nuit comme le jour, le médecin connaissait tout le pays aussi bien qu'un aveugle connaît les rues qu'il a l'habitude de parcourir sans guide, — et s'il se fût trouvé à la porte de son enclos, les yeux bandés et un bâton à la main, il n'eût point été embarrassé pour se rendre à tel endroit, distant de trois ou quatre lieues, qu'on aurait jugé convenable de lui désigner.

Mais la situation n'était plus la même. — Au lieu d'être à pied, foulant le sol, et pouvant chercher du bout de son bâton quelque arbre ou quelque rocher dont le gisement lui aurait servi de point de repère, il se trouvait dans un traîneau qui courait avec une rapidité furieuse, et il ne savait même pas vers lequel des points cardinaux ce traîneau s'était dirigé au moment du départ.

Le conduisait-on du côté de Clairvaux, du côté de Saint-Claude, du côté de Champagnolles?... — La solution du problème restait pour lui à l'état de vague conjecture.

Pierre Prost espéra d'abord trouver un indice dans le ralentissement de la marche des chevaux, aux nombreuses et rudes montées qui se rencontrent à chaque instant dans le Jura; — mais, à chacune de ces montées, les chevaux ardents et vigoureux prenaient le galop, et la vélocité de leur course, bien loin de diminuer, augmentait.

Les patins ferrés du traîneau traçaient leurs sillons dans la neige glacée avec une sorte de sifflement aigu, jetant une note claire et continue au milieu du concert sauvage que les grandes voix de la tempête donnaient aux montagnes ébranlées.

Cette course fantastique dura près de deux heures.

Une fois, — une seule fois, — il sembla à Pierre Prost que la vibration métallique d'un beffroi arrivait jusqu'à lui à travers les déchaînements de la tourmente.

Mais n'était-ce point une illusion? — Et d'ailleurs ce beffroi pouvait retentir soit à Champagnolles, soit à Saint-Claude, — et rien ne disait qu'il se trouvât plutôt dans le clocher d'une ville que dans celui de l'église d'un hameau ou de la chapelle d'un monastère...

L'esprit du médecin se perdait dans un dédale où manquait tout fil conducteur, et il devenait évident pour lui que hasarder même une conjecture, serait un acte de véritable folie.

Soudain Pierre Prost tressaillit.

Ce bruit rauque et strident que produisent les bergers en soufflant dans une corne de bœuf, pour rassembler leurs troupeaux, — ce bruit d'une incomparable puissance qui peut se faire entendre à des distances énormes, même quand l'ouragan mugit et que le vent est contraire, — ce bruit, disons-nous, retentit tout près de lui, et sur le traîneau même.

A coup sûr, l'un de ses compagnons venait de donner un signal.

Une demi-minute s'écoula — puis un nouveau son de trompe se fit entendre d'une façon distincte, quoique affaibli par l'éloignement.

C'était sans doute une réponse.

Les chevaux, surexcités par le fouet et l'éperon, bondirent, et leur vitesse accrue sembla dévorer l'espace.

Cette impétuosité dura peu, — un quart d'heure au plus.

LE MÉDECIN DES PAUVRES.

Au bout de ce temps, les mouvements du traîneau se ralentirent tout à coup. Les brusques saccades des coups de collier indiquaient clairement que l'attelage gravissait une rampe presque inaccessible ; — les sabots ferrés glissaient sur la terre cristallisée, — le traîneau, par instants, s'arrêtait et même reculait ; — les coups de fouet et les énergiques jurons du conducteur se succédaient sans relâche.

On allait arriver à une demeure située sur le plateau d'une montagne formidable. — Le médecin n'en pouvait douter.

Mais quelle était cette demeure ?

Un grand nombre de vieux manoirs franc-comtois s'asseyaient fièrement, ainsi que des nids d'aigle, sur quelques pics décharnés, — si bien que, de la position de ce manoir, Pierre Prost ne pouvait tirer aucune induction.

Cette rampe ardue et périlleuse fut longue à franchir ; — enfin les chevaux essoufflés respirèrent plus librement ; — ils firent quelques pas encore, et le traîneau s'arrêta.

Un second appel de trompe retentit.

A cet appel succéda un bruit de chaînes, — puis le retentissement sourd d'un pont-levis qu'on abaissait, puis le fracas d'une lourde porte bardée de fer qui tournait sur ses gonds.

Le traîneau se remit en marche et ses patins grincèrent sur des pavés qu'ils écorchaient.

On passait sous une voûte.

Immédiatement après, la neige recommençait à couvrir le sol — Les chevaux firent environ cinquante pas, — ensuite ils traversèrent un second pont-levis, et passèrent sous une nouvelle voûte.

Ce château prenait, en vérité, des allures de forteresse !...

Le traîneau glissa sur la neige pendant une ou deux minutes et s'arrêta.

— Nous sommes arrivés, — dit le masque noir.

Et, reprenant la main de Pierre Prost, il le fit descendre de la même façon qu'il l'avait fait monter.

A la manière dont le vent mugissait autour de lui, et dont la neige, chassée par la tempête, fouettait les parties de son visage que le masque ne protégeait pas, le médecin comprit qu'il se trouvait dans un endroit entièrement découvert.

Son guide, — qui, d'une main vigoureuse, lui serrait toujours le poignet, — essaya de lui adresser quelques paroles, — mais le fracas des éléments était tel sur ces hauteurs sans abris, que les mots prononcés s'évanouirent comme un murmure indistinct.

Pierre Prost se sentit alors entraîné par le gentilhomme aussi rapidement que le permettait la neige amoncelée dans laquelle tous deux enfonçaient jusqu'à mi-jambes.

Enfin les pieds du médecin se heurtèrent contre un seuil de pierre, et il serait tombé sur son guide, ne l'avait soutenu. — Une porte, ou plutôt une poterne s'ouvrit. — Elle était si basse que le masque noir, avant de la franchir, dit au médecin : — Baissez-vous !...

Pierre Prost obéit, et, par un mouvement machinal, élevant sa main gauche au-dessus de sa tête pour garantir son front, il rencontra le premier arceau d'une voûte surbaissée.

Le masque noir cessa de marcher et referma la porte.

Pendant ce temps d'arrêt le médecin prêtait l'oreille à un bruit bizarre et sinistre, qui descendait jusqu'à lui, faible, et cependant distinct, et ne se confondant point avec les hurlements de la tempête qui faisait rage au-dehors.

C'était une sorte de râle strident et continu, — des gémissements sourds, — des plaintes déchirantes que venaient couper des cris d'agonie.

Le médecin n'avait pas peur, mais les idées superstitieuses qui faisaient, à cette époque, partie inhérente des croyances intimes de tout montagnard franc-comtois, aussi bien que de celles de tout paysan breton, commencèrent à se réveiller dans son esprit où elles avaient sommeillé longtemps.

— Ne suis-je pas, — se demandait-il, — dans une de ces étranges et mystérieuses demeures que le génie du mal s'est, dit-on, construites sur certains pics inaccessibles ; et cet homme masqué qui m'a conduit ici n'est-il pas le démon lui-même ?...

Pierre Prost n'eut pas le temps de formuler une réponse à la question qu'il se posait.

Le masque noir lui dit brusquement : — Dans quelques secondes, votre tâche va commencer. — Mais, d'abord, vous souvenez-vous bien de ce que je vous ai dit dans votre maison...

— Je m'en souviens, — répliqua Pierre Prost, — et je me souviens aussi de ce que je vous ai répondu.

— Je vous répète, — reprit le masque noir, — je vous répète que vous n'êtes point ici pour faciliter l'accomplissement d'un crime.

— Quand cette femme sera debout sur sa couche dans les douleurs de l'enfantement, celui qui voudrait se débarrasser de la tige ou du rejeton n'aurait pas besoin, vous le savez, d'appeler un médecin à son aide... — la mort viendrait bien toute seule !...

— C'est vrai, — murmura Pierre Prost.

— Vous allez vous trouver en présence d'une femme, — continua le masque noir. — Cette femme ne vous connaît pas plus que vous ne la connaissez vous-même, — et d'ailleurs vous ne verrez pas son visage, — et elle ne verra point le vôtre... — Je vous défends de parler à cette femme, — je vous défends de lui répondre si elle vous parle ! — Une seule parole prononcée par vous, ne l'oubliez pas, serait le signal de votre mort, et peut-être ne mourriez-vous pas seul !... Jurez-vous de garder le silence ?

— Je le jure...

— Le jurez-vous sur les tombes de votre femme et de votre enfant ?...

— Sur les tombes de ma femme et de mon enfant, je le jure...

— Touchez ceci...

Et le masque noir mettait dans la main de Pierre Prost la crosse froide d'un pistolet.

Puis il continua : — Je vous jure à mon tour de vous briser la tête avec cette arme, si vous manquez à votre serment !

— C'est bien, répondit Pierre Prost, — mais si, comme je le crois, la malheureuse dont les gémissements et les cris arrivent jusqu'à nous est celle que je dois secourir, hâtons-nous, car le temps presse... et peut-être est-il trop tard !...

— Vous avez un escalier devant vous, — dit le masque noir en reprenant le poignet du médecin pour le guider et pour le soutenir.

— Venez donc, et, tout en montant, courbez-vous, car la voûte est basse...

Et il se remit à marcher en s'engageant le premier dans l'escalier.

Le médecin le suivit, et, tout en montant, il compta vingt-deux marches.

A mesure qu'il avançait, les plaintes et les cris se faisaient plus distinctement entendre.

A la vingt-deuxième marche, il n'y avait plus, entre les gémissements de la femme en travail et les oreilles du médecin, que l'épaisseur d'une porte.

Le masque noir ouvrit cette porte, et, poussant Pierre Prost dans l'intérieur, il le fit passer devant lui en répétant :

— Souvenez-vous !...

En même temps il délia les cordons qui retenaient le masque de velours sur le visage du médecin, à qui il rendit ainsi le libre usage de la vue. Ébloui d'abord par la clarté vive d'une lampe de fer et par les rayonnements d'un grand feu, ou plutôt d'un brasier de fascines enflammées qui se consumaient dans une cheminée immense, Pierre Prost put bientôt jeter un regard investigateur sur les objets qui l'entouraient.

Mais, là aussi, toutes les précautions avaient été prises de façon à ce que nul indice ne vînt se graver en sa mémoire et l'aider plus tard à décrire et à reconnaître le lieu dans lequel il venait d'être amené.

C'était une pièce de moyenne grandeur et qui ne renfermait d'autre meuble qu'un lit de chêne noir sans sculptures.

On avait cloué à la hâte, sur les murailles, des tapisseries retournées dont l'envers n'offrait aucun sens.

On en avait tendu le plafond, — on en avait garni le plancher.

Le manteau de la cheminée, qui portait peut-être des armoiries, disparaissait sous un lambeau d'étoffe épaisse.

La plaque du foyer était toute unie, — deux pierres grossièrement taillées remplaçaient les chenets.

La lampe de fer était une de ces lampes communes, fort en usage, à cette époque, dans les plus pauvres demeures. — Toutes les chaumières des paysans s'en trouvaient pourvues.

En face du lit, une fenêtre était pratiquée dans l'épaisseur de la muraille ; — on avait masqué l'embrasure de cette fenêtre avec un drap cloué au plafond. — D'ailleurs la nuit était profonde, et, quand bien même Pierre Prost aurait pu pénétrer dans l'embrasure, il n'aurait vu, au dehors, que les ténèbres.

Au chevet du lit, un homme se tenait debout et immobile. — Cet homme était vêtu de noir et masqué comme ceux qui avaient emmené de force Pierre Prost de sa maison.

Il s'inclina respectueusement devant le gentilhomme inconnu, qui tenait toujours de la main droite le pistolet dont il avait fait toucher la crosse, — un instant avant de gravir avec lui les marches de l'escalier, — puis il s'écarta et alla se placer auprès de la cheminée.

Enfin, sur le lit en désordre, une femme se débattait dans d'intolérables tortures, heurtant sa tête contre la muraille, et justifiant d'une façon cruelle ces paroles adressées par le Dieu vengeur à Ève chassée du paradis terrestre :

« La femme enfantera dans la douleur ! »

IV. — L'ÉGLANTINE.

Cette malheureuse femme était plus que masquée. — On avait jeté sur sa tête une sorte de cagoule, attachée autour de son cou, et fendue seulement à l'endroit de la bouche afin de rendre la respiration possible.

Les formes admirablement pures de ses épaules, de sa poitrine et de ses bras, qui se modelaient sous les draps humides d'une sueur glacée, décelaient la jeunesse en toute sa fleur.

Au moment où le masque noir, en entrant dans la chambre avec le médecin, prononça ces deux mots : — *Souvenez-vous !* — la femme couchée tressaillit, — un tremblement convulsif secoua ses membres, et ses gémissements s'arrêtèrent.

Quel bourreau sinistre était-ce donc que cet homme, pour que la douleur elle-même comprit qu'elle devait faire silence à son approche ?...

Le masque noir s'avança jusqu'au lit :

— Madame, — dit-il d'une voix lente, — le médecin qui doit vous délivrer m'accompagne, — il est là ; — ainsi que vous il est prévenu que toute parole échangée entre lui et vous serait le signal de sa mort et de la vôtre... Ne l'oubliez ni l'un ni l'autre !

Puis se tournant vers Pierre Prost, il ajouta :

— A l'œuvre, maintenant, médecin ; faites votre devoir...

Pierre Prost se mit à l'œuvre en effet.

Il nous paraît nécessaire de jeter un voile sur cette scène de torture. — Il nous faudrait avoir la plume de Balzac, — cette plume d'airain qui burina les pages splendides de *l'Enfant maudit*, — pour rendre tolérables les détails tout à la fois douloureux et révoltants.

Nous dirons seulement que ni le sang-froid, ni l'habileté ne firent défaut au médecin, et qu'au bout d'une heure il recevait dans ses mains une pauvre petite créature qui poussait son premier vagissement.

En même temps la mère, épuisée, retombait sans connaissance sur l'oreiller.

— Quel est le sexe de cet enfant ? — demanda le masque noir.

— C'est une fille, — répondit Pierre Prost.

— Le diable est pour moi !... — murmura l'inconnu.

— Où sont les langes dans lesquels je puis l'envelopper ? — reprit le médecin.

— Les langes ? — répéta l'inconnu, — voilà un détail auquel certes personne n'a songé... — Mais il est facile de suppléer à cet oubli...

Tout en parlant il s'approcha de l'embrasure, et, déchirant un large morceau de drap blanc qui servait à la masquer, il apporta à Pierre Prost ce lambeau d'étoffe, en lui disant :

— Prenez ceci ; — à défaut d'autre chose cela pourra servir...

Le médecin emmaillotta l'enfant de son mieux.

— A présent, — continua le masque noir, — occupez-vous de la mère, — on dirait qu'elle vient d'expirer.

Un des bras de la jeune femme évanouie pendait inerte hors du lit.

Pierre Prost appuya son doigt sur l'artère de ce bras.

— Eh bien ? — demanda l'inconnu avec un accent de profonde insouciance, — est-elle vivante ? est-elle morte ?...

— Elle est vivante, — répondit le médecin au bout d'un instant, — mais je crains...

— Que craignez-vous ?...

— Je crains que le sang, qui me paraît refluer vers le cerveau avec une terrible violence, ne détermine promptement la mort...

— Pouvez-vous éviter cela ?...

— Peut-être.

— Et de quelle façon ?

— Par une saignée immédiate.

— Eh bien, saignez !... — Qui vous en empêche ?...

— Il faudrait, avant tout, m'assurer que les symptômes que je crois remarquer ne me trompent point... — Ne pourrais-je voir le visage de cette femme ?...

— Non ! de par tous les diables ! — s'écria le masque noir avec impétuosité et en frappant du pied, — non, vous ne le pouvez pas !...

— Est-ce donc la curiosité qui vous pousse à m'adresser cette folle demande ?... — Si cela est, malheur à vous !...

— Ce n'est pas la curiosité, — répliqua Pierre Prost, — c'est la nécessité. — Dans la situation où se trouve cette femme, une saignée, c'est le salut peut-être, pas de saignée peut-être aussi c'est la mort !... Le visage seul pourrait m'apprendre d'une façon certaine ce que je suis réduit à conjecturer...

— Je vous répète que vous ne verrez pas ce visage... Cela est impossible !... — impossible, vous entendez bien !... impossible !...

— Saignez donc, si vous croyez que cela puisse sauver cette femme, mais hâtez-vous !...

— Et si je la tue ?...

— Eh bien, si vous la tuez, — répliqua le masque noir avec un ricanement sinistre, — vous n'aurez rien à vous reprocher, ayant agi de votre mieux et selon votre conscience... — D'ailleurs, s'il y a crime, ou seulement péché, je prends l'un et l'autre sur ma conscience.

— Faites-moi donner un bassin et des bandelettes, — murmura Pierre Prost ; je vais tenter la saignée, en priant Dieu de ne point permettre que ma main devienne, même innocemment, une main homicide...

— Priez ! priez ! — s'écria le masque noir ; — je n'y vois nul obstacle, — et si Dieu ne vous écoute pas, le diable vous écoutera peut-être !...

En entendant ces paroles blasphématoires, Pierre Prost se signa.

Le masque noir se mit à rire bruyamment.

Il fit ensuite un signe à l'homme qui se tenait debout auprès de la cheminée, et qui, soulevant un pan de la tenture retournée, clouée contre les murs, disparut par une porte dont le médecin, jusqu'à ce moment, n'avait point soupçonné l'existence.

Au bout d'une minute, il reparut apportant un bassin de cuivre.

Pendant son absence, le masque noir avait déchiré un nouveau morceau du drap blanc, et, avec ce morceau, le médecin préparait des bandes.

Dans un coin de la chambre, l'enfant, posé sur la tapisserie qui couvrait le plancher, vagissait lamentablement.

Au dehors, la tempête mugissait avec un redoublement d'impétuosité. — Les petits carreaux de l'unique fenêtre tressautaient et cliquetaient dans leurs alvéoles de plomb.

Tout était prêt ; — Pierre Prost lia au-dessus du coude le bras de la jeune femme toujours évanouie, et piqua la veine.

Le sang coula d'abord lentement, goutte à goutte, — puis plus vite, — puis, enfin, il jaillit comme un long filet de pourpre.

Pierre Prost le recevait dans le bassin de cuivre. Au bout d'un instant, un profond soupir souleva la poitrine de l'accouchée.

— Elle revient à elle, — dit le médecin, — le danger n'existe plus, — du moins celui que je redoutais tout à l'heure...

La jeune femme fit un mouvement, comme pour se soulever, et balbutia d'une voix éteinte :

— Mon enfant... où est mon enfant ?...

Le masque noir s'était approché vivement.

Il appuya son doigt sur sa bouche pour commander le silence à Pierre Prost, qui serrait la veine avec des bandes de toile afin d'arrêter le sang, et il répondit :

— Votre fille est vivante, madame, et elle vivra, — à moins que vous-même ne la condamniez à mort en cherchant à la revoir...

— La revoir !... la revoir ?... Oh ! mon Dieu ! vous allez donc me l'enlever ?

— Oui, madame.

— Et je ne la reverrai jamais ?

— Jamais.

On entendit des sanglots étouffés sous la morne cagoule, — puis, au bout d'une seconde, la pauvre jeune mère reprit :

— Permettez-moi, du moins, de l'embrasser une fois... une seule... avant de me séparer de mon enfant pour toujours... — Ah ! je sais que vous êtes sans pitié, messire ; — je sais que vous êtes bien cruel... mais vous ne le serez pas assez, cependant, pour me refuser ce que je vous demande... un seul baiser de ma fille...

— Embrassez-la donc ! répondit le masque noir, — mais n'ajoutez pas une parole !...

Et, se tournant vers Pierre Prost, il dit : — Donnez-lui son enfant.

Le médecin obéit.

Oh ! ce fut alors une folle étreinte !... — Ce fut un moment de véritable délire, que cette minute où la pauvre mère put appuyer contre son cœur et couvrir de ses baisers ce fruit de ses entrailles, créature faible et gémissante, qu'elle ne pouvait voir et que, sans doute, elle ne verrait jamais !...

Mais tandis qu'elle la dévorait de caresses ardentes, le masque noir donnait des signes manifestes d'une impatience croissante et mal contenue.

Déjà ses lèvres s'entr'ouvraient pour ordonner à Pierre Prost de reprendre l'enfant et de l'emporter, quand un incident inattendu vint accorder à la malheureuse mère quelques secondes de répit.

Une nouvelle rafale, plus terrible que toutes celles qui l'avaient précédée, passa dans les airs avec des sifflements et des mugissements étranges, et vint se heurter contre les murailles massives, comme se heurtent les vagues de l'Océan aux rochers de Penmarch.

Plusieurs des carreaux de la fenêtre cédèrent sous le choc, jaillirent de leur châssis descellé et se brisèrent en mille éclats dans leur chute.

Le vent s'engouffra par ces étroites ouvertures ; — un puissant courant d'air s'établit entre la fenêtre et la cheminée, et les charbons ardents, soulevés comme des fétus de paille dans un crible, se répandirent à travers la chambre qui se remplit aussitôt d'une épaisse fumée.

Déjà la tapisserie qui couvrait le plancher, et le plancher lui-même, prenaient feu par endroits ; — un incendie était imminent.

Ce danger immédiat, et que la violence de la tempête rendait plus redoutable encore, fit oublier, pendant une seconde, au masque noir ses autres préoccupations.

Il s'élança pour écraser du pied les charbons enflammés disséminés çà et là !

Pierre Prost profita de cet instant rapide comme l'éclair pour se pencher sur le lit et pour murmurer :

— Soyez tranquille, pauvre mère, je veillerai sur elle.

La femme à qui ces paroles étaient adressées n'y répondit pas, mais sa main s'empara de celle du médecin, dans laquelle elle glissa un objet d'un très-petit volume.

La lampe était éteinte, — la fumée âcre et étouffante de la laine brûlée formait un épais brouillard. — Pierre Prost ne put voir cet objet que l'accouchée venait de lui donner ainsi furtivement, et il le cacha dans sa poitrine.

En ce moment, le masque noir se rapprocha de lui avec inquiétude et défiance.

— Vous n'avez plus rien à faire ici, — dit-il, — il faut partir...

(Pierre Prost enfonça son mouchoir dans sa bouche pour comprimer les cris inarticulés qui jaillissaient de ses lèvres. Page 2.)

Et il ajouta, en arrachant brutalement la petite fille des bras de sa mère, et en s'adressant au serviteur masqué et vêtu de noir qui avait assisté, sans prononcer une parole, à toutes les scènes qui précèdent : — Prenez cette enfant et descendez, — nous vous suivons...

En même temps, il attachait sur le visage du médecin ce masque sans ouverture qui le rendait momentanément aveugle.

— Venez, — continua-t-il en le saisissant par la main gauche.

Une de ces soudaines inspirations qui jaillissent parfois comme un rayon lumineux dans les circonstances suprêmes, traversa l'esprit de Pierre Prost.

Le bassin de cuivre, rempli de sang, était par terre, à ses pieds.

— Il le savait.

Il se baissa rapidement, comme s'il se faisait un faux pas, et il trempa dans le sang sa main jusqu'au poignet.

Le masque noir crut que le médecin avait trébuché, — il l'entraîna et le fit sortir de la chambre.

Pierre Prost compta, comme en montant, les vingt-deux marches de l'escalier.

Arrivé en bas, il éleva sa main, ainsi qu'il l'avait fait en venant, — mais non plus, cette fois pour préserver sa tête, — et il imprima sur la voûte la trace de ses doigts sanglants.

Le masque noir ne remarqua point cette action.

— Vous avez fait ce que j'attendais de vous, — dit-il en s'arrêtant et avant d'ouvrir la porte basse derrière laquelle on entendait l'ouragan mugir ; — vous m'avez servi, — il est juste que vous soyez récompensé.

— Je ne demande rien, — répondit Pierre Prost, — je ne désire rien...

— Je ne suis point de ceux qui acceptent des services gratuits, — fit l'inconnu avec hauteur, — et d'ailleurs, j'attends encore quelque chose de vous... — Prenez ceci...

Tout en parlant, il mettait dans la main du médecin un petit sac de toile assez lourd.

Puis il reprit :

— Cet or vous servira pour élever votre enfant.

— Hélas !... — balbutia Pierre Prost, — vous savez bien que mon enfant est mort !...

— Votre enfant est vivant, — répliqua le masque noir d'une voix lente et ferme. — Souvenez-vous que les événements de cette nuit sont un rêve que vous devez oublier à votre réveil !... Il y a quelques heures, vous étiez dans votre chaumière avec une petite fille, — la vôtre, — qui dormait dans son berceau. — Dans quelques heures vous serez de retour ; — une petite fille, — LA MÊME, — dormira près de vous, et, depuis hier au soir, vous n'aurez pas quitté Longchaumois !...

— Comprenez-vous maintenant pourquoi je vous dis que votre fille n'est pas morte ?...

— Oui, répondit Pierre, — je comprends... — Vous voulez qu'aux yeux de tous, l'enfant qui vient de naître soit l'enfant que j'ai perdu... — vous voulez que ma pauvre petite fille n'ait jamais cessé de vivre...

— Je veux cela. — Le ferez-vous ?

— Je le ferai ; — et ce n'est pas seulement l'apparence, c'est aussi le cœur d'un père que j'aurai pour la pauvre abandonnée !...

— Allez donc, et, si vous tenez à votre repos et à votre vie, souvenez-vous !... — une indiscrétion, ce serait la mort, — et je vous répète que vous ne seriez pas seul frappé..

Le masque noir ouvrit alors la porte basse, et conduisit le médecin, à travers la neige amoncelée, jusqu'à l'endroit où attendait l'équipage attelé de chevaux frais.

Pierre Prost fut placé dans le traîneau, — deux hommes s'installèrent à ses côtés. — On mit entre ses bras la petite fille enveloppée dans un de ces manteaux de grosse laine rayée qu'on appelle des *roulières* et qui servent aux paysans.

Les chevaux partirent.

On traversa les deux ponts-levis, on passa sous les deux voûtes, — puis l'attelage s'élança avec une rapidité vertigineuse sur la pente escarpée qu'on avait mis près d'une heure à gravir, et qu'on descendit en quelques minutes.

Quand le traîneau s'arrêta près de Longchaumois, le jour n'était

Et le traîneau s'ébranla impétueusement emporté. (Page 5.)

pas encore prêt de paraître; — l'ouragan se calmait un peu, — mais la neige continuait à tomber à flocons pressés.

Le médecin ne savait pas qu'on était arrivé, et, trompé par la fabuleuse vitesse de la course, il supposait qu'on devait être tout au plus à mi-chemin.

— Où sommes-nous? — demanda-t-il à celui de ses compagnons de route qui lui enjoignait impérativement de descendre.

— Vous le verrez, — répondit cet homme.

Puis il ajouta, — lorsque Pierre Prost eut quitté le traîneau :

— Il vous est ordonné de n'enlever votre masque que lorsque vous aurez pris le temps de réciter cinq *Pater* et cinq *Ave !*...

— *Notre Père qui êtes aux cieux*... — commença le médecin.

En même temps il entendit le sifflement aigu des patins du traîneau qui coupaient la neige glacée. — Ce bruit s'éloigna rapidement.

Lorsque Pierre Prost eut récité les cinq *Pater* et les cinq *Ave*, il arracha son masque.

La porte à claire-voie de son enclos se trouvait à deux pas de lui.

Il rentra, le cœur brisé, dans sa maison déserte. — La petite fille fut couchée dans le berceau vide. — Le médecin alla chercher la chèvre, et les lèvres de la pauvre enfant s'attachèrent avidement à la mamelle gonflée de la nourrice aux cornes noires.

Puis, après avoir bu, elle s'endormit.

Pierre Prost put alors laver son poignet sanglant, et regarder l'objet mystérieux glissé dans sa main par la malheureuse inconnue. C'était un médaillon en or ciselé, d'un travail exquis, et portant l'image d'une petite fleur sauvage, d'une *églantine*, tracée en diamants. Quant au sac de toile donné par le masque noir, il contenait dix mille livres en or, — une somme énorme pour cette époque.

Au point du jour, un paysan de Longchaumois vint demander au médecin des nouvelles de sa petite fille qu'on savait frêle et presque mourante.

— Merci, voisin, — répondit Pierre Prost, — elle va mieux, beaucoup mieux, et, maintenant, j'espère qu'elle vivra...

Il avait raison d'espérer.

Au bout de quelques semaines, l'enfant, si pâle et si chétive naguère, n'était plus reconnaissable, tant elle devenait fraîche et fort

Elle promettait d'être un jour, — comme disent les paysans, — un beau brin de fille !...

Seulement, ce fut dans le pays un sujet de grande surprise, presque de scandale, quand on vit le médecin (un bon chrétien, cependant, s'il en fut) — donner à sa fille un nom de fleur au lieu d'un nom de sainte, et l'appeler Églantine !...

FIN DU PROLOGUE.

PREMIÈRE PARTIE.

UN CAPITAINE D'AVENTURES.

I. — L'AUBERGE DE CHAMPAGNOLLES.

Il est indispensable de placer ici une très-courte notice historique sur la situation de la Franche-Comté en 1638, c'est-à-dire dix-huit ans environ après la nuit sinistre du 17 janvier 1620, — nuit dont nous avons raconté les incidents terribles dans le prologue de ce livre.

Nous prions nos lecteurs de vouloir bien ne point dédaigner ces rapides détails.

La Franche-Comté, — nous le savons déjà, — appartenait à l'Espagne depuis Charles-Quint.

A la mort de Philippe II, elle faisait partie de la dot de sa fille l'infante Claire-Isabelle-Eugénie, qui avait épousé l'archiduc Albert d'Autriche.

Il était spécifié dans l'acte de dotation que si cette princesse mourait sans héritiers, son patrimoine retournerait à la maison d'Espagne.

Claire-Isabelle-Eugénie n'eut pas d'enfants, et, en vertu de la clause précitée, la Franche-Comté, vers 1634, passa entre les mains d nouveau roi, Philippe IV.

La Franche-Comté était alors divisée en trois bailliages :
Le bailliage d'Amont;
Le bailliage d'Aval;
Le bailliage de Dôle.

Vesoul, Besançon et Dôle étaient les chefs-lieux de ces trois bailliages. — Un parlement, dont les états généraux nommaient les membres, administrait la province, et ce parlement, — nous le savons, — siégeait à Dôle.

La Franche-Comté, — bien qu'elle relevât de la couronne d'Espagne, — jouissait d'une liberté très-grande. — Elle votait elle-même ses impôts, qui étaient intégralement dépensés dans le pays. — Le roi d'Espagne se contentait du produit des salines et d'un don gratuit qui ne s'élevait pas annuellement à plus de deux cent mille livres.

La province devait aussi fournir à son suzerain un contingent de quatre régiments bien armés et bien équipés.

En échange de ces redevances, les Comtois pouvaient être admis aux dignités les plus hautes. — Leur attachement pour l'Espagne était sans bornes, de même que la bienveillance de celle-ci pour eux.

D'un autre côté, ils exécraient la France et le nom français, et, de 1635 à 1668, ils prouvèrent glorieusement cette haine par trente-trois années de luttes héroïques contre les projets d'envahissement de leurs formidables voisins.

Le 19 mai 1635, le grand cardinal de Richelieu, — sous prétexte qu'un corps de troupes espagnoles avait surpris la ville de Trèves, alliée à la France, et que Besançon avait donné asile au duc de Lorraine, Charles IV, dépouillé de ses Etats par Louis XIII, — déclara la guerre à l'Espagne.

Le 28 mai 1636, Condé mit le siége devant Dôle avec vingt mille hommes de pied et huit mille chevaux.

Il était accompagné du colonel Gassion et de la Meilleraye, grand-maître de l'artillerie.

La ville fut vaillamment défendue par les conseillers Boyvin, Béreur et Louis Pétrey, de Vesoul, — par l'ingénieur Jean Maurice Tissot, — le brave commandant de Verne, — le capitaine de Grammont, — Girardot de Beauchemin, — l'avocat Michoutey, — le caporal Donneur.

En même temps, les corps-francs du baron César Dusaix d'Arnans et du capitaine Lacuzon harcelaient les Français.

Le prince de Condé fut obligé de lever le siége, à l'approche de Charles de Lorraine, le 14 août 1636.

L'année suivante, le duc de Longueville fit irruption dans la partie méridionale de la Franche-Comté et y porta le fer et le feu, — tandis qu'au nord, Bernard de Saxe-Weimar, à la tête d'une armée suédoise, ravageait horriblement le pays.

Voilà quel était l'état de la malheureuse province au moment où notre récit reprend son cours, après avoir franchi, sans s'arrêter, un intervalle de dix-huit années.

Par un jour triste et froid du mois de décembre 1638, et au moment où l'*Angelus* venait de sonner, un cavalier, bien enveloppé dans les longs plis de son manteau brun, suivait, au pas de son cheval fatigué, la rue principale de la bourgade de Champagnolles dans la haute Franche-Comté.

Quelques chiens aboyaient; — quelques paysans accouraient sur le seuil de leurs portes, alertés par le bruit des sabots du cheval, et, quand le voyageur avait passé, ils le suivaient d'un regard curieux et étonné.

Ce cavalier et sa monture arrivèrent devant une maison un peu plus grande et d'un peu meilleure apparence que celles qui l'environnaient. — Au-dessus de l'entrée principale se balançait une touffe de fougères desséchées, et, sur le mur blanc, se dessinaient en lettres noires les mots suivants :

AU CAPITAINE LACUZON.

VERNIER, AUBERGISTE,

DONNE A BOIRE ET A MANGER, VEND SON, AVOINE ET RECOUPES, LOGE

A PIED ET A CHEVAL. — BON LOGIS.

— Voilà mon affaire, — pensa le cavalier.

Et il descendit de cheval lestement, en criant d'une voix tout à la fois douce et sonore :

— He! mon hôte!...

A cet appel, un homme de cinquante-cinq à soixante ans, robuste encore malgré son âge, et se redressant dans sa haute taille, sortit de l'auberge et répondit :

— Voici l'hôte que vous demandez, messire. — Faut-il mettre votre cheval à l'écurie ?

— Oui, — et je vous recommande de lui donner litière abondante,

bon fourrage et double ration d'avoine; — je tiens à ce qu'il soit mieux traité que moi-même...

— Et vous avez, pardieu ! grandement raison, messire, — répliqua l'aubergiste; — l'homme a la langue pour commander et se faire servir, — mais le cheval est obligé de se contenter de ce qu'on lui donne... pauvre animal !... — C'est donc au maître à prendre soin que rien ne manque à ce bon serviteur... — d'ailleurs, le vôtre mérite d'être traité comme un prince. — C'est une bête de grande race, de haute valeur, et qui doit être infatigable.

— Vous vous y connaissez, ce me semble ?...

— Pardieu ! si je m'y connais ! mais je le crois bien, que je m'y connais !... — J'ai servi quinze ans dans la cavalerie!... — Demandez plutôt au colonel Varroz des nouvelles de Jacques Vernier !... — Et qui sait si, quelque jour, malgré mes cinquante-huit ans bien sonnés, je ne remettrai pas le pied à l'étrier... — Il y a dans l'écurie *la Grise* qui est une fière jument, et qui me porterait bien, savez-vous ! — et les pistolets d'arçon ne sont point tellement rouillés qu'ils ne puissent servir encore en les fourbissant un peu et mettre une balle, à cinquante pas, dans le ventre d'un Suédois, ou d'un Gris !... — Enfin, suffit!... — qui vivra verra, et vive le capitaine Lacuzon !...

— Vous avez dû voir, messire, que j'ai placé mon auberge sous son patronage, — et que le diable ou que Bernard de Saxe-Weimar m'enlève, si ce patron-là n'en vaut point un autre!... — n'en déplaise à la bonne sainte Vierge Marie et au grand saint Jacques, que je vénère de tout mon cœur l'un et l'autre !... — Mais le capitaine Lacuzon est un juste, lui aussi, et sera peut-être un martyr!... — le martyr de la liberté!...

On devine que Jacques Vernier, — cet aubergiste loyal et bon patriote, mais bavard, — n'avait point donné cours à sa prolixité naturelle tout au beau milieu de la rue.

C'est en conduisant à l'écurie et en installant devant un râtelier bien garni le cheval du nouveau venu, qu'il se livrait consciencieusement à cette joie si douce de pérorer sans être interrompu.

— Tenez, — reprit-il après un silence fort court, — et en faisant passer sous les yeux du cavalier qui lui tenait le contenu d'une ample mesure d'avoine, — regardez-moi ce grain, messire; c'est beau et lourd, et sain comme l'œil; — c'est de ma dernière récolte, et ça ne laisse rien à désirer !... — c'est digne de la monture de Charles de Lorraine ou du cheval de Lacuzon lui-même!...

Le voyageur rendit justice aux mérites exceptionnels de l'avoine en question; ce qui lui concilia aussitôt l'estime de Jacques Vernier, dont il ne tarda point à conquérir complètement les sympathies en admirant la croupe charnue, — les formes robustes, — le large poitrail, — le poil luisant et les jambes sèches de *la Grise*.

Après s'être longuement étendu sur les qualités et les perfections de cette incomparable jument, le digne aubergiste ajouta :

— Et maintenant, messire, — maintenant que votre cheval a sa litière et sa provende, rien ne nous empêche de songer à vous... — Mangerez-vous un morceau ?...

— Volontiers.

— Les temps sont durs, on ne voyage guère, — je n'ai logé personne depuis plus de huit jours, et j'ai grand'peur que le garde-manger ne soit mal fourni...

— Peu importe. — N'eussiez-vous que du pain à me donner, je m'en contenterais parfaitement.

— Oh! vous aurez mieux que cela, messire, — Vous aurez des *gaudes* froides, — vous aurez du lard et des œufs, — vous aurez un poulet auquel je vais tordre le cou, — vous aurez un bon morceau de fromage de la montagne, — et, pour arroser tout cela, vous aurez une vieille bouteille de vin des Arsures, qui est, comme vous savez, le premier vin du monde !...

— Mon hôte, — dit le voyageur avec un sourire, — vous ne ressemblez guère à vos confrères les hôteliers; — vous m'annoncez d'abord que vous n'avez rien à me donner, et vous me servirez en réalité un festin de prince, — tandis qu'ils ont la méchante coutume de vous promettre monts et merveilles pour vous faire faire, en somme, piteuse et maigre chère.

— Eh! pardieu, messire, — répondit Jacques Vernier avec une expression de légitime orgueil, — cela est, ma foi, chose toute simple... — Mes confrères ont pour enseigne, ou le *Cygne de la croix*, — ou le *Soleil d'or*, — ou le *Grand saint Martin*, — ce qui n'engage à rien; — ils promettent plus qu'ils ne peuvent tenir et ils sont dans leur droit. — Mais quand on a l'honneur, comme moi, d'écrire sur le mur de son auberge : *Au capitaine Lacuzon*, — où l'on n'est qu'un gredin, quelque chose de pis qu'un Suédois ou qu'un Gris, ou l'on se doit de tenir plus que l'on ne promet!... — *Noblesse oblige!* disent les gentilshommes, et ils ont raison!... — Moi qui ne suis qu'un aubergiste, j'ai accommodé ce proverbe à mon usage je dis: *Enseigne oblige!*... et j'ai raison, mordieu!...

Le voyageur ne pouvait qu'abonder d'une façon complète les théories de son hôte. — Il exprima son adhésion par le geste et par la parole, et il accompagna Jacques Vernier qui l'introduisit dans la maison.

La pièce dans laquelle ils pénétrèrent ensemble était la cuisine.

En face de la porte d'entrée se trouvait une haute et large cheminée en pierre grise, portant sur son manteau les objets les plus disparates : — une longue carabine retenue dans la position horizontale par deux crochets, — une statuette en plâtre enluminé représentant saint Jacques de Compostelle, — deux pistolets d'arçon, quelque peu rouillés et dont nous avons entendu l'aubergiste faire mention, — un rameau de buis bénit, des Pâques dernières, — et, enfin, un grand sabre de cavalerie.

Une porte, à gauche de la cheminée, donnait accès dans le *poêle*. — On nommait ainsi à cette époque, en Franche-Comté, et l'on nomme de même encore aujourd'hui, une chambre contiguë à la cuisine et chauffée par la même cheminée.

Une seconde porte, à droite, laissait entrevoir dans la pénombre les premières marches d'un escalier de bois qui conduisait à l'étage supérieur. Enfin une troisième porte communiquait avec la grange d'où s'exhalait une bonne odeur de fourrage.

Sur la muraille nue et blanchie à la chaux, se voyait une grande image, très-naïve et violemment peinturlurée de bleu, de rouge, de jaune et de vert, fixée par quatre clous à grosses têtes.

Cette image représentait le patron de la paroisse. — Chaque année, le jour de la fête du pays, le ménétrier venait, avec un vio'on enrubané, enlever cette image et la remplacer par une autre exactement pareille, et recevoir en échange une petite somme qu'on lui donnait de bon cœur.

Ceci constituait une contribution peu onéreuse, prélevée par la coutume sur tous les paysans franc-comtois, pauvres ou riches.

Du côté opposé, un immense dressoir, en noyer poli que l'âge et la fumée avaient rendu aussi noir que du vieux chêne, supportait de la vaisselle d'étain, brillante comme de l'argenterie, et quelques-unes de ces faïences naïves et charmantes que les amateurs de ce qu'on est convenu d'appeler le *bibelot*, — et, parmi eux, l'auteur de ce livre, — payent aujourd'hui volontiers au poids de l'or à l'hôtel de la rue Drouot.

Les ustensiles de cuisine, — les *seilles* en bois de sapin bien blanc, cerclées de fer luisant, — pendaient de chaque côté du dressoir.

Enfin, deux longues tables étroites, — entourées d'escabeaux à trois pieds, — complétaient l'ameublement de la cuisine.

Une planche, — suspendue au plafond par les deux bouts, — ployait sous la lourde charge d'une demi-douzaine de miches de pain bis.

Un crochet de fer soutenait sous le manteau de la cheminée un épais quartier de lard fumé ; — et des grappes de maïs blond, qu'on appelle en Franche-Comté, par abréviation, des *turquies*, pendaient à des perches transversales fixées le long des poutrelles de bois brut.

Telle était, en 1638, la cuisine d'une auberge de village, — telle elle est encore aujourd'hui.

Dans cette pièce, une jeune servante coiffée de la câline franc-comtoise, — vêtue d'un caraco de futaine brune et d'une jupe courte de droguet rayé qui laissait voir jusqu'au-dessus de la cheville ses jambes robustes, chaussées de bas bleus, — trottait à droite et à gauche, ébranlant le plancher sous l'énergique pression de lourds sabots garnis de peau de mouton dans lesquels disparaissaient ses pieds larges et plats.

Elle allait, de la cheminée aux deux tables, et des deux tables au dressoir, — ici, surveillant le contenu d'une imposante marmite qui bouillait à outrance ; — là, frottant les planches de sapin avec une vigueur toute masculine, ou mettant en ordre quelque écuelle et quelque soupière ; — bref, très-occupée en apparence, et faisant en réalité fort peu de besogne, selon la louable et constante habitude des servantes de toutes les époques et de toutes les hôtelleries du monde.

Au moment de l'entrée du voyageur que précédait Jacques Vernier, elle s'arrêta net, — ébaucha une révérence, et fixa sur le nouveau venu ses petits yeux noirs que la curiosité semblait agrandir.

— Dis donc, toi, ch ! la Jeanne-Antoine ! — s'écria l'hôte, scandalisé de l'attitude de la jeune servante, — occupe-toi un peu à jeter un bon fagot dans la cheminée, au lieu de rester là plantée, à dévisager ce gentilhomme, comme si vous aviez gardé des *gorets* ensemble...

— Q ien ! not' maître, — répliqua fort gaillardement la Jeanne-Antoine, — *un chien regarde bien un évêque...*

— C'est bon !... c'est bon ! — Fais ce que je te dis, et pas tant de paroles...

— Ça suffit, — on y va ; — mais ça n'empêche pas *qu'un chien...*

Jacques Vernier frappa du pied avec impatience, et interrompit ainsi la répétition du vieux dicton franc-comtois.

La servante se tut et sortit, en haussant les épaules, pour aller chercher le fagot demandé.

L'aubergiste se mit à rire aussitôt qu'elle eut quitté la cuisine.

A coup sûr cette fille se montrait peu respectueuse à l'endroit de son maître qui ne s'en formalisait point.

Hâtons-nous d'ajouter que l'aubergiste était veuf, — ce qui explique bien des choses...

— C'est bon ! — dit-il, — ça n'a point d'éducation, — ça ignore les belles manières, — mais c'est honnête et travailleur. Ça tient la maison propre comme un sou, du haut en bas, et ça ferait au besoin le coup de fusil contre les Suédois ou les Français, — oui, pardieu !...

— Asseyez-vous, messire, sur cet escabeau, sous la cheminée, et prenez *un air de feu*... — Dans une minute, quand cette sotte fille aura jeté une bourrée sur ces charbons, vous verrez une belle flamme, claire autant qu'un jour de printemps, et rouge comme la crête d'un coq...

Le voyageur se débarrassa en ce moment du large manteau dans lequel il s'enveloppait et du chapeau de feutre noir, — relevé d'un côté et orné d'une plume de héron fichée dans sa ganse, — qui couvrait sa tête.

Il jeta sur l'une des tables ce chapeau et son manteau, et il s'approcha de la cheminée.

C'était un grand jeune homme de vingt-trois ou vingt-quatre ans, — très-beau, — presque trop beau, — sous les longs cheveux d'un châtain cendré qui ruisselaient autour de ses joues en boucles naturelles.

Son visage, un peu pâle et d'un ovale parfait, avait la régularité, la délicatesse et la douceur d'un visage de femme, et l'on aurait pu croire à un déguisement sans les moustaches fines et soyeuses retroussées galamment en crocs de mousquetaire au-dessus de sa lèvre supérieure, et surtout sans l'expression hardie, résolue, presque audacieuse, de ses grands yeux d'un bleu profond, ombragés par de longs cils recourbés dont une beauté toute féminine aurait pu s'enorgueillir.

Son costume était à la fois un habit militaire et un vêtement de gentilhomme. — Il portait un pourpoint gris, — des hauts-de-chausses de velours noir, et des bottes à entonnoirs garnies d'éperons d'argent.

Une longue et large épée, qui dans une main adroite et courageuse devait être une arme formidable, était suspendue à son côté par un baudrier de cuir écru brodé de soie verte.

Ajoutons, — pour compléter ce portrait rapide, — que les pieds et les mains de ce cavalier, — symptômes irrécusables d'une race pure, — avaient une distinction singulière et irréprochable.

— Ceci, — pensa Jacques Vernier tandis que le jeune homme s'approchait de la cheminée, — ceci est un vrai seigneur, — aussi sûr que le capitaine Lacuzon est le premier homme du monde ! — et j'engagerais ma part de paradis que les choses sont comme je le dis, — oui, — pardieu, — de par tous les diables !!...

II. — LA GRANDE TRINITÉ.

La jeune servante qui répondait au nom gracieux de Jeanne-Antoine, ne tarda point à rentrer, portant sur son épaule un fagot plus grand qu'elle.

Ce fagot fut jeté dans la cheminée et bientôt une flamme vive, pleine de pétillements joyeux, égaya la cuisine tout entière et mit des reflets miroitants sur les moulures du dressoir, — sur les rebords des plats d'étain — et sur le ventre rebondi des faïences à fleurs impossibles.

Tandis que le voyageur s'installait auprès du feu, — Jacques Vernier, — gourmandant de façon joviale la bonne fille, qui d'ailleurs n'en allait pas plus vite, — faisait mettre le couvert, — tordait le cou à un poulet, — cassait des œufs pour l'omelette, — jetait un morceau de lard parmi les bouillons de la marmite, — allait chercher à la cave la bouteille de vin des Arsures, couverte d'un vénérable réseau de toiles d'araignées, — bref, fidèle à sa fière devise : — *Enseigne oblige*, s'apprêtait à réaliser amplement tout ce qu'il avait promis, et même quelque chose de plus.

Le voyageur, — un pied posé sur la tête large de l'un des chenets, — appuyant son coude sur son genou et son front sur sa main, — s'absorbait dans une préoccupation profonde, et semblait complétement étranger à ce qui se faisait et se disait autour de lui.

Il tressaillit lorsque l'aubergiste lui cria de sa bonne grosse voix sonore :

— Messire, le déjeuner est sur la table, et j'ose affirmer que vous n'en serez pas trop mécontent.

— Je le crois comme vous, mon hôte, — répondit le jeune homme en se levant ; — mais ne me tiendrez-vous point compagnie, et ne boirez-vous point avec moi un verre de ce vin respectable ?...

— Si fait, pardieu, messire ; — je n'ai jamais refusé de répondre à une politesse !... — Vous êtes un gentilhomme et je suis un *manant* ; mais le colonel Varroz prétend, et le prétends comme lui, qu'un vieux soldat peut trinquer avec tous les seigneurs de la terre...

— Celui qui dit cela est un homme de sens et de cœur !... — Mais voici trois fois déjà que je vous entends prononcer le nom du colonel Varroz... — Qu'est-ce donc que le colonel Varroz ?... — demanda l'inconnu.

Jacques Vernier fixa sur son interlocuteur un regard que l'étonnement rendait stupide.

— Il faut, — dit-il ensuite, — il faut que vous soyez étranger et que vous veniez de bien loin...

— En effet, je suis étranger, — répondit le jeune homme avec un sourire, — et je viens de bien loin.

— Vous n'êtes pas Français, j'espère ?

— Non.
— Ni Suédois ?
— Suédois non plus.
— Et vous n'êtes partisan ni des Suédois ni des Français ?...
— Ni des uns ni des autres, je vous l'affirme.
— A la bonne heure !... Eh bien, messire, le colonel Varroz est un des membres de notre grande trinité !...
— De quelle trinité parlez-vous ?...
— Je parle de Varroz, — de Jean-Claude Prost, — et du curé Marquis, — nos trois héros, nos trois géants !...
— Et le capitaine Lacuzon, ne le comptez-vous pas ?...
— Lacuzon et Jean-Claude Prost ne sont qu'un seul et même homme. — Prost est son nom, Lacuzon est son surnom... — Vous n'êtes pas au fait de la situation du pays, messire ?
— Je sais que la Franche-Comté combat glorieusement pour son indépendance et qu'elle résiste depuis deux ans à tous les efforts de la France, sa terrible et gigantesque ennemie...
— Oui, messire, et c'est en vain que le cardinal français, l'Eminence rouge, le Richelieu, a lancé contre nous ses armées, sous les ordres de Condé d'abord, de Villeroy ensuite ; — et, comme ce n'était pas assez, la France a acheté des troupes suédoises commandées par l'ancien aide de camp de Gustave-Adolphe, par le duc maudit de Saxe-Weimar...
— Je sais cela.
— Et savez-vous aussi que tandis que Condé, — le grand général, — le prince du sang royal, — reculait devant les murailles de Dôle, — savez-vous que le général suédois et son armée de bandits dévastaient nos montagnes, combattant avec le fer et avec le feu, — empoisonnant les sources, — tuant les enfants et les vieillards, — violant les filles et les femmes, faisant de chaque ville un amas de ruines, — de chaque village un monceau de cendres...
— Infamie ! infamie !... Ah ! ceux qui font ainsi la guerre ne sont pas des soldats !...
— Ce ne sont pas des soldats non plus, messire, ce sont des pillards et des assassins !... — Mais il est arrivé ceci : — nos montagnards et nos paysans ont relevé une tête à coup après tête qu'on voulait écraser ! — De montagne en montagne, de vallée en vallée, le mot de *liberté* a couru, répété par toutes les bouches, agrandi par tous les échos ! — Alors une population sauvage et forte a quitté ses champs et ses forêts, et s'est fait des armes du soc de ses charrues et du fer de ses haches ! — Alors une armée s'est trouvée debout, et ce n'est pas une armée de brigands et de routiers, celle-là !... non, pardieu !... Pas un des hommes qui la composent ne reçoit de solde ; — ils combattent tous pour leur pays, — pour leur maison, — pour leur famille !... — Aussi, ce sont de vrais soldats, — et que le grand diable m'emporte si Français et Suédois en peuvent être autant !...
— Et sans doute, — interrompit le voyageur, — Varroz, Lacuzon et Marquis sont les trois chefs de cette armée ?...
— Vous devinez juste, messire... — Nos Franc-Comtois ont choisi d'abord Jean Varroz, un vieux soldat, brave comme son épée, mutilé dans vingt combats pendant ces guerres continuelles que les seigneurs se faisaient entre eux, et nommé colonel par le roi d'Espagne... — J'ai servi sous Varroz, messire, — et honorablement, je m'en flatte ! — Si jamais vous le rencontrez, parlez-lui de Jacques Vernier... — Varroz s'est chargé d'organiser la cavalerie, et pas un maréchal de France ne s'en serait tiré comme lui ! — Varroz s'est donné un lieutenant, un bras droit, Jean-Claude Prost, qui bien vite est devenu son égal, — presque son supérieur... A vingt-deux ans à peine, savez-vous, notre capitaine Lacuzon, l'âge d'un enfant ! et c'est un homme ! — Quel homme !... Il commande nos partisans montagnards, nos corps-francs, — et comme il les commande !...
— et comme il est adoré par eux !... — Tous, sans exception, tous, depuis le premier jusqu'au dernier, s'élanceraient pour lui dans un précipice ou traverseraient un incendie !... et vive le capitaine Lacuzon !...
— Pourquoi donc ce surnom de *Lacuzon* ?
— Parce que Jean-Claude Prost, préoccupé sans cesse du bon ordre de ses corps-francs et du salut de notre province, est souvent absorbé, soucieux, et que ces deux mots patois : *la cuzon*, veulent dire *le souci*... — Ses soldats, entre eux, le désignaient ainsi, et le surnom lui en est resté, — et je crois bien que dans quelques années d'ici on aura oublié Jean Claude Prost pour ne se souvenir que du capitaine Lacuzon.
— Et le troisième ? le curé Marquis ?
— C'est le desservant du petit village de Saint-Lupicin, près de Saint-Claude. — C'est un bon chrétien, — c'est un bon prêtre, — c'est un bon Franc-Comtois. — Il a de tout, cet homme, du cœur et de la tête... — Il a le dévouement d'un saint, il a le courage d'un soldat ! — Et quel grand esprit !... — On parle du ministre du roi de France, du fameux cardinal, comme ils disent !... — Ah !... si le curé Marquis était cardinal et ministre, on verrait comme le Richelieu serait peu de chose à côté de lui !... — Marquis combat pour la Franche-Comté avec toutes les armes dont un homme et dont un prêtre peuvent se servir ! — il combat avec la prière et il combat avec le glaive !... — Les jours de bataille, il marche en tête de nos montagnards, un crucifix dans la main gauche et une épée dans la main droite !... il invoque Dieu et il frappe, — et Dieu donne la victoire à sa prière et à son épée !... — Il faut le voir, dans ces moments-là, tête nue, — ses cheveux noirs au vent, — sa robe rouge serrée autour de ses reins par une ceinture de cuir !... — car il porte une robe rouge quand on va se battre... — c'est sa cuirasse, — il n'en met pas d'autre, — et l'on prétend que les balles glissent sur cette robe couleur de sang comme sur un corselet d'acier...
— Ah ! vous aviez raison de le dire, — s'écria l'étranger avec enthousiasme, — ces trois hommes sont trois héros, et la province qui les voit à la tête de ses défenseurs peut, jusqu'à son dernier souffle d'agonie, garder l'espoir de rester vivante et libre !...
— Et ce souffle d'agonie n'arrivera jamais !... — répliqua Jacques Vernier, — aussi vrai que nous allons boire à la santé de Lacuzon, et que je vais ensuite descendre à la cave pour en rapporter une seconde bouteille, plus vieille que celle-ci de cinq ou six ans au moins.
Le voyageur toucha du rebord de son verre le gobelet de l'aubergiste, et tous deux, en approchant leurs lèvres le vin généreux qui brillait comme des rubis de fusion, répétèrent d'une commune voix :
— A la santé du capitaine Lacuzon !...
Jacques Vernier s'en alla quérir à la cave la bouteille annoncée, puis il revint se rasseoir en face du jeune homme et la conversation un instant interrompue reprit son cours.
— Dans quelle partie de la Franche-Comté est né le capitaine Lacuzon ? — demanda le voyageur.
— Dans nos montagnes, messire, — dans nos montagnes ! — s'écria l'aubergiste avec orgueil. — Jean-Claude Prost est originaire du village de Longchaumois, à quelques lieues d'ici. La maison où il est venu au monde est située dans le *Champ-sous-le-Daim*, sur la lisière d'un petit bois qui se trouve entre le moulin de Dardey et le hameau de Combes, — et pas un paysan, depuis le commencement de nos guerres, ne passerait devant cette maison sans ôter son chapeau et sans dire un *Pater* et un *Ave* pour obtenir longue vie et prospérité au capitaine Lacuzon.
— Sa famille est-elle nombreuse ?
— Non, — et c'est un malheur, car, bien que les Prost ne fussent point nobles, c'était une forte et pure race, — une race d'honnêtes gens !... — Aujourd'hui, le capitaine Lacuzon est à peu près seul au monde...
— Quoi, ni frère ni sœur ?...
— Jean-Claude était fils unique, il avait trois ou quatre ans quand il a perdu sa mère, et son père est mort il y a deux ans.
— Mais ne lui reste-t-il donc aucun parent ?...
Il aurait été facile de remarquer un léger tremblement dans la voix de l'étranger tandis qu'il adressait à l'aubergiste cette dernière question. Jacques Vernier répondit :
— Il lui en reste un, — le frère de son père, Pierre Prost, que jadis on appelait dans le pays *le médecin des pauvres*...
— Et, sans doute, cet oncle habite avec lui !...
— Non, — et c'est une triste histoire que celle de ce pauvre Pierre, — un savant et un homme de bien !...
— Une triste histoire ? — répéta le voyageur avec un accent interrogatif.
— Oui, — il a toujours été bien malheureux, et il l'est encore...
— Que lui est-il donc arrivé ? — demanda le jeune homme en pâlissant visiblement et en reposant sur la table le verre plein qu'il allait porter à ses lèvres.
— Pierre Prost, — il y a dix-sept ou dix-huit ans, — conduisit au cimetière sa femme qui venait d'accoucher d'une petite fille... — Il paraît que le chagrin qu'il eut de cet événement lui tourna la tête, on ne tarda guère à s'en apercevoir, car il commença (lui qui était un homme d'esprit et de bon sens) par donner à sa fille le nom d'*Églantine*, au lieu de l'appeler *Jeanne-Antoine*, — ou *Jeanne-Marie*, — ou *Jeanne-Claude*, comme tout le monde... — Mais ce n'est rien que cela, vous allez voir... — Deux ou trois ans se passèrent, et, un beau matin, un farinier du moulin de Dardey, qui s'était demis le bras en chargeant un sac de blé, vint frapper à la porte de Pierre Prost...
— Eh bien, — dit le voyageur, — que se passa-t-il alors ?
— Il se passa qu'il ne se passa rien ; — on ne répondit point au garde-moulin, et cela par une bonne raison... Le médecin des pauvres et sa fille avaient disparu pendant la nuit, laissant la maison à l'abandon... — Tout le monde ignorait ce qu'ils étaient devenus, et il paraît que le propre frère de Pierre Prost n'en savait pas plus que les autres...
— Et ensuite ?...
— Dame ! ensuite, il se passa bien du temps, — quinze ou seize ans, — un peu plus ou un peu moins, — sans qu'on entendît parler du médecin... On le croyait mort. — Son frère ne prononçait jamais son nom...
— Et ensuite ? répéta de nouveau l'étranger, prêtant une attention haletante à des détails qui cependant devaient lui paraître insignifiants, — et ensuite ?...
— Enfin, l'année dernière, Pierre Prost est revenu au pays...

— Avec sa fille?...

L'aubergiste secoua la tête.

— Non, messire, — répondit-il, — il était seul, — et c'est pour cela que je vous disais tout à l'heure que Pierre Prost avait toujours été malheureux et l'était encore... — Il paraît qu'Eglantine est morte...

— Morte!... — murmura le voyageur d'une voix sourde et altérée, — tandis que son visage déjà si pâle devenait livide. — Morte!... mais où... — mais comment?...

— On n'en sait rien... — C'est le bruit public... — La chose m'a été répétée par des gens qui l'avaient entendu dire à d'autres, vous comprenez... — Pour ma part, j'y crois, mais un peu moins qu'à l'Evangile cependant, et je n'affirmerais point que ceux qui m'ont raconté cette mauvaise nouvelle ne m'ont point trompé, ayant été trompés eux-mêmes par ceux de qui ils la tenaient...

Le voyageur ne répondit rien; il semblait même ne plus rien entendre.

Tandis que le digne Jacques Vernier prononçait les dernières paroles que nous venons de répéter, il avait appuyé ses coudes sur la table, — il cachait son visage entre ses deux mains, — et si le regard eût pu plonger à travers ses doigts entrelacés, on aurait vu deux grosses larmes se suspendre aux longs cils de ses deux bleus.

L'aubergiste, — plus discret, malgré sa loquacité prodigieuse, — que ne le sont d'habitude ses honorables confrères, — avait quitté sa place en s'apercevant que l'étranger désirait garder le silence, et s'était assis sur une escabelle sous le manteau de la cheminée, après avoir décroché l'un des pistolets d'arçon qui se trouvaient de chaque côté de la statuette de saint Jacques de Compostelle.

Il occupait agréablement ses loisirs en fourbissant ce pistolet avec un peu de cendre et quelques gouttes d'huile de navette.

Un quart d'heure, environ, se passa ainsi.

Au bout de ce temps, le voyageur releva la tête.

Sa pâleur n'avait point diminué, et un large cercle de bistre se dessinait autour de ses paupières.

— Çà, hôte, — dit-il, — nous allons, s'il vous plaît, compter ensemble, et je vais me remettre en route...

— Déjà, messire!... mais c'est tout au plus si votre cheval a fini de manger sa provende, et il n'a bien certainement pas eu le temps de se reposer... — Et, de par tous les diables! c'est une vilaine action de surmener un bel animal comme celui-là...

— Il faut que je parte... il faut...

— Mon auberge n'est point une prison, messire, on y entre comme on veut, on en sort de même... — Ce que j'en disais n'était que par intérêt pour votre monture, pardieu!... — Je m'en vais lui donner à boire, je la sellerai et la briderai, — et, ensuite, à la garde de Dieu! — Bon voyage!... — Que saint Jacques de Compostelle et le capitaine Lacuzon vous préservent des mauvaises rencontres! — Voilà tout ce que je puis faire pour votre service, messire...

— Vous vous trompez, mon hôte... — vous pouvez autre chose...

— Quoi donc?

— Vous pouvez me procurer un guide...

— Où voulez-vous aller, messire?...

— Je veux aller à Saint-Claude...

Jacques Vernier, — stupéfait, — frappa l'une contre l'autre ses deux grosses mains.

— Miséricorde! — s'écria-t-il ensuite, — vous voulez aller à Saint-Claude!...

— Oui. — Qu'y a-t-il d'étonnant à cela?...

— Il y a, messire, que vous n'arriverez point vivant... — Vous serez assassiné avant d'avoir fait les deux tiers du chemin!... — Voilà ce qu'il y a...

— Assassiné, dites-vous?... — Par qui et pourquoi?... — Expliquez-vous?...

— C'est facile. — Par qui? — Par les Suédois ou les Gris... — Pourquoi?... — Pour vous voler votre bourse, — votre cheval, — et jusqu'à vos vêtements...

— Mais, — répliqua le voyageur, — je croyais que les hostilités étaient momentanément suspendues et que les armées d'occupation venaient de prendre leurs quartiers d'hiver...

— Et cela serait ainsi, sans doute, sans le comte de Guebriant, gentilhomme français au service de la Suède. — La semaine dernière, il a reparu dans la montagne avec un corps de troupes considérable; — il a ramené le pillage, — le vol, — l'incendie. — Il tient en ce moment tout le pays compris entre Nozeroy et Saint-Claude, et Saint-Claude lui-même est depuis deux jours en son pouvoir... — Vous voyez bien, messire, que puisque vous n'êtes ni Suédois ni Français, votre projet est insensé!...

Le jeune homme fit un geste de découragement profond et presque de désespoir.

— Tout me manque donc à la fois! — murmura-t-il à voix basse.

Puis, tout haut, il ajouta, comme se parlant à lui-même :

— Si je n'arrive pas vivant, qu'importe?... Qu'est-ce, après tout, que ma vie, et qui donc maintenant me pleurera... — oui, qui donc!...

— Mon hôte, — continua-t-il en s'adressant à Jacques Vernier, — je vous répète que je veux aller à Saint-Claude et que je vous demande un guide...

— Ma foi, — dit alors l'aubergiste, d'un ton moitié haut, moitié bas, — ma foi, je m'en lave les mains!... — On n'a jamais vu chose pareille! — Hélas!... qu'y faire... — Un bon averti en vaut deux; mais quand il ne tient pas compte de l'avis, est-ce la faute de celui qui le donne?... D'ailleurs, le colonel Varroz ne m'a point appris de recette pour empêcher un fou de faire sa folie... et peut-être bien qu'il n'en savait pas!... — Enfin, à la grâce de Dieu!... — Celui qui, les yeux bandés, veut sauter du haut en bas du clocher de la Pucelle sait bien qu'il n'en reviendra point!... Chacun pour soi, pardieu!... et le diable pour les Suédois de Saxe-Weimar!...

Après avoir achevé ce monologue sentencieux et énigmatique, Jacques Vernier se décida à répondre à la demande du voyageur.

— Vous désirez un guide, messire, et vous n'en avez pas besoin, — dit-il.

— Vous oubliez que je ne connais pas le pays...

— Ça n'y fait rien. — Suivez la route qui passe devant mon auberge, et allez-vous-en toujours tout droit... — Après beaucoup de montées et pas mal de descentes, vous finirez par arriver à Saint-Claude...

— Je crains que le danger dont vous m'avez parlé ne se double en suivant cette route... — N'existe-t-il donc aucun chemin de traverse?

— Il en existe un, en passant par le Morbier, Orsières, la vallée de Morez et Longchaumois...

— Eh bien?...

— Mais c'est un sentier à peine tracé, — bien difficile en toutes saisons, dans des certains endroits, pour un homme à cheval, — et qui doit être complètement impraticable dans ce moment où la neige le couvre en partie...

— Les difficultés du chemin ne m'effrayent point. — J'ai toujours cru, et je crois encore, qu'une volonté déterminée triomphe facilement des obstacles physiques... — Procurez-moi donc un guide, et je partirai sans retard...

— C'est bon, c'est bon, messire... — répliqua l'aubergiste, — on va vous contenter; — mais au moment précis où vous vous romprez les os, souvenez-vous de dire : — *Ce n'est pas la faute de ce brave homme de Jacques Vernier qui m'avait bien mis en garde!* — et ça ne sera que l'exacte vérité...

III. — LES CHEMINS PERDUS.

Quoique le projet du jeune voyageur lui parût la plus bizarre et la plus absurde de toutes les folies, Jacques Vernier n'en sortit pas moins de l'auberge pour chercher un guide.

Aussitôt que l'inconnu se trouva seul dans la pièce que nous avons décrite et où il avait pris son repas, il cessa de lutter contre les terribles et douloureuses préoccupations qui l'assiégeaient; son visage et son attitude désolée exprimaient l'accablement morne et profond qui dominait son âme et sa pensée.

— Morte! — murmurait-il, — elle est morte!... — Ainsi, je ne la reverrai plus, cette chère et douce enfant!... — je ne la reverrai plus, mon Eglantine bien-aimée... — Si c'est vrai!... si, comme ils le disent, elle a quitté ce monde, à quoi bon vivre maintenant, et qu'ai-je à faire, désormais, sur cette terre où elle n'est plus?...

Puis, au bout d'un instant, et comme s'il eût voulu se ranimer lui-même, il ajoutait avec ardeur et avec conviction :

— Mais non! non!... c'est impossible!... — Eglantine est vivante. — Je le sais... — Est-ce que toute mon existence présente et à venir n'est pas indissolublement liée à la sienne?... — Est-ce qu'une voix intérieure ne m'aurait pas crié : — *Eglantine va mourir!...* — Est-ce que quelque chose ne se serait pas brisé en moi au moment de sa mort? — Est-ce que, dans mes rêves devenus des visions, je n'aurais pas vu son âme m'apparaître, son âme belle et blanche comme elle, et couronnée de fleurs vierges comme elle... — Non!... non!... c'est impossible!... — Eglantine n'est pas morte!... — Mais il faut que je parte!... — il faut que je sache... — Oh! Lacuzon, Lacuzon, mon héros, c'est moi, bien plus que toi, qui devrais aujourd'hui me nommer *le souci*!...

Cette sorte de jeu de mots, qui se formulait ainsi par hasard dans sa pensée, fit sourire involontairement le voyageur et lui parut d'un heureux augure. — Il lui semblait que sa tristesse serait bien autrement tenace et sombre si véritablement Eglantine était morte.

En ce moment, Jacques Vernier rentra dans la cuisine.

Il était suivi d'un jeune paysan de douze à quatorze ans, dont le visage pâle et maigre, encadré dans de longues touffes de cheveux très-épais et d'un blond si pâle qu'ils ressemblaient à de la filasse, ne manquait cependant ni d'un certain caractère, ni d'une expression hardie et intelligente.

Ce garçon, très-grand pour son âge et ridiculement fluet, pouvait se comparer à ces arbres efflanqués qu'on laisse pousser de distance en distance parmi les jeunes coupes, et qu'on appelle des *baliveaux*.

Il était monté sur de longues jambes, aussi grêles que celles d'un héron, et muni de longs bras menus, qu'il agitait en marchant comme les ailes d'un moulin à vent.

Son costume, beaucoup trop succinct par le froid rigoureux, consistait en une veste déchirée, recouverte à demi par une peau de chèvre. Son haut-de-chausses, percé à jour, bravait ouvertement les lois de la décence, comme celui de l'enfant de chœur chanté par Gresset dans son *Lutrin*.

Il tenait à la main son bonnet de laine rayé de blanc, de vert et de rouge; — ses pieds étaient nus dans ses sabots rembourrés de paille.

— Messire, — dit l'aubergiste, — voici Nicolas Paget, qui est le garçon du bonhomme Paget, lequel est mon compère et un très-digne chrétien... — Le petit n'est point bête, il a de la capacité, et s'il avait seulement quatre ou cinq ans de plus, ça serait une brave recrue pour les corps-francs de Lacuzon... — Tel que le voilà, et pour un écu, il vous conduira dans le vrai chemin... — Prenez-lui donc de confiance... — je réponds de lui, et quand Jacques Vernier répond de quelqu'un, on peut suivre le paroissien les yeux fermés, — oui, pardieu!... — Demandez plutôt au colonel Varroz!...

— J'accepte de grand cœur les services de cet enfant, — répondit le voyageur. — Sa figure me revient fort, et, au lieu d'un écu que vous demandez pour lui, il en aura deux.

— Nicolas, — s'écria l'aubergiste, — remercie ce gentilhomme... et viens m'aider à brider le cheval.

Cinq minutes après, le jeune étranger, après avoir largement payé sa dépense, se mettait en selle.

Tandis que Jacques Vernier lui souhaitait heureuse chance et bon voyage, Jeanne-Antoine, la servante aux yeux noirs, debout sur le seuil et les deux bras croisés sur sa poitrine plantureuse, dévorait des yeux le beau cavalier.

Ce dernier, tout en s'éloignant, entendit l'aubergiste qui s'écriait d'une voix colère :

— Dis donc, toi, eh! la grosse!... est-ce que ce gentilhomme te doit quelque chose, que tu le dévisages de cette façon-là, au lieu d'être dans ton évier à récurer ta vaisselle!...

Et la Jeanne-Antoine répliquait avec une forte nuance d'ironie et en citant son dicton favori :

— Quien! not' maître, *un chien regarde bien un évêque!*... et tant qu'à la vaisselle, je la récurerai à ce tantôt.

Décidément l'honnête Jacques Vernier n'était pas absolument le maître dans sa maison !...

Que voulez-vous ?... cet homme était veuf.

§

Le voyageur inconnu auquel j'espère, — peut-être à tort, — que mes lecteurs commencent à prendre quelque intérêt, marchait au très-petit pas de son cheval, afin de ne pas fatiguer, ou tout au moins de ne pas dépasser le jeune Nicolas Paget, qui, rendu joyeux par la perspective attrayante des deux écus promis, faisait tournoyer sans relâche ses gigantesques bras de faucheux.

Il pouvait être deux heures et demie au moment où le cavalier et son guide sortirent de Champagnolles.

Le ciel était bas et sombre, — couvert de nuées lourdes et grises ; — une sorte de brouillard à demi transparent rampait sur le sol et changeait la forme des objets, sans les dérober absolument aux regards.

La gelée avait durci la terre, et les fers du cheval résonnaient sur le chemin comme s'il eût été pavé.

L'enfant sifflotait un air de noël rustique.

Le cavalier s'absorbait dans une série de réflexions, dont le monologue que nous avons mis un peu plus haut sous les yeux de nos lecteurs peut facilement faire deviner la nature et les revirements.

Au bout de deux heures de marche silencieuse, l'inconnu et Nicolas Paget arrivaient à l'entrée d'un bois taillis très-épais. — Depuis longtemps déjà la route se rétrécissait de plus en plus, et là elle avait fini par devenir un sentier où deux personnes auraient difficilement passé de front.

En cet endroit le sentier lui-même semblait s'interrompre.

L'enfant s'arrêta.

— Eh bien, — lui demanda le cavalier, — qu'y a-t-il ?

— Il y a, messire, qu'il vous faut descendre de cheval ; — nous voici à l'entrée du bois de Morbier, et tout ce que vous pourrez faire sera de tirer votre animal derrière vous par la bride, — et encore vous ne passerez pas sans peine, car la *sente* qui traverse le bois n'est guère large...

L'inconnu suivit littéralement les injonctions de son guide, et il s'engagea à sa suite dans le sentier tracé sous bois.

Au moment de pénétrer dans le fourré, l'enfant se signa dévotement.

— Pourquoi fais-tu le signe de la croix ? — lui dit l'inconnu.

— Parce qu'on prétend, messire, que c'est dans le bois de Morbier que tous les loups garous du pays viennent s'accoupler.

— Et tu as peur des loups-garous ?

— Je n'en ai point peur, messire, parce qu'il est reconnu que contre une personne qui n'est pas en état de péché mortel, et qui fait le signe de la croix, ils ne peuvent rien...

— En as-tu vu, des loups-garous ?

— Jamais. — Mon père en a vu une fois, — mais justement il avait été la veille à confesse et le maudit ne lui a point fait de mal...

Les difficultés toujours croissantes du chemin interrompirent la conversation commencée. — Les branches entrelacées fermaient à chaque pas le sentier. — L'inconnu ne les écartait qu'à grand'peine, et quelques-unes venaient d'instant en instant le fouetter violemment au visage.

La nuit tombait. — Un vent assez vif et glacial s'était élevé avec le crépuscule déblayait les nuées lourdes entassées dans le ciel pendant tout le jour, et la pleine lune se levait à l'horizon large et rouge comme un bouclier sanglant, dans le firmament éclairci.

Malgré le froid de plus en plus rigoureux, et quoiqu'il eût été obligé de se débarrasser de son manteau et de l'attacher sur la selle de son cheval, l'inconnu était en nage et de grosses gouttes de sueur ruisselaient sur son front et sur sa figure.

— Ah ça! mais, — s'écria-t-il tout à coup, — ce n'est pas un chemin, cela!... Personne ne passe donc jamais par ici ?...

— Personne que les bûcherons et les charbonniers, — répondit l'enfant ; — les gens de Champagnolles, quand ils vont à Saint-Claude, font un détour par Clairvaux. — Mais Jacques Vernier m'a bien dit que vous vouliez venir par ici..

— Avançons-nous au moins ?

— Dame! nous ne reculons point, mais nous n'avançons guère.

— Dans combien de temps serons-nous hors du bois ?

— Dans une heure, en approchant... — peut-être un petit peu plus, peut-être un petit peu moins.

— Es-tu bien sûr, seulement, de ne pas te tromper de chemin ?...

— Oh! pour cela, oui !... — Je me retrouverais dans le bois de Morbier, les yeux fermés... — J'y viens assez souvent dénicher des merles au printemps...

— Enfin, — murmura le voyageur en souriant, — on est certain de ne faire ici aucune rencontre, bonne ou mauvaise... et c'est une consolation...

L'enfant avait entendu.

— Ah messire, — dit-il, — il ne faudrait point s'y fier. — Il y a deux sortes de gens qui passent n'importe où, et qui ne craignent guère les mauvais chemins : — ce sont les *Gris* de Lespinassou le Fâcheux, et les *Cuanais* du capitaine Lacuzon...

— Qu'est-ce que c'est que les *Gris* ?

— Ce sont des bandes de la Bresse et du Bugey ; — ils ont deux capitaines, Lespinassou et Brunet... et ils mettent tout au pillage...

— Et les gens du capitaine Lacuzon, pourquoi les appelles-tu des Cuanais ?...

— Parce que tout le monde les appelle comme ça... Mais j'ignore pourquoi...

Ce que l'enfant ignorait, nous le savons, nous. — Le mot *Cuanais* était un diminutif de *Séquanais* ou Franc-Comtois.

L'inconnu reprit :

— Où est-il, en ce moment, le capitaine Lacuzon ?...

— Qui le sait ?...

— Comment ! on ne sait pas où il est ?

— Il est partout.

— Que veux-tu dire ?...

— On le croit à Lons-le-Saulnier, il est à Saint-Claude... — On le voit le matin à Moyrans, le tantôt à Champagnolles, le soir à Nozeroy... — Je vous dis que le capitaine Lacuzon est plus qu'un homme, puisqu'on est sûr de le trouver à la fois partout où il y a des Suédois, des *Gris*, des Français, des ennemis enfin...

L'enfant se tut.

— Mais qu'est-ce donc, en réalité, que cet homme, — se demanda le voyageur, — qu'est-ce donc que cet homme qui, si jeune encore et dans son propre pays, fait rayonner autour de lui ce prestige presque fantastique et, comme les dieux du vieil Homère, marche enveloppé dans un brouillard lumineux !...

Puis l'inconnu, pensif et préoccupé, continua à se frayer un passage dans la voie presque impraticable qu'il fallait suivre.

Enfin, cette partie si fatigante du voyage arriva à son terme.

Les taillis s'éclaircirent et furent remplacés par des bois de haute futaie. — Peu à peu les arbres eux-mêmes devinrent rares et se disséminèrent à des distances irrégulières.

Nos deux personnages avaient atteint l'extrême limite de la forêt de Morbier, et ils se trouvaient au point culminant d'une côte escarpée, sorte de falaise qui dominait une gorge profonde.

La nuit était complètement venue, mais la lune montait dans le ciel ; — une lumière bleuâtre et vive inondait les sommets des montagnes rapprochées, — les pics neigeux de la chaîne du Jura, — et le plateau lui-même sur lequel arrivaient l'inconnu et son guide.

Ces points éclairés faisaient paraître plus obscures les ténébreuses profondeurs de la vallée qui se déroulait à leurs pieds ; mais le regard, s'habituant à cette obscurité, ne tardait guère à distinguer un cours d'eau rapide dont un rideau de blanches vapeurs suivait toutes les sinuosités.

Le versant, — roide comme le toit d'une maison, — qui conduisait du plateau au fond de la gorge, se trouvant exposé au plein nord, était couvert de neige.

— Messire, — dit l'enfant, — je vais vous quitter ici...

— Comment! — s'écria le voyageur stupéfait, — tu veux me quitter!... et pourquoi?...

— Parce que, messire, nous nous rapprochons d'Orsières et que, pour rien au monde, pas même pour sauver ma vie, je ne passerais à Orsières une fois que la lune est levée...

— Qu'y a-t-il donc de si effrayant dans l'endroit dont tu parles?...

— C'est là que se tient le sabbat. . — répondit Nicolas Paget d'une voix émue et pleine de terreur..

L'étranger sourit.

L'enfant ne put voir ce sourire, mais il le devina.

— Messire, — murmura-t-il, — il ne faut pas rire de ces choses-là, surtout la nuit... — Cela porte malheur!...

— Mais enfin, — reprit l'étranger, — il a été convenu que tu me conduirais jusqu'à Saint-Claude et que je te donnerais deux écus...

— C'est vrai, messire; — aussi, puisque je ne tiens point ma promesse, vous êtes le maître de ne point tenir la vôtre, et je ne me plaindrai pas...

— Pourquoi donc t'engageais-tu vis-à-vis de moi à m'accompagner, puisque tu ne voulais pas le faire jusqu'au bout?...

— Je ne pensais point, messire, que nous serions en route si tard... et je ne me souvenais plus que nous étions au temps de la pleine lune...

— Eh! que veux-tu que je fasse maintenant sans guide?... Je ne connais pas le pays, et je vais infailliblement m'égarer et me briser les os, selon la prédiction de Jacques Vernier.

— Messire, — répliqua l'enfant, — de ce côté-là, vous n'avez nul risque à courir... — le chemin est aussi facile à présent qu'une grande route, et je ne vous servirais à rien... Il n'y a qu'un mauvais endroit : celui où nous sommes, à cause de la descente qui est terrible, et peut-être bien que votre cheval ne pourra pas s'en tirer ; mais je ne pourrais pas vous aider... Une fois dans la vallée de Morez, que voilà sous nous, le plus fort est fait...

— Mais il y a une rivière, au fond de la vallée?

— Oui, la Bienne. Vous descendrez le long du cours de l'eau, jusqu'à ce que vous rencontriez un moulin... — En écoutant bien, depuis ici vous l'entendriez faire tic-tac!

— Et ensuite?

— A cent pas au-dessous du moulin il y a un gué, juste en face d'un vieux saule qui ne vit plus que par son écorce, — vous passerez la rivière... Il n'y a pas plus d'un pied d'eau dans cet endroit-là...

— En es-tu certain?

— Je l'ai passée souvent, la rivière, et je n'avais de l'eau que jusqu'aux genoux... — Quand vous serez de l'autre côté, vous gravirez la côte et vous suivrez la crête de la montagne et la lisière d'un bois de sapins... Ça vous conduira à Longchaumois... — De Longchaumois à Saint-Claude, il y a la route; — mais n'oubliez pas, messire, n'oubliez pas de faire une prière quand vous passerez à Orsières, près du communal de la Gire... et si vous voyez sur votre gauche une grande lumière, mettez votre cheval au galop et sauvez-vous sans détourner la tête... car cette lumière ce sera le feu du sabbat...

— Tends ton bonnet, — dit le voyageur.

— Est-ce que vous allez me donner les deux écus tout de même? — demanda Nicolas Paget avec un étonnement naïf.

— Oui, les voilà.

— Ah! messire! — s'écria l'enfant, — je prierai de bon cœur le bon Dieu pour vous...

— Eh bien, — répliqua le jeune homme dont la pensée se reporta à Églantine, — prie-le d'éloigner de moi la plus terrible douleur que je puisse ressentir... prie-le de permettre qu'une nouvelle qui m'a été apprise aujourd'hui soit une fausse nouvelle!...

— Je vais le lui demander tout de suite... et demain encore... et tous les jours, messire...

— Mais où vas-tu coucher cette nuit, car tu ne peux songer à retourner à Champagnolles?

— J'irai dans un endroit où bien des gens de nos campagnes se sont réfugiés à l'arrivée des Suédois et des Français, et où je trouverai assez de paille pour me faire un bon lit.

— Où donc!...

— Dans les grottes du Hérisson...

— Allons, bonne nuit, mon enfant, et bonne chance.

— Et vous, messire, bon voyage... et que Dieu vous garde!...

Nicolas Paget s'éloigna d'un pas rapide en agitant ses grands bras. L'étranger sonda du regard la descente véritablement effrayante qu'il lui fallait affronter avec sa monture, et que la neige rendait plus dangereuse encore.

Il assujettit solidement autour de son bras la bride du noble animal, et il le tira en avant. — Le cheval, effrayé par ces profondeurs sombres et béantes, se défendit longtemps; — enfin il céda, et les flancs émus, les naseaux dilatés par la terreur, il s'engagea dans la descente.

Les deux tiers environ de cette descente s'effectuèrent sans encombre, — mais, arrivé au dernier tiers, le cheval glissa, essaya vainement de se cramponner à la surface unie de la neige gelée, — et les jambes de devant roidies, les jarrets reployés sur lui, il fut lancé avec une inconcevable rapidité, comme un traîneau sur une montagne russe, entraînant avec lui son maître, qui n'avait point lâché la bride.

Ils arrivèrent ainsi jusqu'à la vallée, et, par un hasard presque miraculeux, ni l'un ni l'autre ne s'étaient fait aucun mal.

L'étranger se remit en selle avec un sentiment de joie et de bien-être facile à comprendre et se dirigea vers le moulin pour passer la Bienne à ce gué dont Nicolas Paget lui avait parlé et qui devait se trouver en face du vieux saule.

Il le trouva sans peine, et il s'assura de la parfaite exactitude des renseignements donnés par l'enfant, car, en cet endroit, l'eau rapide et écumante n'arriva même pas à la hauteur des jarrets de son cheval.

IV. — LE CAPITAINE LESPINASSOU.

Ce passage heureusement effectué sembla de bon augure au voyageur, et il gravit sans hésiter la côte rapide, et cependant praticable, qui formait l'autre versant de la gorge.

Pendant près d'une heure il suivit la crête de la montagne et la lisière du bois, et enfin il arriva à un point culminant d'où il entrevit, aux clartés pâles de la lune, les maisons d'un petit village disséminé sur le flanc d'une colline dont une vallée large et profonde le séparait.

Ce village était Longchaumois. — Pour l'atteindre, il ne lui restait plus qu'à descendre; ce qu'il effectua sans peine, car le sentier, quoique à peine tracé, n'était ni bien roide, ni bien difficile.

Un peu en avant du hameau et à la sortie d'une sapinière, se trouvait une maison presque entièrement semblable à celle que nous avons décrite dans le prologue de ce livre, à cette seule différence près que l'enclos dépendant de cette demeure ne l'entourait pas, mais était situé derrière elle.

La porte et les fenêtres s'ouvraient, par conséquent, sur le chemin.

Le voyageur inconnu allait sortir de l'ombre profonde projetée sur lui et sur son cheval par les rameaux touffus des sapins, et entrer dans un espace découvert et par conséquent éclairé, quand un bruit soudain et de la nature la plus inquiétante lui fit arrêter court sa monture.

Ce bruit ressemblait à un cliquetis d'armes et à un murmure de voix confuses; — des cris et des imprécations se détachaient d'instant en instant d'une façon distincte, et tranchaient sur l'uniformité de ce tapage monotone.

Cliquetis d'armes, murmures et clameurs paraissaient sortir de cette maison, située à quarante ou cinquante pas et dont nous venons de parler; — des lueurs assez vives jaillissaient des deux fenêtres.

A l'époque où se passaient les faits dont nous nous faisons l'historien, — il était inutile d'en entendre davantage pour avoir la certitude que quelque catastrophe terrible, que quelque grand péril était proche.

Le cavalier se consultait sur le parti à prendre et se demandait s'il devait retourner sur ses pas, car il lui semblait manifestement insensé d'aller se jeter, tête baissée, dans un péril dont il ignorait même la nature.

Sans doute il allait tourner bride, quand un incident inattendu le cloua sur place.

Un jeune homme d'une haute taille, d'une tournure singulièrement élégante, et dont le visage, éclairé en plein par la lune, offrait une beauté mâle et fière, faisait lentement et avec précaution le tour de la maison, et s'approchait de l'une des fenêtres d'où son regard pouvait plonger dans l'intérieur.

Là il s'arrêta et il demeura immobile et attentif, ne se doutant guère qu'il était lui-même observé par notre inconnu.

Il avait roulé son manteau autour de son bras gauche, et il tenait de la main droite le large chapeau de feutre gris orné d'une plume noire dont il s'était débarrassé pour mieux voir et pour mieux entendre.

Ce jeune homme — puisque nous avons dit que cet homme était jeune — avait une tête magnifique, que nous ne saurions mieux comparer qu'à celle de ce duc d'Albe immortalisé par les pinceaux du Titien.

Ses cheveux noirs et abondants tombaient sur ses épaules en longues boucles; ses moustaches noires et soyeuses encadraient une bouche aux lèvres mobiles et impérieuses, garnies de dents éblouissantes.

Son teint était d'une pâleur chaude et brune comme celui d'un Espagnol de Séville ou de Grenade, — une grosse veine se dessinait sur son front proéminent, qu'elle traversait dans toute sa hauteur, allant depuis le sourcil gauche jusqu'à la racine des cheveux. Ses yeux très grands, et en quelque sorte lumineux, semblaient étincelants, enfoncés qu'ils étaient dans des arcades sourcilières extrêmement profondes.

Un vieux soldat peut trinquer avec tous les seigneurs de la terre. (Page 11.)

Nous avons parlé de la tournure élégante de ce nouveau personnage. — La grâce, chez lui, n'excluait point la force. — Sa taille élancée et flexible s'élargissait à l'endroit de la poitrine et des épaules, dont les proportions admirables annonçaient une vigueur herculéenne.

Ce jeune homme portait des hauts-de-chausses de drap noir collants, recouverts jusqu'à mi-cuisse par des guêtres de cuir souple qui pressaient fortement la jambe dont elles dessinaient les irréprochables proportions, et descendaient sur les souliers ferrés à semelles épaisses.

Le pourpoint était noir comme les hauts-de-chausses et serré sur les hanches par une ceinture de cuir dans laquelle étaient passés un court poignard et de longs pistolets.

Enfin un bandrier de cuir noir soutenait une épée très-longue et très-lourde dont le pommeau formait une croix.

Sans doute la scène à laquelle assistait le personnage que nous venons de décrire était dramatique au plus haut point, car les émotions les plus vives et les plus terribles se peignaient sur son visage bouleversé.

Parfois il enfonçait brusquement son chapeau sur sa tête et portait les deux mains sur les crosses de ses pistolets. — En ce moment-là ses sourcils contractés se rapprochaient de manière à dessiner sur son front le sinistre fer à cheval des *Redgauntlet*, et ses regards étincelaient d'un feu sombre; — mais, l'instant d'après, il se penchait de nouveau vers la fenêtre, et il se remettait à prêter l'oreille avec une fièvreuse et croissante attention.

Le premier voyageur, toujours caché par l'ombre des sapins sous lesquels il s'était arrêté, recevait en quelque sorte le contre-coup des émotions qui se lisaient si clairement sur l'admirable visage du jeune homme aux cheveux noirs, et il se sentait pris pour ce dernier d'une subite et bizarre sympathie, explicable cependant par l'expression de franchise, de courage et de chevaleresque loyauté, empreinte sur ses beaux traits.

Soudain un cri aigu, — vibrant, — effroyable, — un cri de torture et d'agonie, retentit dans l'intérieur de la maison.

En même temps les clartés qui jaillissaient des deux fenêtres grandirent d'une façon prodigieuse.

Au cri sinistre succéda un morne silence. — Ce silence fut court.
Le jeune homme aux cheveux noirs avait pris un parti.
De la main gauche il saisit un pistolet, — de la main droite il tira du fourreau sa longue épée, et, reculant de trois ou quatre pas pour mieux prendre son élan, il bondit sur la fenêtre, dont les châssis craquèrent et se rompirent, et dont les carreaux volèrent en éclats, et il disparut dans l'intérieur de la maison.

Un effroyable tumulte fut la suite immédiate de cette irruption imprévue; — on entendit des vociférations infernales, — des hurlements enragés, — des coups de pistolet, — et, au milieu de tout ce fracas, le bruit sourd et terrible de la grande épée taillant les chairs et tranchant les os.

§

Voici ce qui s'était passé.
Une demi-heure avant ce moment, dans la première des deux pièces du rez-de-chaussée de cette maison qui, disons-le tout de suite, appartenait à Jean-Claude Prost, ou si vous le voulez, au capitaine Lacuzon, un homme d'une quarantaine d'années, petit et singulièrement contrefait, était assis sur une escabelle auprès de la cheminée où brûlait un feu de racines, et faisait couler lentement les grains de son rosaire entre ses doigts longs et noueux.

Cet homme, paysan maladif et inapte à toute espèce de travail, était logé et nourri par la charité de Lacuzon, à qui il inspirait la confiance la plus absolue et qui lui remettait la garde de son logis pendant ses absences presque continuelles. — Il se nommait Pèlerin.

Sans doute les dizaines interminables du chapelet qu'il égrenait dévotement produisirent à la longue sur Pèlerin l'effet d'un narcotique, car peu à peu ses paupières s'alourdirent, ses yeux se fermèrent, sa tête s'inclina d'une épaule à l'autre et finit par se pencher

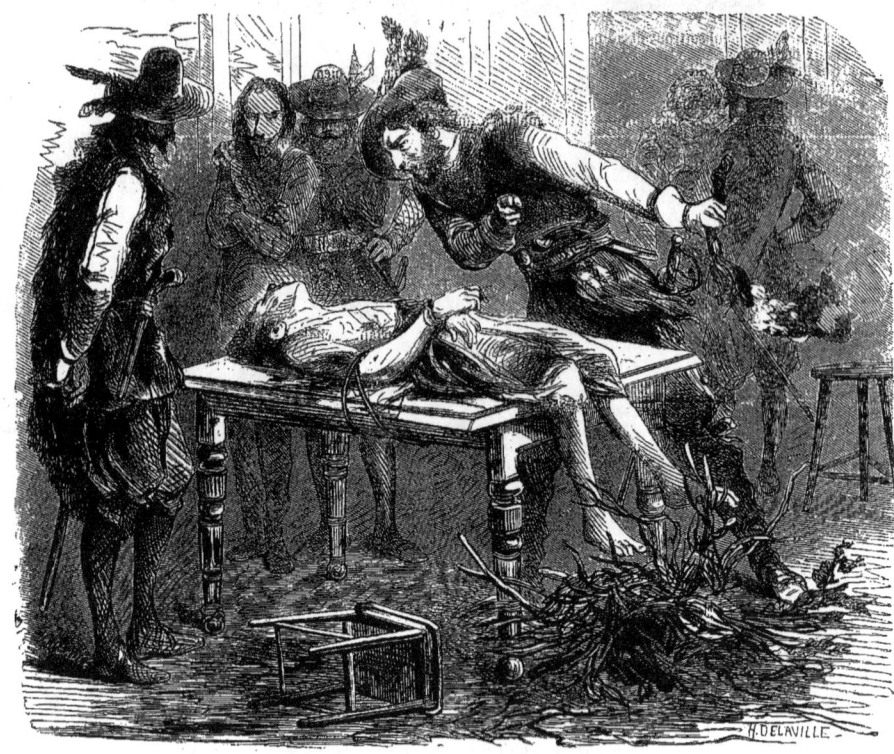

Je t'interroge pour la dernière fois; écoute et réponds. (Page 19.)

sur sa poitrine, en même temps que le rosaire s'échappait de ses mains. — Il dormait.

Un coup violent frappé à la porte de la maison l'arracha brusquement aux douceurs de ce calme sommeil.

— Qui va là?... — demanda-t-il d'un ton mal assuré en quittant son escabelle pour se diriger vers la porte.

— Ami, — lui répondit-on depuis le dehors, — ouvrez!...

— Les amis ont un nom, — répliqua-t-il; — dites le vôtre, et j'ouvrirai...

— Vous ne me connaissez point, — fit la voix; — je viens vous parler de la part du capitaine...

— De la part de mon maître?...

— Oui.

— Alors vous devez avoir le mot de passe...

— Le capitaine me l'avait donné, mais je l'ai oublié...

— Tant pis pour vous... — vous n'entrerez point... passez votre chemin.

— Je vous dit qu'il faut que j'entre, — je vous dis que Lacuzon est en péril, — je vous dis que je viens de sa part...

Cette réponse, faite d'un ton ferme, ébranla Pèlerin.

Cependant, avant d'ouvrir, il décrocha une vieille carabine suspendue à la muraille par deux clous.

— Je vous préviens, dit-il en mettant la main sur le verrou intérieur, je vous préviens que je suis armé. — Si vous m'avez trompé, — si ce n'est pas mon maître qui vous envoie, il vous arrivera malheur...

— Bien, bien, — répliqua la voix, — c'est entendu... — ouvrez vite...

En même temps il poussa le verrou et la porte s'ouvrit.

Huit hommes à figures de bandits, armés jusqu'aux dents et portant, comme les paysans bretons, des peaux de biques sur leurs pourpoints de gros drap gris, firent irruption dans la maison avec une incroyable impétuosité.

Trois d'entre eux se jetèrent sur Pèlerin, et, une demi-minute après,

le malheureux était désarmé et avait les mains solidement attachées derrière le dos.

— Les Gris!... — balbutiait-il d'une voix éteinte. — Sainte Vierge Marie, ce sont les Gris!...

— Comme tu dis, vieux coquin! — répondit un homme d'une taille colossale et d'une apparence athlétique, qui paraissait être le chef de ses compagnons. — Son visage était hideux. — Une profonde cicatrice formait un bourrelet violacé sur sa joue droite, depuis l'angle de l'œil jusqu'à la mâchoire; — un coup de sabre lui avait enlevé une partie de la lèvre supérieure, découvrant ainsi une rangée de dents écartées et pointues comme celles d'une bête fauve.

Ces deux terribles blessures, reçues dans des combats déjà anciens, écrivaient en quelque sorte un nom sur le visage de cet homme, et les enfants eux-mêmes, dans la province entière, savaient à qui appartenaient cette joue balafrée et cette lèvre mutilée.

Aussi Pèlerin, après avoir jeté un coup d'œil sur la figure de celui qui venait de lui parler, — cria-t-il, ou plutôt râla-t-il ce seul mot:

— Lespinassou!

C'était en effet ce redoutable Lespinassou, — ce monstre qui de l'homme n'avait plus même le visage, et qui partageait avec un autre bandit, — le capitaine Brunet, — le commandement des routiers sanguinaires de la Bresse et du Bugey.

En entendant prononcer son nom par Pèlerin, Lespinassou eut un effroyable sourire d'orgueil satisfait, — c'est-à-dire qu'une hideuse contraction souleva le lambeau cicatrisé de sa lèvre.

— Ah! ah! — dit-il, — tu sais qui je suis... — c'est bien... Cela va simplifier les choses, et j'en suis aise, car nous avons peu de temps à perdre...

Puis, s'adressant à ses compagnons, il ajouta avec un rire féroce:

— Fermez la porte, vous autres... — vous voyez que ce brave homme et moi nous avons à causer...

Les Gris obéirent.

Lespinassou s'assit au coin du feu, sur cette même escabelle que Pèlerin venait de quitter.

Il jeta sur la table longue qui se trouvait au milieu de la chambre son chapeau aux bords retroussés, et, passant la main dans ses cheveux laineux et grisonnants, il dit au paysan :
— Approche!...

Mais Pèlerin ne pouvait marcher; — ses dents claquaient de terreur, — ses jambes flageolaient sous lui, — il ressemblait à un homme à moitié mort.

Deux routiers le prirent par les coudes et le poussèrent brutalement jusqu'auprès de Lespinassou.

Pèlerin vacilla pendant un instant comme s'il était ivre et, incapable de rester droit, il tomba sur ses deux genoux.

— Excellente posture pour recommander son âme au diable ! — s'écria le colosse; — et c'est ce que tu auras de mieux à faire si tu ne réponds d'une façon prompte et satisfaisante aux questions que je vais t'adresser !...

— Je ne sais rien... — murmura le paysan anéanti; — ne me demandez rien... je ne peux rien vous dire...

— Ah ! tu ne sais rien !...
— Non, sur ma vie !...

— Ta vie tient en ce moment à bien peu de chose, et le serment que tu fais là ne t'engage pas beaucoup... — Comment t'appelles-tu ?
— Pèlerin.

— Eh bien, Pèlerin, je veux bien te prévenir que si tu continues à ne rien savoir quand je t'aurai questionné, je possède un moyen certain de te rendre la mémoire... — Mes hommes, jusqu'à ce que tu te sois souvenu de ce que je veux apprendre, aplatiront ton échine à coups d'épée, de façon à te faire rentrer ta bosse dans le corps... Et tu parleras, j'en réponds, quand je devrais te couper le gosier en quatre pour en faire sortir les paroles !...

Pèlerin roula autour de lui un œil éteint et répéta :
— Je ne sais rien...
— Nous allons voir. — Il y a ici de l'argent caché; — où est cet argent?...
— De l'argent... et d'où viendrait-il ?... — La maison est vide... le champ est en friche... — mon maître est pauvre...
— Les nobles du pays sont riches et lui donnent de l'argent pour nous combattre, nous le savons... Où est cet argent ?
— Je ne sais pas.
— Alors, si tu ne le sais pas, je tâcherai de te l'apprendre tout à l'heure. — Autre question : — Où est Lacuzon ?
— Je ne sais pas.
— Où est Varroz ?
— Je ne sais pas.
— Où est Marquis ?
— Je ne sais pas.
— Mais alors, décidément, — fit Lespinassou avec un ton de bonhomie qui ressemblait à la caresse du tigre, — décidément, tu ne sais donc rien ?...
— Rien... rien... je ne sais rien...
— Bien sûr ?
— Oh ! oui... oui... bien sûr... — Je vous le jure sur la Vierge Marie... je ne sais rien...

Lespinassou fit un signe.

L'un des routiers, l'épée nue à la main, s'approcha de Pèlerin et glissa la pointe de son arme entre le vêtement et les épaules du paysan qui poussa un cri rauque.

— Voyez donc, — dit Lespinassou avec un ricanement sinistre, — voyez donc ce chien hargneux qui hurle avant qu'on l'écorche !...

En effet, l'épée du routier n'avait fait que fendre le pourpoint de Pèlerin, depuis le cou jusqu'à la ceinture ; — mais le froid glacial de l'acier lui avait fait croire que l'épée entamait sa chair.

— Quelle chanson va donc nous chanter le vieux hibou tout à l'heure ? — continua Lespinassou.

Les vêtements, coupés par le milieu et retombant à droite et à gauche, laissaient à découvert les épaules chétives et la bosse proéminente du paysan.

Les Gris, à cet aspect, eurent un accès de gaieté franche, et quelques joyeux quolibets s'échangèrent entre eux.

— Ma foi, — dit le capitaine, s'associant de bon cœur à cette hilarité communicative, — voilà un gaillard bien mal bâti ! — c'est charité pure que de redresser cette échine tortue qui ressemble à un cep de vigne ! — Chargez-vous de cette bonne œuvre, mes enfants !... — cela vous sera compté dans l'autre monde, n'en doutez pas !...

Cette raillerie piquante obtint un succès fou près des Gris, — fort connaisseurs en fait de jeux d'esprit !...

Tous, l'épée nue à la main, se rangèrent en demi-cercle autour de Pèlerin, et ils attendirent le signal du maître.

— Brave homme, — dit ce dernier au paysan, — ne manque pas de nous prévenir quand la mémoire te sera revenue...

Puis aux routiers :
— Allez, mes enfants, et faites bien les choses !...

Une épée s'éleva et retomba, — puis une autre, — puis une autre, — jusqu'à ce que toutes les sept eussent frappé du plat de leur lame la peau brune et parcheminée du malheureux, — et ce fut alors au tour de la première de s'élever et de retomber de nouveau...

Bientôt chaque épée traça son sillon bleuâtre dans l'endroit qu'elle touchait. — bientôt chaque lame, en se relevant, enleva un lambeau de chair.

Pèlerin poussait des cris sourds et se tordait comme un serpent, mais sans venir à bout de se relever.

De seconde en seconde Lespinassou lui disait :
— Où est l'argent? — où est Lacuzon? — où est Varroz ? — où est Marquis ?...

Pèlerin, au milieu de ses hurlements, répondait : — Je ne sais pas !...

Et Lespinassou reprenait, en s'adressant aux Gris :
— Allez, mes enfants, allez toujours, — vous voyez bien que sa bosse n'est pas encore rentrée et que sa mémoire n'est pas encore revenue !...

Et les épées continuaient à monter et à descendre avec une régularité diabolique et une cadence infernale.

Au bout d'un instant, le bruit sec et sifflant qu'elles produisaient en heurtant la chair, changea de nature ; — on eût dit alors qu'elles fouettaient une boue liquide, et chaque coup faisait jaillir une rosée sanglante, — si bien que les Gris frappaient de la main droite, et, de la gauche, essuyaient leur visage moucheté de sang.

Pèlerin ne criait plus. — Un tressaillement convulsif secoua ses membres. — Ses yeux tournèrent dans leurs orbites et il tomba en avant, le visage contre terre.

V. — OU IL EST PARLÉ DU JEUNE HOMME AUX CHEVEUX NOIRS, DU JEUNE HOMME AUX CHEVEUX BLONDS ET DE LA JUSTICE DU CAPITAINE LACUZON.

— Diable ! diable ! — murmura Lespinassou, — s'il était mort, voilà qui ne ferait pas mon affaire !!...

Mais, après une seconde de réflexion, il ajouta :
— Allons donc ! — est-ce qu'on meurt pour si peu de chose !...
— Le drôle est évanoui ou fait semblant de l'être, — nous allons lui venir en aide...

Un geste du chef expliqua à ses compagnons le sens précis des dernières paroles qu'il venait de prononcer.

Ce geste avait désigné successivement le corps inanimé de Pèlerin et la table sous laquelle se trouvait le chapeau de Lespinassou.

Le capitaine coiffa sa tête crépue de ce chapeau dont un étroit galon d'or, insigne du commandement, entourait la forme.

Les Gris soulevèrent le malheureux paysan sans connaissance ; — ils l'étendirent sur la table et ils l'attachèrent solidement au moyen de cordelettes dont l'un d'entre eux — (qui remplissait auprès de Lespinassou l'office de *Trois-Échelles* et de *petit André* auprès du bon roi Louis XI) — dont l'un d'entre eux, disons-nous, était toujours amplement muni.

Pèlerin continuait à ne donner aucun signe de vie.

— Allons ! — s'écria Lespinassou en se levant de l'escabelle qu'il n'avait pas quittée depuis le commencement de l'épouvantable scène qui précède; — allons, il est temps de faire respirer des sels à ce pauvre diable !

Le même sourire, ou plutôt le même hideux rictus dont nous avons déjà parlé, commentait cette phrase et la rendait horriblement significative.

Lespinassou tira de sa ceinture un long couteau catalan, et, s'approchant du paysan, il se mit avec la pointe de ce couteau à dessiner sur sa poitrine des figures bizarres, en ayant soin que l'acier pénétrât seulement de quelques lignes dans la chair (1).

Le sang ruisselait. — Les Gris regardaient faire ; — ils trépignaient d'aise et battaient des mains.

Soudain la pointe du couteau rencontra un muscle. — Sans doute la douleur fut atroce, car Pèlerin ouvrit aussitôt les yeux, un cadavre qu'on soumet à l'action de la pile de Volta, — et en même temps des profondeurs de sa poitrine ensanglantée s'exhala un gémissement sourd

— Eh bien ! — fit Lespinassou, — nous voilà donc réveillé, mon brave homme !... — Nous sommes plus vivant et mieux portant que jamais, n'est-ce pas ?... — La mémoire nous est-elle revenue ?... — Savons-nous où est l'argent ?... — Savons-nous où est Lacuzon ?— Savons-nous où est Varroz ? — Savons-nous où est Marquis ?... et nous déciderons-nous enfin à dire tout cela à notre bon ami Lespinassou ?

Les lèvres du paysan s'agitèrent, mais elles ne produisirent aucun son.

Seulement, au mouvement de ses lèvres, le tortureur devina que la force seule avait manqué à Pèlerin pour répondre une fois de plus :

(1) Ces scènes révoltantes sont rigoureusement historiques. — Le romancier se trouvait dans l'absolue nécessité de les reproduire pour donner à ses lecteurs une idée des cruautés atroces auxquelles se livrèrent les Suédois et les Gris pendant la longue guerre de la conquête.

— Je ne sais pas !...

Lespinassou grinça des dents, — une rage indicible s'emparait de lui !...

— Ah ! tu ne sais pas !... — répéta-t-il, — ah ! tu ne sais pas !...

Et la lame d'un couteau s'enfonça de deux pouces dans le bras droit du malheureux, qui poussa un rugissement de damné.

— Sais-tu, maintenant ? — demanda Lespinassou.

— Non ! non ! non !... — cria Pèlerin avec désespoir, — je ne sais pas ! je ne sais pas !...

Lespinassou perça le bras gauche comme il venait de percer le droit, et, de nouveau, il demanda :

— Sais-tu, maintenant ?

Et de nouveau Pèlerin répondit :

— Je ne sais pas !...

Une pâleur livide envahit le masque blafard et couturé de Lespinassou ; — la fureur de cet infâme tortureur arrivait à son paroxysme.

Sa main puissante, aux doigts carrés, aux phalanges velues, s'approcha de la gorge du paysan, qu'il eut un instant l'idée d'étrangler ; — mais il fallait que Pèlerin parlât avant de mourir !

La main de Lespinassou retomba.

— Il doit y avoir des fagots ici, — dit-il en se tournant vers ses compagnons, — cherchez ces fagots et apportez-les...

Deux des Gris saisirent une racine enflammée qui pouvait leur servir de torche, et commencèrent une perquisition dans la maison.

— Déchaussez cet homme, — ajouta le capitaine en montrant Pèlerin dont les jambes pendaient en dehors de la table.

Cet ordre était facile à exécuter ; — le paysan n'avait aux pieds que des bas de grosse laine et de lourds sabots.

En ce moment les routiers rentrèrent, en apportant un énorme fagot d'épines sèches qu'ils avaient trouvé dans le cellier.

Ils ne demandèrent même pas ce qu'il en fallait faire, tant leur habitude de ces sortes d'exécutions était grande, et ils jetèrent les épines sur le sol, sous les jambes nues de Pèlerin.

Lespinassou, qui venait de remettre à sa ceinture le couteau ensanglanté dont il s'était servi, prit la racine ardente des mains de l'homme qui la tenait, et dit au paysan :

— Je t'interroge pour la dernière fois !... — écoute et réponds !...
— Où est l'argent ? — Où est ton maître ? — Où est le colonel Varroz ? — Où est le curé Marquis ?...

Et, penché sur Pèlerin, qui semblait râler son dernier souffle et qui saignait par toutes ses blessures, il écouta avidement.

Le paysan ferma les yeux et garda le silence.

Lespinassou attendit pendant quelques secondes, — puis, sans ajouter un mot, il se baissa et il glissa la torche sous les épines desséchées qui s'embrasèrent comme de la paille.

En moins d'une seconde, la flamme pétillante enveloppa les pieds et les jambes de Pèlerin.

C'est en ce moment que le misérable poussa ce cri aigu, vibrant, — épouvantable, — ce cri d'agonie dont nous avons parlé plus haut.

Il fit pour se soulever un si violent effort qu'il rompit à moitié les cordes qui le retenaient, et, tout en se débattant, il murmura :

— Éteignez ce feu... éteignez ce feu... Je dirai tout.

D'un coup de pied Lespinassou dispersa dans la chambre les épines enflammées.

Pèlerin, d'une voix qui s'affaiblissait à chaque parole, continua :

— Pour l'argent et pour Lacuzon, je ne sais pas... mais Varroz et Marquis sont à...

Il n'eut pas le temps d'achever.

Le châssis et les carreaux de la fenêtre volèrent en éclats, et le jeune homme aux cheveux noirs, un pistolet d'une main, sa longue épée de l'autre, tomba plus rapide que la foudre au milieu des Gris stupéfaits et épouvantés.

Son premier coup de feu abattit un homme, et son épée, flamboyante comme celle de l'archange Raphaël, en cloua un second sur le rebord de la table, — mais saignante lui-même de la poitrine qu'il venait de trouer, recommença son moulinet formidable, enveloppant la main qui la faisait agir dans une mouvante et infranchissable muraille d'acier, d'où s'échappaient d'instant en instant de mortels éclairs.

L'un des Gris essaya de se jeter à plat ventre sur le sol, comme s'il était blessé, afin d'arriver en rampant jusqu'à ce terrible et mystérieux agresseur, et de le frapper traîtreusement de bas en haut.

Mais le jeune homme avait deviné cette manœuvre, et au moment où le routier n'était plus qu'à trois pas de lui, il lui cassa la tête avec son second pistolet.

Il ne lui restait plus désormais que cinq adversaires à combattre, mais parmi ceux-ci se trouvait le géant Lespinassou, qui à lui seul valait trois hommes, sinon pour le courage, du moins pour la force.

L'inconnu s'était adossé à l'embrasure de la fenêtre ouverte, afin de ne point courir le risque d'être surpris par derrière ; — en outre, il fermait ainsi la retraite aux routiers qui, nous le savons, avaient verrouillé la porte, et qui, dans l'inexprimable confusion d'un pareil moment, ne songeaient point à la rouvrir, et ne l'auraient peut-être pas pu, car cette porte se trouvait dans le rayon du cercle étincelant que décrivait l'épée vengeresse.

Un des Gris cependant s'efforça de franchir le cercle ; il tomba pour ne plus se relever.

Les trois autres perdaient la tête. — Lespinassou, au contraire, reprenait un peu de sang-froid et se rendait compte de la situation.

— Il est seul ! — s'écria-t-il, — et nous sommes quatre !... Tuons-le comme un chien !... — A mort !... à mort !

Et il fit feu de ses deux pistolets à la fois... — mais ses mains tremblaient, — il n'atteignit point l'inconnu.

— Misérable ! — lui dit ce dernier. — Ah ! je te connais bien !... tu es Lespinassou !... — tu as la férocité du loup, et tu as aussi sa lâcheté !... — tu ne sais tuer qu'à distance !... mais viens donc ici, près de moi, fer contre fer !... viens donc !... — et si quelque chose qui ressemble à un cœur bat dans ta poitrine velue, montre-le !...

Et comme Lespinassou ne venait point à lui, il s'élança vers Lespinassou.

Le bandit n'avait pas fait un pas en avant, — mais il soutint sans reculer le choc de son formidable ennemi.

Alors une lutte presque corps à corps commença entre ces deux hommes, dont l'un dominait l'autre de toute la tête, quoique le nouveau venu fût de haute taille ; — mais nous savons déjà que Lespinassou était un colosse.

L'inconnu attaquait avec une rage et avec une impétuosité dont aucune expression ne saurait donner une idée exacte. — La pointe de son épée voltigeait comme un feu follet de la poitrine au visage du géant, qui ne pouvait faire de cette pointe et de cette épée que parer avec sa lourde rapière ces coups multipliés qui se succédaient aussi rapidement que les éclairs dans un ciel orageux.

Lespinassou était perdu et dans ce moment il se fût trouvé seul avec son adversaire, car, réduit à se tenir sur la défensive, il n'aurait pu longtemps empêcher la pointe foudroyante d'arriver jusqu'à son cœur.

Il le comprit, et, pour la seconde fois, il cria aux trois hommes qui lui restaient :

— Mais, lâches gredins que vous êtes, venez donc à mon aide !... Vous voyez bien qu'il est seul !... assommez-le par derrière !...

Les Gris, à ces mots, reprirent courage et se ruèrent à la fois sur l'ennemi commun, — non pas comme des hommes, mais comme des loups enragés.

Le combat devenait inégal. — Enfermé dans un cercle de fer et forcé de se défendre à la fois contre quatre épées, le jeune homme luttait encore, mais il sentait avec désespoir qu'il allait être vaincu.

Sa respiration s'embarrassait, — une sorte de voile s'étendait devant ses yeux et rendait ses coups mal assurés, — son bras s'engourdissait, — des tintements sinistres emplissaient ses oreilles.

— Ah ! — se dit-il, — c'est le glas de mes funérailles ! — Voici la mort qui vient !... — mais, du moins, je me coucherai dans une tombe ensanglantée !...

Et, par un suprême effort, il frappa l'un de ces coups terribles dont étaient si prodigues les héros des romans de chevalerie du moyen âge, et il renversa à ses pieds l'un des routiers, la tête fendue jusqu'aux épaules.

Lespinassou et les deux autres reculèrent. — Cette trêve ne dura qu'une seconde, — ils voyaient bien tous trois que les forces de l'inconnu étaient épuisées, — ils voyaient bien qu'il commençait à chanceler et que son épée frappait le vide avec des mouvements irréguliers et pour ainsi dire convulsifs.

Ils revinrent à la charge en poussant un hurlement de triomphe.

Le jeune héros recommanda son âme à Dieu et il attendit la mort.

Au lieu de la mort, ce fut le secours qui vint.

Depuis le dehors, une voix cria : — Courage !... j'arrive !...

Un homme bondit par la fenêtre ouverte, — fit feu de ses deux pistolets, — tua l'un des Gris, — et, mettant l'épée à la main, se plaça à côté du premier combattant, en disant à Lespinassou :

— Nous voici deux contre deux !... Viens si tu l'oses !...

Mais Lespinassou n'osa pas.

La fenêtre, devenue libre, offrait une voie à la fuite. — Lespinassou en profita, — il s'élança hors de la maison et disparut dans les ténèbres, suivi par le seul des routiers qui restât vivant.

Six cadavres gisaient pêle-mêle dans la salle basse ; — le plancher ruisselait de sang comme les dalles d'une boucherie. — Pèlerin, toujours étendu sur la table et tout saignant, semblait mort.

La monstrueuse scène de carnage à laquelle nous venons de faire assister nos lecteurs s'était passée en beaucoup moins de temps que nous n'en avons mis à la raconter. — Quelques minutes avaient suffi pour faire tant de morts avec tant de vivants !...

Il nous paraît à peu près inutile d'ajouter que ce nouveau venu, arrivé si providentiellement à l'aide du jeune homme aux cheveux noirs, n'était autre que le voyageur avec lequel nous avons déjà fait connaissance dans l'auberge de Jacques Vernier et sur ces chemins perdus qui de Champagnolles conduisaient à Longchaumois.

Celui qu'il venait d'arracher à une mort certaine lui tendit la main et lui dit avec une admirable simplicité :

— Qui que vous soyez, messire, — Français ou Franc-Comtois, —

Espagnol ou Suédois, — le capitaine Lacuzon vous appartient désormais, à la vie, à la mort !...

— Lacuzon ! — répéta le voyageur, — vous êtes Lacuzon !...

— Oui, messire.

— J'aurais dû m'en douter, — reprit l'inconnu en regardant les cadavres, — car quelle autre épée que l'épée de Lacuzon aurait frappé de pareils coups !...

Puis il ajouta :

— Ah ! capitaine ! c'est ma bonne étoile qui m'a fait vous rencontrer ici...

Lacuzon l'interrompit en riant.

— Votre bonne étoile ! — répéta-t-il, — et que dirais-je donc de la mienne ?... — Je crois d'ailleurs, messire, que nous devons avoir deux étoiles jumelles, car, certes, sans le secours de la vôtre, la mienne allait s'éteindre cette nuit !... — Mais je vous ai interrompu et je vous en demande pardon. — Vous sembliez heureux de notre rencontre... — puis-je vous demander pourquoi ?

— J'ai affaire à vous, capitaine.

— A moi ? — s'écria Lacuzon avec une nuance d'étonnement.

— J'allais vous chercher à Saint-Claude, où j'espérais, sinon vous trouver, du moins découvrir quelque moyen de me mettre en communication avec vous.

— Eh bien, messire, me voilà, — et je n'ai pas besoin de vous répéter que je suis à vous, tout à vous.

— Ce que j'ai à vous dire est long, capitaine, — et l'endroit où nous sommes....

— Vous le trouvez sinistre, n'est-ce pas ?... — Ah ! c'est une triste et hideuse guerre que celle dont voilà les résultats !... Nous allons quitter cette maison, qui est la mienne, — mais, avant de m'éloigner, il me reste un terrible devoir à remplir. — Sortez le premier, messire, je vous le conseille, car ce que je vais faire est un acte de justice, — un acte nécessaire, — mais qui vous paraîtrait féroce... — sortez, je vous en supplie...

— A quoi bon, capitaine ? — Un acte de vous, quel qu'il soit, peut m'étonner ; mais je ne le blâmerai jamais...

— Soit, messire, restez donc, et soyez témoin de ce qui va se passer ici. — Mais n'oubliez pas que j'ai entrepris une œuvre immense, — n'oubliez pas que je marche à un but sacré, — n'oubliez pas que si trahison seule pourrait entraver cette œuvre et renverser ce but, et que, partout où je la rencontre sur mon passage, il me faut l'écraser sous mon talon ferré, sans faiblesse et sans pitié... — Restez, messire, et ne vous étonnez point de me voir devenir tout à la fois le juge qui condamne, l'exécuteur qui frappe ! — Nous sommes dans un camp et dans un pays où la justice doit être sommaire, et la vie d'un homme est d'un faible poids dans la balance où se pèsent les destinées d'une province !...

Ces paroles, et l'étrange solennité avec laquelle elles furent prononcées, excitèrent au plus haut point la curiosité du voyageur — Quelle était donc cette trahison que redoutait le capitaine ?... — De quel acte effrayante justice voulait-il parler ? — A quel nouveau drame cette demeure ensanglantée allait-elle servir de théâtre ?...

La réponse à ces questions ne se fit point attendre.

Lacuzon s'approcha de la table qui supportait le corps, — ou peut-être le cadavre, — du malheureux paysan martyrisé par les Gris de Lespinassou.

Il trancha d'un seul coup les liens à demi brisés qui retenaient ce corps, et le touchant légèrement du bout de son épée, il dit :

— Si tu es mort, tant mieux ; — si tu es encore vivant, lève-toi...

Cette voix connue, — la voix du maître, — parut rendre à Pèlerin l'usage de ses sens.

Il fit un mouvement léger, — ses paupières abaissées se soulevèrent, — il reconnut Lacuzon.

Mais, au lieu de la joie qui, selon toute vraisemblance, aurait dû se peindre sur son visage en voyant qu'il n'était plus au pouvoir de ses bourreaux, ses traits exprimèrent une profonde terreur.

Il se souleva par un effort désespéré, — il descendit de cette table qui avait été pour lui un chevalet de tortures, et il tomba à deux genoux devant Lacuzon en joignant les mains et en murmurant :

— Grâce, maître !... au nom du Sauveur des hommes !... au nom de la bonne sainte Vierge Marie !... pardonnez-moi... j'ai tant souffert...

— Tu as souffert, mais tu as trahi ! — répondit le capitaine d'une voix lente et grave, — rien n'excuse la trahison !...

— Oh ! maître, si vous saviez...

— Eh bien, dis-moi ce que tu veux que je sache... Je suis ton juge, — comme juge, je dois écouter ta défense... si tu crois pouvoir te défendre...

— J'ai résisté tant que j'ai pu...

— Il fallait résister jusqu'à la mort...

— Ils m'ont déchiré les épaules avec leurs épées... et je n'ai pas parlé...

— C'était ton devoir.

— Ils m'ont percé les bras avec leurs poignards... et je n'ai pas parlé...

— Et c'était encore ton devoir.

— Ils m'ont tailladé la poitrine avec leurs couteaux... et je n'ai pas parlé...

— Et c'était toujours ton devoir.

— Ils ont allumé du feu sous mes pieds... — balbutia Pèlerin, — et alors...

Il n'acheva pas.

— Et alors, — continua le capitaine, — et alors tu allais parler !...

— La force m'a manqué, maître, je souffrais trop...

— Est-ce que les premiers chrétiens, — lorsqu'on enduisait leurs corps de résine et de goudron, pour en faire des torches vivantes, — est-ce que les premiers chrétiens souffraient moins que toi ? — répondit Lacuzon. — Et, cependant, ils ne reniaient pas leur Dieu !... ils ne trahissaient pas leur foi !... — Est-ce que tu crois que les ardentes étreintes d'un bûcher m'auraient fait parler, moi ?... — Est-ce que tu crois que j'aurais trahi ?

— Non, maître... oh ! non ! mais vous êtes fort, vous !... vous êtes courageux ! tandis que moi...

— Tandis que toi tu es faible et lâche... — acheva Lacuzon. — C'est bien là ce que tu veux dire, n'est-ce pas ?...

Pèlerin baissa la tête sur sa poitrine déchirée.

— Je suis vieux... je suis chétif... — dit-il d'une voix presque éteinte...

— Et c'est ainsi que tu te défends !... — s'écria le capitaine avec éclat, — mais tu plaides en ce moment contre toi-même mieux que ne le saurait faire ton plus mortel ennemi !... — Vieux et chétif, dis-tu.

— Ainsi donc c'est pour sauver les misérables débris de ta misérable vie, — c'est pour traîner sur la terre pendant quelques jours encore ton corps débile et contrefait, c'est pour cela, et pour cela seulement, que tu allais livrer à Lespinassou et à ses bandits les nobles existences de ceux qui sont les premiers parmi les défenseurs de notre sainte cause !... — Ainsi donc, si je n'étais pas venu.... — si j'avais tardé d'une heure, — d'une demi-heure, — de quelques minutes, — le colonel Varroz et le curé Marquis étaient perdus, et perdus par toi, car révéler ce que tu sais en ce moment le secret de leur retraite, c'était les perdre ! — c'était les jeter au poignard de l'assassin, au couperet du bourreau !... — Voilà ce que tu aurais fait sans moi !... — Voilà quel est le crime dont je t'accuse et dont je te déclare convaincu !... — As-tu quelque chose à répondre ?

Pèlerin se roula aux pieds de Lacuzon en murmurant des paroles indistinctes et entrecoupées, parmi lesquelles revenait d'instant en instant ce mot : *Grâce !*... L'épouvante et le désespoir le rendaient fou.

— Tu as trahi ! — reprit le capitaine après un silence, — tu es jugé, — tu es condamné, — tu vas mourir.

— Non ! non ! non !... — s'écria Pèlerin à qui ces mots froidement prononcés rendirent pour quelques secondes une force fébrile, — je ne veux pas !... je ne veux pas mourir !...

Il se releva et fit quelques pas dans la direction de la porte, comme pour s'enfuir. — Mais ses jambes épuisées le trahirent ; — il retomba, et, tendant vers son maître ses mains suppliantes, il se mit à sangloter en balbutiant :

— Grâce !... grâce !...

— Tu vas mourir, — répéta le capitaine, — recommande ton âme à Dieu.

Puis se baissant à demi, il prit à la ceinture de l'un des cadavres un pistolet chargé, et avec ce pistolet il cassa la tête de Pèlerin.

Le gentilhomme inconnu poussa un cri d'horreur et se détourna vivement.

Lacuzon vint à lui.

— Je vous avais prévenu, — fit-il, — c'est affreux, mais c'est nécessaire !... — Que la trahison puisse se glisser parmi nous, et la cause de la Franche-Comté est perdue !... — Demain, quelques-uns de nos hommes viendront ici pour enterrer tous ces cadavres, parmi lesquels je les préviendrai qu'ils trouveront celui de Pèlerin, tué par moi pour avoir trahi !... — Maintenant, messire, sortons de cette chambre, car j'ai hâte, comme vous, de me trouver hors de cette effroyable atmosphère de sang. — Une fois dehors, j'espère que rien ne vous empêchera de m'apprendre quels sont les motifs qui vous faisaient me venir chercher à Saint-Claude ?...

— Rien assurément, capitaine, — répondit l'inconnu.

Et ils quittèrent tous deux la sinistre demeure.

VI. — RAOUL.

— Où donc est votre cheval ? — demanda Lacuzon.

— Je l'ai attaché par la bride à un tronc d'arbre. — répondit le voyageur. — Est-ce que vous êtes à pied, capitaine ?...

— Non, — mais mon cheval, à moi, n'a pas besoin d'être attaché. — Vous allez voir...

Lacuzon approcha de ses lèvres deux de ses doigts et fit entendre un sifflement doux et prolongé.

Le bruit d'un galop rapide répondit aussitôt à ce sifflement, et une jument barbe d'une grande beauté vint piaffer auprès de son maître.

— Quel admirable animal ! — s'écria l'inconnu.

— C'est un cadeau de Charles de Lorraine, — dit le capitaine en passant la main dans la crinière longue et soyeuse de la jument ; — elle me connaît, — elle m'aime, — elle obéit à mon appel et n'obéit qu'à moi ! — Elle marche d'un pas aussi ferme et aussi assuré sur la pente des montagnes réputées inaccessibles que sur le grand chemin le plus large et le mieux frayé ; — elle m'a sauvé deux ou trois fois la vie par sa prodigieuse vitesse, en me faisant passer sain et sauf à travers des embuscades d'où jaillissait une grêle de balles... Enfin, elle est pour moi mieux qu'une monture, elle est une amie...

Le voyageur voulut caresser la jument comme avait fait le capitaine ; mais elle se cabra furieusement avant même que la main de l'inconnu eût touché son encolure souple et hardie ; — ses naseaux se gonflèrent et elle hennit avec une colère menaçante.

— Prenez garde ! — dit vivement Lacuzon ; — c'est un agneau pour moi, mais pour tous ceux qu'elle ne connaît pas, c'est un démon... — Si nous restions quelque temps ensemble, elle s'accoutumerait à vous et vous pourriez l'approcher sans crainte... — Maintenant, messire, allez prendre votre cheval et partons, — le temps se passe, — je suis attendu, il faut que j'arrive...

Les deux hommes se mirent en selle.

Pendant quelques minutes ils marchèrent silencieusement l'un à côté de l'autre.

L'inconnu subissait, sans chercher à s'y soustraire, le prestige rayonnant autour de ce beau jeune homme de vingt-deux ans à peine, à la grande renommée populaire de la montagne, le héros chevaleresque d'une guerre sainte !... — Il le voyait là, près de lui, simple et modeste dans sa gloire qu'il semblait ignorer, — et cependant il n'y avait pas un rocher, pas un vallon, pas un chalet dans la province qui ne retentit du nom de cet homme ! — Vingt fois les armées coalisées de la France et de la Suède avaient lâché pied devant la bande de partisans commandés par ce chef héroïque, qui dans l'attaque marchait le premier, et le dernier dans la retraite. — Contre le bouillant courage, contre l'infatigable persévérance de ce capitaine, les efforts du grand cardinal étaient venus se briser ! — Fidèle à la cause de l'Espagne, qui, pour lui, représentait la cause de la liberté, Lacuzon défendait son pays pied à pied, montagne par montagne et rocher par rocher. — Rien ne pouvait ni le lasser, ni le décourager, ni l'abattre ! — A lui seul il était le résumé du vieil esprit d'indépendance qui coulait avec le vieux sang dans les veines de toute une population ! — Il était la personnification vivante et fière de l'antique liberté dont il arborait le dernier drapeau sur les pics neigeux de son pays natal !...

L'inconnu se disait tout cela, et Lacuzon lui paraissait d'autant plus grand qu'il semblait moins se douter de sa propre grandeur !...
— Est-il besoin de constater ici que presque toujours un orgueil fanfaron amoindrit ceux qu'il domine ? — S'il me fallait citer des exemples et des noms à l'appui de ce que j'avance, les exemples et les noms ne me manqueraient pas.

Le capitaine fut le premier à rompre le silence.

— Messire, — dit-il, — pardonnez-moi si je trouble la méditation qui vous absorbe... — mais vous m'avez prévenu que vous vouliez me parler longuement, et nous ne tarderons guère à arriver dans un pays où le silence deviendra nécessaire, car chaque rocher, chaque buisson, chaque tronc de sapin, pourra cacher un ennemi et par conséquent un danger... — Ici le péril existe déjà sans doute, mais moins imminent... — Parlez donc, messire, je suis prêt à vous entendre, et l'homme qui m'a sauvé la vie peut compter sur moi corps et âme, s'il a quelque chose à me demander, et si cette chose dépend de moi...

— Capitaine, — répondit l'inconnu d'une voix que l'émotion faisait visiblement trembler, — ma situation est difficile et mon embarras est extrême ; — j'ai une question à vous adresser et un secret à vous apprendre... — Je devrais, avant de vous rien demander, vous révéler ce secret qui est important, — non-seulement pour moi, mais aussi pour la cause que vous servez et que je veux servir... — mais le courage me manque et je ne puis attendre plus longtemps... — D'ailleurs, la réponse que vous allez me faire dépendra sans doute du parti que je vais prendre, et qui décidera de mon avenir...

L'inconnu s'arrêta.

— Vous m'étonnez et vous m'intriguez singulièrement, messire ! — s'écria Lacuzon. — Nous nous rencontrons aujourd'hui pour la première fois, et votre accent m'indique que vous n'êtes, selon toute apparence, ni Franc-Comtois, ni Espagnol. — Comment donc puis-je à mon insu me trouver mêlé à votre vie de telle façon qu'une parole de moi ait sur votre avenir une influence quelconque ?... — Je ne le comprends pas...

— Capitaine, — répondit l'inconnu, — vous avez une cousine...

— Ah ! — fit Lacuzon avec un si brusque tressaillement que sa main gauche roidit la bride qu'elle tenait, et que sa jument fit un violent écart.

— L'an passé, — continua l'inconnu, trop ému lui-même pour remarquer cette émotion, — l'an passé, votre cousine et son père habitaient une petite maison dans la forêt de Chaux, près de Dôle...

— Depuis lors, votre oncle, Pierre Prost, est revenu dans la montagne... mais il est revenu seul... et l'on dit qu'Eglantine est morte ! Est-ce que cela est vrai, capitaine ?... Est-ce qu'Eglantine a cessé de vivre ?...

Quoique ces paroles eussent été prononcées d'une voix suppliante, Lacuzon ne répondit pas tout d'abord. — Il paraissait se consulter, et les rides de son front, ses sourcils noirs qui se rejoignaient dans une contraction douloureuse, semblaient indiquer qu'un violent combat se livrait en lui.

— Messire, — dit-il au bout d'un instant, et en interrogeant au lieu de répondre, — si ma cousine est morte, c'est un deuil de famille pour son père et pour moi, ses seuls parents... — que vous importe cela ?...

— Mon Dieu !... — murmura l'inconnu en portant ses deux mains à son visage pour le cacher, et en s'efforçant, mais vainement, de comprimer un sanglot qui montait de son cœur à ses lèvres, — elle est morte, je le vois bien !...

L'accent désespéré avec lequel furent prononcés ces derniers mots fit tressaillir de nouveau le capitaine.

— Vous la connaissiez donc ? — demanda-t-il vivement.
— Ah ! — s'écria l'inconnu, — si je la connaissais !...
— Et, peut-être, vous l'aimiez !...
— Oui, oh ! oui, je l'aimais... je l'aimais avec toute mon âme, je l'aimais avec tout mon cœur !... avec la fougue ardente d'un premier et d'un dernier amour !...
— Et elle... — balbutia Lacuzon, — elle... vous aimait-elle aussi ?
— Elle avait pour moi l'affection sainte d'une sœur, et, je le crois aussi, la chaste tendresse d'une fiancée...

La tête du capitaine retomba sur sa poitrine, — deux grosses larmes coulèrent sur ses joues subitement pâlies, et, pendant quelques secondes, cet homme si fort fut faible comme un enfant.

C'est qu'une parole venait de déchirer à tout jamais le voile à travers lequel, jusqu'alors, il avait regardé l'avenir ; — c'est qu'une des grandes espérances de sa vie venait de s'écrouler, — c'est qu'il lui fallait renverser une des deux idoles dont son cœur était le sanctuaire. Lacuzon, jusqu'à ce jour et jusqu'à cette heure, avait fait deux parts de son âme ; — il avait donné l'une, — la première, la plus large, — à sa déesse, l'indépendance !

L'autre appartenait à Eglantine.

Il proclamait bien haut, — il inscrivait sur son drapeau glorieux— le premier de ces deux amours.

Le second, au contraire, était enfermé par lui dans le mieux caché, dans le plus mystérieux des replis de son cœur.

Mais bien souvent il se disait :

— Quand arrivera l'été de ma vie, — quand j'aurai fait ma tâche, — quand la Comté libre et forte n'aura plus besoin de défenseurs ; — quand il ne me restera plus, ouvrier laborieux, qu'à réclamer mon salaire après ma journée finie, — alors, redevenu le maître de moi-même, — alors, ayant conquis le droit d'accrocher au foyer de ma maison mon épée victorieuse, — alors j'avouerai à Eglantine mon amour si longtemps timide, et je lui offrirai cette main qui fut puissante, et ce nom qui fut illustre... — alors tous deux, près d'un berceau, nous oublierons le passé sanglant pour ne songer qu'au souriant avenir, représenté pour nous par les blondes têtes de nos petits enfants endormis.

Voilà ce que pensait Lacuzon, tandis qu'il bondissait ainsi qu'un jeune tigre parmi les bataillons ennemis, fauchés par lui comme des épis mûrs, — voilà dans quels horizons bucoliques se reposait son âme, tandis que son bras infatigable frappait de si terribles coups.

Soudain, tout s'écroula.

Eglantine ne l'aimait pas,—Eglantine ne l'aimerait jamais,—Eglantine en aimait un autre !...

Le choc fut cruel et la blessure douloureuse. — Nous avons vu couler deux larmes sur la joue pâlie du soldat...

Mais Lacuzon était un de ces hommes privilégiés dont l'âme est en besoin d'acier comme le corps, et qui commandent à leur cœur d'être insensible comme à leurs nerfs d'être infatigables.

— A toi ! — se dit-il tout bas, mais avec le sublime enthousiasme du sacrifice accompli, — à toi, liberté sainte !... à toi, désormais, tout entier !...

Les plis de son front s'effacèrent, — ses sourcils contractés se disjoignirent, — sa tête se releva, — le sang circula comme de coutume sous les tissus de sa peau brunie.

Le capitaine Lacuzon était redevenu lui-même.

— Messire, — fit-il en se tournant vers l'inconnu, — vous m'avez sauvé la vie, et ce serait payer bien mal la dette de reconnaissance contractée par moi envers vous que de prolonger plus longtemps votre erreur et votre chagrin... — Eglantine est morte !!...

— Ah ! — s'écria le jeune homme en saisissant avec une sorte de fiévreux délire la main du capitaine et en la pressant contre son cœur, — je le savais bien, moi, que mes pressentiments ne me trompaient point !... — je savais bien que mon cœur se serait arrêté au moment où le cœur d'Eglantine aurait cessé de battre !!...

— Mais, — reprit Lacuzon, — vous comprenez, messire, qu'après la confidence que vous venez de me faire, — après vous avoir en-

tendu me dire que vous aimiez Eglantine et qu'Eglantine vous aimait, — j'ai le droit d'attendre de vous des aveux plus complets, — j'ai le droit de vous demander qui vous êtes, quels sont vos désirs, et aussi quelles sont vos espérances...
— Oui, certes, vous avez ce droit, capitaine, — répondit vivement le jeune homme, — et je le sais si bien, que j'aurais voulu vous parler de moi avant tout... — Mais, dans la terrible incertitude dont vous venez de me tirer, je n'en ai pas eu la force...
— Eh bien, messire, — maintenant que vous êtes rassuré, j'attends...
— Je commence donc, — fit l'inconnu ; et souvenez-vous, capitaine, que de tout ce que je vais vous dire je puis aussi vous donner la preuve... — Ne vous étonnez donc de rien, si surprenantes que vous paraissent, au premier abord, les choses que je vais vous raconter...
— Je suis bien jeune, — répliqua Lacuzon, — et cependant, depuis que j'ai l'âge de raison, — depuis deux ans surtout, — j'ai vu se passer sous mes yeux tant de faits impossibles en apparence, qu'aujourd'hui, pour m'étonner, il faudrait un miracle... — et encore, en face de ce miracle, j'adorerais la toute-puissance de Dieu, mais ce serait sans surprise...
— Il y a quelques jours encore, — commença l'inconnu, — je m'appelais Raoul Clément, et j'étais lieutenant de cavalerie sous les ordres de M. de Villeroy...
— Français ! — s'écria Lacuzon en fronçant involontairement le sourcil ; — vous êtes Français ?...
— Laissez-moi continuer, capitaine... — je vous ai dit ce que j'étais hier... je vais vous dire ce que je serai demain... — Demain, l'officier français Raoul Clément aura cessé d'exister, et le baron franc-comtois Raoul de Champ-d'Hivers aura pris sa place !...
En entendant prononcer ce nom, le capitaine arrêta brusquement son cheval, et il regarda avec une stupeur manifeste dont le compagnon dont les rayons blancs de la pleine lune éclairaient la belle et noble figure, tout à la fois douce et mâle.
— Raoul de Champ-d'Hivers, — répéta-t-il d'une voix émue. Vous !... mais c'est impossible !... — La grande et forte race des Champ-d'Hivers est éteinte, hélas !... — Le dernier baron a péri, il y a plus de vingt ans, avec son fils unique encore au berceau, sous les ruines fumantes de son manoir incendié...
— Capitaine, — répliqua le voyageur que, désormais, nous appellerons Raoul, — un miracle même, vous disiez-vous tout à l'heure, vous surprendrait peu, et vous adoreriez avec calme la main toute-puissante de Dieu... — Adorez donc et ne vous étonnez pas... — Ce miracle s'est fait pour moi... — Je suis le fils unique du dernier baron de Champ-d'Hivers...
— Messire, — dit Lacuzon en mettant la main sur l'épaule de son interlocuteur, — je vous supplie d'avance de me bien comprendre, de m'excuser, et de n'en voir d'offensant pas de la doute que je manifeste... — On ne déracine point tout d'un coup une croyance accréditée depuis longtemps, surtout lorsque la vraisemblance et les probabilités étayent cette croyance. — Vous n'avez pas l'intention m'abuser, je le crois, j'en suis sûr, mais n'a-t-on pu vous tromper vous-même ?... — Comment auriez-vous été sauvé de ce grand désastre où périt le baron de Champ-d'Hivers ? — Vous allez me dire, je le devine, qu'un serviteur fidèle a tout bravé pour vous arracher à l'incendie...
— Oui, — l'intendant de mon père, — un honnête homme qui s'appelait Marcel Clément, et dont je me suis cru longtemps le fils.
— Que voyez-vous d'étonnant et d'impossible à cela, capitaine ?...
— Rien, assurément ; — la chose est même toute simple. — Mais il y en a une autre qui l'est beaucoup moins...
— Laquelle ?...
— Celle-ci : — Comment se fait-il que cet intendant dévoué, que cet honnête homme, que ce serviteur fidèle, après vous avoir enlevé, sans doute au péril de sa vie, du milieu des flammes qui dévoraient votre château, comment se fait-il qu'au lieu de crier bien haut : J'ai sauvé le dernier rejeton de la noble maison de Champ-d'Hivers ! — J'ai sauvé l'héritier d'une fortune immense ! — Le voici, qu'il vive pour garder et soutenir son rang parmi les grands barons franc-comtois !... vous ait enseveli dans l'obscurité, — vous ait élevé comme son fils, — vous ait fait porter son nom, — et qu'aujourd'hui seulement, après vingt ans passés, vous veniez réclamer le titre et l'héritage de vos ancêtres ?... — Convenez-en, messire, tout cela paraît insensé. — Et parmi ceux à qui vous direz ces choses, vous trouverez difficilement, je le crains, des auditeurs faciles à convaincre...
— Capitaine, — répondit Raoul, — je comprends vos doutes, et, bien loin de les trouver offensants, je les partagerais si le vieux Marcel Clément, mon père adoptif, n'avait fait luire pour moi la lumière incontestable de l'évidence parmi les ténèbres amoncelées autour de mon berceau... — Cette torche ardente de la vérité brillera bientôt pour vous comme pour moi, — et d'abord, un seul mot va vous expliquer bien des faits qui vous semblent inexplicables. — Il fallait entourer mon existence d'un voile impénétrable pour me soustraire, moi chétif enfant, à l'implacable haine d'un tout-puissant ennemi ; — cette haine s'attachait à ma race tout entière, — cette haine s'était juré d'éteindre mon nom et d'anéantir ma famille. — L'incendie du château de Champ-d'Hivers ne fut point un malheur, ce fut un crime. — Mon père ne mourut pas victime d'un accident terrible, mon père mourut assassiné !...
— Assassiné !! — répéta Lacuzon sans chercher à cacher son étonnement et son émotion.
— Oui, — s'écria Raoul avec force, — et tout à l'heure je vous dirai le nom de l'assassin ! — Mais il faut que vous connaissiez les motifs mystérieux du crime avant d'apprendre quel fut le criminel... Écoutez-moi donc, capitaine, et, après m'avoir entendu, vous déciderez si je suis un vulgaire intrigant qui veut voler un nom, ou si j'ai le droit de réclamer ma place au premier rang parmi mes pairs...

VII. — TRISTAN DE CHAMP-D'HIVERS.

Raoul commença son récit.
Mais ici nous croyons utile de retirer pour un instant la parole à notre héros et de nous substituer à lui, dans l'intérêt du livre que nous écrivons.
Cette substitution sera faite dans un double but.
D'abord elle nous permettra de rectifier et de mettre à leur place certains faits et certains détails que Raoul lui-même ignorait
Ensuite, elle nous épargnera la nécessité de transcrire les questions et les interruptions fréquentes du capitaine Lacuzon, questions qui venaient suspendre et hacher le récit du jeune homme, — nuisant ainsi singulièrement à son intérêt, — sinon pour les oreilles attentives de son auditeur, — du moins pour les yeux distraits de nos lecteurs fatigués.

§

Le baron Tristan de Champ-d'Hivers, — le père de Raoul, — venu au monde vers 1586 dans les propriétés immenses que sa famille possédait en Franche-Comté, dans le bailliage d'Aval, reçut l'éducation extrêmement simple qu'on donnait aux gentilshommes de cette époque ; puis, appelé par son rang à la cour de Sa Majesté Catholique ne tarda guère à obtenir un régiment et il ne fit plus dans sa province que de rares et courtes apparitions.
Tristan de Champ-d'Hivers passait à bon droit pour l'un des plus charmants cavaliers de son époque ; aussi ses succès furent-ils nombreux et ses bonnes fortunes éclatantes ; — mais son cœur, aspirant sans doute à de plus solides affections, n'avait jamais cependant cessé de rester libre parmi les attachements passagers.
Tristan atteignait sa vingt-cinquième année, et il songeait au mariage, — non point par amour pour une femme, mais afin de perpétuer sa race, quand il fut appelé en Franche-Comté par son père mourant.
A peine venait-il d'arriver qu'un mieux sensible se manifesta dans l'état du malade, qui, pour un peu de temps au moins, se trouva hors de tout danger.
Forcé par les convenances de passer quelques semaines dans les domaines de la baronnie de Champ-d'Hivers, Tristan consacra ses journées presque entières aux plaisirs de la chasse à courre, dans les futaies séculaires de ses bois seigneuriaux.
Or, une après-midi, — comme il s'apprêtait à sonner la mort d'un pauvre cerf qui faisait vainement tête aux chiens dans un hallier, — il entendit soudain, et non loin de lui, des cris perçants poussés par une voix de femme.
Abandonnant aussitôt la chasse, Tristan mit son cheval au galop dans la direction de ces cris, et il ne tarda pas à apercevoir une jeune fille emportée avec une effrayante vitesse par la jument qu'elle montait, et suivie, mais à une très-grande distance, par deux laquais effarés qui criaient : — Arrêtez !... — Arrêtez !... — et qui enfonçaient les molettes de leurs éperons dans le ventre de leurs chevaux, sans parvenir à rejoindre la jument fugitive.
Messire de Champ-d'Hivers, profitant de la supériorité de sa propre monture, — cheval arabe de race qu'il avait ramené d'Espagne, — et coupant d'ailleurs au plus court par des sentiers qu'il connaissait, gagna les devants et saisit la bride de la haquenée indocile juste au moment où, folle d'épouvante et chancelant sur sa selle, la jeune fille allait perdre complètement connaissance.
La jument, arrêtée par un poignet de fer, se cabra mais dut obéir, et Tristan, sautant à terre, reçut dans ses bras l'amazone qu'il posa sur le gazon, où elle s'évanouit.
Le jeune baron put alors considérer avec attention celle à qui il venait de sauver la vie.
C'était une enfant d'un peu plus de seize ans, blanche comme les fleurs du lis, ou comme la neige immaculée des montagnes, sous de longs et soyeux cheveux d'un noir velouté.
Ses yeux étaient fermés, et ses longs cils bruns estompaient de leur ombre les pommettes de ses joues pâlies.
La richesse de son costume, — la beauté de son cheval, — la livrée de ses valets, — attestaient les indices d'un rang élevé et d'une fortune considérable. — Un écusson blasonné se dessinait en relief sur le pommeau de la cravache que venait de laisser tomber sa main engourdie. — Mais le temps manqua au jeune baron pour se rendre compte

de ces armoiries, car en ce moment les deux laquais arrivaient enfin auprès de leur maîtresse.

L'un de ces hommes, — un vieux serviteur à cheveux blancs et à figure vénérable, dont les traits étaient bouleversés par l'émotion et l'épouvante, mit un genou en terre auprès du corps inanimé, en s'écriant : — Que Dieu soit béni !... — notre demoiselle n'a d'autre mal que la peur !...

Puis, saisissant les mains de Tristan et les baisant malgré la résistance de ce dernier, il ajouta :

— Que grâces vous soient rendues, monsieur le baron, car c'est vous qui, avec l'aide de Dieu, nous avez conservé cette chère enfant !...

— Vous me connaissez ? demanda le jeune homme avec quelque surprise.

— Comment ne connaîtrais-je pas monsieur le baron ? — Mon maître est l'un des plus proches voisins du château de Champ-d'Hivers.

— Comment s'appelle votre maître ?

— Le comte de Mirebel.

— Ah ! — fit Tristan avec un brusque haut-le-corps.

Puis il continua :

— Ainsi, cette jeune fille ?...

— Est mademoiselle Blanche, — l'unique enfant de mon maître, qui, ainsi que monsieur le baron ne peut manquer de le savoir, est l'un des plus riches seigneurs de tout le bailliage...

— J'espère que les suites de tout ceci n'auront aucune gravité, — dit alors Tristan avec une extrême froideur ; — je vous prie de témoigner à votre jeune maîtresse toute la part que je prends à l'accident, fort léger par bonheur, dont elle vient d'être victime...

Et M. de Champ-d'Hivers, relevant le chapeau qu'il avait jeté sur le gazon, fit quelques pas du côté de son cheval qu'il avait attaché par la bride au tronc d'un chêne.

— Quoi ! messire, vous vous éloignez déjà ?... — s'écria le vieux valet.

— Mais sans doute. — Qu'ai-je à faire ici, je vous prie ?...

— C'est que... je pensais... je croyais... que monsieur le baron serait peut-être bien aise de voir... hors de tout péril... et revenue à elle-même... celle dont il vient de sauver la vie...

— Vous vous trompez, mon brave homme, — répliqua Tristan. — Mademoiselle de Mirebel n'a besoin ni de mes soins, ni de ma présence... je la laisse parfaitement en sûreté sous votre garde. — Je vous souhaite le bonjour.

Et le baron, — tout en parlant, — avait le pied à l'étrier.

Voici l'explication de sa conduite en cette circonstance, — conduite au moins bizarre, on en conviendra, de la part d'un galant homme et surtout d'un homme galant.

Cette explication est simple.

Il s'agit de la mille-et-unième édition de l'immortelle chronique des Montaigus et des Capulets.

Depuis des siècles, les barons de Champ-d'Hivers et les comtes de Mirebel, voisins de suzeraineté et rivaux de puissance, s'étaient voué une haine terrible, compliquée de duels, d'enlèvements, de violences, et, il faut bien le dire, de quelques assassinats.

Élevé par son père dans les principes de cette haine instinctive et irraisonnée, le baron n'avait pu se défendre de ressentir un éloignement subit en se trouvant tout à coup face à face avec l'héritière d'une famille détestée.

Il ne réfléchissait point que cette héritière était une adorable enfant de seize ans, bien innocente, à coup sûr, des sanglants griefs que les barons de Champ-d'Hivers reprochaient aux comtes de Mirebel. — Il sentait la haine héréditaire couler dans ses veines avec son sang, et il s'éloignait, — voilà tout.

Cependant, il ne partit pas.

Au moment où, comme nous l'avons dit déjà, il mettait le pied à l'étrier, saisissant de la main gauche la crinière flottante de son cheval et de la droite le pommeau de la selle, mademoiselle de Mirebel, qui peu à peu reprenait ses sens, ouvrit les yeux en poussant un profond soupir.

Tristan se retourna.

Blanche, à la vue d'un étranger, devint rouge comme une grenade en fleur et fit un mouvement pour se soulever. — Mais elle était faible encore et elle retomba.

Fasciné par une toute-puissante attraction, M. de Champ-d'Hivers lâcha les rênes qu'il avait rassemblées dans sa main et se rapprocha de la jeune fille.

— Que s'est-il donc passé ? demanda Blanche d'une voix tremblante, en s'adressant au vieux domestique, — et pourquoi suis-je ainsi couchée sur le gazon et faible comme si j'allais mourir ?...

— Chère demoiselle, — répondit le valet avec cette familiarité tendre des anciens serviteurs qui font pour ainsi dire partie intégrante d'une famille, votre jument s'est effrayée du passage d'une bête fauve et vous a emportée à travers la forêt avec une vitesse si grande que nous ne pouvions plus suivre... — Vous aviez pris peur, et vous alliez tomber et vous briser contre quelque tronc d'arbre, quand monsieur le baron que voici s'est jeté courageusement au-devant de votre jument, et est parvenu à l'arrêter...

— En effet, — dit Blanche avec un sourire charmant, — je commence à me souvenir.

Elle attacha sur Tristan un regard tout à la fois curieux et reconnaissant ; — une nouvelle et pudique rougeur vint colorer ses joues et son front, et elle tendit la main au baron avec tout l'abandon d'une adorable chasteté, en disant :

— Oh ! merci, monsieur... merci !... Mon pauvre père aurait tant pleuré si j'étais morte !...

Tristan hésita pendant une seconde avant de prendre la main mignonne qui s'avançait vers lui, — mais il dut obéir de nouveau à l'involontaire attraction qui le subjuguait.

Il saisit les doigts blancs et effilés de la jeune fille, et il les porta à ses lèvres avec une vivacité si grande, qu'elle les retira bien vite en poussant un petit cri.

Tristan fit alors un pas en arrière, et se tint debout et embarrassé devant cette enfant si belle et si pure, dont les regards s'attachaient sur les siens avec une ravissante expression de reconnaissance et de candeur.

Mademoiselle de Mirebel était un peu pâle encore, mais déjà cependant le brillant coloris de la jeunesse se remontrait sur ses joues veloutées, et le sourire revenait à ses lèvres.

— Monsieur... — dit-elle.

Et elle s'interrompit pendant un instant.

— Que désirez-vous de moi, mademoiselle ? — demanda Tristan d'une voix qui voulait être calme, mais que les battements du cœur faisaient légèrement trembler.

— Monsieur, — répéta Blanche en lui tendant de nouveau la main par un geste simple et gracieux, — vous m'avez sauvé la vie...

Le baron, qui s'apprêtait à appuyer pour la seconde fois ses lèvres sur le gant parfumé qui couvrait la petite main de la jeune fille, n'acheva point ce mouvement et fit un geste de dénégation.

— Pardonnez-moi... — reprit mademoiselle de Mirebel avec un regard d'une angélique expression, — c'est à vous que je dois de revoir encore cette verdure si belle et ce soleil si doux... — Au moment où j'étais emportée à travers la forêt, — au moment où ma tête s'égarait, — au moment où je lâchais les rênes et où je fermais les yeux, — au moment où j'allais mourir, et — (que vous en conveniez ou non) je suis bien sûre que vous êtes mon sauveur. — Dites-moi donc votre nom, monsieur, afin que je le redise à mon père et que ni lui ni moi nous ne l'oublierons jamais !...

Il fallait obéir à cette dernière prière.

Le jeune baron s'inclina et s'ouvrit les lèvres. — Mais au moment de prononcer son nom, il hésita pendant une seconde, et il attacha avec une persistance presque passionnée sur le beau visage de Blanche son regard devenu soudainement triste.

Durant cette seconde, un monde de pensées traversa son esprit.

Il se dit que jamais il n'avait ressenti à l'aspect d'une femme une impression semblable à celle qui l'agitait en ce moment.

Il se dit que rien ne le séparait en apparence de cette jeune fille, son égale par le rang et par la fortune, et que cependant son nom, prononcé par lui-même, allait creuser entre eux aussitôt d'infranchissables abîmes.

Il maudit presque alors ce nom dont il était si fier, et il entrevit l'odieuse iniquité de ces préjugés de race, desquels il avait accepté jusqu'à ce jour et jusqu'à ce moment le fatal héritage, — et il lui sembla que quelque malheur inconnu allait briser son avenir et faire à son cœur une profonde et incurable blessure.

Cependant Blanche attendait toujours la réponse de Tristan, et l'on pouvait lire sur son front une surprise mêlée l'étonnement que lui causait ce retard inexpliqué.

M. de Champ-d'Hivers ne pouvait reculer davantage. — Il baissa les yeux et il murmura son nom. — On eût pu croire qu'il faisait l'aveu d'une honte ou d'un crime, tant il y avait dans sa voix de trouble et presque de crainte.

— Ah ! — s'écria Blanche avec une sorte d'effroi, quand elle eut entendu.

Tristan ne se méprit point à l'expression du monosyllabe échappé à la jeune fille. — Ses yeux se levèrent et s'attachèrent de nouveau sur le visage de mademoiselle de Mirebel.

Ce visage avait perdu la douce bienveillance et la reconnaissance émue qui l'animaient un instant auparavant. — Il n'exprimait plus qu'une crainte instinctive et involontaire.

Tristan sentit une douleur aiguë, — douleur physique autant que morale, — lui traverser le cœur. — Il recula de quelques pas, et d'une voix lente et basse il dit :

— C'est vous qui l'avez voulu, mademoiselle, — Dieu sait que j'aurais mieux aimé garder le silence ! — Au moins, ainsi, vous auriez conservé peut-être un bon souvenir de l'inconnu, — tandis que mon nom je ne suis plus pour vous qu'un homme que vous devez haïr. .

— Haïr !... — interrompit Blanche vivement, — oh ! monsieur !...

— Hélas ! mademoiselle, — reprit Tristan, je sais combien est terrible l'empire de certaines préventions héréditaires que l'enfant suce avec le lait qu'elle nourrit. — Avant de vous avoir vue, mademoiselle, il faut bien que je l'avoue, je partageais ces préventions...

— A vos yeux je ne dois être qu'un ennemi de votre famille, —

La jument, arrêtée par un poignet de fer, se cabra, mais dut obéir. (Page 22.)

ce sentiment, je le déplore, mais je ne m'en étonne point. — Maintenant, mademoiselle, nous allons nous séparer, — nous séparer pour ne jamais nous revoir sans doute... — J'emporte avec moi le bonheur de vous avoir rendu un trop léger service... — et j'ose vous supplier, mademoiselle, d'oublier à tout jamais mon nom si vous daignez penser quelquefois à moi...

En prononçant ces dernières paroles, le baron s'inclina profondément devant la jeune fille et se rapprocha de son cheval qui hennissait en piaffant d'impatience.

Il ajusta la bride et remit le pied à l'étrier.

— Adieu, mademoiselle... — murmura-t-il en se retournant une dernière fois.

— Adieu... — répondit Blanche, mais d'une voix si basse que Tristan ne put l'entendre.

Le jeune homme était à cheval, — il passa sa main sur son front comme pour en éloigner une pensée importune ; — puis, enfonçant ses éperons dans les flancs de sa monture, qui fit un bond prodigieux, il partit au galop et il disparut comme l'éclair au détour d'un sentier.

Blanche était demeurée immobile et rêveuse au pied du grand chêne sous lequel nous l'avons laissée.

Quand son vieux valet s'approcha d'elle, en lui disant d'un ton respectueux : — Mademoiselle veut-elle remonter à cheval?... — Monsieur le comte serait certainement inquiet d'une trop longue absence... — Blanche tressaillit.

Elle fit un mouvement brusque, comme si on l'éveillait au milieu d'un rêve, et elle murmura cette phrase interrompue, qui sans doute répondait à sa pensée intérieure.

— Mon ennemi!... lui!... oh! non!...

VIII. — ROMÉO ET JULIETTE.

Le récit de Raoul au capitaine d'aventures, — quelle que soit d'ailleurs l'importance de ce récit qui met sous les yeux de nos lecteurs des faits anciens déjà, mais rattachés par des liens indissolubles à ceux qui vont suivre, — n'est cependant en quelque sorte qu'un hors-d'œuvre dans ce livre.

Ceci doit expliquer comment il se fait que nous passions, sans presque y toucher, à côté d'une charmante et délicate analyse que nous eussions essayée avec bonheur, — celle du naissant et mutuel amour du jeune baron Tristan de Champ-d'Hivers et de mademoiselle Blanche de Mirebel, — car on a deviné déjà que le drame shakspearien de *Roméo et Juliette* allait se recommencer dans ces pages, — brièvement, soyez-en sûrs, — et que, par la raison même qu'ils devaient se haïr, les deux jeunes gens étaient prêts à s'aimer.

Toujours est-il qu'après la scène que nous avons racontée, Tristan revint au château la tête en feu et le cœur agité par des sensations inconnues.

Toujours est-il, — et ceci est plus significatif encore, — que, chemin faisant, et sous le prétexte assez plausible de ne point effrayer son père par l'inutile récit du danger qu'elle avait couru, Blanche donna l'ordre à ses domestiques de garder un silence absolu sur les événements de la matinée.

Mais ce silence n'avait-il pas en réalité pour but d'épargner à ce nom de Champ-d'Hivers, — nom qu'à son insu elle aimait déjà peut-être, les injurieuses récriminations que le comte de Mirebel ne manquait — jamais de prodiguer dans ses discours, à l'occasion de cette famille détestée?

Que la perspicacité de mes belles lectrices décide cette question importante...

§

Pendant la nuit qui suivit ce jour, l'amour naissant et les vieilles haines de race se livrèrent dans l'âme de Tristan une lutte acharnée.

Tantôt il songeait à quitter la Franche-Comté pour toujours, et à fuir, *en emportant dans son cœur*, — comme eût dit Benserade — *le trait qui l'avait blessé!...*

Marcel s'élança dans le parc par la fenêtre. (Page 29.)

Tantôt il projetait de se jeter aux pieds de Blanche, — de lui révéler son subit et impérieux amour, et de se tuer en sa présence si elle ne consentait pas à partager cette passion fougueuse.

Il est facile de comprendre que, dans une semblable disposition d'esprit, Tristan ne pouvait songer à dormir. — Quand les premières clartés du jour vinrent faire pâlir la lueur des bougies qui achevaient de se consumer dans de massifs candélabres d'argent, il marchait encore à grands pas dans sa chambre à coucher après une nuit de complète insomnie.

Mais alors la violente surexcitation du jeune homme se calma tout à coup, et fit place à une fatigue extrême et à un épuisement complet.

Tristan regarda les portraits des barons ses ancêtres, dont les teintes froides du matin rendaient plus sévères, dans leurs cadres ternis, les figures rebarbatives, — il lui sembla que sa passion insensée pour la descendante des ennemis de sa race disparaissait tout à coup avec les dernières ténèbres, et à cette pensée une joie vive et profonde s'empara de tout son être.

— J'étais fou ! — se dit-il, — adieu !... adieu mes rêves !...

Et, durant la matinée entière, il se répéta sans cesse qu'il était heureux de ne point aimer.

Ce qui ne l'empêcha pas de monter à cheval à la même heure que la veille, mais seul, cette fois, sans piqueurs et sans attirail de chasse, et de se diriger vers l'endroit où l'image de la jeune enchanteresse lui était apparue quelques heures auparavant.

Qu'on juge de sa surprise, et, disons-le, de son bonheur, quand il entrevit, à travers un rideau de verdure, la jeune fille assise à cette même place, sur le gazon, et tenant à la main une fleur sauvage, — une pâquerette, — dont ses doigts aristocratiques effeuillaient distraitement les pétales.

A quelques pas de là, le vieux domestique à cheveux blancs promenait deux chevaux dans la clairière.

Tristan était loin encore.

En apercevant Blanche, il arrêta sa monture qu'il fit entrer dans un fourré où il l'attacha ; ensuite, certain de n'avoir pas été vu, il se glissa sans bruit parmi les troncs d'arbres et les broussailles, et il parvint ainsi à une très-faible distance de mademoiselle de Mirebel.

Blanche était pâle et semblait souffrante. — Un cercle d'azur dessinait le contour de ses grands yeux et témoignait d'une nuit d'insomnie. — Cette pâleur et cette fatigue augmentaient l'expression de ce ravissant visage qu'elles rendaient plus touchant encore et plus doux.

Tristan se demanda si la jeune fille avait eu à soutenir les mêmes combats qu'il avait subis lui-même. — Sa réponse, comme bien on pense, fut affirmative ; — il se dit qu'il était aimé, — il oublia les obstacles insurmontables qui semblaient devoir faire de ce mutuel amour un éternel malheur, et il s'absorba, avec une volupté naïve, dans la muette contemplation de la jeune fille.

Ainsi, quelques heures avaient suffi pour métamorphoser le grand seigneur, — le brillant colonel, — l'homme dont on citait les succès et les bonnes fortunes à la cour de Madrid, — pour métamorphoser cet homme, disons-nous, en un timide soupirant qui n'osait même point parler à celle qu'il aimait !...

Et ce que nous avançons là est exact littéralement, car Tristan ne quitta son poste d'observation que lorsque la jeune fille se fut retirée, sans que rien fût venu lui faire soupçonner la présence de celui auquel elle pensait peut-être.

Plusieurs semaines se passèrent ainsi.

Chaque après-midi, M. de Champ-d'Hivers allait se cacher aux alentours de cette clairière trois fois bénie où Blanche, de son côté, était ramenée invinciblement par l'instinct de son cœur. — Quant à ses soirées, il les passait tout entières à errer autour des clôtures du parc de Mirebel, et s'il était parvenu à entrevoir une robe blanche flottant dans les sombres allées, il s'éloignait plein d'espérance et l'âme enivrée d'une joie céleste.

Cependant le moment approchait où cet amour, grandissant d'heure en heure, ne pourrait plus rester silencieux et contenu. — Il devait tôt ou tard déborder et faire explosion.

C'est en effet ce qui arriva.

Un jour, — l'atmosphère était tiède et parfumée, l'air se remplissait des émanations de la verdure et du chant des oiseaux ; — les rayons du soleil, brisés par les branchages touffus de la forêt, diapraient capricieusement les mousses jaunies et les feuilles tombées ; — Blanche, assise au pied du vieux chêne, jouait comme de coutume avec des pâquerettes, — la fleur des amours naïves, — et demandait peut-être à leurs pétales les révélations de l'avenir.

Le valet de confiance s'était éloigné avec les chevaux, un peu plus que de coutume ; — Blanche, restée seule, *donnait audience à ses pensées*, dont son regard chargé de langueur indiquait assez la nature.

Tristan, poussé par une irrésistible impulsion, quitta sa retraite et s'approcha de la jeune fille. — Il hésitait comme un enfant timide et des gouttes de sueur perlaient sur son front. — L'épais tapis de mousse assourdissait le bruit de ses pas.

Blanche, les yeux baissés et l'oreille distraite, ne le voyait pas venir et ne l'entendait point.

— Mademoiselle... — murmura-t-il.

Blanche tressaillit ; — elle releva la tête. En reconnaissant M. de Champ-d'Hivers, elle poussa un cri de surprise, et ses joues se couvrirent d'un beau nuage pourpre ainsi que son cou et la naissance de ses charmantes épaules.

— Vous, monsieur!... — dit-elle avec une émotion pleine de pudeur, — vous ici !... — Oh ! pourquoi êtes-vous venu, et qu'avez-vous donc à me dire ?...

La chaste et ignorante jeune fille trahissait ainsi sans le vouloir le secret de sa préoccupation, car enfin, à tout prendre, rien n'était plus naturel que la présence de Tristan dans cette forêt, et certes il n'y avait lieu ni de s'en étonner ni de s'en alarmer.

— Vous me demandez pourquoi je suis venu, mademoiselle ? — répondit vivement le jeune homme ; — je suis venu aujourd'hui parce que chaque jour, depuis notre première rencontre, je viens ici où, caché derrière ces arbres, je puis vous contempler avec une adoration muette... — Vous me demandez ce que j'ai à vous dire, mademoiselle, eh bien...

Tristan ne put achever sa phrase. — Blanche s'était levée, et d'un geste rapide elle venait de lui imposer silence.

— Assez, monsieur, — dit-elle avec dignité et presque avec hauteur, — je crains de vous comprendre et je ne puis vous écouter plus longtemps. — Je suis seule, vous le voyez, et je dois à moi-même et au nom que je porte de ne pas entendre un mot de plus... — je vous prie, en outre, de vouloir bien me quitter à l'instant... — Vous êtes trop bon gentilhomme, monsieur, pour ne pas regarder comme un ordre la prière d'une jeune fille...

— Vous avez raison, mademoiselle, — répondit Tristan , — et, puisque vous le voulez, je me tais et je pars ; — mais, au nom du ciel, — au nom de votre mère qui de là-haut veille sur vous, — laissez-moi vous adresser une question... une seule... — De votre réponse dépendra la joie ou le malheur de ma vie entière...

— J'écoute, monsieur, — murmura Blanche.

— Eh bien, — dit Tristan rapidement et d'une voix basse et passionnée, — puisque vous m'avez compris, puisque vous savez que je vous aime, me permettrez-vous de mettre en œuvre tous les moyens possibles pour effacer les derniers vestiges de la haine insensée qui sépare nos deux familles..., et, si je réussis dans cette noble tâche, me permettrez-vous d'espérer...

— D'espérer quoi, monsieur ?... — balbutia la jeune fille.

— Votre amour... — répondit Tristan.

Mais ce mot fut prononcé si bas que Blanche le devina plutôt qu'elle ne l'entendit.

— Réussissez d'abord, — dit-elle, tremblante d'émotion ; — réussissez, monsieur, et alors, en présence de mon père, je pourrai vous répondre...

Ces mots renfermaient un aveu. — Evidemment ils équivalaient au vers célèbre mis par le vieux Corneille dans la bouche de l'amante du Cid :

Sors vainqueur d'un combat dont Chimène est le prix !

Tristan ne s'y trompa point et il allait, malgré la défense de Blanche, ajouter quelques paroles nouvelles, quand il vit la jeune fille approcher de ses lèvres un petit sifflet d'argent dont elle tira à deux reprises différentes un son aigu et prolongé.

Au même instant se dessina, à travers les arbres, la silhouette du vieux valet, qui accourait en toute hâte au signal de sa maîtresse.

Tristan de Champ-d'Hivers salua profondément mademoiselle de Mirebel et se perdit dans un fourré.

Blanche le suivit du regard, et, quand il eut disparu, elle appuya ses deux mains sur son cœur dont elle ne put comprimer qu'à grande peine les battements impétueux.

Plus que jamais la chronique des Montaigus et des Capulets se reproduisait fidèlement sous une forme nouvelle.

Juliette aimait Roméo !...

§

Il était un peu moins de midi lorsque, le lendemain, Tristan de Champ-d'Hivers se présenta à la porte des appartements de son père.

Le jeune homme avait revêtu son uniforme de colonel, et telle était la luxueuse et éblouissante recherche de son costume qu'on eût pu croire qu'il se préparait à paraître devant Sa Majesté le roi d'Espagne, dans les salons de l'Escurial.

Trois ou quatre valets en grande livrée, qui baguenaudaient dans l'antichambre, se levèrent à son aspect et s'inclinèrent respectueusement devant lui.

— Allez demander à monsieur le baron s'il peut me recevoir en ce moment, — dit Tristan à l'un d'entre eux.

Le valet sortit, et revint au bout d'une minute.

Il apportait une réponse affirmative.

Le jeune homme traversa les deux salons qui précédaient la chambre à coucher de son père, et il entra dans cette chambre.

Elle était de forme ovale, — remarquable par sa magnifique tenture de cuir de Cordoue gaufré et par son plafond en coupole dont les fresques avaient une réputation méritée dans toute la province.

L'arbre généalogique des Champ-d'Hivers, peint sur parchemin avec la délicate perfection qu'on retrouve dans les miniatures des missels du moyen âge, et splendidement encadré, occupait l'un des panneaux.

Dans les autres se voyaient des portraits de famille avec leur double écusson que couronnait le *tortil* baronial.

Le vieillard, étendu dans un haut et large fauteuil de chêne, garni de tapisserie et blasonné à ses armes, ramenait autour de ses membres amaigris les plis d'une robe de chambre de velours noir.

Quoiqu'il fût décrépit, jusqu'à ce point d'avoir presque l'air d'un centenaire, le baron de Champ-d'Hivers n'avait rien perdu de l'imposante majesté de son visage et de son regard. — Son front entièrement dégarni et brillant comme de l'ivoire annonçait une indomptable fermeté ; — ses sourcils, aussi blancs que la neige, étaient encore touffus, et, comme ceux de Jupiter olympien, devaient en se fronçant faire trembler ceux qui l'approchaient ; — enfin ses yeux, toujours perçants et toujours jeunes, étonnaient par l'éclat et la fixité de leur regard, et luisaient comme des charbons ardents au milieu de cette figure pâle et sillonnée de rides.

Tristan s'approcha du vieux baron, lui prit la main et la porta à ses lèvres d'une façon qui ressemblait davantage à l'étiquette cérémonieuse d'un courtisan près d'un souverain, qu'à la tendresse d'un fils à côté de son père.

— Bonjour, monsieur mon fils, bonjour, — dit le baron après ces préliminaires ; — je suis en vérité fort aise de vous voir. — Mais que signifie, je vous prie, cet uniforme que vous avez revêtu ?... — Votre régiment serait-il par hasard aux portes de mon parc, et vous disposeriez-vous à vous mettre à sa tête ?...

— Mon régiment est bien loin d'ici, monsieur le baron, — répondit Tristan en s'efforçant d'amener sur ses lèvres un demi-sourire. — Mais je viens faire auprès de vous, en ce moment, une démarche solennelle, et j'ai pensé qu'il convenait de l'entourer de toutes les formes extérieures du respect que je vous dois et dont je ne me départirai jamais...

— Vous avez eu raison, monsieur, — répondit le baron avec une satisfaction visible, — je suis heureux de reconnaître que vous n'êtes point de ces enfants ingrats qui cherchent à s'affranchir de l'autorité paternelle aussitôt qu'ils sont devenus des hommes... — Voyons, de quoi s'agit-il ?...

— Du bonheur de ma vie entière...

— Ah ! ah ! — Mais ce bonheur, je vous prie, de quoi peut-il dépendre ?... — Vous êtes jeune, — très-bien fait de votre personne, — riche de la fortune de votre mère ; — vous êtes colonel, — vous êtes Champ-d'Hivers, — et si vous crois en passe de devenir, après moi, grand d'Espagne de première classe... — Y a-t-il donc en ce bas monde, je vous prie, un gentilhomme plus heureux que vous ?...

— Vous avez raison, monsieur le baron ; — et, d'ailleurs, il ne tient qu'à vous de rendre complet le bonheur dont vous parlez...

— Comment cela ?

— J'ai vingt-cinq ans, — commença Tristan.

— Je le sais parbleu bien ! — s'écria le vieillard ; — bel âge, monsieur mon fils, et auquel je voudrais pouvoir me retrouver !...

— Je suis lassé, plus que je ne saurais vous le dire, des amours de passage et des galantes aventures...

— Déjà ! — murmura le baron avec un geste de surprise et de dédain, qui signifiait clairement : — Morbleu, monsieur mon fils, vous ne me faites guère honneur !... j'étais, moi qui vous parle, de trempe plus gaillarde !...

Tristan poursuivit :

— Je voudrais goûter les douces joies de la famille, les chastes délices d'un amour légitime et partagé...

— Vous parlez comme un berger, monsieur mon fils!... — Où donc voulez-vous en venir ?

— A ceci : — je songe à me marier...

— Rien de mieux ! — Il me conviendrait fort de me savoir un petit rejeton de ma race en ce bas monde, avant de m'en aller dans l'autre rendre mes comptes à Dieu. — Mariez-vous donc, monsieur mon fils, mariez-vous !...

— Ainsi, vous approuvez ?...
— Sans doute, parbleu ! j'approuve !... — Il ne s'agit que de bien choisir votre femme, et c'est facile ! — Toutes les héritières de Franche-Comté, fussent-elles Beaufremont, Saint-Moris ou Toulongeon, seraient fières de porter votre nom !...
— Mais, mon père, s'il ne vous convenait pas d'accepter pour belle-fille la femme que je vous proposerais ?...
— Impossible ! — C'est mon sang qui coule dans vos veines, et vous êtes de trop bonne race pour songer à vous mésallier...
— Une mésalliance !... jamais, monsieur le baron ! — et cependant, je tremble au moment de vous nommer celle que j'aime...
— Celle que vous aimez ? — dit vivement le vieillard. — Ah çà ! monsieur mon fils, vous êtes donc amoureux ?...
— Oui, mon père, et pour toute ma vie !..
Un sourire ironique vint plisser les lèvres minces du baron ; — il haussa les épaules en murmurant ce mot :
— Enfant !...
Et certes, ce dut être une chose étrange que d'entendre ce vieillard décrépit appliquer railleusement une telle épithète à ce beau colonel de vingt-cinq ans, qui représentait la vie dans sa fleur et dans sa force.
— Enfant ! — répéta-t-il pour la seconde fois.
Puis il ajouta, avec une condescendance paternelle : — Continuez, monsieur mon fils... — Vous tremblez, dites-vous, au moment de prononcer le nom de celle que vous aimez *pour toute votre vie*, — et il appuya sur ces derniers mots, — est-elle donc indigne de vous ?...
— Oh ! — s'écria Tristan, mis hors de lui-même par ce simple soupçon, — oh ! mon père, qu'avez-vous pu penser ?... Les anges eux-mêmes ne sont pas plus purs que ne l'est cette enfant adorable.
— Fort bien ! — Je veux le croire et je n'en suis que plus désireux de savoir le nom de cet ange...
Tristan s'arma de tout son courage et répondit avec un calme apparent que démentait sa voix émue :
— Celle que j'aime, mon père, est la fille unique de votre voisin, le comte Théobald de Mirebel...

IX. — LES PORTRAITS DE FAMILLE.

Après avoir prononcé le nom de la jeune fille qu'il aimait, Tristan de Champ-d'Hivers s'attendait à quelque foudroyante explosion ; — il s'attendait à voir son père, irrité et menaçant, entamer une scène violente.
Il n'en fut rien.
Au moment où Tristan murmurait le nom de Blanche, le vieux baron s'était levé péniblement, et s'appuyant d'un côté sur une longue canne de jonc à pomme d'or, pendant de l'autre sur le bras de son fils, il avait entraîné ce dernier auprès du panneau de la tenture qui supportait l'arbre généalogique dont nous avons parlé, et devant lequel ils s'arrêtèrent tous les deux.
— Vous voyez ceci, monsieur mon fils, n'est-ce pas ? — demanda le vieillard en désignant le parchemin blasonné.
— Sans doute, — répondit Tristan.
— Vous savez quelles sont ces armes ?
— Les nôtres, mon père.
— Vous savez ce que représentent ces rameaux touffus, s'échappant d'un tronc majestueux ?
— Les alliances de notre famille.
— Comment se fait-il donc, monsieur mon fils, que sachant tout cela, vous ignoriez d'une façon aussi complète l'histoire de cette même famille ?...
— Mais, mon père, je croyais...
— Vous croyez mal, monsieur !... — Mais, dans tous les cas, soit que vous n'ayez jamais su, — soit que vous ayez oublié, — je vais venir en aide à votre ignorance ou à vos souvenirs... — Regardez ici, je vous prie...
— Je regarde.
— Que voyez-vous ?
— Une petite tache rouge, peinte à côté de notre écusson, vers le milieu de l'arbre généalogique.
— Et là ?
— Une tache semblable.
— Et plus haut ?
— D'autres taches encore.
— Combien en comptez-vous ?...
Tristan garda le silence pendant un instant, puis il répondit :
— J'en compte dix, mon père.
— Il y en a dix en effet, mon fils !... — Toutes les dix sont des taches de sang, — et maintenant vous allez savoir comment ce sang a coulé...
— Comment ce sang a coulé ! — répéta Tristan. — Mais je le sais déjà, mon père...
— Peu importe, et je veux vous le redire !... — Écoutez donc, monsieur mon fils, — et cette fois souvenez-vous.
Tristan se tut et il baissa la tête avec une résignation douloureuse.

Le vieillard poursuivit :
— En l'an de grâce 1442, Ludovic, comte de Mirebel, surnommé *le Sanglier noir* à cause de sa figure repoussante, et surtout à cause de la férocité de ses mœurs et de son caractère, devint amoureux d'une fille de notre maison, Bathilde de Champ-d'Hivers, qu'on appelait *la Rose blanche*. — Il la demanda en mariage. — Le baron, mon ancêtre, repoussa cette demande, et *le Sanglier noir*, furieux, jura de se venger...
« Sa vengeance ne se fit point attendre.
« Un jour, tandis que le baron était à la chasse avec quelques autres seigneurs du bailliage, *le Sanglier noir*, accompagné d'une poignée de ses hommes d'armes, pénétra dans ce château, enleva violemment Bathilde, — l'emporta sur son cheval, et la renvoya, quelques heures après, flétrie, déshonorée, mourante !...
« Bathilde avait deux frères, — L'un était un homme fait, — l'autre n'atteignait point encore les limites de l'adolescence.
« Le frère aîné, qui se nommait Tristan de Champ-d'Hivers comme vous, appela sur le terrain l'infâme *Sanglier noir*, et malgré la justice divine et la bonté de sa cause, il fut tué par le misérable ravisseur.
« Cette tache rouge que vous voyez ici, — cette tache, la première de toutes, — indique la mort du frère de Bathilde.
« Quelques années se passèrent.
« *Le Sanglier noir* s'était marié, et il avait eu un fils.
« Le jeune frère de la victime avait grandi de son côté, et il était devenu un homme. — Il se battit à son tour avec le *Sanglier noir* et, plus heureux ou plus habile que son aîné, il sortit vainqueur du combat, en laissant sa vaillante épée dans la poitrine du comte de Mirebel...
« La haine héréditaire ne s'endormit point dans l'âme des représentants de nos deux familles à la génération suivante. — Le fils du *Sanglier noir* se battit avec l'un des deux fils de celui qui avait tué son père.
« Hector de Champ-d'Hivers succomba, et telle est l'origine de la deuxième tache rouge qui marque de son stigmate sanglant notre arbre généalogique... »
Nous ne suivrons pas plus longtemps le vieux baron dans le récit des combats et des vengeances qui se transmettaient de père en fils, comme un héritage de mort, dans la famille des Champ-d'Hivers et dans celle des Mirebel.
Cette narration, pleine d'un sinistre intérêt pour lui et pour Tristan, ne pourrait que fatiguer nos lecteurs si elle était prolongée outre mesure.
Disons seulement que le vieillard s'animait en parlant et que sa voix, calme d'abord et mesurée, arrivait peu à peu à une violence toute juvénile.
Les rides profondes qui sillonnaient son visage semblaient disparaître comme par enchantement, et le feu de la haine et de la colère étincelait dans son regard.
— Eh bien, monsieur mon fils, qu'avez-vous à répondre à cela ?... — demanda-t-il quand il eut achevé.
— Rien, mon père, si ce n'est que je ne comprends pas comment mademoiselle Blanche, une enfant de seize ans, pourrait vous sembler solidaire des dissensions fatales de ses ancêtres et des vôtres...
— Eh ! — s'écria le baron avec colère et avec dédain, — qui vous parle de mademoiselle de Mirebel, et comment se fait-il qu'après m'avoir écouté jusqu'au bout, son nom se retrouve sur vos lèvres ?
— Parce qu'il se retrouve dans mon cœur, — répondit Tristan avec une audacieuse fermeté.
— Vous l'en arracherez ! — répliqua le vieillard.
— Jamais !... — Demandez-moi ma vie, je vous la donnerai, — mais ne me demandez pas le sacrifice de mon amour !... je vous le refuserais, mon père.
Le baron attacha sur son fils un regard mêlé de stupeur et d'indignation. — Tristan ne baissa pas les yeux.
Le vieillard poursuivit avec véhémence :
— Vous parlez d'amour, baron de Champ-d'Hivers ! — Mais cet amour est honteux ! — il est lâche ! — il est déshonorant !...
— Déshonorant !... mon père !... — s'écria Tristan dont les lèvres devenaient pâles.
— Lâche et déshonorant, je le répète, monsieur, car, enfin, que prétendez-vous ?...
— Épouser mademoiselle de Mirebel...
— Quoi !... donner votre nom à la petite-fille du Sanglier noir !... — Cueillir un bouquet nuptial arrosé dix fois par le plus pur sang de vos ancêtres !... éteindre dans les chants de noce le cri de vengeance et de haine que doit pousser tout homme de notre race à l'encontre de cette lignée maudite !... — Est-il bien possible que ce soit là votre pensée ?...
— Oui, c'est ma pensée, mon père, car mademoiselle de Mirebel est innocente du passé, et je l'aime.
— Ah ! s'écria le vieillard dont les mains tremblaient convulsivement et dont les prunelles lançaient des éclairs, — taisez-vous ! tai-

sez-vous!... Savez-vous bien qu'en ce moment vous me faites douter de la vertu de votre mère?... Savez-vous bien que je me demande si vous n'êtes pas le fruit criminel d'un amour adultère, car, de par Dieu, je le jure, un véritable Champ-d'Hivers ne parlerait pas ainsi !...

— Mon père... mon père... — murmura Tristan d'une voix suppliante.

— Taisez-vous ! — répéta le vieillard, — taisez-vous et écoutez-moi. — Votre nom est aussi le mien, — il est celui de vingt générations d'illustres gentilshommes qui l'ont noblement porté ! — Malgré vous et malgré tous je dois le garder sans tache ; — je ne dois permettre à personne, et à mon fils moins qu'à tout autre, de souiller notre fier blason !... — Au nom de mon autorité de père, — au nom du droit sacré que je tiens de Dieu même, je vous défends donc, monsieur, de songer une heure de plus au misérable projet dont vous avez osé me parler !... — Je vous ordonne de quitter aujourd'hui même ce château et de retourner à votre régiment !... — Je vous ordonne d'oublier les rêves insensés de votre esprit malade !... — et je vous jure, devant Dieu et devant vos ancêtres, que, si vous me désobéissez, — vivant, je vous maudirai, — et, mort, je sortirai de mon tombeau pour vous maudire encore !...

Après avoir ainsi parlé avec une énergie toujours croissante, le vieux baron, épuisé par les terribles émotions qui l'agitaient, se laissa retomber dans son fauteuil.

Tristan, pâle comme un spectre et le visage décomposé, mit un genou en terre devant le vieillard, en lui disant :

— Bénissez-moi, mon père, — j'obéis et je pars...

Un éclair de joie vint illuminer les regards sombres du baron.

— Ce que vous faites là est votre devoir, monsieur mon fils, — dit-il ; — vous êtes un enfant soumis... — Allez, je vous bénis, et je prie Dieu de vous protéger...

Tristan se releva ; — il baisa la main défaillante de son père, et il quitta l'appartement en murmurant ; plutôt que du cœur que des lèvres :

— Si Dieu vous écoute et me protège, mon père, il me permettra de mourir bientôt.

Deux heures après ce moment, le jeune homme, ayant échangé contre des vêtements de voyage son uniforme de colonel, montait à cheval et s'éloignait du château.

Mais, avant de partir, il avait chargé un domestique sûr de remettre secrètement une lettre à mademoiselle Blanche de Mirebel.

Cette lettre ne contenait que ces mots :

« Mademoiselle,

« Une fatalité inexorable nous sépare. — Je pars sans vous avoir « revue, car, si je vous revoyais, je n'aurais plus le triste courage de « m'éloigner.

« Je pars, — hélas ! — pour toujours !... — Oubliez-moi donc, « mademoiselle, et soyez heureuse ! — Vous avez eu mon premier « amour, — vous aurez ma dernière pensée. — Votre nom sera le « seul que prononceront mes lèvres mourantes.

« Adieu, mademoiselle ; — peut-être, désunis sur cette terre, « nous retrouverons-nous un jour au ciel. — Adieu encore... — « Adieu !... c'est un mot suprême et consolant. C'est le seul qui me « donne le courage d'attendre la mort sans courir au-devant d'elle... »

Une année s'écoula. — Au bout de cette année, le vieux baron de Champ-d'Hivers s'éteignit, laissant à son fils son titre, son immense fortune, et mieux encore que tout cela, c'est-à-dire la liberté absolue de ses actions. Tristan, dont l'amour était plus vivace que jamais, se hâta de revenir en Franche-Comté.

Un fait dont les conséquences devaient être terribles et incalculables s'était accompli pendant son absence. — Le comte de Mirebel avait promis la main de sa fille au sire Antide de Montaigu, seigneur du château de l'Aigle, et l'un des plus riches et des plus puissants gentilshommes du bailliage de Dôle.

Les Montaigu, par leur alliance avec les Vaudrey, étaient les ennemis de tout ce qui portait le nom de Champ-d'Hivers, car une chronique franc-comtoise racontait que jadis un sire de Champ-d'Hivers tué de sa propre main un baron de Vaudrey, dans la grande salle du château de l'Aigle.

Néanmoins Tristan, certain que Blanche l'aimait encore, demanda sa main au comte de Mirebel.

Ce dernier répondit à Tristan par un refus ; — et comme ce refus désespérait Blanche, une scène à peu près semblable à celle que nous avons racontée dans les pages précédentes, eut lieu entre le père et la fille.

Mais, pour combattre la résolution de son père, Blanche avait une arme plus puissante que les prières et que les larmes. — Cette arme, c'était le chagrin qui s'empara d'elle et qui ne tarda guère à manifester d'une façon visible les désordres qu'il amenait dans l'organisation de la jeune fille.

Blanche cessa de manger et de dormir. — Elle ne se plaignait jamais ; mais elle devenait si triste et si pâle qu'on eût dit qu'elle allait mourir. — Et, en effet, les sources mêmes de la vie étaient attaquées en elle.

Le comte de Mirebel résista aussi longtemps que la résistance fut possible ; mais comme au fond il adorait son unique enfant, cette résistance ne put être de bien longue durée.

La parole donnée au sire Antide de Montaigu fut redemandée, et Tristan, admis officiellement auprès de Blanche avec le titre de fiancé, dut croire que son bonheur était proche.

Le comte de Mirebel avait fixé l'époque de l'union des deux amants.

— Tristan venait de partir pour Besançon, où il comptait faire l'acquisition de ses cadeaux de noce.

Son absence ne dura qu'une semaine, et cependant elle fut trop longue encore. — Quand il revint au château de Champ-d'Hivers, il trouva toutes ses espérances brisées et réduites en cendres, comme un jeune arbre que le feu du ciel a frappé.

Le comte de Mirebel était mort assassiné, et Blanche avait disparu.

L'avant-veille du jour où Tristan apprenait ce double malheur en mettant pied à terre, le comte et sa fille se promenaient à cheval dans la forêt, suivis à distance par un seul valet.

Au détour d'un chemin creux que couronnait une double rangée de hêtres séculaires, ils avaient été entourés par une troupe de cavaliers revêtus de robes de moines, et dont les capuchons rabattus cachaient les figures.

Un homme de haute taille semblait commander les assaillants. — Comme eux, il était vêtu d'un froc, mais le capuchon de ce froc retombait sur ses épaules.

Cet homme portait *un masque noir*.

Le sire de Mirebel avait mis l'épée à la main pour essayer une résistance impossible. — Un coup de pistolet l'abattit.

L'un des faux moines avait alors jeté Blanche évanouie dans les bras du masque noir, et les ravisseurs s'étaient éloignés au plus rapide galop de leurs chevaux, laissant derrière eux, comme trace terrible de leur passage, un cadavre dont la poussière du chemin buvait le sang qui coulait à flots.

Tristan, désespéré, saisit d'une plainte le parlement de Dôle, et — devinant instinctivement l'axiome fondamental qui doit servir de base à toute instruction criminelle logiquement et consciencieusement faite : *Cherchez à qui le crime profite*, — il accusait le sire de Montaigu de l'assassinat du père et de l'enlèvement de la fille.

Aucune preuve matérielle ne venait charger le puissant seigneur ; mais les présomptions morales semblèrent assez fortes pour que le parlement donnât assignation à Antide de Montaigu d'avoir à comparaître par-devant lui, afin d'expliquer sa conduite et de réduire à néant, si faire se pouvait, les soupçons qui planaient sur lui.

Le fier gentilhomme n'osa résister ouvertement au premier pouvoir de la province. — Il se rendit à l'assignation, mais avec une colère mal dissimulée et en prononçant des menaces d'implacable vengeance contre Tristan de Champ-d'Hivers qui lui valait la honteuse nécessité d'approcher de ses lèvres cette coupe amère.

Le parlement, — tandis qu'Antide de Montaigu se défendait devant lui avec une hauteur arrogante et presque insolente, — ordonnait que des recherches fussent faites au château de l'Aigle.

Le colonel Varroz, — l'un des plus chers amis de Tristan, — fut chargé de diriger les perquisitions, qui, d'ailleurs, n'amenèrent aucun résultat.

Le sire de Montaigu, reconnu publiquement innocent du meurtre et du rapt, revint dans ses terres, où il se cloîtra en quelque sorte pendant deux ou trois ans pour laisser le temps de s'assoupir et de s'oublier à cette ténébreuse affaire qui avait fait dans les trois bailliages un tapage effroyable.

Il semblait avoir renoncé de la façon la plus complète à ses projets de vengeance hautement annoncés. — On s'étonna d'abord de ce calme et de cette mansuétude, si peu en rapport avec le caractère bien connu du gentilhomme, — puis on cessa de s'en occuper.

Il n'est pas de douleur morale qui, à la longue, ne s'émousse. — L'âme de l'homme n'est point faite pour un éternel désespoir. — Toute blessure cuisante au cœur fait croire à celui qui la porte qu'elle ne se fermera jamais ; — puis les heures, les jours et les ans se mettent à courir, et chacun d'eux, en passant, apporte une goutte de baume à la plaie saignante qui se cicatrise peu à peu.

Tristan de Champ-d'Hivers subit la loi commune. — Il commença par vouloir mourir, — puis il se laissa vivre, — puis l'amertume de son chagrin et de ses regrets se métamorphosa en une douce mélancolie.

Enfin, un jour, il se dit qu'il devait à sa race de ne point laisser périr en sa personne le beau nom de ses ancêtres, dont il était l'unique représentant, et, trois années après la disparition de Blanche de Mirebel, il épousait une noble et charmante jeune fille qui s'appelait Odette de Vaubécourt.

Les suites de cette union ne furent point heureuses. — Au bout de onze mois de mariage, la nouvelle baronne de Champ-d'Hivers mourut en mettant au monde un enfant mâle qui reçut au baptême le nom de Raoul.

La main de Dieu semblait s'appesantir sur Tristan.

Deux années s'écoulèrent. — Pendant une nuit orageuse, un incendie subit et impétueux se déclara dans les principaux bâtiments du château de Champ-d'Hivers. — Plusieurs domestiques périrent en s'efforçant vainement d'arrêter les incompréhensibles progrès des flammes qui surgissaient de tous les côtés à la fois.

Au jour naissant, le manoir n'était plus qu'un monceau de ruines fumantes, au milieu desquelles restaient ensevelis sans doute le cadavre du père et celui de l'enfant.

La race des Champ-d'Hivers était désormais une race morte !...

On supposa dans le pays, — car enfin il fallait bien trouver une raison plausible pour expliquer une aussi foudroyante catastrophe, — que le tonnerre était tombé sur le château dans deux ou trois endroits à la fois, — et la rumeur populaire affirme, on le sait, que les incendies ainsi allumés ne se peuvent éteindre. — L'opinion publique accepta cette explication comme suffisante, et d'autres préoccupations ne tardèrent point à effacer le souvenir de ces événements sinistres.

X. — RAOUL ET LACUZON.

Raoul en était arrivé à ce même endroit de son récit où nous venons de nous arrêter nous-mêmes.

— Ah ! — s'écria Lacuzon, — je comprends maintenant !... — C'est au sire Antide de Montaigu que vous attribuez l'incendie du château de Champ-d'Hivers et le meurtre du baron Tristan, et, selon vous, en commettant ce double crime, il accomplissait une double vengeance...

— Oui, — répondit le jeune homme, — j'accuse le sire de Montaigu !... je l'accuse de meurtre et d'incendie, comme mon père l'avait accusé de rapt et d'assassinat !... — et, quand vous m'aurez entendu jusqu'au bout, vous m'accuserez comme moi, et comme moi vous avouerez que plus d'un scélérat attaché au gibet par la main du bourreau mérite moins cette mort infamante que ce misérable gentilhomme !...

— Continuez, — dit simplement Lacuzon.

Raoul reprit :

— La veille de ce jour, ou plutôt de cette nuit maudite, l'intendant de mon père, ce Marcel Clément dont je vous ai déjà parlé, revenant dans la soirée d'un hameau voisin où il avait été visiter quelques domaines, vit de loin un des plus subalternes parmi les domestiques du château causer longuement avec un individu de mine suspecte qui le quitta en lui mettant dans la main un objet qui devait être un rouleau d'argent ou une bourse.

« Marcel appela ce domestique et le questionna.

« Le valet refusa de s'expliquer et répondit avec insolence.

« Marcel lui déclara que, dès le lendemain matin, il serait payé et congédié.

« — Demain il fera jour !... — répliqua le valet en ricanant ; — il y a dans la province d'autres châteaux que celui-ci... — Un maître de perdu, dix de retrouvés !...

« Marcel n'attacha malheureusement aucune importance à ces paroles qui sous leur grossière vulgarité renfermaient un défi et une menace. — Si le domestique avait été chassé sur l'heure, les assassins incendiaires auraient trouvé fermée une porte qu'ils comptaient trouver ouverte, — et par cette porte ouverte allaient entrer le crime et le malheur !...

« Au milieu de la nuit, Marcel, que les grondements du tonnerre empêchaient de dormir, vit tout à coup une lueur rouge et sinistre éclairer les ténèbres ; — en même temps une épaisse et suffocante fumée envahissait sa chambre.

« Dans le premier moment, il se figura que la foudre était tombée sur le château, et il courut à sa fenêtre.

« Trois ou quatre hommes masqués, tenant d'une main une épée et de l'autre une torche, gardaient la grande entrée de la cour d'honneur.

« D'autres hommes, également masqués, bondissaient comme des démons dans les corridors du château en secouant leurs torches. — L'incendie éclatait de toutes parts.

« Marcel était un serviteur loyal et brave. — Il était né dans la maison, — il faisait en quelque sorte partie de la famille, — il aurait donné sa vie pour mon père.

« Il s'habilla rapidement. — Il mit un couteau de chasse et des pistolets à sa ceinture, et il descendit en toute hâte par un escalier dérobé communiquant avec l'appartement de Champ-d'Hivers.

« Au moment de soulever la portière en tapisserie qui masquait une des portes de la chambre à coucher, il entendit une voix qui le fit tressaillir, — la voix qu'il connaissait bien, — la voix du sire Antide de Montaigu ! s'écrier avec un accent de joie farouche :

« — Le loup est muselé !... cherchez le louveteau maintenant, — coupez-lui la gorge et jetez-le au milieu de l'incendie !... — Le feu partout !... — Je veux que demain matin il ne reste pas pierre sur pierre de ce château maudit !...

« Des voix tumultueuses répondirent, — puis le silence se rétablit et des pas nombreux s'éloignèrent.

« Marcel souleva la tapisserie et il entra. — On avait attaché le feu aux rideaux, — aux tentures, — aux meubles. — La chambre tout entière flamboyait.

« Marcel courut au lit de mon père. — Ce lit était vide et ensanglanté. »

— Ils l'ont assassiné ! — murmura le digne intendant avec désespoir, — mais du moins je sauverai son fils et la fortune de ce fils !...

« Avec la pointe de son couteau de chasse, Marcel força la serrure d'un meuble enflammé déjà, et qui renfermait différents objets dont il connaissait l'inestimable valeur.

« Dans ce meuble il prit un coffret d'acier, et, chargé de ce coffret, il gagna, par des passages connus de lui seul, la chambre où je dormais dans mon berceau, et où les meurtriers n'étaient pas encore parvenus.

« Il me saisit, tout enveloppé dans mes draps, puis, comme on entendait un bruit de pas qui se rapprochait rapidement, il s'élança dans le parc par la fenêtre, depuis le premier **, et, en tombant sur le sol, il se foula le pied gauche.

« Malgré la très-vive douleur que lui faisait ressentir cette foulure, il eut le courage de se traîner, avec son double fardeau, jusqu'à un massif d'arbres très-touffu qui se trouvait au milieu d'une pelouse, à deux ou trois cents pas du château. — Là, il attendit.

« L'incendie grandissait. — activé par le souffle impétueux de la tempête, il envoyait ses gerbes de flammes jusqu'au ciel devenu couleur de sang, et il éclairait au loin le parc et la campagne de clartés aussi vives que celles du soleil.

« Tout à coup, sur ces masses étincelantes se détacha la silhouette d'un cavalier de haute taille, monté sur un cheval magnifique et portant un masque noir, — vous entendez, capitaine, *un masque noir !*...

« Ce cavalier arrêta sa monture, fit face à l'incendie, et cria d'une voix retentissante :

« — Eh bien, Tristan de Champ-d'Hivers, qu'en dis-tu ?... — Porteras-tu plainte, cette fois, à nosseigneurs du parlement de Dôle ?...

« Puis, mettant son cheval au galop, il tourna le château et disparut.

« Cet homme, — malgré son masque, — Marcel Clément l'avait reconnu, — non-seulement à sa voix, mais encore à sa taille, — à son geste, — à son attitude.

« C'était Antide de Montaigu ! — c'était l'homme au masque noir ! — c'était le meurtrier du comte de Mirebel ! — c'était le ravisseur de Blanche ! — c'était l'assassin de mon père !...

« Il me reste maintenant bien peu de chose à ajouter, capitaine. — Un danger effroyable me menaçait ! — Mon nom équivalait à une sentence de mort. — Si le sire de Montaigu venait à apprendre mon existence, j'étais perdu.

« Marcel Clément le comprit si bien que c'est alors qu'il prit le parti de me cacher à moi-même ma véritable origine. — Il m'emmena en France, — il me fit passer pour son fils, et il me persuada que j'étais Français.

« Le coffret d'acier, sauvé en même temps que moi par ce modèle des intendants, contenait tous les papiers établissant les titres et la filiation de ma maison et constatant ma propre naissance. — Il renfermait en outre la totalité des diamants de famille des Champ-d'Hivers, c'est-à-dire une fortune de près d'un million.

« Marcel me fit élever comme un gentilhomme, puis, lorsque j'eus atteint l'âge de dix-huit ans, il m'acheta une compagnie. — Je continuai à le regarder comme mon père. Enfin, l'an passé, au moment où mon régiment était désigné pour venir mettre le siège devant Dôle, Marcel, ne voulant pas m'exposer à combattre mes compatriotes, me révéla le secret de ma naissance, me raconta ce que je viens de vous répéter et me remit tous les papiers qui prouvaient la vérité de ses paroles, en ajoutant que Dieu lui-même avait voulu sans doute imprimer sur mon front le sceau irrécusable de mon origine en me donnant une si complète ressemblance avec mon père, que quiconque a connu jadis Tristan de Champ-d'Hivers croira le revoir en me voyant.

« Après avoir accompli de cette façon la dernière partie de la tâche qu'il s'était imposée, le digne serviteur, parvenu déjà à un âge très avancé, s'éteignit doucement, — heureux de se dire que je reprendrais un jour le nom et le rang de mes ancêtres...

« J'ai mis sous vos yeux l'histoire de ma vie, capitaine... — Vous savez tout... — Il ne me reste plus qu'à vous répéter ce que je vous disais en commençant mon récit : — Suis-je un impudent aventurier, ou suis-je un vrai gentilhomme ?... Prononcez !... »

Lacuzon tendit la main à Raoul.

— Baron de Champ-d'Hivers, — lui dit-il, — soyez le bienvenu dans nos libres montagnes !... La Franche-Comté, qui fut votre berceau vous salue par ma voix et vous accueille comme un de ses plus précieux enfants !... — Je compte sur vous, Raoul de Champ-d'Hivers je compte que vous marcherez sur les traces héroïques de ce Réginald, votre aïeul, qui combattit jadis, à la tête de ses vassaux armés, les soldats du roi Henri IV et qui sortit vainqueur de la lutte !...

— Merci, capitaine, — répondit le jeune homme avec enthousiasme — je serai digne de votre confiance et du nom que je porte !...

— Avez-vous officiellement cessé de faire partie de l'armée française ?...

— Oui, — depuis près d'un mois déjà, j'ai remis mon épée et mon commandement entre les mains de M. de Villeroi.

— C'est bien ; — l'apparence même de la trahison doit être évitée...

— Maintenant, j'ai une question à vous adresser...

— Parlez, capitaine, — à quoi que ce soit qu'il vous plaise de me demander, je suis prêt à vous répondre...

— Comment avez-vous connu Églantine ?

— Il y a un an, — je vous l'ai dit, — je suis venu en Franche-Comté à la suite de l'armée française. — J'assistais au blocus de Dôle. — Le marquis de Villeroi, qui m'avait attaché à sa personne comme l'un de ses officiers d'ordonnance, me chargeait parfois de porter des ordres aux corps de troupes disséminés dans la campagne et dans la forêt de Chaux. — Le hasard me conduisit un jour à la porte de la maison qu'habitaient votre oncle et votre cousine. — Je vis Églantine. — Je l'aimai. — Il fallait au vieillard et à la jeune fille un protecteur contre les insultes et les agressions d'une soldatesque qui se croyait tout permis en pays ennemi... — Je devins ce protecteur.

— J'eus le bonheur de rendre quelques services à votre oncle, qui, je le crois, ressentit un peu d'affection pour moi et m'accueillit comme un fils... — Églantine me parlait sans cesse de vous, — elle me racontait votre courage, — vos exploits, — votre générosité chevaleresque, — elle faisait naître dans mon cœur un ardent désir de vous connaître et de devenir votre ami. — Le jour de la séparation arriva. — Il me fallut suivre mon général qui rentrait en France. — Ce jour-là Églantine me dit : « — Quand vous reviendrez, si notre maison est déserte, allez dans la montagne ; cherchez et trouvez le capitaine Lacuzon, mon cousin, mon ami, mon frère, — ayez confiance en lui, — ne lui cachez rien, — il m'aime trop pour ne pas vous aimer, — il vous conduira auprès de moi... » — Je partis. — Lorsque je revins, il y a de cela quelques jours, la maison était vide. — Je me souvins des paroles d'Églantine... — Le bruit public m'apprit que vous étiez à Saint-Claude, et j'allais vous y chercher quand je vous ai rencontré à Longchaumois...

— Comment se fait-il, — demanda Lacuzon, — que mon oncle ni ma fille ne m'aient parlé de vous ?

— Mon Dieu ! — s'écria Raoul, — m'auraient-elle oublié ?...

— Non, — réplique le capitaine, — quand un cœur comme celui d'Églantine s'est une fois donné, il ne se reprend pas !... — Seulement, mon oncle et ma cousine, qui vous croyaient Français, n'auront point voulu m'avouer qu'ils avaient un Français pour ami.

Il y eut un instant de silence, puis Lacuzon murmura :

— Tout ceci m'inquiète, Raoul !... — Avez-vous bien réfléchi ?... — Vous êtes riche et vous êtes noble... — Églantine est une pauvre fille sans naissance et sans fortune... — Où cet amour vous conduira-t-il ?...

— Je ne comprends guère votre question, capitaine ! — répondit vivement Raoul. — Où cet amour me conduira ?... — Mais, pardieu ! tout simplement à faire d'Églantine la baronne de Champ-d'Hivers, si vous ne me jugez point indigne de votre alliance !...

— Ainsi, vous me demandez la main de ma cousine ?

— Positivement, — et je la demanderai de même à son père aujourd'hui ; si je le vois aujourd'hui ; — demain, si je ne le vois que demain.

— A partir de ce moment, Raoul, — dit le capitaine avec émotion, — vous êtes mon frère... — Vous voulez savoir où est Églantine...— Je vais vous l'apprendre : — elle est à Saint-Claude, — cachée, — et, sans doute, au moment où je vous parle, elle se prosterne aux pieds d'un crucifix où coule le baigne de ses larmes, en priant Dieu de sauver son père qui doit mourir demain !...

— Mourir !... — répéta Raoul avec stupeur ; — de qui parlez-vous ? — qui doit mourir ?...

— Pierre Prost !

— Mourir ! — répéta le jeune homme pour la seconde fois. — Mais pourquoi mourir ?... — Est-il blessé ? — Est-il si dangereusement malade qu'on désespère de le sauver et qu'on en soit à compter les heures ?...

— Il n'est ni blessé, ni malade, — il est prisonnier, — il est condamné !...

— Condamné !... — Pour quel crime, et par quel tribunal ?

— Vous savez que depuis deux jours le sire de Guébriant est maître de Saint-Claude avec ses Suédois ?...

— Oui. — Je l'ai appris à Champagnolles.

— La ville démantelée et surprise à l'improviste, n'a pu se défendre ; — elle a été mise à sac ; — un grand nombre de généreux citoyens ont payé de leur vie une inutile résistance ; — d'autres ont été jetés en prison... — Pierre Prost, mon oncle, se trouve au nombre de ces derniers. — Il a été arrêté comme espion, lui, la loyauté même !... — Il est enchaîné dans une des oubliettes du couvent, — et, au point du jour, on le traînera au supplice !...

— Ah ! — s'écria Raoul, — ils n'oseront pas !...

Lacuzon haussa les épaules.

— Ils oseront tout ! — répliqua-t-il, — le bûcher est déjà construit sur la place Louis XI !... — Personne ne croit à l'absurde accusation d'espionnage mise en avant comme prétexte. — On veut que mon oncle meure, précisément parce qu'il est mon parent et qu'on espère intimider les montagnards par cette mort...

— Mais c'est infâme cela ! — balbutia Raoul.

— Oui, certes ! cela est infâme ! — Seulement, de la prison au bûcher, il y a peut-être plus loin qu'on ne le pense !...

— Espérez-vous donc sauver Pierre Prost ?

— Eh ! si je ne l'espérais pas, croyez-vous que je serais aussi calme !

— Oui, pardieu, j'espère !... — Ne suis-je pas toujours là quand il faut sauver un innocent et servir une sainte cause ?...

— Peut-être puis-je vous venir en aide...

— Vous, Raoul ?...

— Oui, moi, — sinon le baron franc-comtois Raoul de Champ-d'Hivers, du moins l'officier français Raoul Clément...

— Et de quelle façon ?

— J'ai vu souvent le comte de Guébriant chez le marquis de Villeroi, — je suis connu de lui. — Il ignore que j'ai cessé d'appartenir à l'armée dont il est l'allié. — Il aurait mon général me témoignait quelque bienveillance, — et sans doute il accorderait à ma prière la grâce du père d'Églantine...

— Une grâce !... — s'écria Lacuzon avec impétuosité, — solliciter une grâce !... — prier !... — supplier !... — courber la tête devant un Suédois !... — Non, non, Raoul, point de grâce à ce prix !... mon oncle trouverait lui-même que c'est acheter trop cher la vie !... — D'ailleurs, ce n'est pas sur des prières que je compte... j'ai mieux que cela...

— Que voulez-vous donc faire ?

— Vous verrez...

Il se fit un nouveau silence.

Les deux cavaliers avaient atteint un point élevé d'où se déroulait devant eux un magnifique panorama que les clartés pâles de la lune éclairaient d'une lueur indécise.

Déjà s'entr'ouvrait à leurs yeux la vallée dans laquelle est bâtie la ville de Saint-Claude ; — à l'horizon se dessinaient les énormes sapins couronnant des rochers gigantesques et commençaient cette muraille de sombre verdure qui monte des bords de la Bienne jusqu'aux sommets de Sept-Moncel.

La route dans laquelle les voyageurs allaient s'engager formait de brusques zigzags le long de la côte de Cinquétral. — Au fond de la vallée, la ville se détachait comme une masse noire.

— Raoul, — demanda Lacuzon tout à coup, — quand comptez-vous reprendre le nom de vos ancêtres ?...

— Quand j'aurai vengé mon père ! — répondit le jeune homme, — quand le meurtrier incendiaire m'aura payé la dette du sang et de l'incendie !...

— Je m'attendais à cette réponse. — Et qui poursuivrez-vous de votre vengeance ?...

— Qui ?... — répéta Raoul avec étonnement. — Eh ! qui serait-ce, sinon le lâche auteur de tant de crimes, l'infâme Antide de Montaigu !

— Je porterai le fer et le feu dans son château de l'Aigle, et vous me viendrez en aide, n'est-ce pas, mon frère ? car, en agissant ainsi que je veux le faire, j'accomplirai un devoir sacré !...

Lacuzon secoua la tête.

— Raoul, — dit-il, — je veux et je dois répondre à votre confiance par une confiance égale et ne vous rien cacher de la vérité. — Je donnerais ma vie, s'il le fallait, pour sauver la vôtre, mais vous ne devez pas compter sur moi quand vous songez à vous venger d'Antide de Montaigu... — Bien plus, je me mettrais avec lui contre vous, sinon pour vous attaquer, au moins pour le défendre...

— Contre moi, frère !! — contre moi et avec cet homme !! — s'écria Raoul. — Ce n'est pas possible !...

— Et cependant c'est la vérité.

— Mais pourquoi ?

— Parce que quand le péril commun plane sur toutes les têtes, les dissentiments, les haines de particuliers, si terribles qu'en soient les motifs, doivent être oubliés !... — Parce qu'il ne peut point y avoir d'ennemis parmi ceux qui servent une même cause, — aussi longtemps du moins que cette cause est en danger ! — Parce qu'enfin aujourd'hui, Antide de Montaigu, seigneur de l'Aigle, est l'un des plus ardents et des plus puissants défenseurs des libertés franc-comtoises !... — C'est parmi ses vassaux que se recrute mes corps francs ; — c'est lui qui, lorsque tout nous manque, nous fournit de l'argent, des vivres et des armes. — C'est lui qui nourrit et protège la mère, la sœur ou la fille du paysan soldat ; — c'est au château de l'Aigle, enfin, que se trouve le centre des opérations militaires de toute la haute montagne. — Vous le voyez, Raoul, les services que nous rend Antide de Montaigu sont immenses, et, si coupable que soit ce gentilhomme envers votre race, il doit être sacré pour moi !...

— Je vous comprends et je vous approuve ! — répondit Raoul. — J'attendrai, — j'attendrai avec calme et patience, et peut-être cette attente ne sera-t-elle pas bien longue ! — Un jour viendra, frère, où vous m'abandonnerez cet homme et où vous voudrez unir à moi pour le renverser, car Dieu ne serait pas juste s'il permettait que le ravisseur, l'incendiaire, le meurtrier, fût un allié loyal et fidèle !... — Souvenez-vous de ce que je vous dis aujourd'hui, capitaine : — un secret instinct me crie qu'Antide de Montaigu est un lâche et un traître ! — et souvenez-vous qu'un jour, ce que je dis, je le prouverai !...

Lacuzon garda le silence.

Il ne savait que répondre à ces paroles pleines d'une écrasante et impitoyable logique, et il lui semblait douteux en effet que Dieu consentît à se servir d'une main si bassement coupable, pour faire de grandes et nobles choses.

En ce moment les deux cavaliers arrivaient au bord de la Bienne, qui coulait dans le fond de la vallée, à une très-faible distance des fortifications de Saint-Claude.

Lacuzon poussa son cheval vers la gauche, — laissant la ville à sa droite, — et il ne tarda guère à gagner la lisière d'un petit bois très-épais, dans lequel il s'engagea, suivi de Raoul.

A peine avaient-ils fait vingt-cinq pas sous le couvert qu'ils entendirent le craquement sec et métallique produit par la batterie d'un mousquet que l'on arme.

même temps une voix cria :
— Qui va là?...
— Saint-Claude et Lacuzon, — répondit le capitaine.

XI. — DEUX COUPLETS D'UNE CHANSON. — SAINT-CLAUDE.

— Ah! c'est vous, capitaine! — reprit la même voix qui venait de crier : *Qui va là?*

Et un partisan franc-comtois, revêtu d'un costume exactement pareil à celui du chef montagnard sortit du taillis et vint prendre par la bride la monture de son chef.

— Mettez pied à terre, Raoul, — dit le capitaine en descendant lui-même de cheval.

Raoul obéit et le montagnard fit quelques pas pour s'éloigner dans le bois avec les deux nobles animaux.

Notre héros l'arrêta en lui demandant : — Y a-t-il du nouveau ici?
— Rien, capitaine.
— Et, dans la ville?
— Les Suédois et les Gris ont pillé quelques caves, entre autres celle du couvent, — pendant toute la soirée ils ont éventré des futailles, et beaucoup d'entre eux, à l'heure qu'il est, doivent être ivres-morts...
— C'est bien. — Va.

Puis le capitaine reprit le chemin qui se dirigeait vers Saint-Claude, et, à la sortie du petit bois, il dit à son compagnon :
— Maintenant, Raoul, pas un mot!... — Évitez que vos éperons se heurtent l'un contre l'autre! — évitez que votre pied rencontre un caillou roulant! — évitez que la poignée de votre épée touche les canons de vos pistolets! — L'ennemi est devant nous, — derrière nous, — à nos côtés, — partout! — Le moindre bruit pourrait devenir le signal d'une mousquetade dont nous serions la but... — Gagnons le bord de la rivière, — évitons les rayons de la lune et marchons dans l'ombre des saules...

Les deux hommes, — prenant toutes les précautions que venait de recommander le Franc-Comtois, — arrivèrent à un endroit où la Bienne, coulant rapidement sur un lit de cailloux, formait un coude brusque dont l'extrémité ne se trouvait guère qu'à cent cinquante ou cent soixante pas de la muraille de la ville. — La profondeur du lit de la rivière, en ce lieu, était d'un demi-pied, tout au plus.

— Halte! — murmura le capitaine en s'arrêtant derrière le tronc noueux d'un saule gigantesque, et en mettant la main sur le bras de Raoul pour le retenir à côté de lui.

Au bout d'une demi-minute il approcha ses mains de sa bouche, et il imita le cri de la chouette avec une perfection si grande, que Raoul leva involontairement les yeux pour voir si quelque oiseau de nuit n'était point perché sur l'une des branches du vieil arbre.

Lacuzon vit ce mouvement, et, se penchant vers son compagnon, il lui glissa dans l'oreille, d'une façon à peine distincte, ces trois mots :
— C'est un signal.
— Que veut-il dire?
— Que nous sommes là.
— Va-t-on vous répondre?
— Oui.

En même temps, et comme pour confirmer cette affirmation du capitaine, le hululement de la chouette se fit entendre dans l'intérieur même de la ville, mais affaibli par la distance.

— Et maintenant? — demanda Raoul en étouffant sa voix.
— Il faut attendre.
— Quoi?
— Vous verrez.

Puis Lacuzon appuya son doigt sur sa bouche, comme pour recommander le silence. — Raoul se tut.

La lune éclairait une partie du rempart démantelé qui faisait face aux deux hommes. — Une tour massive, dont les créneaux tombaient en ruine, projetait son ombre opaque sur le reste de la fortification.

Une sentinelle suédoise, le mousquet sur l'épaule, allait et venait avec une lente régularité dans un espace de deux cents pas environ.

— Le canon de son fusil, — la poignée de son épée et celle de son poignard, — les crosses des pistolets, — étincelaient dans les rayons de la lune, quand la sentinelle passait sur le rempart éclairé; — tout semblait s'évanouir subitement lorsque le soldat entrait dans l'ombre projetée par la vieille tour.

Pendant près d'un quart d'heure le Suédois continua sa faction solitaire et monotone. — Puis un nouveau personnage apparut sur la muraille, se montra en pleine lumière, comme s'il eût voulu se faire remarquer, et ensuite disparut dans cette partie des fortifications que les ténèbres envahissaient. Deux secondes s'écoulèrent. — La sentinelle tournait le dos au nouveau venu.

Une voix vibrante, quoique contenue, s'éleva dans l'ombre et chanta sur la plate-forme même de la tour :

> Comte Jean, voici venir l'heure...
> Le soleil penche à l'horizon,
> L'Angelus dans le clocher pleure,
> L'oiseau chante dans le buisson.
> La fleur de l'églantier parfume
> Le val où s'égarent mes pas...
> Je te cherche en vain dans la brume...
> Comte Jean, me voici, — pourquoi ne viens-tu pas?

Au moment où la voix lançait le dernier mot et la dernière note du dernier vers de ce couplet, la sentinelle, qui s'était d'abord arrêtée avec un étonnement manifeste, revenait d'un pas rapide vers le chanteur qu'elle rejoignait dans l'ombre où il se tenait caché.

Le vent qui passait apporta jusqu'à Lacuzon et jusqu'à Raoul le murmure confus de paroles animées, — puis un cliquetis de fer, — puis un bruit sourd et indéfinissable.

Ceci se passa en moins d'une minute.

Le soldat suédois reparut ensuite, — son mousquet sur l'épaule, — et recommença sa faction. — Seulement, il paraissait grandi.

On entendit, dans le lointain, ce cri venir à travers l'espace :
— Sentinelles, veillez!...

Une voix rauque répéta, plus près : — Sentinelles, veillez!...
Puis une autre, — puis une autre encore.

Le soldat, que le capitaine et Raoul ne perdaient pas de vue, obéit à la consigne des villes de guerre et lança, de toute la force de ses poumons, les deux mots consacrés : — Sentinelles, veillez!...

Et le même cri, redit par des voix successives, s'en alla, s'éloignant et s'affaiblissant toujours.

Quand il eut complètement cessé de se faire entendre, la sentinelle s'arrêta court, — elle appuya très-cavalièrement son mousquet contre un créneau, — et, croisant ses bras sur sa poitrine, elle commença ce deuxième couplet :

> La villageoise, au sein de l'ombre,
> Cherchant son amoureux berger,
> Glisse, blanche, dans la nuit sombre,
> Entre les arbres du verger.
> L'étoile, dans l'eau se reflète,
> La brise murmure tout bas,
> Et l'écho des rochers répète :
> Comte Jean, — je t'attends, — pourquoi ne viens-tu pas?...

— C'est Gerbas! — dit tout bas et rapidement Lacuzon, — le rempart est libre pour un instant... — Venez, Raoul...

Les deux hommes quittèrent l'abri du saule qui les avait protégés jusque-là, — ils franchirent la Bienne à gué, n'ayant de l'eau que jusqu'au-dessus des chevilles.

Bientôt ils se trouvèrent au pied de la muraille, ou plutôt de la tour. Lacuzon fit entendre un sifflement doux et léger. — Une échelle de corde glissa le long du rempart et descendit jusqu'à leurs pieds.

— Je vous montre le chemin, — dit le capitaine en s'élançant le premier à l'escalade. — Suivez-moi...

Et ils atteignirent l'un et l'autre les créneaux disjoints et couverts de mousse.

Une masse sombre et immobile gisait à quelques pas de là sur la plate-forme de la tour.

— Qu'est-ce que cela, Gerbas? — demanda Lacuzon.
— Cela, capitaine? — répondit le personnage ainsi interpellé, — ce n'est rien, — c'est le corps du Suédois qui voulait tout à l'heure m'empêcher de chanter..
— Quoi de nouveau?
— Rien, capitaine.
— Le prisonnier?
— Gardé à vue.
— Le colonel et le curé?
— Ils vous attendent.
— Point de changement à l'heure du supplice?
— Aucun. — Le bûcher est prêt, — il n'y manque que le feu et le condamné.
— Nos hommes?...
— Ils sont ici.
— Tous?
— Oui.
— C'est bien. — Marche devant, Gerbas. — Nous allons à la maison de la Grand'rue...

§

Il importe de donner à nos lecteurs une idée exacte de cette ville de Saint-Claude, dans laquelle doivent se passer quelques-uns des événements importants de notre récit, et nous croyons ne pouvoir mieux faire qu'en reproduisant textuellement ce qu'écrivait, au sujet de la petite cité historique, un littérateur distingué, — (auquel nous faisons

Une sentinelle suédoise, le mousquet sur l'épaule, allait et venait avec une lente régularité. (Page 31.)

de nombreux emprunts), — M. Louis Jousserandot, dans le *Diamant de Vouivre*, un de ses remarquables ouvrages sur la Franche-Comté au dix-septième siècle.

Nous le laissons parler :

« Il fallait, — dit-il, — être un lépreux, objet d'horreur et de dégoût pour ses semblables, ou un grand criminel, fuyant les châtiments de la justice humaine, ou un saint anachorète, animé de cette foi religieuse, de cette croyance évangélique des pères de l'Eglise, pour concevoir seulement la pensée de passer sa vie dans ce lieu.

« Telles sont les réflexions qui viennent dans l'esprit de tout homme qui, pour la première fois, se trouve en vue de Saint-Claude.

« Qu'on se figure trois hautes montagnes de six cents mètres d'élévation, formant entre elles comme la moitié d'un parallélogramme; à mi-côte, l'une de ces montagnes laisse échapper de son flanc une sorte de plateau de peu d'étendue, borné d'un côté par la roche à pic qui se nomme aujourd'hui, on ne sait trop pourquoi, *le Saut de la Pucelle*; et de l'autre par une pente insensible qui descend jusqu'au fond de la vallée; — c'est sur ce plateau que la ville fut bâtie.

« Engloutie sous la neige pendant les deux tiers de l'année, cette cité ne se révèle, alors aux yeux du voyageur qui la domine depuis les hauteurs voisines, que par la fumée qui s'échappe de ses larges cheminées. — Pas la moindre trace de végétation pendant les longs hivers. — Le lichen seul, croissant sur ce rocher nu, rompt par sa verdure éternelle la blanchâtre monotonie de ce paysage.

« Les routes, nivelées sous la campagne par des couches de neige, permettent à peine de descendre au fond de cet abîme, tant il y a de danger à s'écarter du chemin, tant on doit craindre de disparaître à chaque pas dans ces fondrières d'où l'on ne revient jamais.

« Alors, pas d'animaux dans les pâturages, pas de bergers dans les montagnes, pas de moutons dans les prairies, pas de chèvres aux mamelles pendantes gravissant les coteaux et broutant l'herbe aux mille fleurs au pied des buissons de buis.

« On n'entend que les croassements des corbeaux, les hurlements des loups, et les cris de l'aigle ou de l'oiseau de proie, qui va chercher pâture et revient à son nid, triste ou joyeux, suivant que la chance a été bonne ou mauvaise.

« L'homme reste chez lui, au milieu de sa famille, usant les provisions qu'il a faites pendant les beaux jours et attendant le printemps, comme le mendiant qui meurt de faim attend l'aumône du riche.

« Ce lieu, le plus sauvage peut-être des montagnes du Jura, fut choisi jadis par un saint anachorète, qui vint y oublier, dans la paix et le silence, les bruits du monde et les mauvaises passions des hommes. Ce saint homme se nommait Romain, il vivait dans les premiers temps de l'établissement du christianisme dans la Séquanaise.

« Son ermitage reçut le nom de *Condat* et bientôt Lupicin, son frère vint y vivre avec lui. — Mais, quelques années après, cette pauvre retraite ne pouvant plus recevoir les chrétiens fervents qui y arrivaient en grand nombre, ils se retirèrent dans un lieu nommé *Leucone*, et qui plus tard fut appelé *Saint-Lupicin*, du nom d'un de ses fondateurs.

« Après la mort de saint Romain, Lupicin ramena à Condat les religieux dont il s'était fait le chef, et fonda ainsi une communauté qui devait un jour rivaliser de richesse avec les plus riches couvents de l'Europe.

« Mais, hélas! est-il donc dans la nature de l'homme de gâter les plus belles institutions?

« La loi naturelle veut-elle donc que les choses les plus saintes soient toujours la proie de l'ambition et de l'intérêt? — Saint Romain avait consacré ce lieu à la prière, à la piété la plus austère. — La religion seule, l'amour de Dieu, avaient dirigé ses pas. — Il avait fondé là un temple qui avait pour voûte l'immensité des cieux, pour murailles de vastes forêts de sapins, pour autel le roc nu.

« Perdu dans ce désert, où les racines des plantes étaient sa seule nourriture et l'eau de source son unique boisson, il ne vivait que pour l'autre monde, ne considérant celui-ci que comme un pénible voyage que l'homme doit accomplir et au bout duquel il trouvera le terme de ses fatigues.

« Il meurt enfin, et bientôt ses successeurs, oubliant son exemple,

Pierre Prost, bâillonné et garrotté, était entraîné vers la ville. (Page 37.)

font de son pieux ouvrage une puissance dans la hiérarchie féodale.

« Enrichis par les riches offrandes que les pèlerins de tout rang venaient déposer aux pieds de saint Claude, archevêque de Besançon, né à Bracon, près de Salins, mort en 696, les moines de ce couvent achetèrent de vastes domaines, firent construire des châteaux pour les protéger, eurent des hommes d'armes à leurs ordres, des vassaux, des serfs sous leur dépendance; perçurent des dîmes, imposèrent des corvées, battirent monnaie, s'arrogèrent le droit de sauf-conduit dans les États de Bourgogne, et celui de juger en dernier ressort.

« En un mot, cet humble ermitage, qui avait jadis servi de retraite à un pauvre ermite, devint en quelques siècles un des plus riches couvents de l'Europe, et ses habitants d'insolents seigneurs qui finirent même par exiger des quartiers de noblesse pour recevoir les nouveaux venus dans leur sein. »

§

Nous prions nos lecteurs de vouloir bien nous accompagner dans une salle du rez-de-chaussée d'une petite maison étroite et basse, située non loin de la place Louis XI, à l'extrémité de la Grand'rue.

Cette pièce, que nous ne décrirons point, était meublée avec une simplicité plus que modeste.

Sur le manteau de la cheminée se voyait un grand crucifix, à côté d'une lampe de cuivre allumée; — un feu de souche brûlait dans l'âtre.

Devant la cheminée, deux hommes étaient assis en face l'un de l'autre, et tous deux appuyaient leur coude sur une table de chêne noir qui les séparait.

L'un de ces hommes était un prêtre. — Il atteignait cet âge qui est la maturité de la vie. — Sa figure belle et franche, dont les traits fortement accusés annonçaient une indomptable énergie, exprimait en ce moment la préoccupation et l'inquiétude.

Son compagnon, revêtu d'un costume militaire presque semblable à celui du capitaine Lacuzon, était un grand et beau vieillard taillé en athlète et qui ne ployait point ses larges épaules sous le fardeau des années.

Son visage était coloré, — ses cheveux blancs comme de l'argent et coupés très-courts, selon la mode des puritains écossais, — sa moustache blanche et fort longue.

Ses grands yeux bleus brillaient d'un feu vif et pur comme ceux d'un jeune homme. — Son regard profond et étincelant s'attachait d'une façon distraite sur l'une des poutrelles du plafond; — son front se plissait, — ses lèvres se contractaient à son insu. — Tout en lui décelait une préoccupation aussi sombre que celle du prêtre.

Aucune parole ne s'échangeait entre eux.

Le marteau du beffroi de la cathédrale frappa deux coups sur la cloche. — Les notes sonores de l'airain montèrent en vibrant dans l'air ébranlé.

Ce bruit soudain fit tressaillir à la fois le prêtre et le soldat.

— Deux heures! — s'écria ce dernier; — déjà...

— Colonel, — demanda le prêtre, — vous êtes inquiet, n'est-ce pas?...

— Oui. — Il devait être ici à minuit... — il me l'avait promis... il sait que le temps presse... — il sait que les bourreaux n'attendent pas... — il faut qu'un événement imprévu le retienne, — et tout événement est un danger dans ce moment où les Suédois et les Gris tiennent la montagne et la plaine.

— Et il est seul...! — ajouta le prêtre.

Puis au bout d'un moment, il murmura : — Il faut prier!...

Joignant l'action aux paroles, il quitta l'escabeau sur lequel était assis, — il mit un genou en terre, et, les yeux tournés vers le crucifix, il commença son invocation.

A peine en avait-il prononcé les premiers mots, que ce commencement de prière fut exaucé.

On frappa, depuis le dehors, un coup léger, — puis un second, — puis un troisième, — contre la porte de la maison.

Le vieux soldat courut à cette porte.

— Qui va là? — demanda-t-il avant d'ouvrir.

La voix du capitaine répondit :
— Saint-Claude et Lacuzon.
— C'est lui! — dit le prêtre avec un élan de joie.
La porte s'ouvrit.—Le capitaine et Raoul entrèrent dans la chambre. Gerbas, qui les avait accompagnés jusque-là, s'éloigna dans la direction de la place Louis XI.

XII. — LA TRINITÉ.

— Sois le bienvenu, Jean-Claude! — s'écrièrent à la fois le prêtre et le soldat.
— Merci, mon père, — merci, colonel, — répondit Lacuzon. — Je suis en retard, n'est-ce pas?
— De plus de deux heures. — Nous commencions à craindre qu'un malheur ne fût arrivé...
— Et vous aviez raison de craindre, car j'ai traversé un fort grand danger... — Je vous raconterai cela plus tard; — sachez seulement que vous ne m'auriez très-certainement jamais revu sans le secours providentiel de ce gentilhomme que Dieu a envoyé à mon aide, et que je vous présente comme mon sauveur...

En même temps Lacuzon poussait en avant Raoul qui, d'après la recommandation du capitaine, cachait son visage jusqu'aux yeux sous un pan de son manteau.

Le vieux soldat et le prêtre saisirent chacun une des mains du jeune homme et la serrèrent avec une profonde effusion de reconnaissance.

— Raoul, — s'écria Lacuzon, — les mains qui touchent en ce moment les vôtres sont celles de deux héros de courage et de loyauté! Voici le colonel Varroz, et voici le curé Marquis! — Et maintenant que vous savez qui ils sont; il faut qu'ils sachent qui vous êtes! — Montrez-leur vos traits d'abord, vous leur apprendrez ensuite votre nom, — et ce que vous leur direz, je le veux affirmer, moi, qu'ils peuvent et qu'ils doivent le croire!...

Raoul laissa tomber son manteau et jeta sur la table le chapeau à larges bords qui cachait son front.

Varroz attacha, sur la figure qui lui apparaissait ainsi tout à coup, un regard rempli de stupeur et presque d'épouvante.

Il saisit avec force le bras du prêtre, et le faisant reculer de deux ou trois pas, il lui demanda d'une voix sourde :
— Est-ce possible, curé?... est-ce possible?...— Les morts peuvent-ils donc aujourd'hui sortir de leurs tombeaux scellés depuis vingt ans, et se montrer vivants à nos yeux, comme au temps où Dieu criait à Lazare enseveli : — Lève-toi et marche?...
— Que voulez-vous dire, colonel? — répondit vivement le curé Marquis, — je ne vous comprends pas!...
— Quoi, ne voyez-vous point là, devant vous, immobile et muet, l'image ou le fantôme de mon ami mort... de Tristan de Champ-d'Hivers?
Le curé Marquis, qui n'avait pas connu le baron, ne pouvait répondre.
Raoul se chargea de le faire pour lui.
— Colonel Varroz, — dit-il avec émotion, — vos yeux et votre cœur ne vous trompent qu'à demi ; — c'est bien un Champ-d'Hivers en effet que vous voyez. — Mais ce n'est pas votre vieil ami, — c'est le fils au lieu du père, — c'est Raoul au lieu de Tristan...
— Et moi je vous répète, colonel, — appuya Lacuzon, — que ce qu'il vous dit est la vérité, — et je me porte, corps pour corps, garant de sa parole...
— Ah! — murmura Varroz en élevant vers le crucifix ses mains jointes, — que Dieu soit béni!... qu'il soit béni d'avoir réservé une telle joie à ma vieillesse!... Raoul de Champ-d'Hivers!... — un Champ-d'Hivers!... — le fils de Tristan! — le dernier de cette grande et vaillante race! — il est vivant, — je le revois... — Oh! Raoul... mon enfant... mon fils...

Et le vieux soldat saisit le jeune homme dans ses bras, — l'attira sur sa poitrine, — le serra contre son cœur et l'embrassa à vingt reprises en balbutiant des paroles indistinctes et entrecoupées, tandis que de grosses larmes d'attendrissement et de joie coulaient sur ses joues bronzées.

Le capitaine Lacuzon et le curé Marquis assistaient en silence à cette scène si belle et si profondément touchante, et ils ne parvenaient qu'à grand'peine à contenir l'émotion qui débordait en eux.

— Champ-d'Hivers! — dit tout bas le prêtre à Lacuzon, — c'est un grand nom!... un nom qui retentit dans la province comme la trompette de Gédéon devant les murs de Jéricho!... — Et ce jeune homme est à nous?...
— Corps et âme.
— Et sa bannière seigneuriale flottera parmi nos étendards?
— Ceci, mon père, est impossible. — Raoul mettra au service de notre cause son courage, — son intelligence, — son épée ; — mais il ne peut inscrire son nom sur nos drapeaux, — il est obligé, quant à présent du moins, de cacher sa naissance...
— Pourquoi?
— Je vous le dirai, — ou plutôt il vous le dira lui-même...
Tandis que ces paroles s'échangeaient rapidement et à voix basse entre le curé Marquis et le capitaine. — Varroz faisait sur lui-même un violent effort, et, desserrant l'étreinte dans laquelle il tenait Raoul

embrassé, il lui disait, tout en essuyant du revers de sa main puissante une dernière larme qui coulait sur sa joue :
— Il faut me pardonner, mon enfant, cet accueil trop expansif et hors de propos... — Les larmes sont faites pour les femmes et non pour les vieux soldats!... — Mais je n'ai pas été le maître de les arrêter... — C'est que j'aimais tant votre père, voyez-vous!... — c'est que cette étrange ressemblance me reporte si bien aux jours de ma jeunesse... — c'est que vous me rappelez tant de souvenirs amers et doux!... — Raoul, c'est Dieu lui-même qui vous a conservé!... — soyez le bienvenu parmi les défenseurs de la liberté franc-comtoise!...
— Merci, colonel Varroz! — merci, noble ami de mon père! — s'écria Raoul; — j'espère vous prouver bientôt que ce n'est pas seulement par le visage que je ressemble à Tristan de Champ-d'Hivers!..

Le colonel allait répondre à ces dernières paroles, mais le curé Marquis s'avança entre le vieillard et le jeune homme, et, mettant sa main sur l'épaule de Raoul, il dit :
— Baron de Champ-d'Hivers, ou quel que soit le nom qu'il vous plaise en ce moment de prendre ou de garder, vous êtes pour nous un fils et un frère, puisque vous avez sauvé la vie de notre fils et de notre frère Jean-Claude Prost!—Désormais, entre nous tout sera commun!
— Vous partagerez nos périls! — Si Dieu bénit notre cause, vous aurez votre part du triomphe! — Si, au contraire, Dieu l'abandonne, vous vous ensevelirez avec nous sous les plis de notre drapeau vaincu!... Mais, en ce moment, il faut nous oublier nous-mêmes et ne plus penser qu'au prisonnier comptant, dans son cachot, les heures et les minutes qui le séparent du supplice.
— Curé Marquis, — répliqua le capitaine, — que parlez-vous de supplice quand Lacuzon est là, et quand Lacuzon veille?...
— Les bourreaux veillent aussi, et c'est à huit heures du matin que Pierre Prost doit mourir!...
— Eh bien, à huit heures du matin, Pierre Prost sera sauvé par moi, ou me verra mourir avec lui...
— Et nous serons deux, capitaine, — s'écria Raoul, — nous serons deux pour le salut ou pour la mort!...
— Les Suédois sont sur leurs gardes, — reprit le prêtre ; — le supplice de l'oncle du capitaine Lacuzon est pour eux une fête et un triomphe, — et enfin, hier, dans la ville, on a vu le masque noir, ce qui, comme vous le savez, est toujours pour nous le présage de quelque malheur!...

En entendant Marquis prononcer ces trois mots : — le masque noir, — Raoul tressaillit. Peut-être allait-il interroger, mais Lacuzon ne lui en laissa pas le temps.
— Eh, — dit-il avec impétuosité, — que m'importent les Suédois et les Gris?... que m'importent Guébriant et le masque noir?... — Ils entoureront le bûcher comme pour une fête, prétendez-vous... — Eh bien, soit!... et je ne veux pas que leur espoir soit déçu ; ils auront une fête, — une fête belle et sanglante, je vous le promets!... — Qu'ils préparent des torches pour allumer leur bûcher!... je vous jure, moi, par Notre-Dame d'Einsiedlen, que je l'éteindrai dans le sang!...
— Les Suédois sont nombreux, — poursuivit Marquis.
— M'avez-vous jamais vu compter mes ennemis?... — D'ailleurs, que me fait le nombre? — Chacun de mes montagnards vaut dix hommes, et j'ai mes montagnards!...
— Comment entreront-ils dans la ville?
— Ils y sont déjà, — ils y sont depuis hier.
— Tous?
— En nombre suffisant, du moins, — sans uniforme, mais bien armés. — Gerbas, qui me quitte à l'instant, leur porte mes dernières instructions et mes ordres suprêmes.
— Les Suédois ont un chef dont ils reçoivent l'impulsion, et l'on dit que le comte de Guébriant est un habile tacticien...
— Eh bien, si les Suédois ont un chef, les montagnards en ont trois!... — Ce matin, quand l'heure du danger sera venue, ils verront en même temps à leur tête la robe rouge du curé Marquis, cette oriflamme des grands combats, — la moustache blanche de Varroz, et l'épée de Lacuzon... — Marquis, Varroz et Lacuzon valent bien Guébriant, peut-être!...
— Il a raison, — dit le colonel, — il a raison cent fois pour une !
— Je suis comme lui, j'ai confiance. — Comment diable voulez-vous que les Suédois, qui sont des pillards et des mercenaires et qui se battent pour gagner leur solde, résistent, fussent-ils vingt contre un, au choc impétueux de nos libres soldats, combattant pour renverser un bûcher infâme?... — Je vous le répète, curé Marquis, l'enfant dit vrai!...
— Je le crois, colonel, puisque vous le croyez, — répondit le prêtre.
Puis, faisant signe à Lacuzon de s'agenouiller, il lui imposa les mains en murmurant :
— J'appelle sur ta tête la bénédiction de Dieu des armées, et si tu dois succomber dans ton héroïque entreprise, meurs absous, et va droit au ciel!...
— Merci, mon père, — dit Lacuzon en se relevant.
Et il serra successivement les mains du prêtre et celles du colonel. C'était cette union constante absolue, sans nuages, régnant entre ces trois hommes, qui les rendait si forts...

Raoul de Champ-d'Hivers admirait cette trinité sublime et il se disait que, si grande que la fît la voix populaire qui est aussi la voix de Dieu, — *vox populi, vox Dei !* — quand on la voyait de près, on la trouvait plus grande encore.

Le bruit d'un pas retentit dans la rue et se rapprocha rapidement.

Les quatre personnages réunis dans la salle basse se turent et attendirent. — Le bruit de pas cessa de se faire entendre en face de la maison, et trois coups légers, pareils à ceux qui avaient annoncé l'arrivée du capitaine, furent frappés contre la porte.

— Qui va là ? — demanda Varroz.

Une voix répondit :

— *Saint-Claude et Lacuzon !*

La porte fut ouverte.

Le nouveau venu portait un costume de moine. — Le capuchon rabattu cachait entièrement son visage.

— *Dominus vobiscum !* — dit-il d'une voix pleine et sonore.

— *Amen !* — répliqua le curé Marquis.

— Et que la paix soit avec nous, mes très-chers frères, — ajouta le moine en relevant son capuchon qui laissa voir une bonne figure, aux joues pleines, aux lèvres rouges, — une de ces têtes monacales qu'on est bien sûr de ne rencontrer jamais dans les toiles sombres et splendides du Dominiquin, de Lesueur et de Zurbaran, ces ascètes de la peinture.

— Sur ma foi !... — s'écria Varroz, — c'est cet excellent frère Malo !...

— Comme vous dites, colonel, — répondit le religieux.

— Que se passe-t-il donc, frère ? — demanda Marquis, — et comment se fait-il qu'à cette heure de la nuit vous vous trouviez hors du chapitre ?

— Hélas ! — murmura le moine avec un soupir douloureux, — nous ne sommes plus au chapitre !...

— Où donc êtes-vous ?

— A l'hôtel de ville... où nous nous trouvons fort mal !... — Les Suédois nous ont chassés pour installer le comte de Guébriant à notre place... — Ces misérables soldats ont pillé notre trésor et dévalisé notre cave !... — Dieu abandonne ses serviteurs !...

Le curé Marquis haussa involontairement les épaules.

— Eh ! — dit-il avec un mouvement de brusquerie dont il ne fut pas le maître, — qu'importent à Dieu votre trésor et votre cave ?... — Jadis les calices étaient de bois, et les moines buvaient de l'eau...

— Dieu n'en était que mieux servi !... — Mais pardon, mon frère, je comprends que l'opinion que j'exprime ne soit point la vôtre... — Revenons à notre visite... — elle doit avoir un but ?...

— Sans doute... sans doute... — elle a un, — répondit le moine un peu troublé par la réplique acerbe du prêtre austère, — je venais, — je voulais...

— Remettez-vous, mon frère, et, je vous le répète, pardonnez-moi des paroles trop vives et que je regrette... — Nous vous écoutons avec attention.

— Eh bien, — dit le frère Malo, — notre supérieur m'a fait réveiller cette nuit tout au beau milieu de mon premier sommeil et m'a donné l'ordre de me rendre sans retard dans la prison de Pierre Prost, qui doit subir sa sentence à huit heures du matin sur la place Louis XI, et de lui porter les derniers secours de la religion... — Or, ce cachot est précisément dans une des oubliettes de notre couvent, vers lequel je me dirigeais tout pensif, et en cherchant dans ma tête un moyen de vous faire savoir de quelle mission j'étais chargé, pensant bien que vous auriez une chose ou une autre à faire dire à ce pauvre Pierre Prost !... — mais je ne trouvais rien, et j'ignorais même que vous fussiez tous trois à Saint-Claude ; car, vous, convenez-en entre nous, est une bien grave imprudence, car vous vous mettez, comme on dit, dans la gueule du loup !... — Enfin, cela vous regarde et ne regarde que vous !... — Le hasard me fit rencontrer Gerbas à l'entrée de la grand'rue. — Je lui contai mon embarras, et, comme il sait que je suis un brave homme de moine, quoique je tienne fort aux richesses de notre couvent et que j'apprécie les bons vieux vins de notre cave, il me donna le mot de passe et m'expliqua que je vous trouverais ici... — me voilà... — Je me mets entièrement à votre service, et je jouerai volontiers ma tête, s'il le faut, pour tirer d'embarras ce digne et honnête Pierre Prost, qui m'a guéri d'un mal de genou fort douloureux quand il était le médecin des pauvres. — Je sais bien que je ne fais que mon devoir, — ajouta frère Malo avec un peu d'amertume, — mais enfin, je le fais, et c'est déjà quelque chose pour un moine qui ne se sert point de calice de bois et qui met peu d'eau dans son vin...

— Ah ! frère Malo !... frère Malo !... — s'écria le curé Marquis avec enthousiasme, — vous êtes un digne et vrai religieux, et je rétracte de tout mon cœur les paroles inconsidérées dont je vous ai déjà demandé pardon...—Faites-moi l'honneur, mon frère, de me donner votre main.

— La voici, messire prêtre ; — vous m'aviez un peu piqué tout à l'heure, mais je ne m'en souviens plus...

— Bien vrai ?

— Par le grand saint Malo, mon patron, je vous l'affirme... — Maintenant, dites-moi vite ce qu'il faudra que je répète à Pierre Prost...

— Dites-lui de ne pas désespérer... — dites-lui que du cachot de votre couvent au bûcher de la place Louis XI, il y a plus loin que ses bourreaux le croient !... — dites-lui que, même entre la hache et le billot, il y a place pour la délivrance !...

— Ah ! — murmura le moine avec une expression joyeuse, — vous espérez donc ?...

— J'espère en Dieu, mon frère... — répondit le curé Marquis.

— En Dieu et en notre épée !... — s'écria Varroz. — Le bûcher de Pierre Prost ne s'allumera pas !... demandez plutôt au capitaine Lacuzon !...

En entendant prononcer son nom, le capitaine, — qui avait assisté à toute la scène qui précède avec une distraction apparente et semblant ne pas entendre les paroles qui s'échangeaient auprès de lui, — sortit tout à coup de cette sorte de torpeur où s'engourdissait son corps, sinon sa pensée, et s'approchant du moine, lui dit :

— Ainsi, frère Malo, vous allez au cachot de mon oncle ?

— Oui, capitaine.

— Sur l'ordre de votre supérieur ?

— Oui, capitaine.

— Et l'on vous attend à la prison ?

— Sans doute, puisqu'on est prévenu de mon arrivée.

— Vous avez un mot de passe ?

— J'ai mieux que cela.

— Quoi donc ?

— Un laissez-passer.

— Signé de qui ?

— Du comte de Guébriant lui-même, capitaine.

— Voulez-vous me montrer ce papier, frère Malo ?

— Le voici.

Le moine tira de la ceinture de corde qui serrait son froc autour de ses reins une feuille de papier pliée en quatre. — Il tendit cette feuille à Lacuzon qui la déploya et qui lut les mots suivants :

« Laissez entrer, cette nuit, dans le cachot du condamné Pierre « Prost, le moine porteur de cet écrit, et que moine et condamné « puissent s'entretenir ensemble, librement et sans témoins, pendant « une heure.

« Donné à Saint-Claude, le 20 décembre 1638. « DE GUÉBRIANT.»

— C'est bien ! — murmura le capitaine après avoir lu.

— Il faut que je parte, — dit le frère Malo, — rendez-moi laissez-passer.

— Il vous est inutile.

— Comment, il m'est inutile !... comment ?... comment ?... — mais sans lui je n'entrerai pas...

— Ce n'est pas vous qui, cette nuit, entrerez dans le cachot de frère de mon père.

— Et qui sera-ce donc, capitaine, ne vous déplaise ?...

— Ce sera moi, — répondit fermement et froidement Lacuzon.

XIII. — LE MOINE.

Frère Malo leva les mains et les yeux vers le plafond, d'un air profondément stupéfait, comme un homme qui entend dire quelque énormité inattendue et qui se demande si son interlocuteur est devenu fou.

— Ah çà ! mais, capitaine, — s'écria-t-il au bout d'un instant, — vous n'y pensez pas !...

— J'y pense, au contraire, — et c'est, dans mon esprit et dans ma volonté, une chose arrêtée irrévocablement.

— Vous courrez un danger certain et sans compensations, car vous pensez bien que les gens de garde ne vous laisseront pas entrer...

— Et pourquoi cela ?

— Parce que le laissez-passer, dont les expressions sont formelles, parle d'un moine et non d'un capitaine.

— Frère Malo, — dit Lacuzon en souriant, — il me paraît que lorsqu'on interrompt votre premier sommeil, la lucidité de votre intelligence s'en ressent !... — N'avez-vous donc encore compris ce que je ferais, cette nuit, mentir le vieux proverbe ?...

Frère Malo ouvrait de plus en plus ses yeux étonnés.

— Quel proverbe ? — demanda-t-il.

— Celui-ci : *L'habit ne fait pas le moine....*

— Ah ! — dit Malo, vous ferez mentir ce proverbe...

— Oui. — Devinez-vous ?

— Non.

Lucuzon se mit à rire.

— Ah ! frère Malo ! — s'écria-t-il ensuite, — bienheureux les pauvres d'esprit !...

— *Quia regnum cœli habebunt !* — acheva le moine, — ou, en langue vulgaire, parce qu'ils auront le royaume des cieux...

— Et je vous en promets votre large part, mon bon frère ! — poursuivit Lacuzon. — Eh bien, puisqu'il faut tout vous expliquer depuis A jusqu'à Z, comprenez donc que je vais endosser votre robe, rabattre votre capuchon sur mon visage, et que les soldats suédois à qui je présenterai le laissez-passer de leur général, ne s'inquiéteront guère de savoir si la robe et le capuchon cachent un capitaine au lieu de couvrir un moine...

— Tiens! tiens! tiens!...—fit le religieux,—mais c'est une idée, cela!
— J'en ai quelquefois... — répondit Lacuzon en riant toujours. — Celle-ci est bien simple, et facilement réalisable... — Allons, frère Malo, donnez-moi vite votre froc... — vous le disiez vous-même tout à l'heure, il n'y a pas de temps à perdre.

Le religieux se mit en devoir de détacher docilement le cordon qui lui servait de ceinture. — Mais le curé Marquis intervint.

— Jean-Claude, — dit-il, — ce que tu veux faire est insensé !... Varroz et moi nous devons nous y opposer de tout notre pouvoir, et nous nous y opposons en effet !...

— Pourquoi cela, mon père? — demanda Lacuzon avec douceur.

— Parce que, lorsque des intérêts immenses et sacrés sont attachés à la vie d'un homme qui, devenu chef de parti, appartient à son parti et non plus à lui-même, cet homme, en hasardant sa vie sans nécessité, commet plus qu'une folie, il commet un crime !... — Quel que soit ton déguisement, Jean-Claude, il y a danger pour toi à pénétrer au milieu de nos ennemis acharnés et à descendre dans le cachot de ton oncle! — Or, le capitaine Lacuzon, l'homme qui commande les bandes de partisans montagnards, l'homme de qui le nom seul est un cri de guerre et de victoire, ne doit point courir cet inutile danger !...

— Mon père, — répondit le capitaine, — vous n'avez le droit de douter ni de ma tendresse pour vous, ni de mon respect pour votre expérience, ni de ma déférence pour vos avis... — mais vous savez aussi combien ma volonté est inébranlable lorsqu'il s'agit de remplir ce que je crois un devoir !... — Eh bien, c'est un devoir pour moi d'aller cette nuit dire à Pierre Prost, au frère de mon père, que ses défenseurs ne s'endorment point et qu'il les trouvera, armés et prêts à combattre, entre lui et le bûcher de la place Louis XI !... — Vous me parlez de danger !...— est-ce ma faute, à moi, si le danger m'attire?... — Ah! s'il ne s'agissait, comme de coutume, que de mettre l'épée à la main et de courir sus aux Français ou aux Suédois en criant : A moi... Lacuzon !... Lacuzon !... je vous obéirais peut-être !... — Mais retrouverais-je jamais ce péril étrange et nouveau qui s'offre cette nuit? — Aurais-je à pénétrer, sans armes, parmi ceux-là même qui ont mis ma tête à prix?... — Aurais-je à descendre de longs escaliers souterrains, — à courber ma tête sous des voûtes humides, — à entendre grincer les clefs dans les lourdes serrures, — à pénétrer dans un cachot dont la porte se refermera sur moi?... — Non, jamais !... — Colonel Varroz et curé Marquis, n'essayez donc pas de me retenir, car vous n'y parviendriez point, et cette aventure sera la plus belle des aventures de Lacuzon !...

— Enfant! — s'écria le prêtre, — et c'est pour un aussi futile motif que tu veux hasarder ta vie?...

— J'en ai un autre, — répliqua le capitaine, — et, celui-là, vous le trouverez sérieux et suffisant. — Mon oncle m'a dit un jour, — et je vais vous répéter ses propres paroles : — *Si jamais je me trouve, à ta connaissance, en péril mortel, viens à moi, Jean-Claude, car je suis dépositaire d'un secret de vie et de mort, et je veux te confier ce secret avant de m'en aller de ce monde!...* Vous voyez, curé Marquis, vous voyez, colonel, que l'ordre de mon oncle est formel, et que, sous peine d'être un mauvais parent, je dois m'y conformer...

— Va donc! — murmura le curé, vaincu par les dernières paroles de Lacuzon; — il ne nous reste qu'à prier Dieu de te protéger...

— Demandez-le-lui, et il vous l'accordera, — reprit le capitaine, — car jamais voix plus noble et plus sainte ne sera montée jusqu'à lui.

Puis, se tournant vers le moine qui avait assisté au débat avec une somnolence manifeste, il ajouta :

— Mon bon frère Malo, j'attends votre robe...

Une minute après, le capitaine était, de la tête aux pieds, travesti en religieux.

— Est-il possible de me reconnaître sous ce costume? — demanda-t-il après avoir rabattu le capuchon sur son visage.

— Non, si les Suédois sont sans défiance, — répondit le curé Marquis, — mais je crains toujours...

— Dans une heure je reviendrai vous rassurer.

— Prends-tu des pistolets?

— Non. — Ils seraient pour moi plus compromettants qu'utiles.

— Emporte au moins ce poignard.

— Volontiers... — Je vais le cacher dans la large manche de mon froc... — là, — de cette façon. Maintenant, adieu à mon tour, ou plutôt au revoir et à tout à l'heure...

Le capitaine Lacuzon sortit de la chambre, et nos quatre personnages, — Marquis, — Varroz, — Raoul — et le père Malo, — prirent place sur les escabelles devant le foyer.

Tous les quatre étaient silencieux.

Le colonel Varroz et le curé Marquis pensaient à Lacuzon.

Raoul de Champ-d'Hivers pensait à Églantine.

Le bon frère Malo, qui ne pensait à rien, s'était endormi.

§

Nous avons dit plus haut que le trésor de l'Abbaye de Saint-Claude renfermait des richesses immenses, fruit des offrandes pieuses que les pèlerins de tous les rangs venaient déposer sur la châsse qui contenait les reliques du saint évêque, afin d'obtenir quelque grâce par son intercession réputée toute-puissante.

Le bruit public, la rumeur populaire, grossissaient encore ces richesses, et du trésor de l'abbaye faisaient quelque chose de semblable à ces fabuleux amas de pièces d'or et d'argent et de pierres précieuses que renfermaient ces souterrains magiques dont la *Lampe merveilleuse* des contes arabes livrait l'entrée au jeune *Aladin*.

Le désir, facile à comprendre, de puiser à sa volonté dans des coffres si bien remplis, n'avait pas peu contribué à décider le comte de Guébriant à tenter un coup de main sur la ville de Saint-Claude.

Nous savons déjà que, malgré les efforts d'une résistance désespérée, ce coup de main avait complètement réussi.

Tandis que Suédois et Gris assouvissaient à qui mieux mieux leur soif insatiable de brigandage, et organisaient de toutes parts le pillage et au besoin l'assassinat, — un fait d'une très-grande importance pour notre récit avait passé complètement inaperçu au milieu des rumeurs d'agonie de la cité conquise.

Une bande d'une douzaine de Gris, abandonnant les chances de fortune que leur offrait le sac de Saint-Claude — (ce qui était, on en conviendra, tout à fait en dehors des habitudes de ces honnêtes soudards), — avaient gagné le bas de la ville et, — traversant la Bienne à ce même gué que nous connaissons déjà et en face duquel nous avons vu Gerbas jeter une échelle de corde à Lacuzon et à Raoul, — s'étaient élancés d'un pas rapide sur les versants de la montagne opposée, où ils n'avaient point tardé à se perdre dans les bois.

Le gigantesque et hideux Lespinassou se trouvait à la tête de cette bande; mais, au lieu d'en être le chef et le maître absolu, comme toujours, il semblait marcher sous les ordres d'un personnage qui l'accompagnait.

Ce personnage était un homme de très-haute taille. — Il avait le visage caché par un masque d'acier, recouvert de velours noir. — Ce masque lui emboîtait la tête tout entière, comme les casques de bataille des chevaliers du moyen âge, et cachait non-seulement sa figure, mais encore ses cheveux et son cou.

Cet homme, mystérieux et célèbre acteur des guerres de la conquête franc-comtoise, était le héros d'une foule de légendes qui, le soir, en hiver, se racontaient d'une voix tremblante à la veillée des chaumières.

Personne, — disait-on, — n'avait jamais vu le visage de cet homme, — personne ne savait son nom, — personne ne connaissait sa demeure.

Pareil aux chacals africains, — pareil aux grands vautours chauves qui ne manquent jamais de se trouver partout où se rencontrent la mort et le sang répandu, — le *masque noir* n'apparaissait parmi les montagnards épouvantés que dans des scènes de carnage et d'incendie, et entouré d'infâmes gardes du corps, choisis parmi les Gris les plus sanguinaires et dirigés par Lespinassou.

Le peuple regardait le *masque noir* comme un être surnaturel, comme un démon à forme presque visible, contraint de cacher son visage parce que ce visage n'avait rien d'humain.

Peut-être cette terreur superstitieuse qu'il inspirait aurait-elle suffi pour le protéger; mais, par excès de prudence, il ne marchait jamais qu'entouré de sa horde fidèle.

Plus d'une fois, des gens d'une hardiesse et d'une habileté à toute épreuve, parmi lesquels il faut citer Lacuzon lui-même, s'étaient juré de savoir enfin quel était cet homme et de découvrir le visage qui se cachait sous son *masque noir*...

Le courage, — la persévérance, — la connaissance du pays, — tout avait échoué ! — Suivi de près vingt fois, pourchassé pour ainsi dire pendant des journées entières, ainsi qu'une bête fauve que la meute ne perd pas de vue, le *masque noir* avait toujours disparu subitement, comme une vapeur ou comme un fantôme, sans laisser derrière lui une trace, un indice !... — C'était à croire, en vérité, à quelque surnaturelle intervention.

Le jour de la prise de Saint-Claude, il était entré dans la ville en triomphateur; — puis, immédiatement après, nous l'en avons vu ressortir avec Lespinassou et sa bande et s'enfoncer dans la montagne.

— Ah çà, — demanda-t-il, chemin faisant, au capitaine balafré des soldats bandits, — êtes-vous bien certain, au moins, que nous n'allons pas faire buisson creux?...

— Certain, monseigneur, — oh! parfaitement certain !...

— Ainsi, vous ne mettez pas en doute l'exactitude des renseignements qu'on vous a donnés?...

— Comment mettrais-je en doute cette exactitude, puisque c'est moi-même qui ai vu...

— Vous avez vu cet homme?

— Comme je vous vois, monseigneur... — Voici de quelle façon la chose s'est passée...— Pied-de-Fer, le lieutenant de Lacuzon, et ce damné Gerbas, son trompette et son bras droit, avec une demi-douzaine de Cunais, donnaient la chasse à moi et à deux de mes hommes, Traînesaquille et Francatripa; — il y a de cela huit jours. — Nous nous étions séparés dans la forêt pour mieux dépister ces limiers maudits; — je m'étais, pour ma part, réfugié dans un taillis très-épais, au pied d'un grand rocher presque à pic... — La nuit tombait, — je n'avais plus rien à craindre. — Je sortis de ma cachette, et j'allais m'éloigner quand j'entendis un bruit léger au-dessus de moi. — Je levai la tête et je vis, en haut du rocher, un filet de fumée blanche qui montait dans les sapins... — Je tournai le rocher... — Inaccessible de trois côtés, il était abordable du quatrième. — Je gravis la pente escarpée et je trouvai, sur le sommet du pic, une chaumière placée là comme un nid d'aigle. — Je regardai dans l'intérieur à travers les fissures des planches mal assemblées qui formaient la porte : — je vis un homme assis devant le feu, et, à la lueur de ce feu, je reconnus Pierre Prost qu'on appelait jadis dans le pays le *Médecin des pauvres*.

— Vous avez dû vous tromper, Lespinassou...

— Ma foi, monseigneur, s'il vous convient de parier vingt écus d'or contre ma tête, je suis tout prêt à tenir le pari.

— Ce Pierre Prost a cependant disparu depuis près de vingt ans !

— Qu'importe, monseigneur ? — On s'en va, mais, quand on n'est pas mort, on revient... il est revenu...

— Savez-vous depuis quand ?

— Je m'en suis informé. — Pierre Prost a reparu il y a juste trois mois.

— Seul ?

— Oui, monseigneur.

— Mais sa fille... cette Églantine ?

— J'ai bien pensé que cela vous intéresserait, monseigneur, et j'ai questionné...

— Et vous avez appris ?...

— Qu'Églantine était morte dans le bas pays, aux environs de Dôle...

— Si les choses sont réellement ainsi, tout est pour le mieux. — Arrivons-nous ?

— Voilà le rocher... la cabane est là-haut.

— Recommandez le silence à vos hommes et prenez toutes vos précautions... — il ne faut pas qu'il puisse nous échapper...

— Soyez sans crainte ! — Nous le prendrons comme un lièvre au gîte... — Qu'allons-nous en faire, monseigneur ?

— L'emmener prisonnier à Saint-Claude. — Il sera condamné comme espion et brûlé vif dans trois jours sur la place Louis XI.

— Ah ! — fit Lespinassou d'un ton de surprise.

— Est-ce que cela vous étonne ? — demanda le Masque noir.

— Franchement, oui, monseigneur.

— Pourquoi ?

— Parce que, lorsqu'on veut se débarrasser d'un homme gênant, le plus simple et le meilleur moyen est de lui mettre la balle d'un mousquet dans la tête, ou la pointe d'un couteau dans le ventre... Les morts ne parlent pas !...

— Vous avez raison, et en effet cela vaudrait mieux ainsi, — mais nous avons besoin que Pierre Prost meure publiquement, avec éclat, sur un bûcher. — Nous pensons que le supplice public de l'oncle du capitaine Lacuzon produira un immense effet sur les populations des montagnes et les démoralisera plus vite et mieux qu'une demi-douzaine de défaites... — Ah ! si vous pouviez nous livrer Lacuzon lui-même, — ou Varroz, — ou Marquis !... — Souvenez-vous qu'il y a mille écus d'or attachés à chacune de ces têtes !

— La somme est ronde, monseigneur, — on fera de son mieux pour la gagner... — Mais chut !... voici la chaumière. — En attendant que nous ayons besoin de l'oncle !

Lespinassou fit cerner la maison par ses routiers, et jeta lui-même la porte en dedans, d'un seul coup de la crosse de son mousquet.

Cinq minutes après, Pierre Prost, bâillonné et garrotté, était entraîné, ou plutôt emporté vers la ville.

Le Masque noir, — tandis qu'on exécutait ainsi ses ordres, — s'était tenu à quelque distance, mais pas assez loin cependant pour n'être point vu par Pierre Prost.

Une fois à Saint-Claude, on avait jeté le malheureux médecin dans le plus profond des cachots de l'abbaye, et tandis, qu'on lui faisait descendre les degrés humides qui conduisaient à ce cachot, il avait entendu le Masque noir défendre, sous peine de mort, aux soldats suédois qu'on lui donnait pour gardiens, de laisser qui que ce fût communiquer avec lui, à l'exception d'un **confesseur**, s'il en demandait un à son heure suprême.

Pierre Prost s'était soumis avec un calme profond, avec une résignation sans bornes, au coup foudroyant qui le frappait.

Il devinait d'où venait ce coup, — et comme il comprenait bien que rien au monde, à moins du plus improbable de tous les miracles, ne pourrait le soustraire à la mort suspendue au-dessus de sa tête, il acceptait cette mort comme une chose prévue à l'avance, comme une inévitable conséquence de faits accomplis dans le passé.

Une seule circonstance semblait l'étonner, c'est qu'on ne hâtât pas davantage l'heure de son supplice. — Il était doux et patient avec ses gardiens, qu'il n'interrogeait même pas ; — il priait presque sans cesse et il trouvait dans la prière la consolation et le repos.

Parfois, cependant, son front se ridait sous le coup d'aile d'une pensée douloureuse. Sa main crispée s'appuyait sur sa poitrine. — Un sourire plein d'amertume soulevait sa lèvre, et il murmurait :

— Mon Dieu !... mon Dieu !.. souffrirez-vous donc que ce secret meure avec moi !...

XIV. — LE SECRET DE PIERRE PROST.

Cependant le temps passait. — Deux jours et deux nuits s'étaient écoulés, et Dieu semblait ne point entendre l'ardente prière de Pierre Prost.

Le troisième jour, dans la matinée, le montagnard eut à subir un simulacre d'interrogatoire après lequel il apprit ce que tout le monde savait depuis longtemps dans la ville, c'est-à-dire qu'il était condamné à mort comme espion, et qu'il serait brûlé vif, le lendemain, au point du jour.

A partir de ce moment, les pensées de Pierre Prost n'appartinrent plus à la terre ; — son âme se détacha de toutes les choses de ce monde, — et il ne songea, après avoir bien vécu, qu'à se préparer à bien mourir.

— Quand pourrai-je recevoir le confesseur qui m'est accordé ? — demanda-t-il à l'un des gardiens qui le ramenaient dans son cachot.

— Cette nuit, — répondit le soldat.

La nuit arriva, et tous ces bruits du jour qui retentissaient sous les voûtes des vastes bâtiments de l'abbaye et dont l'écho faible et lointain descendait jusqu'au prisonnier, se turent les uns après les autres.

Vers minuit, Pierre Prost n'entendit plus que le pas lent et monotone de la sentinelle qui passait et qui repassait devant la porte étroite et basse de l'oubliette où, couché sur une botte de paille, il attendait la venue du prêtre consolateur.

Les heures se succédèrent sans rien amener.

Pierre Prost commençait à craindre que le confesseur ne vînt pas et que le Masque noir, dans sa défiance de toutes choses, n'eût retiré l'autorisation qu'il avait accordée d'abord.

Enfin, un peu après trois heures du matin, un bruit vague arriva jusqu'au captif et vint ranimer ses espérances défaillantes. — Il se souleva sur son coude, — il retint sa respiration et il écouta.

Le bruit se renouvela plus distinct. — Les pas de plusieurs personnes s'approchaient du cachot.

— Ce ne peut être déjà le bourreau, — pensa Pierre Prost, — donc, c'est le prêtre...

Les pas s'arrêtèrent. — La clef gronda dans la serrure, — les verrous grincèrent, — la porte s'ouvrit.

Un moine parut sur le seuil entre deux soldats ; — un des soldats portait une lanterne.

— Voilà l'homme, — dit-il au moine en lui montrant Pierre Prost et en posant la lanterne sur le sol. — Vous avez une heure... dépêchez-vous de le confesser et de l'absoudre...

Et il sortit avec son compagnon, en riant et en refermant à grand bruit serrures et verrous.

— Oh ! mon père ! — murmura Pierre Prost, qui joignit les mains, — je vous attendais et je vous appelais comme le prisonnier qui va mourir attend et appelle la vie et la liberté !...

— C'est qu'en effet c'est la vie et la liberté que je vous apporte ! — répondit le moine d'une voix basse qui fit tressaillir le captif.

— Qui donc êtes-vous ?... — demanda ce dernier haletant d'émotion.

— Silence ! — dit le moine, — silence !... — Songez que, derrière cette porte fermée, il y a peut-être des oreilles attentives qui guettent nos paroles.

Et, saisissant la lanterne que le Suédois avait posée sur les dalles, il l'éleva d'une main à la hauteur de son visage, tandis que de l'autre il rejetait en arrière le capuchon qui jusqu'à ce moment avait caché ses traits.

— Jean-Claude... — balbutia Pierre Prost ; — toi, mon enfant... toi ici !

— Silence, mon oncle ! — répéta le capitaine, — une parole prononcée trop haut peut nous perdre tous deux.

— Ainsi, c'est bien vrai, cher fils de mon cœur, — continua le prisonnier avec une indicible émotion... — tu n'as pas voulu me laisser mourir sans m'avoir donné cette consolation suprême de te serrer une dernière fois dans mes bras... — Oh ! merci... merci... — Va, tu me rends bien heureux !... tu fais ma mort bien douce !...

— Je vous ai dit, mon oncle, que je vous apportais la vie et la liberté !...

— La liberté... la vie !... — répéta Pierre Prost ; — est-ce bien possible ?... — Dans quelques heures, ne le sais-tu pas ? la sentence qui me condamne aura reçu son exécution !...

— Dans quelques heures, mon oncle, ceux qui vous ont condamné seront tombés à votre place... — Dieu est juste !...

— Mais comment ?

— Ne m'interrogez pas, car le temps nous est mesuré... — Je vous dis seulement : Espérez !... — et quand bien même vous vous verriez sur le bûcher, enveloppé déjà dans ces tourbillons de flamme et de fumée, je vous dirais : Espérez encore !... — Maintenant, mon oncle, il faut tout prévoir : — Dieu tient la vie des hommes dans sa main et il peut faire échouer les projets les mieux conçus et dont la réussite semble le plus assurée. — Vous m'avez parlé jadis d'un secret de vie et de mort dont vous étiez le dépositaire, en m'enjoignant de venir vous le demander si jamais je vous voyais en péril...

— Le péril existe, — et le voici prêt à vous entendre...

— Écoute-moi donc, et tâche qu'entre tes fortes mains ce secret devienne une arme contre l'homme qui me tue aujourd'hui, et qui

j'en ai la conviction douloureuse, est un des plus terribles ennemis de la liberté franc-comtoise...
— Quel est cet homme ? — demanda le capitaine.
— Le Masque noir, — répondit Pierre Prost.
— Comment ! — s'écria le jeune homme stupéfait, — le Masque noir joue un rôle dans votre vie ?...
— Oui, mon enfant, et non-seulement dans ma vie, mais encore dans l'existence de ma famille qui est la tienne.
— C'est étrange !
— Oui, — et plus étrange encore que tu ne pourrais le croire... — Tu vas tout savoir, et tu verras sans doute les faits que j'ai à te raconter la vérité prend les allures d'une fiction inventée à plaisir... Par le premier mot, d'ailleurs, tu peux juger du reste : — Eglantine n'est pas ma fille !...

Le capitaine regarda Pierre Prost d'un air qui signifiait clairement :
— Est-ce que vous devenez fou, mon oncle ?...

Le médecin des pauvres ne se méprit point à la signification de ce regard ; — il secoua doucement la tête et il répondit :
— Non, mon enfant, j'ai toute ma raison, quoiqu'il m'ait fallu traverser dans ma vie des épreuves assez rudes pour désorganiser une tête plus solide que la mienne... — Tu vas voir ; — mais, comme tu le disais tout à l'heure, notre temps est mesuré !... Laisse-moi donc parler, et fais en sorte de ne pas m'interrompre, car il importe que tu connaisses mon secret tout entier...

Le capitaine fit un geste d'acquiescement, et Pierre Prost commença le récit rapide des événements de la nuit du 17 janvier 1620, événements que nous avons racontés dans le prologue de ce livre.
— Pendant les deux années qui suivirent cette nuit terrible, — dit-il en terminant, — rien ne vint troubler la paix profonde dont je jouissais dans ma maisonnette de Longchaumois ; — mais j'étais sous le coup de terreurs incessantes : — je me réveillais brusquement la nuit, et il me semblait voir des assassins autour de mon lit et près du berceau d'Eglantine ; — je me figurais qu'un jour ou l'autre le Masque noir se repentirait de m'avoir témoigné une sorte de confiance, et voudrait ensevelir à tout jamais dans une tombe le secret dont j'étais le seul dépositaire... Cette conviction, devenue chez mon esprit une idée fixe, m'obsédait sans relâche. — Je ne tremblais point d'ailleurs pour moi-même, mais pour cette chère enfant que j'aimais avec un cœur et une sollicitude de père !... — Voulant me soustraire à tout prix à ces dévorantes inquiétudes, je me décidai à quitter le pays, et, en même temps, je résolus d'entourer mon départ, ou plutôt ma fuite, d'un impénétrable mystère...

« J'allai donc trouver mon frère, — qui était ton père, Jean-Claude. — Je le mis au fait de mes projets, mais sans lui en révéler les véritables motifs que j'avais juré de taire ; — je lui dis que j'allais partir pendant la nuit, en laissant ma maison à l'abandon ; — je lui demandai de paraître ignorer comme tout le monde l'endroit où j'irais chercher un abri, et je le priai, quand une année ou deux se seraient écoulées, de répandre peu à peu, et avec habileté, le bruit de ma mort...

« Toutes ces choses eurent lieu ainsi que je le souhaitais. — Les gens qui m'avaient connu et aimé dans nos montagnes récitèrent un De profundis et firent brûler un cierge pour le repos de mon âme. — Puis on cessa de penser à moi. — Varroz, Marquis et mon frère furent seuls dans le secret de ma retraite, et ce secret ne fut confié que lorsque ton âge permit de compter d'une façon absolue sur ta discrétion...

« Bref, je croyais ne jamais quitter cette chaumière de la forêt de Chaux, où tu es venu me voir quelquefois ; — mais lorsque les troupes françaises envahirent le pays, la merveilleuse beauté d'Eglantine devint un danger terrible... — Pendant plusieurs mois nous fûmes protégés par un bon et noble jeune homme, un officier français qui se nommait Raoul Marcel, et qui, je le crois bien, n'avait pu voir ma chère fille sans l'aimer, mais du plus respectueux et du plus discret de tous les amours... — Malheureusement, cet officier fut forcé de quitter la Franche-Comté à la suite de M. de Villeroi, son général ; — la sécurité que devait nous inspirer sa présence disparut en même temps que lui.

« Durant un peu de temps encore j'espérai conjurer le péril en cachant Eglantine à tous les regards... — C'était chose impossible ! — D'autres officiers, qui n'étaient ni discrets ni respectueux ceux-là, virent ma fille par hasard et la trouvèrent belle... — Quelques mots échangés entre eux, et que je surpris, me firent comprendre qu'ils songeaient à un enlèvement et à des violences infâmes... — Ce jour-là même, Eglantine reprenait le chemin de nos montagnes et demandait de ma part au curé Marquis de la recevoir chez lui et de la faire passer pour sa nièce... — Trois mois après, je revenais seul, — je répandais le bruit que ma fille était morte au loin dans nos pays, et je m'établissais dans un chalet abandonné sur un des pics de la montagne qui fait face à la ville... — Là, selon toute apparence, aucun danger ne pouvait m'atteindre, et cependant j'avais le pressentiment d'un prochain malheur... — pressentiment qui ne fut pas trompé... — Tu sais le reste... — Il y a trois jours, une troupe de Gris, en apparence sous les ordres de Lespinassou, mais commandée en réalité par le Masque noir, s'emparait de moi et m'amenait ici garrotté...

— Quoi, mon oncle ! — s'écria Lacuzon, — le Masque noir !... — cet être mystérieux et insaisissable !... — celui que moi-même j'ai poursuivi si souvent sans pouvoir l'atteindre, c'est l'homme de la nuit du 17 janvier 1620 ?
— C'est lui.
— Vous êtes bien certain de cela, mon oncle ?...
— Comme je le suis de croire en Dieu ! — Je l'ai reconnu du premier coup d'œil. — J'ai reconnu sa voix, — son geste. — C'est lui, te dis-je !... — c'est le seigneur de ce château où j'ai été conduit, et dont une des voûtes doit conserver encore l'empreinte de ma main sanglante !... — Et, d'ailleurs, quel autre que lui me poursuivrait d'une haine aussi acharnée ?... — Quel autre voudrait m'anéantir pour anéantir en même temps le terrible secret que je possède ?...
— Mais alors, — murmura Lacuzon d'une voix indistincte, absorbé qu'il était par une pensée nouvelle se faisant jour dans son esprit, — mais alors, ce seigneur au masque noir serait donc ce même homme dont m'a parlé Raoul de Champ-d'Hivers !... — Oh ! si cela était ! — Mais non, c'est impossible !... impossible, puisque Raoul affirme que le vieux Marcel a reconnu le sire de Montaigu, et puisque Antide de Montaigu est l'un des ardents défenseurs de nos libertés !... — Ma tête s'égare dans ce dédale !... — Oh ! qui donc me donnera la clef de tous ces ténébreux mystères ?... — Qui donc arrachera ce masque !...
— Qui donc me mettra face à face avec cet infâme inconnu, à visage découvert et l'épée à la main ?...

Puis après une ou deux secondes de silence, le capitaine reprit à voix haute :
— Et le bijou, mon oncle, — ce médaillon que vous remit la malheureuse mère, l'avez-vous conservé ?
— Certes !... je ne m'en suis séparé jamais !
— Où est-il !
— Là, sur ma poitrine, — et je vais te le donner...

Pierre Prost entr'ouvrit son capuchon et sa chemise, et brisa le cordon qui suspendait à son cou le médaillon enveloppé dans un sachet de peau.
— Prends-le, — dit-il en le tendant à Lacuzon, — et si je meurs victime de cet homme, tâche qu'il t'aide à me venger !...

Le capitaine allait répondre, — un bruit de pas arrêta les paroles sur ses lèvres.

L'heure était écoulée et les soldats suédois venaient faire sortir le moine du cachot.
— Adieu, pour jamais peut-être ! — murmura Pierre Prost en embrassant son neveu avec effusion.
— Et moi, mon oncle, — murmura rapidement le jeune homme tandis qu'on ouvrait la porte lourde et doublée de fer, — et moi, je vous dis : A bientôt !... — espérez !... espérez !...

Tout en parlant ainsi, il avait fait retomber le capuchon de son froc sur son visage.

Les Suédois entrèrent.
— Espérez, mon frère ! — répéta tout haut le capitaine pour la troisième fois, — et que la paix du Seigneur soit avec vous !...

Et il suivit les deux gardiens.

Quand il sortit du cloître, cinq heures du matin sonnaient au beffroi de l'abbaye. — Le jour était loin encore, et cependant une foule curieuse et épouvantée se pressait déjà sur la place Louis XI, autour du bûcher dressé depuis la veille, afin de conquérir de la patience les meilleures places pour ce funèbre spectacle donné gratis au public de Saint-Claude par cette prétendue justice militaire dont la volonté implacable du Masque noir avait dicté l'arrêt.

Çà et là, parmi les groupes, erraient des montagnards appartenant aux corps francs de Lacuzon. — Ces hommes étaient bien déguisés, et bien armés sous leur déguisement.

Le capitaine les reconnaissait tous en passant à côté d'eux ; mais il n'adressa à aucun ni une parole ni un signe, et il regagna d'un pas rapide cette maison basse de la grand'rue, dans laquelle il avait laissé le colonel Varroz, le curé Marquis, Raoul de Champ-d'Hivers et cet excellent frère Malo qui faisait tant de cas des richesses monacales et des bons vieux vins.

Ajoutons que, depuis le départ du capitaine, il ne s'était pas fait réveillé ; — et cependant sa vie en ce moment était en jeu aussi bien que celle de Lacuzon, à qui il avait prêté sa robe et donné son laissez-passer, — et il le savait !

L'histoire nous parle avec une exaltation hyperbolique de Turenne s'endormant, la veille d'une bataille, sur l'affût d'un canon.

Faut-il conclure de ce qui précède que le bon frère Malo fût aussi héroïque que le vainqueur de Malplaquet ?...

Nous ne prétendons formuler aucune opinion à cet égard.

XV. — ÉGLANTINE.

Au moment où, après avoir frappé les trois coups à la porte et répondu par le mot de passe au qui va là ? du colonel Varroz, — au moment, disons-nous, où le capitaine, toujours revêtu de son costume de moine, entra dans la salle basse, Marquis, Varroz et Raoul ne purent retenir une exclamation de joie qui réveilla brusquement le bon frère Malo.

Le sommeil avait enlevé à ce dernier le sentiment de la situation.

— Déjà les matines! — murmura-t-il en se frottant les yeux. — Je crois qu'il n'est pas encore l'heure... Vous sonnez trop tôt, frère sacristain.

— Eh bien, Jean-Claude? — demanda vivement le curé Marquis.

Le capitaine, au lieu de répondre, mit un doigt sur ses lèvres, en désignant Malo du regard. Geste et regard voulaient dire :

— Silence, — ne m'interrogez pas devant le moine.

Puis il ajouta, en s'adressant au religieux :

— Je vous remercie de nouveau, mon bon frère; — vous venez de nous rendre à tous un bien grand service qu'aucun de nous n'oubliera jamais... croyez-le!... — Reprenez maintenant votre froc, — retournez sans retard à l'hôtel de ville, car votre supérieur pourrait s'étonner d'une trop longue absence, — et permettez-moi de vous donner un bon conseil que vous ne vous repentirez point d'avoir suivi...

— Un conseil n'est jamais de refus, — surtout quand il est bon, — répondit le moine. — Donnez-moi donc ce conseil, capitaine, et je vous promets d'en faire mon profit...

— Eh bien, mon frère, enfermez-vous, si faire se peut, sous de bonnes serrures et sous des verrous solides, et n'ayez point la curiosité dangereuse de venir assister ce matin, sur la place Louis XI, au supplice de Pierre Prost.

— Suffit, capitaine, à bon entendeur, salut. — Je ne mettrai dehors ni un pied, ni un œil, et si les choses tournent bien, comme je le souhaite, j'entonnerai de tout mon cœur le : *Gaudeamus igitur*!...

Frère Malo, tout en parlant, s'était réinstallé dans sa robe et sous son capuchon. — Il prit congé de nos personnages et il quitta la maison de la grand'rue.

Aussitôt que la porte se fut refermée derrière lui, le curé Marquis s'écria :

— Tu as vu ton oncle ?...

— Oui, et d'après ce que je lui ai dit, il attend et il espère la délivrance...

— Qui ne lui manquera point! — appuya Varroz.

— Et, — demanda le prêtre, — ce secret qu'il devait te confier?...

— Nous intéresse tous, — répondit le capitaine, — et va nous mettre, je le crois, sur la voie d'une infernale trahison!...

— Une trahison? — répéta Marquis.

— Oui, car nous découvrirons enfin, sans doute, quel est le mauvais génie qui se cache sous le *masque noir*!...

— Ah! — murmura le curé au comble de l'étonnement, — ton oncle t'a parlé du Masque noir?...

— Et il m'en a dit assez pour me donner la certitude que cet homme, — ce misérable, — qui, dans quelque ténébreux intérêt, fait cause commune avec nos ennemis, est l'un des plus grands seigneurs de la province.

— Et ce seigneur, quel est-il?...

— Nous le saurons, curé Marquis!... nous le saurons, je vous le jure !...

— As-tu des indices et des soupçons?...

— Je n'ai pas de soupçons, mais j'ai des indices...

— Lesquels?...

— Écoutez...

Après avoir répété brièvement à ses auditeurs stupéfaits et épouvantés le récit de Pierre Prost et leur avoir montré le médaillon enrichi d'une églantine en diamants, Lacuzon ajouta avec feu, en détachant une chainette d'acier qui cerclait la forme de son chapeau, et en la suspendant à son cou, comme un collier, après y avoir fixé le médaillon :

— Ce bijou brillera sur ma poitrine jusqu'à ce que j'aie découvert une trace de la malheureuse femme à laquelle il a appartenu, et je fouillerai, s'il le faut, tous les châteaux des trois bailliages, jusqu'à ce que j'aie trouvé, sur la voûte de l'un d'eux, l'empreinte de la main sanglante !...

— Alors, — dit Raoul de Champ-d'Hivers d'une voix profondément émue, — allez au château de l'Aigle!... — vous y trouverez ce que vous cherchez!...

— Quoi! — s'écrièrent à la fois le colonel Varroz et le curé Marquis, — vous accusez Antide de Montaigu!...

— Oui, — répondit Raoul, — et le capitaine Lacuzon peut vous dire pourquoi je l'accuse!...

— Raoul, — fit vivement Lacuzon, — prenez garde!... — Cette nuit, vous m'avez raconté les odieux attentats commis contre le sire de Mirebel et contre sa fille, contre votre père et contre vous-même, et dont vous croyez que le seigneur du château de l'Aigle fut l'instigateur... J'ai dû convenir avec vous que d'accablantes présomptions semblaient en effet peser sur la conduite passée de ce gentilhomme, — mais j'ai ajouté, et vous vous en souvenez certainement, que Antide de Montaigu était en ce moment l'une des plus fermes colonnes de nos libertés... Jadis, peut-être, la patrie, la soif de la vengeance, ont poussé le seigneur de l'Aigle à des actions infâmes et dont il devra rendre un compte terrible à la justice de Dieu... Mais si le gentilhomme au masque noir d'il y a vingt ans était Antide de Montaigu, soyez certain, comme nous le sommes nous-mêmes, qu'aujourd'hui sous un masque pareil se cache un visage qui n'est pas le sien!

— J'en appelle au curé Marquis, — j'en appelle au colonel Varoz...

— Ce que Jean-Claude pense et vient de dire, — répondit Varroz, — je le pense et je l'aurais dit comme lui.

— Et j'ajoute, — répliqua le curé Marquis à son tour, — que la loyauté patriotique d'Antide de Montaigu et son dévouement à notre cause ne peuvent pas même être soupçonnés!...

— Qu'avez-vous à répondre à cela, Raoul? — demanda Lacuzon.

— Un seul mot, capitaine, — un mot que je vous ai déjà dit cette nuit :

« *J'attendrai* !... »

Il y eut, après ces dernières paroles, un long silence Lacuzon le rompit en demandant :

— Quelle heure est-il?

— Six heures viennent de sonner, — répondit le prêtre.

— Alors, — dit le capitaine, — il nous reste encore un peu de temps pour régler d'autres intérêts, qui, moins graves peut-être que ceux de la province, n'en sont pas moins sacrés!... — J'ai à vous parler d'Églantine...

Raoul de Champ-d'Hivers comprit qu'il allait être question de lui ; il tressaillit, et un rouge pourpré couvrit pendant une seconde ses joues et monta jusqu'à son front.

Lacuzon fut le seul qui remarqua cette émotion.

Il reprit, en s'adressant à Varroz et à Marquis :

— Croyez-vous qu'il soit nécessaire, croyez-vous qu'il soit utile de révéler en ce moment à Églantine le triste secret de sa naissance, et, puisque nous n'avons pas de famille à lui donner, croyez-vous qu'il soit bon et généreux de lui dire que ma famille n'est plus la sienne, et que l'homme qu'elle appelle son père et celui qu'elle nomme son cousin ne sont que des étrangers pour elle ?...

— Non! cent fois non! — s'écria Marquis, — cela n'est point nécessaire et ne serait pas généreux... — Que la pauvre enfant ignore tout ce que nous venons d'apprendre, aussi longtemps qu'il sera possible de prolonger cette ignorance... — C'est mon avis...

— C'est aussi le mien, — dit Varroz.

— A merveille! — continua Lacuzon. — Voilà donc un point décidé; — mais il en est un second, et bien autrement important...

— Lequel?

— Celui-ci : — dans peu d'instants nous allons jouer un coup de dé une partie terrible dont la vie de mon oncle et notre vie à nous les trois sont l'enjeu... — Nous devons gagner, — je crois que nous gagnerons, — j'en ai presque la certitude, — mais enfin il faut tout prévoir, et, sur cent chances, n'en eussions-nous qu'une seule contre nous, cette chance suffit pour nous faire perdre... — Dans deux heures nous serons triomphants, ou dans deux heures nous serons morts...

— C'est là un hasard que nous affrontons souvent, ce me semble, — interrompit Varroz.

— Je vous demande pardon, colonel, mais il est rare au contraire que nous nous exposions ainsi tous trois en même temps... — Jamais d'ailleurs, jusqu'à ce jour, le danger qui nous menace n'avait menacé en même temps Pierre Prost... — Mais voici à quoi j'en veux venir : — si nous succombons dans la lutte, si, ce soir, aucun de nous n'est plus vivant, vous êtes-vous demandé ce que deviendrait après nous Églantine restée seule au monde ?...

— Ah! diable, — murmura Varroz, — je n'avais point pensé à cela.

— Si le malheur dont tu parles se réalise, — répondit Marquis, après avoir réfléchi pendant un instant, — Églantine trouverait un asile sûr et respectable dans le couvent des annonciades de Baume-les-Dames...

— Sans doute ; — mais elle ne pourrait y rester longtemps...

— Pourquoi ? — Rien ne l'empêcherait de prendre le voile et de consacrer sa vie à Dieu...

— Et qui vous dit que ce soit là sa vocation ?...

— Églantine est une fille pieuse, et je ne lui crois point de pensées mondaines...

— Églantine est un ange, je le sais bien!... — s'écria le capitaine, — et cependant je vous affirme que la vie monastique n'est point du tout son fait.

— Te l'a-t-il dit?

— Jamais. — Mais j'ai de bonnes raisons pour en être certain.

— Puis-je connaître ces raisons?

— Parfaitement. — Églantine aime, et elle est aimée...

— Par toi, peut-être ?... — s'écria le curé, en attachant un long regard sur Lacuzon.

Le capitaine fit un effort violent pour ne rien laisser paraitre du trouble que lui causait cette question, et il répondit :

— Non, curé Marquis, pas par moi!... — Est-ce que je suis libre, moi?... — Est-ce que je peux aimer autre chose que mes montagnards et la liberté ?...

— Eh bien, alors, — demanda le prêtre, — par qui ?...

— Par un noble jeune homme, qui m'a déjà sauvé la vie, et veut partager avec la fille adoptive du paysan médecin son grand nom et sa grande fortune... — par le baron Raoul de Champ-d'Hivers...

— Raoul, mon enfant, — fit Varroz, les yeux remplis de larmes

Vous avez une heure... dépêchez-vous de le confesser et de l'absoudre. (Page 37.)

d'attendrissement, — c'est bien, ce que vous voulez faire là !... — c'est d'un grand cœur et d'une âme généreuse !... c'est l'action du digne fils de Tristan !...
— Raoul, — dit à son tour le curé Marquis en serrant la main du jeune homme, — vous avez aimé l'orpheline, et votre récompense ne se fera pas attendre... — Eglantine vous apportera ce qui vaut mieux que tous les blasons et toutes les richesses de la terre ! — elle a pour dot la beauté, la jeunesse et l'innocence... — Elle vous donnera le bonheur !
Raoul trouvait qu'en aimant la jeune fille et en la désirant pour femme, il faisait une chose toute simple et parfaitement naturelle — et il avait raison ; — il ne comprenait donc rien aux louanges et aux félicitations de Varroz et de Marquis, et il en éprouvait de l'embarras et presque de l'humiliation, — mais en même temps il ressentait une joie vive et profonde, car il devenait évident pour lui que nul obstacle ne viendrait entraver son union avec Eglantine.
Cette joie redoubla quand il entendit Lacuzon dire au curé :
« — Ne seriez-vous pas, comme moi, plus tranquille pour l'avenir, si, en partant pour affronter les dangereux hasards de la place Louis XI, vous laissiez notre enfant chérie sous la protection d'un fiancé, presque d'un époux, qui veillerait sur elle avec amour et la préserverait de tout danger ?...
— Oui, — répondit le curé Marquis ; — et, comme je lis dans ta pensée, je réponds à ce que tu n'as pas dit encore, aussi bien qu'aux paroles que tu viens de prononcer : — Va chercher Eglantine...
Lacuzon se dirigea vers la porte qui conduisait à la chambre voisine.
Raoul de Champ-d'Hivers, qui ne se doutait point que la jeune fille se trouvât dans cette maison même et séparée de lui seulement par une frêle cloison, reçut en plein cœur une commotion pareille à celle d'une décharge électrique. — A deux reprises différentes, son visage passa de la plus extrême pâleur au rouge le plus cramoisi ; — le vieux colonel sourit en le regardant, et le curé Marquis lui-même admira la juvénile vivacité de ces impressions qui se reflétaient sur la charmante figure du gentilhomme comme sur la surface polie d'un miroir.
— Eglantine ? — dit le capitaine après avoir frappé légèrement contre la porte.
— Cousin ? — répondit une voix douce et délicieusement timbrée, — tu m'appelles ?
— Est-ce que tu dormais ?
— Non. — Comment pourrais-je dormir par une nuit pareille ?...
— Alors, viens ici, ma chère enfant. — Le curé Marquis, le colonel et moi, nous avons à te parler.
— Me voilà...
La porte s'ouvrit et Eglantine entra dans la chambre.
C'était une svelte et ravissante jeune fille, d'une beauté tout à la fois patricienne et naïve, et qui portait avec une grâce infinie le pauvre et simple costume des femmes de la montagne.
Sa jupe, d'une sorte de flanelle épaisse, rayée de rouge et de noir, ne descendait jusqu'à ses chevilles et laissait voir deux petits pieds minces et cambrés, dont l'élégance frappait tout d'abord, malgré les disgracieux chaussons de laine, à semelles épaisses, qui les emprisonnaient.
Les formes riches et finement découpées de son buste ressortaient sous un corsage de calmande brune. — Un étroit bonnet de velours noir ne contenait qu'à grand'peine la soyeuse épaisseur de ses cheveux sombres qui, divisés en deux lourdes nattes, tombaient presque jusqu'à ses talons.
De grands yeux expressifs, d'un bleu transparent et profond, éclairaient un doux visage mélancolique, dont la pâleur était marbrée par des traces de larmes récentes. — Un large cercle d'azur, se dessinait autour de ses paupières, témoignant en outre des préoccupations douloureuses de sa longue nuit d'insomnie.
Au moment où la jeune fille pénétra dans la pièce qui touchait à sa chambre, son regard s'arrêta tout d'abord sur le curé Marquis qui lui tendait la main, et elle ne vit point Raoul dont le cœur bondissait et qui se tenait à l'écart.

A moi! Francs-Comtois! Lacuzon! Lacuzon et vengeance! (Page 44.)

— Mon enfant, — lui dit le prêtre, — nous avons à te donner une bonne nouvelle...

Les yeux d'Eglantine étincelèrent.

— Alors, — s'écria-t-elle, — il s'agit de mon père?

— Oui, — répondit Marquis. — Jean-Claude, tout à l'heure, caché sous un costume de moine, a pénétré dans son cachot...

— Brave cousin! — balbutia la jeune fille.

— Il a porté l'espérance au prisonnier, — poursuivit le prêtre ; — il lui a dit que dans quelques heures il serait libre, — il serait au milieu de nous... — dans nos bras...

— Libre!... dans nos bras!... — répéta presque tristement Eglantine. — Oh! mon Dieu... mon Dieu... je n'ose y croire; — il me semble que c'est trop beau pour être possible...

— Rien n'est impossible à ceux qui, comme nous, ont une volonté ferme, — une résolution inébranlable, — une absolue et aveugle confiance en Dieu, qui doit protéger la bonne cause!... — Du fond du cœur, mon enfant, je te dis d'espérer, comme Jean-Claude l'a dit à ton père.

— Je vous crois... je vous crois... — balbutia la jeune fille, — je veux vous croire... — c'est si bon d'espérer!... — j'ai tant pleuré, j'ai tant souffert!...

— Maintenant, mon enfant, — reprit le curé, — il me reste à te donner une autre nouvelle, et celle-là aussi, je le crois, est une bonne nouvelle...

Eglantine regarda le prêtre avec un candide étonnement.

— Que voulez-vous dire? — demanda-t-elle, — je ne vous comprends pas, mon père...

— N'as-tu laissé là-bas, — continua Marquis avec une douceur toute paternelle, — n'as-tu laissé là-bas, dans la forêt de Chaux, aucune affection... aucun souvenir?...

Eglantine devint écarlate comme une grenade en fleur, — elle baissa ses beaux yeux et elle ne répondit pas.

— Chère cousine, — dit en ce moment Lacuzon, — n'essaye pas de nous cacher les charmants secrets de ton cœur... Ils sont doux comme ton visage! — ils sont chastes comme ton âme... — Tu aimes, nous le savons; — mais le bon ange qui veille sur toi n'a jamais dû rougir ni d'une de tes actions, ni d'une de tes pensées! — Tu aimes, — mais celui que tu as choisi est un noble cœur!... il est digne de toi!...

— Oh! mon cousin, — s'écria vivement Eglantine, entraînée malgré elle par un insurmontable sentiment de curiosité féminine, — qui donc t'a dit?...

Elle s'arrêta sans avoir achevé.

— Regarde, — répondit le capitaine.

Et il poussa Raoul en avant.

XVI. — LA PLACE LOUIS XI.

Les hommes d'action de toutes les époques ont presque toujours eu dans le caractère un point de contact avec les auteurs dramatiques du xixe siècle: — ce point de contact, c'est l'entente des coups de théâtre.

Cette assertion peut sembler paradoxale à nos lecteurs, et cependant nous ne serions point embarrassés de l'étayer par de nombreux exemples.

C'était un coup de théâtre que se ménageait le capitaine lorsqu'il présentait ainsi brusquement le jeune baron de Champ-d'Hivers à Eglantine, qui poussa un cri charmant, balbutia le nom de *Raoul*, — et cacha dans ses deux petites mains son visage empourpré.

Le capitaine les regardait tous deux en souriant. — Le curé Marquis appelait sur eux, du fond de son âme, la bénédiction de Dieu qui protège de chastes amours. — Varroz tordait sa moustache blanche avec tous les symptômes d'une satisfaction indicible, et il se rappelait les années disparues de sa jeunesse et le lointain parfum de ses amours passés.

— Chère Eglantine bien-aimée, — murmura Raoul en ployant le genou devant la jeune fille, — depuis le jour de notre séparation, je n'ai eu qu'une pensée, — je n'ai eu qu'un désir, — la pensée de me rapprocher de vous, — le désir de vous retrouver, — et voilà votre cousin, votre frère, le capitaine Lacuzon, qui vous dira que je voulais mourir parce que je vous croyais morte!...

Eglantine releva timidement les yeux, non pas sur Raoul presque agenouillé, mais sur le curé Marquis.

— Comment!... demanda-t elle d'une voix presque indistincte, — je puis l'aimer?... lui? Raoul?... lui... un Français?...

Ce fut Lacuzon qui répondit:

— Ce n'est pas un Français, — dit-il, — c'est un Franc-Comtois, — c'est un gentilhomme, — c'est un des nôtres!... — Aime-le donc, cousine, — aime-le bien, car je te jure qu'il le mérite!...

Eglantine tendit la main au capitaine, comme pour le remercier de ce qu'il venait de dire.

— Oui, mon enfant, tu peux l'aimer! — fit à son tour le curé Marquis. — Ne baisse pas les yeux, ne rougis pas, chère fille, car Raoul à partir de cette heure est ton fiancé, et tu seras bientôt sa femme devant Dieu et devant les hommes!... — Aime, puisque l'amour est une création céleste... — aime, puisque dans la nature tout est amour, et puisque sans l'amour le sublime architecte des mondes eût vu bientôt périr son œuvre infécondée!... — aime, c'est la loi commune!... — aimé, c'est la loi divine! — aime, car tu es aimée... et c'est dans l'amour saint et pur que tu inspires et que tu ressens que tu trouveras les joies de ta jeunesse et les souvenirs de toute ta vie!...

Le curé Marquis avait prononcé ces dernières paroles d'une voix doucement émue.

Eglantine et Raoul, poussés par un même mouvement, tombèrent à genoux devant lui en murmurant comme d'une seule voix :

— Bénissez-nous, mon père!...

Le prêtre appuya l'une de ses mains sur les cheveux noirs d'Églantine et l'autre sur la blonde chevelure de Raoul.

— Soyez justes, — soyez bons, — soyez forts et soyez heureux ! — leur dit-il; — voilà ce que je demande à Dieu pour vous...

— Et maintenant, — s'écria Lacuzon, tandis que les deux jeunes gens se relevaient, — fasse le ciel que dans une heure Pierre Prost soit vivant et libre, car alors nous célébrerons demain de joyeuses noces, après les fiançailles un peu tristes de ce matin!

— Dieu le voudra, — répondirent Varroz et Marquis.

Un faible rayon de lumière terne et blafarde commençait à tomber par la fenêtre à petits carreaux et faisait pâlir la lueur de la lampe près de mourir.

— L'heure approche, — dit le colonel en bouclant autour de sa taille le ceinturon de sa forte épée.

— Nous serons prêts, — répondit Lacuzon.

Il entr'ouvrit la porte qui donnait sur la rue et il jeta un rapide coup d'œil au dehors.

Une foule de gens du peuple et de montagnards passaient devant cette porte, allant tous du même côté, car ils se rendaient tous à la place Louis XI.

Le capitaine fit entendre ce sifflement faible et doux que nous connaissons déjà; — presque aussitôt un homme sortit de la foule et entra dans la maison.

C'était Garbas, le trompette des corps francs montagnards — et le bras droit du capitaine, — ainsi que nous l'avons entendu dire à Lespinassou lui-même.

— Tu connais la maison de Pied-de-Fer?— lui demanda Lacuzon.

— Tout au bout de la descente de la Poyat, — juste en face de la fontaine, — oui, capitaine.

— Combien te faut-il de temps pour aller à cette maison et revenir?

— Une demi-heure, au plus.

— Tu vas y conduire ce gentilhomme et la nièce du curé Marquis, et tu viendras ensuite me rejoindre...

En parlant ainsi, Lacuzon avait désigné Eglantine et Raoul.

— Oui, capitaine, — répondit Garbas.

Raoul entraîna Lacuzon dans un des angles de la pièce et lui dit avec vivacité et un ton de reproche :

— Comment, capitaine, vous voulez m'éloigner de vous au moment où l'on va se battre! — Suis-je donc une femme, ou suis-je un enfant?... — Je réclame ma part du danger, et me le refuser serait me faire une mortelle injure que je ne pardonnerais pas même à mon frère!...

— Enfant, — répondit Lacuzon, — vous oubliez que je vous ai vu à l'œuvre, et vous supposez peut-être que je doute de votre courage?...

— Non, car vous ne m'auriez pas tendu la main si vous me croyiez un lâche ! — Mais je serais jaloux des périls que vous allez courir si le ne les partageais pas...

— Ainsi, vous voulez nous accompagner à la place Louis XI et combattre auprès de nous?...

— Je le demande, et vous ne pouvez me le refuser...

— Soit!... — que votre volonté s'accomplisse donc et non la mienne! — dit Lacuzon avec amertume. — Venez, et si nous succombons et que vous succombiez avec nous, Eglantine ne vous aura retrouvé que pour vous perdre! — Eglantine, seule au monde désormais, restera

exposée sans défense aux outrages d'une soldatesque ivre et féroce, déchaînée dans la ville conquise ! — Mais que vous importe la pauvre fille ? — Vous aurez sauvegardé votre orgueil irritable, — vous aurez satisfait votre ardeur batailleuse!... — Venez, baron de Champ-d'Hivers, et que Dieu veille sur la triste abandonnée !...

Raoul baissa la tête, et pendant une seconde son front se plissa et ses lèvres se contractèrent, — irrécusable indice d'une violente lutte intérieure.

— Capitaine, — dit-il enfin, — vous avez raison, je le reconnais; allez sauver le père, moi je garderai la fille!...

— Bien, Raoul! bien!... je vous retrouve! — s'écria Lacuzon. — C'est parfois un grand acte de courage, n'en doutez pas, que de laisser son épée au fourreau!...

Eglantine, après avoir présenté son front aux trois défenseurs de son père, s'enveloppa dans une longue et ample pelisse brune, pareille à celles que les paysannes franc-comtoises portent encore aujourd'hui pendant les froids de l'hiver. — Raoul cacha ses armes et une partie de son visage sous les plis de son manteau; — puis les deux jeunes gens suivirent Garbas qui les conduisait à la maison de Pied-de-Fer, tandis que Lacuzon, Varroz et le curé Marquis s'apprêtaient à gagner la place Louis XI.

§

La place Louis XI, au XVIIe siècle, n'était autre chose que l'immense cour intérieure autour de laquelle se dressaient les vastes et magnifiques bâtiments de l'abbaye de Saint-Claude, remarquables par la richesse de leur architecture et par la régularité de leurs façades.

La principale entrée de la cathédrale donnait sur cette cour, ce qui permettait aux moines de se rendre à l'église à couvert, en suivant les cloîtres voûtés qui régnaient autour du couvent et établissaient de faciles communications entre tous les corps de logis.

L'entrée donnant sur la grand'rue de la ville était défendue par une porte épaisse et solide, confiée à la garde vigilante d'un frère portier.

Du côté opposé existait une seconde entrée. et par conséquent une seconde porte, — mais cette porte restait habituellement fermée, et ne s'ouvrait que dans de certaines occasions solennelles, telles, par exemple, que l'époque où les tenanciers de l'abbaye venaient acquitter leurs dîmes. — Le nombre de tenanciers était tel que, pour en faciliter l'écoulement, il fallait leur ménager une entrée et une sortie.

Depuis que les Suédois, commandés par le comte de Guébriant, s'étaient emparés de la ville et avaient chassé du monastère les religieux qui l'occupaient paisiblement depuis tant de siècles, il ne pouvait plus être question ni de discipline intérieure, ni de frère portier.

Les portes, arrachées de leurs gonds et brisées à coups de hache, attestaient que ce dernier emploi resterait pendant bien longtemps une sinécure.

L'état-major de l'armée suédoise s'était installé dans le couvent, et le comte de Guébriant avait pris possession de l'appartement de l'abbé lui-même. — Aussi, et dans le but de permettre à ce gentilhomme d'assister sans se déranger au supplice de Pierre Prost, la place Louis XI avait-elle été choisie pour le théâtre de l'exécution.

Nos lecteurs se demandent sans doute pourquoi ce nom d'un roi français avait été octroyé à l'une des places d'une ville ennemie de la France. Nous allons leur donner en peu de lignes une explication à cet égard.

On sait que lorsque Louis, — devenu depuis Louis XI, — n'avait encore que le titre de Dauphin, des conspirations dont le but était de le mettre sur le trône de son père, le roi Charles VII, éclataient de temps à autre.

Relégué dans son gouvernement du Dauphiné à la suite de l'une de ces conspirations, le Dauphin apprit que son père, voulant en finir une bonne fois pour toutes avec ses ambitions prématurées, envoyait contre lui un corps d'armée commandé par Antoine de Chabannes, comte de Dammartin.

La *Chronique Martinienne* nous apprend que le Dauphin, se sentant impuissant pour la résistance, demanda à la fuite la liberté et la vie peut-être. — Certain de trouver asile et bon accueil auprès de son parent le duc de Bourgogne, père de ce comte de Charolais qui fut plus tard *Charles le Téméraire*, il gagna les Etats de ce prince, et, chemin faisant, il s'arrêta pendant quelques jours à Saint-Claude qui se trouvait sur son passage.

Sans doute, à cette époque, le Dauphin de France ne faisait point encore profession de cette parcimonie peu royale qui devint plus tard un des traits distinctifs de son caractère; — toujours est-il qu'il déposa sur la châsse vénérée du grand saint Claude d'assez riches offrandes pour que les moines franc-comtois voulussent éterniser le souvenir de la visite de leur hôte illustre en donnant son nom à la plus belle place de leur ville, lorsque cet hôte fut devenu roi.

De Saint-Claude, le Dauphin se rendit à Bruxelles, où la femme et la belle-fille de Philippe le Bon, la duchesse Isabelle et madame de Charolais, lui firent une réception digne de son rang de fils de France.

Un peu après, le duc de Bourgogne lui donna po château de Genappe, situé sur la rivière la Dyle, à

Bruxelles. — C'est là que le futur Louis XI, — le roi dévot, sans cesse agenouillé devant les figurines de plomb et d'étain qu'il portait autour de la forme de son bonnet, et qui représentaient des saints et des *Notre-Dame*, — c'est là, disons-nous, qu'il charma ses loisirs par la composition de ce recueil de contes graveleux et libertins, devenus célèbres sous le titre des *Cent Nouvelles nouvelles*, et publiés plus tard par Antoine de la Salle.

Telle que nous venons de la décrire, la place Louis XI, une heure avant le moment fixé pour l'exécution de Pierre Prost, était encombrée d'une foule composée de deux éléments bien distincts.

Ici des soldats suédois, — des Gris, — des Français, — des étrangers enfin et des ennemis — agressifs, — bruyants, — tapageurs, — applaudissant d'avance au supplice, et s'extasiant en connaisseurs sur la façon artistique dont le bûcher était disposé.

Là, au contraire, les habitants de la ville et les montagnards arrivés de tous côtés au point du jour, car le sire de Guébriant, sûr de sa force, avait donné l'ordre que les portes de Saint-Claude fussent ouvertes à tous venants, dès six heures du matin. — Citadins et paysans formaient une population silencieuse, — morne, — lugubre. —
Ils allaient voir mourir un des leurs, iniquement condamné; — ils pleuraient sur lui et ils tremblaient sur eux-mêmes, car, en ces temps de désordre où l'arbitraire était la seule loi et la seule justice, personne ne pouvait être certain de ne point partager le lendemain le sort de Pierre Prost.

Huit heures sonnèrent à la cathédrale.

Au premier coup du beffroi, la foule ondula comme les épis d'un champ de blé fouettés par une brise soudaine.

Au dernier coup, un roulement de tambours se fit entendre, puis une sonnerie de trompettes.

Le cortège se mettait en marche.

L'une des façades de ces bâtiments quadrilatères qui se dressaient autour de la place Louis XI, avait à son point central une porte monumentale, à laquelle on arrivait par un large escalier de quatre marches.

Au-dessus de cette porte, que timbrait à son couronnement le blason de l'abbaye, un balcon de pierre, soutenu par des gargouilles en forme d'animaux fantastiques, était ses colonnettes grêles et ses trèfles découpés à jour comme une dentelle marmoréenne. — Du haut de ce balcon on pouvait embrasser d'un seul regard la place tout entière.

C'est de la porte dont nous venons de parler, et qui se trouvait sous le balcon, que débouchait le cortége conduisant au supplice le médecin des pauvres.

Au moment où les tambours et les trompettes paraissaient sur la marche la plus élevée de l'escalier, précédant les gardes du condamné et faisant retentir leur funèbre fanfare, un détachement de soldats suédois, le mousquet sur l'épaule, prit position autour du bûcher qui occupait le centre de la place, — refoula brutalement les curieux, — et se rangea en haie, depuis le bûcher jusqu'à la porte, laissant ainsi libre et vide un large espace pour le passage des gardes et des bourreaux.

Tandis que se faisait le brusque reflux de la populace, chassée en arrière par des coups de crosse libéralement distribués, un mouvement en sens inverse avait lieu, — mouvement combiné et exécuté avec une habileté si grande qu'il demeura complètement inaperçu pour les soldats eux-mêmes.

Une certaine quantité d'hommes jeunes et vigoureux, revêtus du costume de paysans de la montagne, et qui, depuis le matin, n'avaient point quitté la place Louis XI, mais sans chercher à se rapprocher du bûcher, laissèrent reculer autour d'eux les citadins, malmenés par les soldats du comte de Guébriant, et se glissèrent là à un, doucement et avec une prudente lenteur, à la place des fuyards, de façon à ce que deux ou trois d'entre eux se trouvassent immédiatement derrière chaque Suédois quand le cercle et la haie furent formés, et quand le lieutenant du peloton commanda de mettre l'arme au bras.

Tous ces montagnards offraient des figures honnêtes et placides; — aucune intention hostile ne se lisait dans leur calme attitude, ni dans leurs regards que la curiosité seule semblait animer.

Une demi-douzaine de bourgeois de Saint-Claude, mieux avisés que les autres, ayant reconnu Garbas et Pied-de-Fer parmi ces tranquilles spectateurs, se dirent tout bas les uns aux autres : — Il va se passer ici quelque chose de terrible !... — quittèrent prudemment la place Louis XI, regagnèrent leurs maisons, et résolurent d'y attendre paisiblement et sans danger les événements.

Cependant le cortége avançait avec une lenteur calculée, car on voulait laisser à tous le temps de le voir et de bien voir.

Pierre Prost, la tête nue et les mains attachées derrière le dos, marchait d'un pas ferme entre deux détachements de soldats commandés par le géant Lespinassou.

A la droite et à la gauche du condamné se tenaient les exécuteurs, vêtus de rouge et portant à la main des torches enflammées.

La contenance et l'allure du médecin des pauvres étaient fières et assurées ; — il marchait la tête haute ; — son regard se promenait sur la foule avec une expression tranquille ; — il avait plutôt l'air d'un vainqueur qui marche au triomphe que d'un condamné qui marche à la mort.

Sans doute Pierre Prost avait confiance dans le courage de Lacuzon et dans la parole donnée ; — sans doute il espérait la délivrance promise ; — mais il savait aussi que l'entreprise, folle en apparence, qu'on allait tenter, pouvait échouer, — et c'est moins à l'espoir du salut qu'il devait sa force et sa résignation, qu'au calme profond de sa conscience pure et qu'à la volonté ferme de montrer à ses amis à ses ennemis comment un juste sait mourir.

La foule silencieuse et atterrée regardait défiler le cortége avec une muette épouvante. — Les Suédois eux-mêmes se taisaient et ne trouvaient plus en eux l'infâme courage d'insulter à cette fermeté héroïque.

Il ne restait à Pierre Prost que quelques pas à faire pour atteindre la première marche du bûcher.

Soudain, une immense clameur s'éleva de toutes parts, et l'attention, ardemment fixée jusqu'alors sur le condamné, s'en détourna avec la promptitude de l'éclair.

C'est que de nouveaux personnages venaient de paraître sur le balcon vide jusqu'alors, et que l'un d'eux était cet homme étrange, — énigme vivante et terrible, — autour duquel se concentrait depuis si longtemps la curiosité ardente et inassouvie des populations franc-comtoises.

Le grand seigneur mystérieux, le gentilhomme au masque noir, se tenait debout et enveloppé dans les plis de son manteau, à côté du comte de Guébriant.

— Le Masque noir ! — le Masque noir ! — répétaient mille voix à la fois, tandis que la foule, entassée sur la place, désignait du regard et de geste le sinistre inconnu, et que de tous les yeux fixés sur lui jaillissaient des éclairs de haine et de vengeance.

Impassible sous le feu de ces regards, le Masque noir, les bras croisés sur sa poitrine, gardait son attitude hautaine et dédaigneuse.

Que lui importaient ces clameurs ? que lui importait la haine de cette multitude impuissante ? — Il était venu là pour s'assurer par ses propres yeux que rien ne lui enlèverait sa victime ; — il était venu pour contempler les flammes grandissantes du bûcher où Pierre Prost devait payer de sa vie le crime involontaire de savoir un secret funeste! — Dans quelques minutes il allait être satisfait ; — dans quelques minutes le médecin des pauvres n'existerait plus...

Cela, — et cela seulement, — intéressait le Masque noir. — Il n'avait nul souci du reste.

Comme tout le monde, — comme les gardes et comme les bourreaux, — Pierre Prost leva les yeux vers le balcon que l'unanime clameur désignait, — et, lui aussi, vit le Masque noir.

Un sourire méprisant contracta sa lèvre ; — il fit une halte d'une seconde, et se tournant vers son terrible et presque fantastique ennemi, il lui cria :

— Prends garde de triompher trop vite ! — Le secret de la nuit du 17 janvier 1620 ne meurt pas avec moi !...

Mais le bruit de ces mots se perdit dans les rumeurs populaires, et pas une seule des paroles prononcées par le condamné n'arriva jusqu'au Masque noir. Pierre Prost se remit en marche.

La diversion dont nous venons de raconter les rapides incidents fut d'ailleurs de courte durée.

Le comte de Guébriant fit un signe. — Les tambours recommencèrent à battre et les trompettes à sonner.

Pierre Prost venait d'atteindre les premières marches du bûcher, et il les gravissait d'un pas ferme sans être soutenu par les bourreaux qui l'escortaient.

XVII. — LE BUCHER.

Au centre du bûcher s'élevait un poteau muni d'un collier de fer ou carcan. — Les exécuteurs assujettirent ce collier autour du cou du condamné, et le laissèrent seul et enchaîné à cette sorte de pilori, sur la plate-forme qui bientôt se métamorphoserait en une fournaise ardente.

— Ils n'ont pas pu !... — murmura Pierre Prost en promenant un long et dernier regard sur la foule redevenue morne et silencieuse. — Ils n'ont pas pu!...

Et, détachant son esprit de la terre, il cessa de penser à ceux qui semblaient l'abandonner et il recommanda son âme à Dieu.

Un des bourreaux se tourna vers le balcon, attendant un ordre.

Le comte de Guébriant échangea quelques mots avec le Masque noir, puis il fit le geste attendu.

Les deux exécuteurs secouèrent leurs torches pour les aviver, et ils approchèrent la flamme des fascines entassées sous les souches de sapins qui formaient le bûcher.

Alors, au milieu du silence, retentit un sifflement aigu.

Un mouvement d'une foudroyante promptitude se fit dans les premiers rangs de la foule.

Chacun des soldats suédois formant le cercle et la haie chancela sous la formidable étreinte d'un montagnard qui, le contenant d'une main , lui appuyait de l'autre la pointe d'un couteau sur la gorge.

En même temps, trois hommes bondirent sur le bûcher, écrasant en passant les torches sous leurs pieds, — et le peuple battit des mains et poussa de longs cris de joie en voyant debout à côté de Pierre Prost le colonel Varroz qui brandissait sa lourde épée, tandis que le curé Marquis laissait tomber le manteau sombre qui cachait sa robe écarlate, et que Lacuzon détachait les chaînes du carcan et tranchait les cordes qui liaient les mains du condamné.

Lorsque le capitaine eut terminé son œuvre, — quand Pierre Prost, libre enfin, put tendre ses mains meurtries aux mains de ses défenseurs, les acclamations de la multitude redoublèrent et retentirent comme le tonnerre du canon.

C'est qu'en effet c'était un spectacle grandiose et sublime que celui qui s'offrait en ce moment aux regards de la foule enivrée. — Il était beau comme un chant de l'Iliade ou comme un drame du vieux Corneille, l'héroïsme chevaleresque de ces trois hommes se dévouant pour en sauver un seul, lui faisant de leurs corps un triple bouclier et voulant, ainsi qu'ils se l'étaient juré, le sauver ou mourir pour lui.

Varroz, ce grand vieillard à tête blanche, inébranlable comme ces montagnes dont les cimes sont couvertes de neiges éternelles, — portait haut sa tête martiale et appuyait l'une de ses mains sur l'épaule du médecin des pauvres.

Marquis, les yeux tournés vers le ciel où montait l'action de grâce de son cœur bondissant, avait le regard inspiré d'un prophète et l'attitude résolue d'un soldat. — Son visage pâle s'éclairait des reflets de sa robe pourpre. — Il soutenait de l'un de ses bras Pierre Prost dont l'émotion de la délivrance anéantissait les forces.

Devant eux, Lacuzon, — l'épée à la main, — la joie et l'orgueil dans les yeux, — la lèvre soulevée par le fier sourire de la victoire, — n'avait jamais mieux senti sa force et mieux savouré les ardentes ivresses du triomphe.

Les montagnards, terribles dans leur calme menaçant et tenant au bout de leurs couteaux la vie des soldats anéantis, complétaient le tableau, — tandis qu'en face de cette scène, sur le balcon gothique, le comte de Guébriant et le Masque noir, paralysés en quelque sorte par la stupeur, doutaient du témoignage de leurs sens, — et que la foule hurlait avec un délire grandissant :

— Noël !... noël !... vive Lacuzon !...

Le sire de Guébriant était brave ; — mais, dans la position où il se trouvait placé, embrassant d'un seul coup d'œil tous les détails de la dramatique péripétie qui précède et qui s'était accomplie en bien moins de temps que nous n'en avons mis à la raconter, il comprit que ses troupes étaient à la discrétion des montagnards, — qu'un geste du capitaine Lacuzon suffirait pour amener un massacre général, et que pas un Suédois, peut-être, ne sortirait vivant de Saint-Claude.

Il hésita pendant une seconde sur le parti à prendre, mais l'orgueil du grand seigneur ne tarda guère à l'emporter sur la prudence du général, et il cria d'une voix tonnante :

— Par Notre-Dame ! c'est trop d'audace !... — Feu ! soldats !... Feu ! Suède et France !...

Pas un homme ne pouvait obéir, et pas un homme n'obéit en effet.

Le capitaine Lacuzon, qui déjà venait de descendre les marches du bûcher, s'arrêta, et, se tournant vers le balcon, il dit avec éclat mais avec calme :

— Comte de Guébriant, vous voyez bien que nous sommes les plus forts ! — N'essayez pas d'engager une lutte sanglante et qui tournerait contre vous et contre les vôtres : aujourd'hui je ne suis pas un ennemi, je suis un libérateur ! — Je ne voulais qu'une vie, — celle de mon oncle, et, si cela dépend de moi, pas une goutte de sang ne coulera. — Que vos hommes déposent leurs armes et nous livrent passage, et, je vous le jure sur mon honneur de soldat, il ne leur sera fait aucun mal... — Demain, vous, si vous voulez, nous nous retrouverons face à face et je vous offrirai votre revanche de l'échec que vous subissez aujourd'hui...

Lacuzon n'avait pas fini de parler, que déjà de toutes parts les Suédois, sans attendre l'ordre de leur général, laissaient tomber leurs mousquets.

Le sire de Guébriant, comprenant qu'il fallait céder à la toute-puissante nécessité, se tut.

Lacuzon prit ce silence pour un acquiescement, et, saluant le comte avec son épée, il fit quelques pas en avant, précédant Pierre Prost qui marchait appuyé d'un côté sur Varroz et de l'autre sur le curé Marquis. — La foule s'écartait sur leur passage.

Tout allait se terminer sans effusion de sang.

Soudain, une détonation retentit.

Le capitaine se retourna. — Pierre Prost, échappant aux bras qui le soutenaient, tombait sur le sol, baigné dans son sang et la poitrine rougie par une mortelle blessure.

Sa main défaillante s'élevait vers le balcon, et ses lèvres murmuraient d'une façon presque indistincte :

— C'est lui... lui... le Masque noir...

Lacuzon, frissonnant, leva les yeux.

Le gentilhomme inconnu remettait lentement à sa ceinture le pistolet fumant dont il venait de se servir.

Quand les regards de Lacuzon redescendirent à Pierre Prost, ils s'arrêtèrent sur un cadavre...

Le capitaine étendit la main au-dessus de ce corps sans vie.

— Frère de mon père, tu seras vengé ! — balbutia-t-il.

Puis d'une voix que la fureur rendait vibrante comme le clairon du jugement dernier, il cria :

— Trahison !... — à moi, Francs-Comtois ! Lacuzon !... — Lacuzon et vengeance !...

Tout en poussant son cri de guerre et d'appel, le capitaine, suivi de Garbas, de Pied-de-Fer et de deux ou trois hommes des corps francs, s'était précipité vers la porte du couvent et s'élançait sur l'escalier qui conduisait au balcon où le Masque noir et le comte de Guébriant se trouvaient encore.

Deux cents Suédois tombèrent en même temps sous le couteau des montagnards. — Ceux qui formaient les pelotons commandés par Lespinassou, et d'autres, disséminés dans la foule, s'efforçaient de se rallier, en faisant feu de leurs pistolets et de leurs mousquets et en criant : — Suède !... Suède !...

La mêlée devint générale. — Lespinassou avait disparu.

Au bout de quelques instants la place Louis XI présentait le plus terrible et le plus effrayant aspect. — C'est qu'il ne s'agissait point là d'une rencontre ordinaire entre soldats marchant sous des bannières différentes, — mais d'un combat corps à corps, — d'une lutte d'homme à homme, dans laquelle tout l'avantage devait rester à la force physique et surtout à l'audace et à l'agilité. — C'est assez dire combien était grande la supériorité des montagnards.

Et puis, le sifflement bien connu de Lacuzon, l'apparition de cette robe rouge du curé Marquis, à laquelle la superstition, nous l'avons déjà dit, attachait des idées surnaturelles, la mort de Pierre Prost qui venait d'être, non point exécuté, mais assassiné, — tout cela avait rempli les Suédois d'une profonde épouvante. — Ils se sentaient vaincus d'avance.

Cependant, vaillants aventuriers et soldats déterminés pour la plupart, sachant d'ailleurs qu'ils n'avaient ni merci ni quartier à espérer de leurs implacables ennemis, ils n'étaient point hommes à se laisser égorger sans résistance comme des moutons dans un abattoir, et, puisqu'il fallait mourir, ils résolurent de vendre chèrement leur vie.

Une demi-douzaine de montagnards s'étaient rangés autour du curé Marquis, qui, presque agenouillé, soutenait dans ses bras le corps inanimé de Pierre Prost.

Le colonel Varroz, passant et repassant dans la mêlée comme un héros d'Homère, faisait tournoyer sa longue épée, et, à chaque coup, fauchait un homme.

Bientôt ce ne fut plus un combat, ce fut une boucherie. — Les Suédois ne pouvaient fuir, car un double rang d'épées nues gardait les deux entrées de la place Louis XI. — Écrasés par le nombre et par l'impétuosité des montagnards, ils tombaient les uns après les autres, et les vainqueurs, que le sang répandu et l'ardeur de la vengeance enivraient, frappaient encore, frappaient toujours, et s'acharnaient même sur les cadavres, à défaut d'ennemis vivants.

Ce qui précède s'était passé dans un intervalle d'un peu moins de dix minutes.

Lacuzon reparut sur le seuil de la haute porte blasonnée, avec les hommes qui l'escortaient, et fit retentir son coup de sifflet. — Les montagnards abandonnèrent aussitôt leur œuvre de destruction et s'empressèrent autour de lui.

— Eh bien ? — lui demanda Varroz, en essuyant son épée sanglante qui s'était ébréchée en plus d'un endroit sur les crânes qu'elle fracassait, — le Masque noir ?...

— Il a fui, le lâche ! — répondit le capitaine avec rage, — il a fui en verrouillant les portes derrière lui ! et, tandis que nous brisions ces portes, il avait le temps de quitter l'abbaye !... — mais je le retrouverai, je le jure !... Oui, je le retrouverai, et alors...

Il n'acheva pas.

— Silence, dit vivement le colonel, — écoute...

Lacuzon prêta l'oreille.

On entendait, du côté de la grand'rue, des rumeurs confuses, — des cris de détresse, — le bruit des pas réguliers d'une troupe nombreuse, — un cliquetis d'armes — et le fracas des tambours qui battaient une charge impétueuse.

En même temps, un des hommes qui gardaient l'issue dévastée de la place se replia vers Lacuzon et lui dit :

— Capitaine, les Suédois et les Gris arrivent.

Lespinassou avait profité du premier moment de confusion et de désordre pour s'échapper par les cloîtres intérieurs et pour aller chercher des troupes fraîches. — Il revenait avec ce renfort.

— Les Suédois ! les Gris ! — répéta Lacuzon, — tant mieux, enfants !... bataille ! bataille !... — J'ai promis à mon oncle des funérailles splendides !... — Aidez-moi à acquitter ma promesse !... — Chargez vos armes !... formez-vous sur trois rangs, et attendons...

Les montagnards obéirent avec cette admirable et intelligente promptitude qui, de tout temps, a caractérisé les partisans des corps francs, et dont nos chasseurs d'Afrique et nos zouaves, — les premiers soldats du monde, a dit un général qui s'y connaissait, — semblent avoir reçu le glorieux héritage.

Cette triple ligne de montagnards formait une barrière infranchissable entre le curé Marquis et les assaillants qui se rapprochaient.

Le capitaine se tenait à la droite des partisans,—Varroz à la gauche.

Il y eut un moment d'attente et de silence profond. — Les hommes de Lacuzon avaient leur arme à l'épaule, comme des chasseurs prêts à faire feu.

La tête de colonne des Suédois et des Gris déboucha sur la place avec ardeur, mais en désordre.

Lacuzon la laissa s'approcher à portée de mousquet, puis son coup de sifflet donna le signal d'une décharge terrible.

Les montagnards, — comme les Vendéens de 1793, — visaient avant de tirer et manquaient rarement leur coup. — Le premier rang des ennemis tomba foudroyé. — Le second rang riposta par un feu mal nourri, tout en reculant, et une épaisse fumée enveloppa pendant une seconde les deux partis, les blessés et les morts.

— Rechargez! — cria Lacuzon, — et attendons encore...

La brise du matin souleva le nuage qui voilait les combattants ; — les tambours suédois recommencèrent à battre la charge, et la colonne ennemie regagna le terrain qu'elle avait perdu.

Mais, au lieu de donner le signal d'une seconde décharge, le capitaine poussa un cri de fureur et bondit seul en avant.

Il venait de voir, seul aussi et en tête du premier rang, le géant Lespinassou brandissant au bout de son bras démesuré sa gigantesque rapière, pareille à ces épées à deux mains dont nos ancêtres se servaient dans les combats, et dont un homme robuste ne soulèverait qu'à grand'peine aujourd'hui la lourde lame.

Les montagnards d'un côté, — les Suédois et les Gris de l'autre, — firent un mouvement pour se porter au secours de leurs commandants. — Mais presque aussitôt ils s'arrêtèrent d'un commun accord, et semblèrent décidés à rester simples spectateurs de la rencontre corps à corps qui se préparait.

Ce n'était point chose rare à cette époque, on le sait, qu'un combat singulier entre deux chefs, devant le front de bataille de deux armées ennemies qui faisaient trêve pour servir de témoins à ces duels chevaleresques et pour juger les vaillantes estocades qui se portaient de part et d'autre.

Lespinassou avait pour armes la rapière qu'il faisait tournoyer au-dessus de sa tête, — un court poignard à lame aiguë et triangulaire, suspendu à sa ceinture, et deux pistolets.

Le capitaine, lui, n'avait que son épée. — Ses pistolets déchargés, et son poignard brisé en cherchant à forcer une des portes qui le séparaient du Masque noir, ne pouvaient lui être d'aucun usage.

Il marcha ou plutôt il courut sur Lespinassou en lui disant :

— Misérable!... bandit!... pillard!... double traître et double lâche!... vas-tu fuir tout à l'heure comme tu fuyais la nuit passée à Longchaumois?...

— Si je fuis, tu le verras bien ! — répondit le géant, — et quand tu l'auras vu, tu n'iras le répéter à personne!...

Et il accompagna ces paroles d'un si terrible coup d'épée, que le capitaine devait infailliblement périr, car aucune parade n'était capable d'arrêter ou seulement de ralentir la chute foudroyante de la pesante rapière.

Lacuzon dut son salut à la justesse sans rivale de son coup d'œil et à la souplesse de ses membres d'acier.

Avant que l'arme de Lespinassou fût descendue, le capitaine s'était mis hors de ligne par un écart rapide ; la rapière ne frappa que le vide, et, tandis que le géant se relevait, son adversaire, d'un coup de pointe lui faisait au bras gauche une entaille d'où le sang jaillit, teignant subitement en rouge la manche grise du pourpoint.

— Je changerai de cette façon la couleur de ton pourpoint tout entier, et de tes hauts-de-chausses par-dessus le marché!... dit Lacuzon en se remettant en garde ; — je les rendrai plus écarlates que la robe du curé Marquis!... — Je percerai ton corps d'autant de blessures qu'il y a de trous dans les écumoires de nos ménagères!...

— Fais-le donc!... — répliqua Lespinassou en grinçant des dents, — fais-le donc!...

Et profitant de sa haute stature et de sa force prodigieuse que la rage augmentait encore, il lança à Lacuzon toute une série de coups d'estoc et de taille, en face, de côté, de droite à gauche et de gauche à droite, avec une si effrayante rapidité que le regard ne pouvait suivre les évolutions de cette arme invisible qui coupait l'air en sifflant.

Le capitaine, sans même chercher à parer, multipliait ses écarts, de façon à se trouver hors de la ligne tournoyante que décrivait la rapière, et, de seconde en seconde, il ripostait par un coup droit; — son bras ployé se tendait comme un ressort, — son épée filait comme une flèche, — une nouvelle tache sanglante apparaissait sur le pourpoint gris.

Lespinassou ne parlait plus ; — ses dents serrées s'entre-choquaient, — sa poitrine haletante se soulevait avec des mugissements sourds, — son visage s'injectait de sang.

La fatigue venait.

Lacuzon voulut en finir à l'instant même avec le chef hideux des Gris, avec l'âme damnée du Masque noir ; — il profita du moment où Lespinassou relevait plus lentement sa rapière, pour le frapper en pleine poitrine.

Cette tentative prématurée était une imprudence ; — le coup porta, mais la blessure fut peu profonde ; — le géant ne tomba point, et sa rapière rencontrant l'épée du capitaine la brisa comme si elle eût été de verre.

Lacuzon était désarmé.

Les Suédois poussèrent une clameur de triomphe, — les montagnards un cri de détresse et d'épouvante.

Varroz, Garbas, Pied-de-Fer et d'autres encore, allaient s'élancer pour venir en aide à leur capitaine, mais ils seraient arrivés trop tard, si Lacuzon, par une manœuvre d'une incompréhensible hardiesse, n'eût rendu soudainement nul l'avantage marquant que Lespinasson venait de remporter.

Jetant loin de lui l'inutile tronçon qui lui restait à la main, car son épée s'était rompue à deux pouces à peine de la poignée faite en forme de croix, il bondit sur le géant, le saisit par le milieu du corps, — enlaça ses bras autour de ses reins, — ses jambes autour de ses jambes, et s'efforça de le renverser.

Lespinassou, surpris par cette brusque et rude étreinte, laissa tomber à son tour la rapière dont il ne pouvait plus se servir.

Il comprenait que dans cette nouvelle phase de la lutte engagée entre lui et le montagnard, — lutte qui ne devait vraisemblablement se terminer que par la mort de l'un d'eux, — il ne lui fallait compter d'une manière efficace que sur sa vigueur de taureau.

Si, dans ce moment, il eût tenu son poignard ou l'un de ses pistolets, — il aurait brûlé le plus facilement du monde la cervelle de Lacuzon, ou bien il lui aurait enfoncé six pouces de fer entre les deux épaules. — Mais poignard et pistolets étaient à sa ceinture, et l'étreinte du capitaine ne lui permettait point d'y porter la main.

Cependant Lespinassou, par la seule puissance de sa pesanteur, résistait aux efforts de Lacuzon qui cherchait à le renverser et ne l'ébranlait même pas. — Le géant s'arc-boutait sur ses jambes d'Hercule Farnèse. — Les forces réunies de trois hommes ne l'auraient pas fait vaciller.

Cette situation pouvait se prolonger indéfiniment. — Lespinassou ne bougeait point, mais le capitaine ne desserrait pas les nœuds vivants dans lesquels il enserrait son adversaire.

Les deux hommes restaient muets, et leurs respirations sifflantes passaient bruyamment à travers leurs dents serrées.

Alors Lespinassou eut une idée, — et voici quelle fut l'idée de Lespinassou.

Il avait songé d'abord à broyer la poitrine du capitaine en l'appuyant contre lui et en le pressant de toute la force de ses bras nerveux, mais il était trop grand pour atteindre les reins du jeune homme.

C'est en ce moment qu'il pensa à l'étrangler en lui comprimant le cou entre ses deux mains, jusqu'à ce que mort s'ensuivît.

Le moyen était bon et sûr. — Heureusement Lacuzon devina l'intention du géant et la paralysa en enfonçant sa tête entre ses épaules. — Lespinassou ne se découragea point, et, s'obstinant dans son projet de strangulation, il se mit à peser de tout son poids sur les deux épaules qui protégeaient si mal à propos le cou qu'il voulait serrer.

Le capitaine pouvait se considérer comme parfaitement perdu si le Gris venait à bout de le prendre à la gorge, car le carcan de la garote espagnole, qui termine en quatre secondes l'agonie des patients, n'était qu'un joujou enfantin à côté des poignets de fer du géant.

En face de cet imminent danger, il fit, — sans croire au succès, — une tentative désespérée.

Profitant de ce que le colosse se soulevait lui-même et détruisait en partie son équilibre pour appuyer plus violemment ses deux mains sur ses épaules, il rassembla toutes ses forces, — roidit ses nerfs, — tendit ses muscles, — déracina pour ainsi dire Lespinassou, — le fit chanceler, — le renversa, — et tomba sur lui.

La physionomie du combat changeait encore, et, cette fois, l'avantage de la situation était pour le capitaine ; — avantage bien précaire du reste, car d'un bond puissant et irrésistible Lespinassou pouvait reprendre le dessus.

Le géant ne songea qu'à saisir son poignard à sa ceinture, ce que maintenant il pouvait faire. — Il le tira rapidement et il le brandit sur la tête de Lacuzon.

Ce dernier dénoua son étreinte, et, saisissant des deux mains la main qui tenait le poignard, il se coucha sur l'autre bras de Lespinassou afin de le paralyser, et il essaya, non point de le désarmer, mais de le forcer à se frapper avec sa propre main et son propre poignard.

Lespinassou comprit le péril ; — il se tordit comme un serpent, — il cramponna ses talons sur le sol, et, donnant un coup de reins formidable, il parvint à se soulever, — à soulever Lacuzon, — à le faire rouler à sa place et à l'étendre sous lui.

Le capitaine, tout en s'avouant que sa position devenait désespérée, n'avait pas lâché le bras armé de Lespinassou et contenait toujours le poignard levé sur sa tête.

Lequel des deux l'emporterait ? — lequel des deux se lasserait le premier ? — Il n'y avait là, désormais, qu'une question de patience.

— Les témoins de cet étrange combat, à quelque camp qu'ils appartinssent, se sentaient involontairement frissonner ; — d'un commun accord, ils rompirent la trêve tacitement convenue et s'élancèrent les uns contre les autres, — les montagnards pour tuer Lespinassou, — les Suédois pour égorger Lacuzon.

La mort des deux adversaires devenait la seule issue vraisemblable du combat.

C'est autour de ces corps enlacés, — palpitants, — mais presque immobiles, — que l'action s'engagea. — Elle fut terrible. — Suédois et montagnards s'empêchaient mutuellement d'approcher, et ils entassaient les cadavres comme un rempart sanglant, pour défendre d'abord des lutteurs acharnés.

Le colonel Varroz, dix fois repoussé déjà, poussa le cri des montagnards :

— Lacuzon !... Lacuzon !... — et, revenant à la charge, fit une trouée parmi les Suédois et ne se trouva plus guère qu'à deux pas du capitaine et de Lespinassou.

Le géant tourna la tête à demi ; — il vit la moustache blanche et la flamboyante épée du vieux soldat ; — il voulut tuer avant de mourir, et, dans une contraction qui fit craquer ses os, il arracha sa main armée aux deux mains du capitaine.

En même temps, une douzaine de Suédois se précipitèrent contre Varroz, qui, l'écume de la fureur aux lèvres, fut contraint de lâcher pied.

C'en était fait du capitaine.

Le poignard déjà levé de Lespinassou allait retomber et disparaître dans sa gorge.

Soudain un nouveau combattant, qui ne portait ni le costume des montagnards ni l'uniforme des Suédois, arriva sur la place Louis XI.

Il écartait et renversait, dans son impétueux élan, tout ce qui s'opposait à son passage.

— Lacuzon ! Lacuzon ! — cria-t-il à son tour, et, bondissant jusqu'à Lespinassou, il enfonça d'un seul coup son épée jusqu'à la garde entre les épaules du géant qu'il cloua contre terre, et qui, râlant son dernier souffle et lâchant son poignard, rendit Dieu avec un blasphème sa vilaine âme au diable qui l'avait faite à son image.

Ce nouveau venu, arrivé si fort à propos, était Raoul de Champ-d'Hivers, qui sauvait pour la seconde fois depuis la veille la vie du capitaine Lacuzon.

— Merci, frère ! — lui dit simplement ce dernier en se relevant d'un seul bond.

Puis, saisissant la pesante rapière de Lespinassou, à la place de son épée brisée, il cria :

— En avant !... en avant !... tue !... tue !...

Et, à la tête de ses montagnards, il chargea les Suédois atterrés par la mort de leur chef, et qui, culbutés dès le premier choc, jetèrent leurs armes, se débandèrent, et cherchèrent leur salut dans la vitesse de leurs jambes.

Les partisans, roulant derrière eux comme une avalanche, les poursuivirent l'épée dans les reins avec force mousquetades et pistoletades.

En moins d'une minute il ne restait sur la place Louis XI que le curé Marquis et les quatre ou cinq hommes qui lui servaient d'escorte, et auxquels il donna l'ordre de transporter dans la cathédrale le corps de Pierre Prost.

— Que deux d'entre vous restent avec moi, — leur dit-il ensuite, — afin de m'aider à rendre les derniers honneurs à cette noble victime... Quant aux autres, qu'ils rejoignent Varroz et le capitaine, et qu'ils leur disent que je n'ai plus rien à craindre ici, et que, si je ne les vois pas ce soir à la maison de la grand'rue, je les retrouverai demain au trou des Gangônes.

Les montagnards se mirent en devoir d'obéir aussitôt à l'injonction de le de leurs chefs.

Quand ils sortirent de la cathédrale, où cependant ils n'avaient passé que quelques minutes, un spectacle fort bizarre, et, à certains points de vue, très-réjouissant, s'offrit à eux.

Les bourgeois sont comme les moineaux-francs : — ils s'effarouchent vite, mais ils se rassurent encore plus vite. — Une certaine quantité des bons habitants de Saint-Claude, qui s'étaient enfuis dans toutes les directions au moment du coup de pistolet du Masque noir et s'étaient tenus soigneusement cachés dans leurs maisons pendant la bataille, venaient de reprendre possession de la place Louis XI aussitôt après la complète déroute des Suédois.

Ils avaient ramassé, parmi les monceaux de cadavres qui jonchaient le sol, le corps hideux de Lespinassou. — Ils avaient traîné ce corps jusqu'au bûcher.

Ils l'avaient, à grands renforts de bras, hissé sur la plate-forme.

Ils l'avaient dressé contre le poteau qui formait, au centre de cette plate-forme, une sorte de pilori.

Ils l'avaient enchaîné à ce poteau en assujettissant le carcan de fer autour de son cou.

Enfin, ils venaient de mettre le feu aux fascines, puis, tandis que la fumée et les flammes commençaient à envelopper de blancs tourbillons et de langues fourchues le cadavre monstrueux du géant, ils s'étaient pris par la main, et, les pieds dans le sang, ils formaient

une ronde autour du bûcher, — tant était profonde et exubéra la joie intérieure qu'ils ressentaient de se savoir enfin à tout jam délivrés de l'infâme et terrible soudard !

Certes, le matin de ce jour, on aurait bien étonné Lespinassou lui venant dire que c'était à lui que servirait le bûcher de Pierre Pro

L'homme propose — et Dieu dispose !...

XVIII. — LA PENDUE.

Il nous faut maintenant expliquer à nos lecteurs comment il av pu se faire que Raoul de Champ-d'Hivers, à qui Marquis, Varroz Jean-Claude Prost venaient de confier la garde d'Eglantine, et q nous avons vu s'éloigner avec elle sous la conduite de Garbas, f arrivé si complétement à propos sur la place Louis XI, — com le *Deus ex machina* des poètes antiques, — pour arracher le cap taine au poignard de Lespinassou.

Cette explication est facile à donner.

Eglantine et Raoul, guidés par Garbas qui marchait devant e d'un pas rapide, arrivèrent en quinze ou vingt minutes à cette pa tie de la ville qui s'appelait la descente de la Poyat, et qui n'était p précisément une rue, mais une réunion de chaumières séparées l unes des autres par des jardins plantés d'arbres à fruits.

Chaumières et jardins se trouvaient situés sur la pente roide de colline et non loin du rempart que Lacuzon et Raoul avaient escala la nuit précédente.

La demeure de Pied-de-Fer était une pauvre maison bâtie moiti en pierres à peine dégrossies, moitié en bois, et composée seulemet d'un rez-de-chaussée partagé en deux pièces de dimensions égales.

En face de la porte, une petite source d'une eau froide et pur jaillissait d'un rocher entre trois noyers gigantesques, et formait u ruisseau qui s'en allait, en murmurant d'une voix grêle, se perdr dans la Bienne, au fond de la vallée.

— Voilà le logis, — dit Garbas ; — il n'est pas beau et il est bie pauvre, mais c'est ça qui fait sa sûreté...

Il ouvrit la porte qui n'était fermée qu'au loquet et il ajouta :

— Entrez là-dedans ; — il y a un verrou intérieur que vous pous serez. — Tenez-vous tranquilles et ne vous montrez pas, car il fer chaud tout à l'heure sur la place Louis XI...

Et Garbas, portant avec une politesse montagnarde la main à so bonnet fourré, tourna sur ses talons et remonta sans perdre un minute la pente abrupte de la Poyat.

Raoul et Eglantine entrèrent, et, une fois dans la maison, le jeun homme poussa le verrou ainsi que Garbas venait de le lui recom mander.

Peut-être nos lecteurs s'étonnent-ils de voir un logis pouvant s fermer depuis les dedans, mais non pas depuis le dehors. — La chos est commune et se justifie par la pauvreté même de la maison.

Lorsque le maître est chez lui, il verrouille sa porte, afin qu'on ne vienne point troubler son travail ou son sommeil.

S'il sort, au contraire, dans quel but prendrait-il une précaution quelconque ? — Il sait trop bien qu'en s'éloignant il ne laisse rien à voler.

Pied-de-Fer, avant de devenir un des lieutenants des corps-francs de Lacuzon, et de recevoir le sobriquet caractéristique sous lequel il était connu, s'appelait Antoine Gaté, et il exerçait la profession de vannier ; — aussi des hottes d'osier brut et préparé, des corbeilles, des vans, des paniers commencés, encombraient-ils les deux pièces.

Ce ne fut pas sans peine qu'au milieu de ce désordre Raoul vint à bout de trouver un siège pour Eglantine. — Lui-même s'assit, ou plutôt s'appuya en face d'elle sur le coin d'une table vermoulue.

Peut-être, si nous étions purement et simplement romancier, c'est-à-dire ne relevant que de notre imagination plus ou moins féconde, et libre de nous égarer selon notre bon plaisir dans les domaines infinis de la fantaisie, — peut-être serait-ce ici le lieu de placer une scène touchante entre ces deux jeunes gens, ces deux amants, si longtemps séparés, et que la destinée réunissait enfin dans des conditions étranges et inattendues.

Mais, avant tout, nous sommes historien, et nous devons à la vérité de convenir qu'un très-profond silence ne cessa de régner dans la pauvre maison qui donnait asile à Eglantine et à Raoul.

Sans doute leurs cœurs se comprenaient, — mais leurs lèvres restaient muettes.

Et comment en aurait-il été autrement ?...

Eglantine, pâle et morne, les yeux baissés, les mains jointes, versait des larmes silencieuses.

Elle se disait que dans un instant allait s'engager une lutte suprême dans laquelle les plus chers amis exposeraient leur vie pour sauver celle de son père, — et l'issue de cette lutte était incertaine — Lacuzon, Varroz et Marquis pouvaient succomber sans parvenir à sauver le médecin des pauvres.

Les pensées de Raoul étaient d'une nature presque aussi sombre que celles de sa fiancée.

Le jeune homme songeait avec une profonde amertume qu'on allait se battre sans lui et que, tandis qu'il se cachait avec une jeune fille derrière la porte verrouillée d'une chaumière, les trois homm qu'il honorait le plus en ce monde verraient peut-être couler leur sang dans un glorieux combat!...

Vainement il se répétait qu'un gentilhomme est toujours à sa place quand il veille à la sûreté d'une femme; — vainement il paraphrasait ces paroles de Lacuzon : — *C'est un grand acte de courage que de laisser son épée au fourreau...* — vainement il se représentait à lui-même que défendre Eglantine contre tout péril, c'était défendre son propre bonheur, — il ne trouvait point de raisonnements assez forts pour se convaincre et pour se consoler, — et la vivacité de ses regrets lui faisait presque oublier son amour!

Un incident inattendu vint le distraire de ces pensées sinistres.

Tout auprès de la maisonnette, un bruit de pas et de voix se fit entendre... — Des cris, des imprécations, des gémissements se mêlaient, et de longs éclats de rire répondaient à des supplications désolées.

Raoul quitta la table sur laquelle il s'appuyait et s'approcha de la fenêtre qui donnait sur le chemin.

Une épaisse couche de poussière recouvrait les petits carreaux verdâtres et ne permettait point au regard de percer leur douteuse transparence.

Le jeune homme enleva la poussière avec son mouchoir sur une surface large comme une pièce de monnaie, et il attacha son œil à cette ouverture.

Il vit alors, — de l'autre côté de la rue ou de la route, comme on voudra, — auprès de la fontaine et sous les noyers séculaires dont nous avons parlé, un groupe de quatre personnes.

Il y avait trois hommes et une femme. — Les trois hommes étaient des soldats à figures patibulaires, et portaient l'uniforme gris des routiers de Lespinassou. — La femme, âgée de cinquante-cinq à soixante ans, — grande et maigre, — avait l'humble costume des plus pauvres paysannes franc-comtoises.

Ses cheveux grisonnants s'échappaient de sa câline déchirée et tombaient en désordre sur ses épaules; — l'épouvante et le désespoir décomposaient son visage, dont les traits, jadis, avaient dû offrir une certaine beauté.

Cette femme se tordait les mains et s'agenouillait devant les soldats en murmurant des paroles entrecoupées de sanglots.

C'est à ces paroles et à ces sanglots que les Gris répondaient par des ricanements farouches et de longs éclats de rire.

Par instants, la malheureuse essayait de saisir avec ses mains suppliantes les genoux de l'un des trois hommes, espérant peut-être l'attendrir en implorant ainsi sa pitié... — mais le routier la repoussait brutalement du pied, comme s'il eût craint d'être souillé par son contact.

L'un des Gris se sépara du groupe, et déroulant une corde qui faisait cinq ou six fois le tour de ses reins, il leva la tête et il examina en connaisseur les branches les moins hautes du noyer le plus rapproché. Il ne tarda guère à en trouver une qui lui parut merveilleusement appropriée à l'usage qu'il en voulait faire. — Il grimpa lestement sur l'arbre, — il attacha à la branche en question l'extrémité de sa corde, à l'autre bout de laquelle il fit un nœud coulant.

Cette besogne achevée, il redescendit, et Raoul l'entendit qui disait à ses compagnons :

— Lespinassou et les camarades ont leur bûcher... — Nous avons, nous, notre petit gibet qui vaut bien autant!... — Tout à l'heure nous allons rire!... — Vous verrez la vieille grimace que fera la sorcière au moment de s'en aller rejoindre dans l'autre monde messire Satanas, son maître et seigneur!...

Les deux Gris applaudirent à ce petit discours et piquèrent avec la pointe de leurs épées la vieille femme qui, toujours à genoux, continuait à les implorer, sans que ses supplications produisissent le plus léger effet sur leurs cœurs de granit.

Sans doute alors elle comprit qu'il ne restait aucun espoir, car ses larmes et ses gémissements cessèrent. — Son visage prit la froide impassibilité du marbre; — elle écarta avec ses deux mains les cheveux qui voilaient ses yeux; — elle se releva, et elle se tint droite, roide et immobile, devant ses bourreaux.

— Allons, la vieille!... — lui dit l'un d'eux, — au gibet!... au gibet!...

Elle marcha d'un pas ferme jusqu'à la corde qui se balançait au-dessus de sa tête à la branche du noyer.

Celui des Gris qui s'occupait plus spécialement des détails de cette exécution d'amateur, avait placé une fort grosse pierre, haute de près d'un pied, précisément sous le nœud coulant.

— Voici le marchepied qui te rapprochera du ciel, sorcière!... — fit-il, — monte là-dessus!...

La vieille femme obéit.

Le Gris se haussa sur la pointe des pieds et passa le nœud coulant autour du cou de la victime...

Il ne restait plus, pour lancer celle-ci dans l'éternité, qu'à retirer la pierre qui la soutenait.

— Ah çà, mais!... — se dit en ce moment Raoul qui sentait son sang bouillonner dans ses veines, — je ne puis cependant pas voir assassiner ainsi devant moi cette misérable créature sans lui venir en aide!...

Il se débarrassa de son manteau, puis, après s'être assuré que son épée était bien à sa place et à portée de sa main et avoir recommandé à Eglantine de refermer la porte derrière lui, il sortit vivement de la maison.

Les Gris le regardèrent avec étonnement et curiosité, et interrompirent pendant une seconde le supplice commencé.

Nous avons décrit dans un précédent chapitre le costume de Raoul, costume qui participait, — avons-nous dit, — de l'uniforme de l'officier et de l'habit du gentilhomme.

Les Gris supposèrent que le porteur de ce costume pourrait bien appartenir à l'état-major du comte de Guébriant, et ils firent le salut militaire.

Le jeune homme désirait éviter, si faire se pouvait, une collision avec de pareils gredins, à qui la supériorité du nombre donnait contre lui, d'ailleurs, un avantage manifeste.

Il résolut donc de profiter d'une erreur dont il devinait facilement la cause, et, s'approchant des Gris sans tirer son épée, il leur dit :

— Quelle diable de besogne faites-vous donc là, camarades?...

— Vous le voyez, mon officier, — répondit un des routiers, — nous prenons un peu de plaisir...

— Et votre plaisir est de pendre une vieille femme?...

— Ce n'est pas une femme, mon officier...

— Qu'est-ce donc?

— C'est une sorcière.

— Qui vous a dit qu'elle le fût?...

— Tout le monde le sait à Saint-Claude... — Les gens du pays ne l'appellent jamais autrement que *Magui la sorcière* (1)...

— Et par qui cette sorcière a-t-elle été condamnée?...

— Par nous-mêmes. — Nous avons prononcé la sentence et nous sommes en train de l'exécuter...

— Est-ce que vous êtes des juges ou des inquisiteurs, par hasard?...

— Mon officier, nous sommes des Gris du capitaine Lespinassou, et les Gris de Lespinassou valent tous les juges et tous les inquisiteurs de la terre... Nous avons décidé que la sorcière serait pendue, — elle sera pendue! — Passez donc votre chemin, si vous avez le cœur sensible et si vous craignez de voir ce gibier du diable se balancer au bout d'une corde...

— Je cris, Dieu me pardonne! — s'écria Raoul avec hauteur, — je crois que vous venez de me dire de passer mon chemin!...

— Parfaitement! — répondit le Gris avec insolence.

— Et s'il me plaît de rester?... — et s'il ne me plaît pas de vous laisser faire?...

— Nous nous passerons de votre permission, — voilà tout.

— Croyez-vous?

— Oui, pardieu! nous le croyons... — et nous avons raison de le croire.

— C'est ce qu'il faudra voir, et nous le verrons tout de suite!... Je vous ordonne de rendre la liberté à cette femme, et si vous n'obéissez pas de bon gré, vous obéirez de force!...

Le Gris auquel Raoul s'adressait le plus spécialement depuis le commencement de cette scène, croisa ses bras sur sa poitrine, puis, regardant le jeune homme en face, il lui dit d'un ton plein de brutalité et d'arrogance :

— Ah çà! qui diable êtes-vous donc, vous qui commandez en maître et qui prétendez vous mêler des affaires des autres?...

— Vous n'avez pas besoin de savoir qui je suis, — répliqua Raoul, — mais je vous préviens que dans une seconde, si vous ne m'avez pas obéi, vous allez faire connaissance avec mon épée...

— Soit! — fit le routier, — flamberge au vent!... et l'on pourrait bien vous couper la crête, jeune coq de combat!...

Puis, tout en dégainant sa rapière, il ajouta, en s'adressant à celui de ses compagnons qui faisait l'office d'exécuteur en titre :

— Limasou, finis-en avec la vieille!...

L'honorable Limasou obéit aussitôt, et d'un coup de pied il fit rouler la pierre qui servait de point d'appui aux pieds de la pendue.

Raoul s'élança l'épée à la main sur le Gris et l'attaqua avec une impétuosité foudroyante. — Le routier essaya de rompre, tout en appelant ses deux compagnons à son aide.

Ils arrivèrent, mais trop tard. — L'épée du jeune homme venait de disparaître dans la poitrine du misérable, qui tomba raide mort.

Les deux autres, à ce spectacle, tournèrent les talons et s'enfuirent de toute leur vitesse, laissant Raoul seul avec le cadavre du routier et le corps de la malheureuse femme que secouaient déjà les convulsions de l'agonie.

Le jeune homme se hâta de trancher la corde.

La prétendue sorcière roula sans connaissance sur le sol.

XIX. — LE FEU.

Raoul se pencha vers le corps qui semblait sans vie, et il appuya sa main sur le cœur. — Il battait faiblement. — Cette minute suprême où l'âme, dépouillant son enveloppe terrestre, s'envole vers le ciel ou vers l'enfer, n'était pas encore arrivée.

(1) *Magui*, abréviation franc-comtoise du nom *Marguerite*.

Il enfonça d'un seul coup son épée jusqu'à la garde entre les épaules du géant. (Page 46.)

Le jeune homme s'agenouilla près de la fontaine, qui n'était qu'à quelques pas de là; — il puisa de l'eau dans ses deux mains, et il répandit cette eau sur le visage livide et sur le cou meurtri de la vieille femme.

Tandis qu'il accomplissait cet acte de charité, deux coups de feu retentirent à une faible distance, et deux balles passèrent en sifflant à quelques lignes de la tempe de Raoul.

Ce dernier tourna vivement la tête, et des flocons de fumée blanche montant dans l'atmosphère grise, derrière une muraille croulante située à une cinquantaine de pas sur la gauche, lui indiquèrent clairement l'endroit d'où l'on venait de tirer sur lui.

C'étaient les deux Gris qui cherchaient à venger la mort de leur camarade.

Raoul se dirigea de leur côté, — les vit fuyant à toute course sur le versant de la colline et déchargea contre eux ses pistolets, mais de trop loin et sans les atteindre.

Quand il revint auprès de la vieille Magui, il la trouva, non plus étendue, mais assise sur la terre durcie par la gelée. — Elle avait complétement repris connaissance, grâce sans doute à l'eau froide dont il l'avait inondée.

— Comment vous trouvez-vous maintenant, ma pauvre femme? — lui demanda-t-il.

— Je me trouve aussi bien que possible, messire, — répondit-elle d'une voix que le commencement de strangulation qu'elle avait dû subir avait notablement enrouée.

Et elle ajouta, avec une pureté de langage et un choix d'expressions qui contrastaient avec la sordide pauvreté de ses vêtements :

— Et je ne sais, messire, comment vous remercier de ce que vous venez de faire si généreusement, en risquant votre vie pour sauver celle d'une misérable créature à laquelle vous ne pouviez vous intéresser, puisque vous ne la connaissiez même pas...

— Je n'ai fait que mon devoir, — répliqua Raoul, — en empêchant des misérables de commettre un assassinat...

— Hélas! — murmura la vieille, — nous vivons dans un temps ou bien peu de gens savent le sens du mot : *devoir*... — Heureux ceux qui ne l'ont pas oublié !...

— Qu'aviez-vous donc fait à ces hommes, et pourquoi voulaient-ils donc vous tuer ?...

— Je ne leur avais rien fait, messire... — Ils me tuaient sans raison, — *pour le plaisir*, disaient-ils, — comme les enfants qui s'amusent à noyer un malheureux chien...

— Pourquoi vous appelaient-ils *Magui la sorcière?*...

— Parce que c'est un nom qu'on m'a donné dans le pays.

— Et pourquoi vous a-t-on donné ce nom?

— Parce que je vis pauvre, seule et triste, — et que la pauvreté, la solitude et la tristesse rendent suspects ceux qui sont sous le coup de ce triple malheur...

— Puis-je quelque chose pour vous ?

— Vous avez déjà fait beaucoup, messire, en me conservant une vie à laquelle j'ai la sotte faiblesse de tenir, je ne sais pourquoi, — car qu'est-ce que la vie sans affections ?... — Maintenant vous pouvez me rendre un service, — le dernier, le seul...

— Lequel ?...

— Tendez-moi votre main, messire, — car, sans votre aide, je sens que je ne pourrais me relever... — Cette chute m'a brisée...

Raoul fit ce que lui demandait la vieille femme.

Une fois debout, elle le regarda pour la première fois bien en face. Après une seconde d'examen elle poussa une sourde exclamation, et elle recula d'un pas en faisant un geste d'étonnement.

— Que trouvez-vous donc de si étrange dans ma figure ? — demanda Raoul.

— Rien, messire... rien... — Seulement, il m'avait semblé !... — Mais non, c'est de la folie... — Cette image me poursuit, et je crois trouver partout une ressemblance qui n'existe pas...

— De quelle ressemblance parlez-vous ? — s'écria le jeune homme, non sans un peu d'émotion, — mon visage vous a-t-il donc rappelé quelqu'un que vous ayez connu ?...

— Oui... — du moins je l'ai cru d'abord... — je me trompais. —

A moi la fille!... (Page 52.)

D'ailleurs, que signifierait une ressemblance?... — Celui de qui je me souviens est mort, et sa race est éteinte...

Raoul, convaincu que la vieille femme faisait allusion à Tristan de Champ-d'Hivers, allait l'interroger de nouveau, mais elle ne lui en laissa pas le temps.

— Messire, — dit-elle, — votre costume ne m'apprend point à quel parti vous appartenez... — Etes-vous pour les Suédois et les Français, ou bien pour les Francs-Comtois?

— Je suis pour les Francs-Comtois, — répondit Raoul, — et je n'ai nulle raison de le cacher. — Mais pourquoi cette question?

— Parce que, jusqu'à ce jour, honnie, bafouée, persécutée par tous les partis, — Suédois, Français et montagnards me semblaient tous des ennemis... — Vous êtes le seul homme qui, depuis tant d'années longues et douloureuses, m'ait donné une preuve d'intérêt. — Je m'attache au parti qui est le vôtre, messire, — et, ne souriez pas! — la vieille Magui... *Magui la sorcière*, — comme ils disent, — sera peut-être une alliée plus utile que vous ne le croyez maintenant.

Raoul évita de sourire, mais il se dit tout bas à lui-même que la pauvre femme était folle.

Au bout d'une seconde, elle ajouta :

— Je voudrais savoir votre nom, messire, pour ne l'oublier jamais et pour le répéter dans mes prières...

— Je m'appelle Raoul, — répondit le jeune homme.

— Merci... — murmura la vieille femme. — Raoul, c'est un doux nom... — Raoul, c'est un nom que j'aime...

Puis, sans prononcer une parole de plus et sans attendre de nouvelles questions, Magui, — malgré son âge, malgré sa récente pendaison, — malgré sa chute et son évanouissement, — s'éloigna d'un pas rapide et qui semblait assuré.

Raoul se disposait à rentrer dans la chaumière de Pied-de-Fer et à rejoindre Eglantine qui, debout derrière le vitrage de l'une des fenêtres et l'œil collé à l'ouverture ménagée par le jeune homme dans un carreau poudreux, n'avait pas perdu un seul détail des scènes qui précèdent, suivies par elle avec une anxiété fiévreuse.

Déjà même il avait fait quelques pas dans la direction de la porte, quand un bruit soudain, apporté par le vent et venant du côté de la place Louis XI, le fit tressaillir, s'arrêter et prêter l'oreille.

C'était le coup de pistolet du Masque noir.

A cette détonation, — on s'en souvient, — succéda presque immédiatement une décharge des Suédois et des Gris disséminés dans la foule, — puis une formidable clameur.

Les montagnards commençaient leur œuvre de destruction.

Il n'était possible ni de se tromper, ni de se faire illusion sur la nature de ces bruits. — Là-bas il y avait bataille.

Le fracas de la mousqueterie fit sur Raoul l'effet que la trompette produit, dit-on, sur le cheval de guerre.

Le jeune homme oublia tout, — sa promesse, — la mission qu'il avait reçue, — Eglantine elle-même, — pour ne plus penser qu'à une seule chose : c'est que ses amis couraient un danger et qu'il n'était pas là pour leur venir en aide.

Il se mit à gravir en courant la rude montée de la Poyat et il s'engagea dans le dédale de petites rues qui conduisaient à la place Louis XI.

Mais il n'avait pas fait cinquante pas dans ce labyrinthe qu'il s'égara complètement. — Les maisons se ressemblaient toutes. — Rien ne pouvait le guider, — et les fuyards qui le croisaient en courant avec une vitesse qu'aiguillonnait l'épouvante, et auxquels il demandait son chemin, passaient sans lui répondre et sans doute ne l'entendaient pas.

La mousqueterie, cependant, continuait à pétiller, et Raoul se heurtant à des culs-de-sac, se perdant dans des impasses, — ne pouvant, malgré ses efforts, se rapprocher de ce bruit qui l'attirait, — Raoul se sentait devenir fou!...

Enfin, au moment où il commençait à désespérer complétement d'arriver jamais, — au moment où des cris tumultueux succédaient à un grand silence, qui lui-même avait succédé au tapage des tambours et au fracas de plusieurs décharges terribles, — il vit tout à coup devant lui, au détour d'une rue, au-dessous d'un véritable dais

de fumée, un large espace dans lequel s'agitait une mêlée confuse et sanglante.
C'était la place Louis XI.
En même temps il entendit des voix qui hurlaient :
— A mort Lacuzon !... à mort !... — Suède et France !...
Et d'autres voix qui répondaient :
— A mort Lespinassou !... Saint-Claude et Lacuzon !...
Raoul s'élança au milieu des combattants des deux partis ; — il bondit là où la mêlée était la plus épaisse, — où le danger était le plus grand.
Nous savons déjà qu'il arriva à temps pour sauver une seconde fois la vie du capitaine Lacuzon.

§

Après la victoire, ou plutôt après le triomphe de la place Louis XI, le capitaine et Varroz, à la tête des montagnards, s'étaient jetés avec une ardeur farouche à la poursuite des vaincus ; — nous croyons l'avoir déjà dit.
Raoul les avait suivis.
Le combat, ou plutôt le massacre, continuait dans la ville, dont on gardait les portes afin que nul ne pût s'échapper.
Les Suédois, traqués comme des loups enragés par leurs terribles ennemis, cherchaient des lieux d'asile et n'en trouvaient pas.
Vainement ils jetaient leurs armes, — vainement ils se traînaient au seuil des maisons, en criant qu'ils se rendaient et en demandant quartier. — Les montagnards et les habitants de la ville eux-mêmes avaient trop de haine au cœur, avaient à exercer de trop formidables représailles pour être accessibles à la compassion.
Les Suédois vainqueurs égorgeaient sans pitié jusqu'aux vieillards, jusqu'aux femmes et jusqu'aux enfants ! — Par un terrible mais juste retour des choses de la guerre, on égorgeait sans pitié les Suédois vaincus.
Un certain nombre d'entre eux parvinrent cependant à se réunir ; — ils se frayèrent une route ensanglantée parmi les montagnards qui gardaient une des portes de la ville, — ils sortirent par cette trouée et gagnèrent la campagne, où Lacuzon, qui ne voulait pas voir ses hommes se disséminer, donna l'ordre de ne point les poursuivre.
Le comte de Guébriant et le Masque noir avaient disparu, et personne ne pouvait dire de quel côté s'était dirigée leur fuite.
Désormais la ville de Saint-Claude était reconquise, — l'ennemi chassé ; — sans doute sa tête tranchée ne repousserait pas de sitôt.
Lacuzon et Varroz donnaient leurs derniers ordres, et, suivis de Raoul, se disposaient à revenir à la place Louis XI, où ils croyaient trouver encore le curé Marquis.
Mais voici que tout à coup un bruit de fatal augure traversa les airs.
Le guetteur qui, jour et nuit, était placé en vigie dans le clocher de la cathédrale, éveillait les lugubres notes du tocsin, et le tocsin est un oiseau de bronze qui ne s'envole d'un clocher que pour se poser sur un autre ; — bientôt toutes les églises de Saint-Claude répétèrent ce sinistre appel, cri d'alarme et gémissement à la fois !...
En même temps des colonnes de fumée noire et épaisse surgirent aux quatre points cardinaux et enveloppèrent la ville comme dans un manteau de brouillards.
Puis un immense cri, composé de mille cris, s'éleva de toutes parts, et ce cri répétait :
— Au feu !... au feu !... au feu !...
L'incendie était un terrible et dernier souvenir que les Suédois laissaient à la malheureuse cité ; — ils se vengeaient jusque dans leur défaite, — et, comme ils voulaient que cette suprême vengeance fût complète et formidable, ils avaient attaché la flamme aux quatre coins de Saint-Claude.
Or, dans une ville où l'eau manquait, — où les rues étaient très-étroites, — où les deux tiers des maisons étaient construites en bois, — on comprend que toute résistance, toute lutte contre le fléau, ne pouvait présenter la plus légère chance de succès. — Il fallait fuir, si l'on n'aimait mieux s'ensevelir sous les ruines fumantes.
Lacuzon et Varroz ne pouvaient cacher leur découragement et leur désespoir.
Un montagnard, dont les vêtements et les cheveux étaient en partie brûlés, et dont la respiration entrecoupée attestait qu'il venait de faire une course longue et rapide, arriva auprès d'eux.
— Capitaine, — dit-il d'une voix haletante, — le feu est partout. Du côté de la basse ville on ne peut plus passer dans les rues...
Puis, se tournant vers le lieutenant qui se trouvait là, il ajouta :
— Je viens de la Poyat... — la maison de Pied-de-Fer flambe comme un fagot d'épines sèches.
Raoul et Lacuzon se regardèrent en frémissant.
— Eglantine !... où est Eglantine ? — cria le capitaine en saisissant le bras du gentilhomme.
— Nous la sauverons... — balbutia Raoul dont le cœur cessait de ttre, — nous la sauverons...
— Ah ! malheureux !... — poursuivit Lacuzon, — malheureux !... a l'avez abandonnée !... il fallait la sauver et me laisser mourir !

Puis il s'élança dans la direction de la Poyat avec une incroyable rapidité. — Raoul et quelques hommes le suivirent, mais distancés de bien loin par lui.
Quand le capitaine arriva devant la demeure de Pied-de-Fer, après avoir traversé des rues dans lesquelles l'incendie grandissant entassait d'ardentes décombres, il se trouva face à face avec un spectacle effrayant.
La chaumière, presque entièrement construite en bois, flamboyait comme un volcan ; — les larges pierres plates qui formaient sa toiture, et qu'en Franche-Comté on appelle des *laves*, s'étaient écroulées dans l'intérieur ; — la charpente embrasée profilait sur la fumée noire sa silhouette incandescente.
Des langues de feu jaillissaient à travers les fissures multipliées de la porte qui brûlait lentement.
— Comment donc se fait-il que cette porte soit fermée ? — se demanda Lacuzon avec stupeur. — Eglantine a cependant dû fuir... il est impossible qu'elle n'ait pas fui !...
Et, s'approchant de la porte, il la poussa du bout de son épée. — Le bois carbonisé céda sous le choc de fer, mais la porte ne s'ouvrait point.
Lacuzon ne put contenir un cri d'horreur et d'effroi !... il venait de s'apercevoir qu'elle était clouée en dehors.
Les deux Gris de Lespinassou, après avoir inutilement tiré sur Raoul et l'avoir vu s'éloigner, avaient conçu cette idée infernale qu'ils s'étaient empressés de mettre à exécution.
D'un coup d'épaule, le capitaine fit voler en mille éclats le panneau crevassé et voulut se précipiter dans l'intérieur ; — mais une nappe de flamme, jaillissant par la nouvelle issue qui venait de lui être offerte, le contraignit à reculer sous peine d'être tout à la fois étouffé et aveuglé.
— Eglantine !... Eglantine, ma sœur bien-aimée !... — cria-t-il dans un accès de désespoir et presque de folie. — C'est donc vrai !... c'est donc bien vrai !... tu es perdue... tu es morte !... je ne te verrai plus !...
Une voix qui semblait sortir des profondeurs de la terre répondit :
— Je suis là, mon frère... me voici... je suis vivante, sauve-moi...
Dans le premier moment, en entendant cette voix souterraine qui répondait du milieu des flammes, Lacuzon crut à un prodige, — ou tout au moins à quelque surprise de ses sens, à quelque mensongère illusion.
Mais il réfléchit bien vite qu'Eglantine, en se voyant enveloppée par l'incendie, en trouvant la porte clouée en dehors, avait dû chercher un moyen de salut, et que le seul qui se fût offert à elle avait été de se réfugier dans la cave.
Généralement à cette époque (et souvent même encore aujourd'hui), dans les maisons pauvres de Franche-Comté on descendait à la cave par une trappe pratiquée dans le plancher d'une des pièces du rez-de-chaussée, près de la porte d'entrée, — et, lorsqu'on construisait les fondations, on avait soin de laisser une ouverture à la voûte sur laquelle reposait le plancher. — La trappe s'ajustait à cette ouverture.
Or, par un hasard presque miraculeux, le plafond de la toiture, en s'écroulant, n'avait pas condamné la trappe. — Plusieurs poutrelles, se croisant et s'enchevêtrant dans leur chute, s'étaient réunies en une sorte de fragile échafaudage qui la protégeait encore, mais qui, tout flamboyant, menaçait de s'écrouler d'un instant à l'autre.
Eglantine, réfugiée dans cette cave, dont l'atmosphère devenait étouffante, appelait à son aide.
Mais comment la secourir ?...
Comment pénétrer dans cette ardente fournaise ?... — Comment traverser ces flammes et respirer cet air embrasé ?...
Comment enfin, si l'on parvenait jusqu'à la jeune fille, la soustraire à l'action dévorante du brasier qu'il faudrait traverser pour la ramener au grand jour ?...
Aucune réelle et sérieuse chance de salut ne se présentait, et cependant chaque seconde en s'écoulant rendait le péril plus imminent et la mort plus prochaine !...
Toutes les pensées que nous venons d'indiquer se succédèrent avec une électrique promptitude dans l'esprit du capitaine.
Pour la seconde fois la voix d'Eglantine se fit entendre, — et cette voix cria :
— Frère, j'étouffe... frère, je meurs !... — Viens donc ! — viens vite, — sauve-moi !...
Lacuzon se meurtrissait le visage et s'arrachait les cheveux ! — Il cherchait !...
Soudain son regard s'illumina, une exclamation de triomphe s'échappa de son gosier contracté, et volontiers il eût répété après Archimède :
— Eurêka ! eurêka !...
Il venait de trouver !...

XX. — LE TOTON.]

Lacuzon déploya son manteau qu'il avait roulé autour de son bras gauche pour en faire une sorte de bouclier. — Il courut à la fontaine et il trempa dans l'eau le drap épais et lourd.

En ce moment Raoul arrivait avec Pied-de-Fer, Garbas et quelques montagnards.

Il leur avait fallu franchir les débris enflammés d'un édifice qui s'était écroulé presque sur eux à l'entrée de la rue de la Poyat, et les difficultés à peu près insurmontables de ce périlleux passage les avaient retardés.

— Où est-elle? — cria Raoul au capitaine, — où est-elle?

— Là, — répondit Lacuzon en désignant du geste le foyer de l'incendie.

Raoul s'élança.

— Arrêtez-le!.. — dit vivement Lacuzon, — il périrait sans la sauver!...

Garbas et Pied-de-Fer saisirent le jeune homme par les deux bras et le continrent malgré sa résistance désespérée et malgré ses cris.

— Laissez-moi! — répétait-il avec rage, — je veux au moins mourir avec elle!...

L'un des montagnards avait un manteau. — Le capitaine s'en saisit et le trempa dans la fontaine comme il venait de faire du sien.

Puis, s'enveloppant dans ce tissu dont l'eau ruisselait, s'en faisant un capuchon qui retombait sur son visage en lui permettant seulement de voir assez pour se diriger, et mettant sous son bras son propre manteau qu'il venait de mouiller une fois encore, — il se dirigea vers la maison, — il se jeta hardiment dans les flammes en retenant son haleine; — il souleva la trappe, et il disparut dans la cave, au milieu des cris d'admiration et d'épouvante des spectateurs de cette scène héroïque et terrible.

— Églantine... — dit-il en descendant rapidement les degrés, — Églantine, me voici... Églantine, ma sœur, où es-tu?...

La jeune fille ne répondit pas.

Suffoquée par l'étouffante chaleur, — asphyxiée par l'air qui se raréfiait de plus en plus et cessait d'être respirable, — elle venait de s'évanouir, et elle était tombée à la renverse sur le sol fumant.

Lacuzon, sans perdre un instant, la roula dans le second manteau comme on enveloppe un mort dans son suaire; — il gravit d'un seul bond les marches qu'il venait de descendre, et il se lança pour la seconde fois dans la fournaise qui grondait et sifflait autour de lui comme le cratère du Vésuve ou de l'Etna.

Au moment où il franchissait le seuil avec son précieux fardeau, et où il tombait presque étouffé dans les bras de Raoul, la charpente, restée debout jusque-là, s'abîma avec un fracas d'enfer et écrasa sous ses débris la trappe refermée.

Si une seconde de moins ne fût écoulée, la cave de la maison incendiée serait devenue le tombeau d'Églantine et du capitaine!...

— Oh! mon ami... mon frère... — balbutia Raoul d'une voix entrecoupée par de joyeux sanglots, — je vous avais sauvé la vie... mais comme vous venez d'acquitter votre dette envers moi!...

Et il serrait dans les siennes les mains de Lacuzon, — il le pressait contre sa poitrine, — et il l'embrassait avec une sorte de délire.

Après ce premier moment d'indicible effusion, les deux jeunes gens écartèrent les plis du manteau protecteur et découvrirent le beau visage d'Églantine.

La jeune fille était pâle, mais pas un de ses cheveux bruns n'avait été touché par les flammes; — une respiration égale et douce soulevait sa poitrine, — on eût dit qu'elle était endormie.

— Quelques gouttes d'eau dissiperont cet évanouissement, — dit le capitaine, — puisez à la fontaine, Raoul, et baignez les tempes de notre chère enfant...

Raoul se disposait à employer ce moyen, dont l'efficacité n'était point douteuse, — mais il en fut empêché par un nouvel incident.

Un partisan des corps francs, qu'on eût dit soutenu par des ailes tant sa course était impétueuse, descendait la côte et se dirigeait vers l'endroit où se trouvaient nos personnages.

Comme le soldat de Marathon, il semblait près de rendre son dernier souffle au moment où il s'arrêta devant Lacuzon. — Cependant, par un suprême effort, il prononça ces mots:

— Aux armes, capitaine!... Là-bas... sur la route de Longchaumois, les Suédois et les Gris nous sont ralliés... — ils marchent vers la ville... — ils viennent... — Le colonel Varroz m'envoie vers vous... il vous attend...

— Enfants, — dit vivement Lacuzon, — vous entendez!... — En avant! — Saint-Claude et Lacuzon!

Puis, se tournant vers Raoul, il ajouta:

— Frère, vous comprenez bien, cette fois, que vous ne pouvez nous suivre... Reprenez Églantine dans vos bras... — descendez la Poyat jusqu'au rempart; — vous trouverez une poterne que vous ouvrirez, — vous traverserez la Bienne à gué en face de l'endroit où Garbas nous attendait cette nuit, — vous gagnerez la lisière de la forêt qui couvre le versant de la montagne et vous m'attendrez là, cachés sous dans le hallier qui s'étend derrière le gigantesque sapin que vous voyez d'ici... — Vous m'avez bien compris, n'est-ce pas?

— Oui, — répondit Raoul.

— Allez donc, et que Dieu et Notre-Dame d'Einsiedeln soient avec vous!... — Je vous reverrai bientôt, car j'en veux finir vite avec ce ramassis d'aventuriers et de bandits!... Le serpent rejoint ses tronçons et veut mordre encore... nous écraserons la tête du serpent!...

Puis, après avoir serré une dernière fois la main de Raoul, le capitaine s'éloigna avec ses montagnards et disparut à l'un des tournants du chemin.

Le jeune homme, resté seul auprès d'Églantine, n'avait plus désormais qu'une pensée : — s'éloigner de cette ville abandonnée de Dieu, — sortir de cette cité qui semblait maudite et que, depuis quelques heures, la guerre et l'incendie emplissaient de cadavres et de ruines.

Il souleva sa fiancée, — il la coucha en quelque sorte sur son bras gauche, de manière à ce que sa poitrine servît d'oreiller à la tête de la pauvre enfant, et il s'engagea dans cette rapide descente qui devait le conduire à la poterne.

Il avait déjà fait quelques centaines de pas, — il entrevoyait déjà le rempart au-dessous de lui, de l'autre côté du rempart une prairie que la Bienne traversait, et, plus loin, cette forêt qui lui promettait un asile sûr.

Il allait passer devant une cabane isolée, bâtie avec de la boue et des branchages, et d'une si misérable apparence que les Suédois, selon toute vraisemblance, avaient pensé qu'elle ne valait pas la torche qui servirait à l'allumer.

La porte de cette hutte s'ouvrit tout à coup, et deux hommes se campèrent en avant de Raoul avec l'intention manifeste de lui barrer le passage.

Ces hommes, qu'il reconnut d'ailleurs à l'instant, étaient les compagnons du Gris tué par lui une heure auparavant.

— Ah! ah! — fit l'un d'eux avec un profond et ironique salut et un ricanement sinistre, — vous voilà donc, beau gentilhomme, défenseur de sorcières!...

— Ne vois-tu pas, — reprit l'autre, — ne vois-tu pas qu'il porte la belle Magui sur son bras et qu'il est en bonne fortune avec sa conquête, la conduisant sans doute au sabbat?...

— Oh! oh!... en bonne fortune dans une ville qui flambe et où le diable fait des grillades avec des côtes de chrétiens!... Tudieu!... quel gaillard!...

— Le muguet est amoureux de Magui, et le véritable amour ne recule devant rien!...

— Je crois qu'il ne fera pas mal, s'il tient à sauver sa peau, d'emprunter à la sorcière le manche à balai qui lui sert de monture...

Tandis que s'échangeaient entre les deux routiers les phrases qui précèdent, Raoul avait affermi sur son bras gauche Églantine dont le manteau de Lacuzon voilait toujours le visage, et de la main droite il avait tiré son épée.

— Faites-moi place, — dit-il ensuite froidement et d'une voix ferme.

— En vérité, mon noble seigneur!... — Et si nous ne voulons pas?...

— Tant pis pour vous! — Recommandez votre âme à Dieu dans ces cas, car vous allez mourir!

— Oh! oh!... et qui nous tuera?...

— Moi.

— Venez-y donc, joli muguet! — Allons, Limassou, à la besogne!...

L'un des Gris s'avança alors sur Raoul en lui présentant la pointe de sa rapière.

Le jeune homme se mit en garde; mais, tandis qu'il croisait le fer, Limassou se jetait brusquement et lâchement derrière lui et lui assénait sur la tête un terrible coup d'épée.

Raoul chancela, — lâcha son arme, — essaya de rester debout et de soutenir Églantine; — mais il lui sembla que la terre s'écroulait sous ses pieds, et il tomba comme un homme mort, au milieu du chemin, entraînant avec lui son fardeau.

— Allons, allons, — fit Limassou, — je crois que le coup était bien frappé!... Qu'en dis-tu, Francatripa?

— Pas mal, pas mal... — Le Cuanais a son compte... — Le crois-tu mort?...

— Pardieu!...

— Si nous l'achevions en lui mettant tout doucement six pouces de fer dans le ventre? — Qu'en penses-tu, Limassou?...

— Francatripa, tu m'insultes!

— Bah! en quoi donc?...

— En parlant d'achever les gens que je tue!... — Après moi il n'y a plus rien à faire, c'est connu!...

— Eh! mon Dieu, ne te fâche pas, je n'ai point voulu t'offenser...

— A propos, as-tu de la corde sur toi?...

— Toujours! — Pourquoi me demandes-tu cela?...

— Parce que, maintenant que l'amoureux de Magui ne nous dérangera plus, et pour cause, rien ne nous empêche, si c'est notre plaisir, de rependre la sorcière qu'il a dépendue...

— Tiens! mais c'est une idée, cela!... — Tu as donc des idées, Francatripa?

— Eh! mon Dieu, oui, — de temps en temps...

— Justement, voilà un arbre tout près... Ce sera commode!...

— Ah çà!... mais elle ne remue pas plus qu'une souche, la vieille Magui!... on dirait qu'elle est morte...

— Pas possible!... — Comment! nous serions volés à ce point!...

— Voyons donc un peu son visage.
Limassou se pencha et écarta le manteau.
— Oh! oh! oh! — cria-t-il sur trois tons différents, tandis que l'étonnement arrondissait ses yeux. — Diable!... diable!...
— Eh bien, quoi? — demanda Francatripa, qu'y a-t-il?...
— Il y a que ce n'est pas la sorcière qui est là dedans.
— Bah! et qui donc?...
— Regarde!...
Francatripa, qui s'était éloigné de quelques pas pour étudier l'arbre destiné à devenir un gibet, se rapprocha.
— Diable!... diable!... — fit-il à son tour.
— Qu'en dis-tu?...
— Je dis que voici une fameuse aubaine et que cette fille est la plus belle créature que j'aie jamais rencontrée...
— La reconnais-tu?
— Ma foi non, — et cela par la bonne raison que je la vois pour la première fois de ma vie...
— Eh bien, moi, je sais qui elle est...
— Ah! tu sais?...
— Oui. — C'est la nièce du curé Marquis.
— La nièce d'un ennemi, bravo!...
— Reste à régler, — dit Limassou après un silence, — auquel de nous appartiendra la belle...
— Comment! — s'écria Francatripa, — mais cela ne fait pas question!...
— De quelle façon l'entends-tu?
— J'ai des droits incontestables...
— Toi?...
— Moi, pardieu!...
— Je serais curieux de les connaître...
— Est-ce que ce n'est pas moi qui ai attaqué le gentilhomme par devant?...
— Oui, — en ayant soin de te tenir hors de la portée de son épée; il n'a pas même reçu de toi une égratignure...
— Peut-être, mais enfin je le voyais face à face, tandis que toi tu le frappais par derrière...
— Certes, — et si vigoureusement que je l'abattais du coup. — J'ai tué le propriétaire de la jolie fille, — la jolie fille est à moi par droit de succession directe... Je le soutiens, et je la réclame...
Francatripa tordit sa moustache.
— On pourra te le disputer! — dit-il ensuite.
— Toi peut-être?...
— Et pourquoi donc pas?...
— Eh bien, si tu la disputes, on la défendra; — voilà tout.
— Une fois, — deux fois, — trois fois, — veux-tu me céder la belle?...
— Non! non! non!... de par tous les diables!...
— Alors, puisque tu refuses de me la donner, je vais la prendre...
— Quand tu voudras...
— Je veux tout de suite...
Et les deux bons compagnons fondirent l'un sur l'autre, la rapière au poing.
Au bout de quelques passes, Limassou recula, — ficha son épée en terre par la pointe, et se mit à rire à gorge déployée.
Francatripa le regarda d'un air étonné.
— Qu'as-tu donc à rire ainsi? — lui demanda-t-il.
— Je ris, — répliqua Limassou, — parce que nous sommes vraiment trop bêtes!... — Nous allons nous couper la gorge pour une fille, tandis que nous avons un moyen bien simple de nous accorder.
— Un moyen?... Lequel?...
— Au lieu de nous battre, jouons... — Tu dois avoir des dés dans ta poche...
— J'ai un toton, ce qui revient au même.
— Mon moyen te va-t-il?
— Mais je le crois bien, qu'il me va!...
— En bien, entrons dans la hutte et portons-y notre enjeu...
Les deux routiers soulevèrent Eglantine et franchirent la porte basse de la masure dont nous avons dit un mot, et dont l'unique pièce avait pour tout mobilier un grabat, une table boiteuse et deux escabelles.
Ils placèrent la jeune fille sur le lit, et ils s'assirent de façon à mettre la table entre eux.
— Comment jouons-nous? — demanda Francatripa en tirant un toton de sa poche.
— Au plus haut point, si tu veux.
— Non. — Cela va trop vite.
— Comment, alors?
— En trois coups et à qui amènera le plus près de vingt-quatre.
— Soit.
Francatripa posa le toton sur la table. — Il était en os, à huit faces, et sur chaque face se trouvaient des points noirs, représentant des chiffres, depuis un jusqu'à huit.
— Commence, — dit-il.
Limassou saisit le toton et le fit tourner. — Il tourna longtemps et finit par s'abattre sur le côté.

— Huit! — cria Limassou.
Un dernier tressaillement agita le toton qui se souleva une fois encore et gagna une autre facette.
— Un! — dit Francatripa avec triomphe, — c'est un et non pas huit!...
Limassou frappa du poing sur la table.
— A ton tour... — grommela-t-il ensuite d'un ton de mauvaise humeur.
Le toton tourna et tomba, — il amena sept.
— A moi... — murmura Limassou.
Puis, après avoir joué :
— Huit!... j'ai huit!... ah! cette fois, c'est bien huit!...
— Oui. — Mais ça ne te fait que neuf points et j'ai deux coups à jouer contre un!... Je parie qu'au premier coup j'amène plus de trois... — As-tu de l'argent?
— Quelques pistoles.
— D'où viennent-elles?
— De la poche d'un bon bourgeois de Saint-Claude.
— Il te les a laissé prendre?
— Oh! j'avais eu soin de le tuer un peu avant de les lui demander... — La chose est allée toute seule...
— Tiens-tu le pari?...
— Oui.
— Combien?
— Trois pistoles. — Je mets au jeu.
— Moi aussi. — Voilà l'argent.
Francatripa saisit le toton et lui donna une rapide impulsion.
— Deux! — murmura-t-il au bout d'un instant.
— Gagné! — s'écria Limassou en empochant les trois pistoles. — Voici le dernier coup, — le coup décisif, car nous sommes neuf à neuf.
Limassou joua, — il amena cinq.
Francatripa n'eut que trois.
Limassou avait gagné.
— A moi la fille! — dit-il en se levant joyeusement.
— A toi la mort! — répliqua Francatripa en lui brûlant la cervelle presque à bout portant avec un pistolet qu'il venait tirer de sa ceinture. — Ah! double brute! — s'écria-t-il ensuite, après avoir fouillé les poches de Limassou et en avoir soigneusement extrait les pièces de monnaie qu'elles contenaient : — cette fille est la nièce du curé Marquis, c'est-à-dire le plus précieux des otages! — tu le sais, et tu ne vois en elle qu'une maîtresse d'une heure!... Ah! triple niais!... sot animal!... Mais cette capture c'est une fortune, car le Masque noir va me la payer au poids de l'or... — et avec de l'or on ne manque ni de belles filles ni de bon vin!...
Après ce court monologue, Francatripa chargea sur ses épaules Eglantine toujours évanouie. — Il sortit de la cahute, — il s'engagea rapidement dans la descente de la Poyat, et il gagna la poterne dont le capitaine avait parlé à Raoul.
Aussitôt qu'il eut disparu, une vieille femme abandonna les touffes de genêts dans lesquelles elle était blottie derrière la masure que Francatripa venait de quitter, et elle s'approcha du jeune baron de Champ-d'Hivers, étendu au milieu du chemin et qui semblait mort.
Cette femme était Magui la sorcière.

DEUXIÈME PARTIE.

—

LE CHATEAU DE L'AIGLE.

I. — MAGUI LA SORCIÈRE.

Une vive sensation de froid mit fin au profond évanouissement dans lequel le jeune homme était plongé.
Il entr'ouvrit les yeux, et il vit, — comme on voit à travers un épais brouillard, — une forme de femme agenouillée à côté de lui.
C'était la vieille Magui, — nous le savons déjà, — qui s'efforçait de faire pour Raoul ce que Raoul avait fait pour elle, baignant ses tempes avec de l'eau glacée et lavant sa blessure qui, d'ailleurs, était peu profonde.
Certes, le coup d'épée de Limassou avait été assez vigoureusement appliqué pour fendre jusqu'aux oreilles une tête solidement bâtie; — mais par bonheur l'arme ayant tourné dans la main du bandit, le plat seul de la lame s'était trouvé en contact avec le crâne, produisant ainsi une contusion et une écorchure, et non pas une plaie mortelle.
Au moment où Raoul reprit l'usage de ses sens, l'engourdissement de son esprit ne cessa pas tout d'abord, et, ainsi que cela arrive à un homme qui s'éveille d'un lourd sommeil, il ne se rappela rien de ce qui s'était passé.

— Où suis-je ? — murmura-t-il d'une voix faible, en portant la main à son front sur lequel Magui faisait couler l'eau goutte à goutte en pressant un linge mouillé, — où suis-je, et que m'est-il arrivé ?...

— Messire Raoul, — répondit la vieille femme, — vous avez été victime d'un lâche guet-apens. — On vous a traîtreusement assassiné par derrière, et on vous a laissé pour mort dans l'endroit où vous vous trouvez en ce moment, c'est-à-dire tout au bas de la descente de la Puyat... Le hasard, ou plutôt la Providence, m'a rendue témoin du crime, et j'ai eu le bonheur d'être utile à mon tour à celui qui m'avait sauvé la vie... — Je suis Magui la sorcière.

Tandis que Magui parlait, la lumière se faisait rapidement dans l'esprit de Raoul et les souvenirs lui revenaient en foule.

— Ah ! — s'écria-t-il en se soulevant, tandis que l'expression de la terreur et du désespoir venait contracter son visage livide et qu'un rapide frisson glaçait son sang dans ses veines. — Je me souviens !... je me souviens !... l'incendie... le capitaine Lacuzon... Eglantine... Oh ! mon Dieu !... mon Dieu !... Eglantine !... où est-elle ?... qu'est-elle devenue ?... Femme, le savez-vous ?... — Au nom du ciel, si vous le savez, dites-moi ce qu'elle est devenue ?...

— Hélas ! messire, la nièce du curé Marquis a été enlevée...
— Par les assassins, n'est-ce pas ?
— Par un seul d'entre eux, par un misérable qui, pour n'avoir point à partager sa proie, a tué son compagnon d'un coup de pistolet...

— Mais c'est le déshonneur pour elle, mon Dieu !... mais c'est la mort !... car cet homme, après l'avoir violentée, la tuera, comme il a cru me tuer moi-même !...

— Rassurez-vous, messire Raoul, — la nièce du curé sera respectée par son ravisseur...
— Le croyez-vous réellement, femme ?... le croyez-vous ?...
— Je fais mieux que le croire, j'en suis sûre.
— Qui vous donne cette certitude ? parlez !... parlez vite !...
— Les paroles mêmes du bandit qui s'est emparé de la jeune fille...
— Eglantine n'est pas considérée par lui comme une femme, mais comme un otage qu'il s'apprête à vendre chèrement au plus redoutable ennemi des libertés franc-comtoises...
— Et cet ennemi, quel est-il ?
— Le Masque noir.

Raoul, couché et immobile jusque-là, bondit sur ses pieds et essaya de se tenir debout ; — mais il était faible et chancelant, et, pour ne pas tomber, il fut obligé de s'appuyer sur l'épaule de Magui.

— Le Masque noir ! — répéta-t-il, — vous avez dit le Masque noir ?...
— Je l'ai dit.
— Vous connaissez l'homme qui se cache sous ce masque ?...
— Je le connais.
— Vous savez son vrai nom ?
— Je le sais.
— Vous savez où il se cache ?
— Oui.
— Vous savez, alors, où l'on va conduire Eglantine ?
— Je sais cela comme le reste.
— Et vous allez me dire tout ce que vous savez, n'est-ce pas ?...
— Je vous le dirai... mais pas à vous seul.
— Pourquoi ?
— Parce qu'il est un homme que ces terribles secrets intéressent autant que vous et qui doit les apprendre en même temps que vous...
— Et cet homme ?...
— C'est votre ami ; — c'est le capitaine Lacuzon.
— Vous avez raison, — répondit Raoul, — Lacuzon doit tout savoir... Nous ne perdons pas un instant... il m'attend sans doute au rendez-vous donné !...

Magui secoua la tête.

— Quel est ce rendez-vous ? — demanda-t-elle ensuite.
— Le capitaine m'a indiqué, pour nous y retrouver, un sapin gigantesque situé sur la lisière de la forêt qui fait face à la ville.
— Et ce rendez-vous, quand vous l'a-t-il donné ?...
— Au moment où nous nous séparions. — Il y a tout au plus une heure.

— Messire Raoul, — dit la vieille femme, — bien des heures se sont écoulées depuis le moment où vous avez perdu connaissance. — La nuit est venue, c'est la lune qui nous éclaire et non pas le jour... — Il est minuit passé... — le capitaine Lacuzon n'est plus au rendez-vous.

— Mais où donc est-il, alors ?...
— Il est à l'endroit convenu entre Marquis, Varroz et lui, — il est au trou des Gangônes...
— Connaissez-vous les chemins qui conduisent à cette caverne qu'on dit inaccessible pour tout autre que pour les montagnards des corps francs ?...
— Je les connais.
— Et vous êtes sûre de ne point vous perdre ou vous égarer dans ces dangereux sentiers ?...
— J'en suis sûre.

— Quand partirons-nous ?
— À l'instant même, si vous vous sentez la force de marcher.
— La force, c'est la volonté, — répliqua Raoul. — J'ai la volonté, — une volonté ferme et inébranlable, — dont je suis fort...

Magui tira d'une sorte de bissac qu'elle portait un morceau de pain noir et une petite gourde.

— Mangez un peu de ce pain, — dit-elle ensuite, — et prenez une gorgée d'eau-de-vie ; — nous nous mettrons en route aussitôt après.

Raoul but et mangea, et, si frugale et insuffisante que fût cette nourriture, il se sentit cependant ranimé et réconforté.

— Venez maintenant, — dit Magui.

Et elle se dirigea vers la poterne du rempart.

Le jeune homme la suivit d'un pas un peu lourd d'abord et hésitant, mais qui ne tarda guère à devenir ferme et assuré.

Ils franchirent la poterne qu'ils trouvèrent tout ouverte et s'enfoncèrent dans la vallée, en côtoyant les rives de la Bienne.

— Nous avons du chemin à faire, — dit Magui, — et je voudrais ménager vos jambes, messire Raoul, en ne vous contraignant point à marcher trop vite ; — il est bien essentiel cependant d'arriver à la Rixouse avant le jour. — D'ici là nous avons à traverser deux villages, Avignonnet et Valfin ; — c'est de ce côté-là que les Gris se tiennent d'habitude, et j'ai peur que nous ne rencontrions quelques-unes de leurs bandes... — et pourtant, le capitaine Lacuzon les a si bien étrillés aujourd'hui à Saint-Claude, qu'ils doivent se cacher et ne guère songer à courir le pays... — Une fois Valfin passé, nous n'aurons plus grand'chose à craindre...

— Et les Suédois, — demanda Raoul, — où sont-ils ?
— Ils ont voulu recommencer la bataille et rentrer dans la ville au milieu de l'incendie... — Le capitaine Lacuzon, le colonel Varroz et les montagnards les ont repoussés et leur ont donné la chasse du côté de Longchaumois... — À cette heure, s'ils courent toujours, ils doivent être loin...

— Ils vont sans doute chercher à se reformer ?...
— Peut-être, — mais pas de sitôt... — J'imagine qu'ils gagneront Nantua le plus vite possible... ou encore qu'ils descendront à Clairvaux... — Mais que feraient-ils dans cette ville ruinée et presque abandonnée par les habitants ?... — Vous savez sans doute que les immenses domaines et le château des barons de Champ-d'Hivers sont situés dans les environs ?... Ah ! si le noble baron Tristan était encore de ce monde, ou si son fils vivait, comme ces braves seigneurs et ces fiers gentilshommes auraient bien su barrer le chemin aux Suédois fugitifs et n'en auraient pas laissé sortir un seul de la province !...

— Vous semblez parler avec émotion et avec attachement de cette race des Champ-d'Hivers, — dit Raoul, — c'est cependant une famille éteinte, et je croyais son nom à peu près oublié...

— Oublié ! — répéta vivement Magui, — oublié !... un nom comme celui-là !... ne le croyez point, messire ! — Dans vingt ans comme aujourd'hui, — pour la génération qui grandit comme pour la génération qui s'éteint, — pour nos enfants, comme pour les fils de nos enfants, ce nom restera vivant et vénéré aussi longtemps que le dernier vestige de reconnaissance ne sera point effacé dans le cœur des montagnards.

— Les Champ-d'Hivers faisaient donc du bien ?...
— Ils en faisaient autant que la plupart des autres seigneurs font de mal, — et ce n'est pas peu dire, — ils étaient, depuis des siècles, les bienfaiteurs du pays, — et on s'en souvient, messire ! — Ce vieux manoir incendié, pourquoi le lierre couvre-t-il aujourd'hui les ruines de tes tourelles autrefois si fières ?... — Pourquoi le plus noble sang de la province a-t-il coulé sous le poignard des assassins ?...

— Oh ! baron Tristan, et toi, pauvre enfant, sur qui reposaient tant d'espoirs, pur rejeton d'une tige si belle, quand donc viendra votre vengeur ?...

Tout en parlant ainsi, la vieille Magui s'était animée peu à peu, et sa voix, enrouée d'abord et à peine distincte, était devenue éclatante et solennelle comme celle d'une prophétesse.

La haute taille de la prétendue sorcière se redressait, — ses longs cheveux gris flottaient au vent, — son regard était plein d'éclairs, et sur toute sa personne rayonnait une sorte d'étrange majesté, — la majesté du malheur et de l'enthousiasme.

Raoul, en l'écoutant, sentait son cœur battre avec impétuosité.

Vingt fois il avait été au moment de l'interrompre pour lui crier :
— Femme, cette race que vous croyez éteinte est plus vivante que jamais !... — Ce rameau que vous croyez brisé refleurira plus tard... — Cet enfant que vous pleurez si amèrement n'est pas mort ! — Je suis Raoul de Champ-d'Hivers !...

Mais il avait lutté contre cette violente tentation de se trahir lui-même, et, voulant se donner le temps de calmer l'émotion toute puissante qui s'emparait de lui, il avait ralenti son pas, de façon à ce que Magui pût le dépasser.

Ensevelie dans une sorte d'extase où la plongeaient les pensées et les souvenirs qu'elle venait d'évoquer en elle-même, la vieille femme continua à marcher pendant quelques instants sans s'apercevoir qu'elle était seule.

Mais bientôt, n'entendant plus le bruit des pas réguliers de son compagnon, elle se retourna, et elle vit qu'une assez grande distance la séparait de Raoul.

Elle revint vivement vers lui.

— Est-ce que votre blessure vous fait souffrir, messire ? — lui demanda-t-elle ; — est-ce que vous vous sentez déjà fatigué au point de ne pouvoir continuer la route ?...

— Non, — répondit le jeune homme, — ma blessure n'est rien, — c'est à peine si je la sens encore, et l'air froid de la nuit me fait grand bien... — Quant à mes jambes, elles sont bonnes et ne seront point fatiguées de sitôt... — Il m'avait semblé entendre un bruit de pas derrière nous, et c'est pour écouter mieux que je me suis arrêté.

Magui prêta l'oreille.

— Vous vous êtes trompé, dit-elle au bout de quelques secondes ; — je suis vieille, mais l'habitude de vivre au grand air et de coucher souvent dans les bois sur un lit de feuilles sèches, a développé certains de mes sens d'une façon extraordinaire... — Ainsi, nul archer franc-comtois n'a le coup d'œil plus prompt et plus perçant que moi ; — je ne confonds pas dans la nuit le pas du loup et celui du renard, et je distingue, à une grande distance, le soupir d'une créature humaine au milieu des plaintes du vent... — Je vous répète, messire, que vous vous étiez trompé et que personne ne vient derrière nous.

— Marchons, alors, — répondit Raoul.

— Marchons.

Le jeune homme et la vieille femme se remirent en route l'un à côté de l'autre, et cheminèrent assez longtemps sans échanger une parole, quoique, peut-être, les pensées qui se succédaient dans leur esprit eussent de part et d'autre plus d'un point d'analogie.

Ils traversèrent les deux villages dont Magui avait parlé, et ni dans l'un ni dans l'autre ils ne firent de mauvaises rencontres.

Quand ils arrivèrent à la Rixouse, il était six heures du matin ; — c'est assez dire que la nuit était profonde encore et que tous les paysans dormaient dans leurs maisons solidement fermées.

— Maintenant, messire, — dit Magui lorsqu'ils eurent franchi les dernières maisons du hameau, — je vous répète que, par ici, nous n'aurons plus rien à craindre des Gris. — Si vous vous sentiez trop las, rien ne nous empêcherait d'entrer dans une grange isolée que je connais à une demi-lieue d'ici, et d'y dormir paisiblement pendant deux ou trois heures pour reprendre des forces...

— Dormir ! — s'écria Raoul, — dormir lorsqu'il s'agit de retrouver et de défendre Eglantine !... Ce serait une faiblesse et presque une lâcheté, qu'une femme même ne se pardonnerait pas ?... — Sommes-nous loin encore ?...

— Oui, messire, nous sommes loin, bien loin, et si la route a été belle jusqu'ici ; en revanche elle ne tardera guère à devenir véritablement effrayante...

— Qu'importe ?... — Puisque d'autres y passent, puisque vous y passerez vous-même, il faudra bien que j'y passe aussi, moi.

— Venez donc, messire, — et que Dieu permette, dans sa justice, que vos forces soient à la hauteur de votre courage !... —

Après deux nouvelles heures d'une marche rapide, le clocher du village de Saint-Laurent apparut aux voyageurs.

Magui s'arrêta.

— Messire, — dit-elle, — vous devez avoir faim ?...

— Oui, — répondit Raoul ; — je n'ai pas mangé, depuis près de vingt-quatre heures, que le morceau de pain que vous m'avez donné cette nuit... — mais s'il faut attendre, j'attendrai, et de même que je lutte contre la fatigue, je lutterai contre la faim...

Magui chercha dans son bissac, — elle n'y trouva que la petite gourde aux trois quarts vide.

— Plus rien !... — murmura-t-elle.

Puis, tout haut, elle demanda :

— Avez-vous de l'argent, messire ?...

— Oui.

— Tant mieux, car avec de l'argent on achète du pain... — Donnez-moi une pièce de monnaie, et, en traversant Saint-Laurent, je vous aurai ce qu'il faudra...

Raoul se fouilla aussitôt.

Mais la poche de son pourpoint, — cette poche qui, la veille, contenait une bourse lourde et gonflée d'or, — était en ce moment tout à fait vide.

— J'ai perdu ma bourse ! — s'écria-t-il, quand il eut bien constaté que les autres poches étaient aussi parfaitement inhabitées que la première.

— Non, messire, — répondit Magui, — vous n'avez rien perdu, — on vous a volé.

— Qui donc ?...

— L'un des bandits qui venaient de vous assassiner. — Je l'aurais parié, car le contraire eût été peu vraisemblable...

— Que faire ?...

— Ne vous inquiétez de rien, messire, je pourvoirai à tout. — Vous avez faim, — vous mangerez.

— Quel est votre projet ?...

— Oh ! c'est un projet bien simple et qui ne vaut pas la peine d'être expliqué... — Nous allons nous séparer.

— Nous séparer ! — s'écria Raoul, — et comment voulez-vous que je retrouve mon chemin sans votre aide ?...

— Notre séparation ne sera pas longue. — Vous voyez là, en face de nous, le clocher de Saint-Laurent ?

— Oui.

— Le village n'a qu'une seule rue, — ou plutôt le village ne consiste qu'en une double rangée de maisons alignées de chaque côté de la route... — Il n'y a pas moyen de se tromper... un aveugle même ne s'égarerait pas...

— Eh bien ?

— Eh bien, messire, je vais gagner les devants ; — vous me laisserez prendre un peu d'avance, vous me suivrez dans cinq minutes par exemple, et nous nous rejoindrons à quelques centaines de pas plus loin que la dernière maison du village.

— Mais pourquoi ne voulez-vous pas traverser ce village avec moi ?... — Est-ce à cause de la pauvreté de vos vêtements, et me supposez-vous donc assez de misérable petitesse dans l'esprit pour rougir d'être vu en votre compagnie ?...

— Non, messire, je ne crois pas cela, — je ne doute ni de votre esprit ni de votre cœur... — mais il faut que ce que je vous demande en ce moment soit fait comme je le désire...

— Ne puis-je savoir pourquoi vous semblez attacher tant d'importance à une chose qui n'en a si peu ?...

— Parce qu'il le faut...

— Mais, au moins, donnez-moi une raison bonne ou mauvaise, — ne fût-ce que pour satisfaire ma curiosité...

— Et si je vous donne cette raison, vous me laisserez agir à ma fantaisie ?...

— Oui.

— Vous me le promettez ?...

— Je vous le promets sur l'honneur...

— Alors, messire, puisque maintenant vous n'avez plus le droit de me détourner de mon projet, quel qu'il soit, je puis vous dire la vérité : — ce pain qu'il nous faut, et que je ne puis acheter, je vais le demander à l'aumône... — Je vais tendre la main à chaque maison, en traversant Saint-Laurent, jusqu'à ce que des âmes charitables m'aient donné le nécessaire ; — et vous, qui êtes noble, messire, — car je vois bien que vous êtes noble, quoique j'ignore votre nom, — vous comprenez qu'il n'est pas possible qu'un gentilhomme soit vu par des paysans dans la compagnie d'une mendiante...

Et sans rien attendre la réponse de Raoul, Magui s'éloigna d'un pas rapide en tournant la tête de temps en temps pour bien s'assurer que le jeune homme ne cherchait point à la rejoindre malgré sa promesse.

II. — LE FANTÔME.

Raoul, profondément touché de l'absolu dévouement manifesté par cette pauvre femme qui lui semblait avoir vendu son âme en échange de la vie qu'il lui avait conservée, suivit sans se hâter le chemin qui conduisait à Saint-Laurent, traversa le village et, quelques centaines de pas plus loin que la dernière maison, trouva Magui assise au bord de la route et l'attendant.

Au moment où il la rejoignait, elle se leva.

— Voyez, messire, — lui dit-elle en ouvrant son bissac, — voyez, il y a encore de bonnes âmes dans la montagne !... — Les habitants de Saint-Laurent ne sont pas riches et les temps sont bien durs, cependant je n'ai eu qu'à frapper à la porte de trois maisons ; — je n'ai éprouvé de refus nulle part, et l'on m'a donné, non pas assez peut-être pour un festin de prince, mais assez du moins pour un repas de voyageur.

Le bissac contenait près de la moitié d'une miche de gros pain bis, — un morceau de lard fumé et un carré de ce fromage qu'on appelle aujourd'hui fromage de Gruyère.

— Ah ! — répliqua vivement Raoul, — jamais prince n'aura fait un meilleur repas, car jamais sans doute il n'aura eu un aussi vif appétit pour l'assaisonner.

Il s'assit sur un des talus du chemin, et il se mit à manger, ou plutôt à dévorer.

Quoi qu'on en puisse dire, la faim ne perd jamais ses droits quand on est jeune et qu'on marche depuis de longues heures, et bien rarement, je crois, l'amour et l'inquiétude peuvent faire momentanément oublier ses exigences.

— Maintenant, — dit Raoul lorsqu'il eut achevé, — je me sens dispos et fort, autant et peut-être plus que cette nuit en quittant Saint-Claude... — Je vous assure que je marcherais jusqu'à ce soir sans m'arrêter.

— Grâce à Dieu, messire, vous n'aurez pas besoin de marcher si longtemps... J'espère bien qu'avant midi nous serons au trou des Gangônes.

— Pourquoi ce nom donné à cette grotte ? — demanda Raoul.

— Dans le patois des montagnes, les cloches s'appellent des *gangônes*, à cause, sans doute, du bruit qu'elles font, et que le mot cherche à imiter...

— Eh bien ?
— Eh bien, quand on applique son oreille contre le rocher, dans la grotte, on entend très-distinctement le son des cloches...
— A quoi cela peut-il tenir ?
— D'autres le savent peut-être ; — moi je l'ignore... — Voulez-vous que nous remettions en marche, messire ?...
— Me voici prêt.

Après avoir suivi la route pendant environ trois quarts de lieue, Magui s'arrêta.

— Messire, — dit-elle, — notre chemin direct serait de continuer par la Chaux-de-Dombief, mais j'ai des raisons pour ne point passer par là.
— Qu'allons-nous faire ?
— Nous allons prendre à gauche et nous engager dans la forêt de Bonlieu dont vous voyez à la lisière à un demi-quart de lieue, et dont je connais les moindres sentiers... — Venez, et soyez sans inquiétude, je vous promets de vous bien conduire.
— Je vous suis comme si la Providence elle-même me prenait par la main pour me diriger... — Ma confiance, dans ce dernier cas, ne serait pas plus absolue...

Un regard de la vieille femme remercia Raoul, et, gagnant à travers champs la lisière du bois, elle s'enfonça avec son compagnon sous les futaies séculaires qui couronnaient une sorte de gigantesque falaise taillée à pic presque partout et bordant le vallon au fond duquel s'élevait jadis l'abbaye célèbre de Bonlieu.

Arrivé sur l'extrême bord de la ceinture de rochers dont nous venons de parler, Raoul s'arrêta, pétrifié en quelque sorte par l'étonnement et l'admiration. Jamais, en effet, spectacle plus terrible et plus beau tout à la fois ne s'était offert à ses regards.

Au fond d'une gorge verdoyante, enfermée de tous côtés par des murailles de rochers qu'on aurait pu croire amoncelé les uns sur les autres par les fortes mains des Titans, — blocs de granit, les uns brillants, les autres sombres, couronnés par la noire verdure des sapins séculaires enfonçant leurs racines dans le roc nu, comme des serres d'aigle ; les ruines de l'abbaye étalaient leurs ruines pittoresques au bord d'un lac aussi profond, aussi bleu que les lacs de la verte Écosse.

Ces colonnes brisées, — ces arceaux démolis, — ces voûtes effondrées que le lierre recouvrait de son manteau royal ; — tous ces débris, enfin, à côté de ces rocs inébranlables et de cette éternelle verdure, disaient bien haut la toute-puissance du Créateur et l'infinie faiblesse de la créature.

Raoul, — le nous le répétons, — s'était arrêté.
— Eh bien, messire, que faites-vous ? lui demanda Magui.
— Je regarde, — répondit-il, — je regarde et j'admire...
— Le temps nous manque aujourd'hui pour l'admiration ; venez, je vous en prie.

La vieille femme s'engagea résolument dans une sorte de fente ou de coupure que les eaux pluviales et les fontes de neiges avaient mis de milliers d'années à creuser dans la falaise, et qui, du sommet du roc, conduisait dans le vallon.

Aux grèves de la Bretagne et de la Normandie, une coupure du genre de celle dont nous parlons s'appelle une *valleuse*.

Après quelques minutes d'une marche difficile, mais non périlleuse, Magui et Raoul arrivèrent sur le bord du lac de Bonlieu.

Un petit ruisseau d'une eau transparente comme du cristal de roche et glacée comme la neige à peine fondue, prend naissance dans le lac, et, tout en serpentant et en murmurant, suit les nombreuses sinuosités d'une vallée étroite et presque entièrement boisée, qui, du côté opposé à celui par lequel venaient d'arriver nos personnages, aboutit au val de la Chartreuse. — C'est ainsi qu'on nomme l'emplacement des ruines de Bonlieu.

Magui et Raoul suivirent pendant quelque temps le cours de ce ruisseau, qui se brisait contre les blocs de pierre entassés dans son lit et les couvrait de blanche écume, avec des frémissements et des grondements qui lui donnaient une certaine ressemblance avec un enfant en colère.

Ce ruisseau se nommait et se nomme encore le *Hérisson*.

Peu à peu la gorge étroite s'élargit devant les voyageurs ; — les arbres semés sur ses flancs s'éclaircirent et, à un brusque tournant, ils virent se développer devant eux une vallée immense et magnifique, que bornait, de ce côté, le prolongement de cette falaise au sommet de laquelle ils se trouvaient une demi-heure auparavant.

— Pour arriver au trou des Gangônes, — dit Magui, — nous n'aurions qu'à suivre le fil de l'eau, — mais il n'y faut pas penser...
— Pourquoi ?... — Les sentiers sont-ils donc dangereux au point de vous effrayer ?...

Magui secoua lentement la tête.
— Ce n'est pas cela... — répondit-elle ensuite.
— Qu'est-ce donc?
— C'est qu'il nous faudrait passer au pied du château de l'Aigle. Raoul tressaillit.
— Le château de l'Aigle !... — répéta-t-il d'une voix sourde. — Sommes-nous donc si près du château de l'Aigle ?...
— Il est perché, comme le nid de l'aigle auquel il doit son nom, sur le pic le plus élevé de la montagne que nous côtoyons...

— Et pourquoi tenez-vous à l'éviter ainsi ?...
— Ne m'interrogez point, messire. — En ce moment je ne puis pas, ou plutôt je ne veux pas vous répondre...
— Je respecte votre silence et vos secrets... Passez où vous voudrez, je vous suis...
— Voyez-vous, en avant de nous à quelques centaines de pas, cette coupure dans le sol que nous foulons ?
— Je la devine plutôt que je ne la vois...
— Eh bien c'est l'endroit le Hérisson se précipite du haut du rocher dans un profond bassin. — Nous allons descendre au niveau de ce bassin et nous suivrons une gorge étroite et sombre qui, par un détour, nous conduira à notre but... car elle va rejoindre la vallée dans laquelle nous sommes.

La vieille femme et le jeune homme se remirent silencieusement en marche.

Au bout d'une demi-heure, ils atteignaient l'extrémité de la gorge dont Magui venait de parler.

Sur la droite, le rocher cessait, pour faire place à une pente gazonnée, excessivement rapide, et cependant praticable.
— Du haut de cette pente, — demanda Raoul, — peut-on voir le château de l'Aigle ?
— On le peut, — répondit Magui ; — pourquoi me faites-vous cette question ?...

La vieille femme n'obtint aucune réponse. — Raoul, qui venait de s'élancer, était déjà loin d'elle.

Elle comprit qu'il serait inutile de le rappeler, et, s'asseyant sur un quartier du roc, elle attendit. Arrivé à moitié de la hauteur de la montagne, Raoul s'arrêta et se retourna.

La masse imposante de la haute tour du château d'Antide de Montaigu semblerait surgir dans la nue en face de lui. — Il attacha sur ce formidable manoir un long regard plein d'une ardente fixité et d'une incroyable expression de haine. — Mais soudain il pâlit, — il chancela, — l'étonnement et peut-être l'épouvante agrandirent ses yeux ; — il fit le signe de la croix et il redescendit d'un pas rapide le versant qu'il venait de gravir.

— Comme vous êtes pâle, messire ! — s'écria Magui ; — qu'avez-vous donc ?
— C'est étrange ! — balbutia Raoul.
— D'où vient ce trouble, messire ?... Que vous est-il arrivé ?... — qu'avez-vous vu ?...
— Un spectre, — répondit Raoul, — un fantôme enveloppé de blanches vapeurs que traversent les rayons du soleil...
— Un spectre... un fantôme ?... Où donc ?...
— Au château de l'Aigle, — sur le sommet de la plus haute tour.
— C'est une illusion, messire...
— Non... non... c'est une réalité. J'ai vu... — j'ai bien vu ! — Je suis sûr !...
— Alors c'est quelque drapeau dont les plis flottaient au vent.
— Non, c'est une forme humaine, — un spectre féminin ; — mon regard est perçant comme l'œil du vautour, et, malgré la distance, j'ai distingué, dans les blanches vapeurs, un visage pâle... un visage de morte.

Magui fit à son tour le signe de la croix.
— Ah ! — murmura-t-elle ensuite, — tout est possible... même l'impossible, car le château de l'Aigle est un château maudit !...

Puis tout bas elle ajouta :
— Et le maître du château de l'Aigle est plus qu'un damné, c'est un démon !

Ensuite, sans ajouter une parole, Magui se remit en route. — Raoul, absorbé dans ses pensées, la suivit en silence.

Ils avaient rejoint la vallée principale, — ils longèrent la côte de Ménétrux-en-Joux ; — ils traversèrent, au milieu de son cours, le Hérisson qui déjà avait grandi et ils arrivèrent à l'endroit où la vallée cesse par la réunion des deux montagnes boisées qui la forment.

— Nous approchons, — dit la vieille femme ; — ici commencent les mystérieux domaines qui servent d'asile aux montagnards des corps francs... là commencent aussi des difficultés sans nombre. — Vingt sentiers, croisés en tous sens, et plus embrouillés que le chanvre sur la quenouille d'une fileuse, se mêlent et s'enlacent à dessein, afin de dépister les ennemis qui voudraient tenter une surprise... — Lequel de ces sentiers devons-nous suivre ?... Voilà ce qu'il faut découvrir, ou plutôt ce qu'il faut deviner, car c'est presque une affaire d'instinct... — Cependant j'ai trouvé déjà... je trouverai encore... Venez...

Et Magui, — courbée vers le sol et suivant du regard des traces invisibles sans doute pour tout autre que pour elle, — s'engagea résolument dans le taillis, comme un limier exercé qui suit le gibier.

Son instinct ou ses observations ne la mirent point en défaut, — le sentier qu'elle suivit était le véritable. Soudain, une voix qui semblait partir du ciel cria :
— Qui va là ?...

Raoul leva la tête et vit un montagnard debout sur une pointe de rocher ; — il tenait son mousquet en joue et prêt à faire feu.

— Répondez... — dit vivement Magui ; — dites le mot

Raoul s'assit sur un des talus du chemin, et se mit à manger. (Page 54.)

— Saint-Claude et Lacuzon! — fit Raoul.
— Où allez-vous?
— Joindre le capitaine qui m'attend.
— Et cette femme?...
— Elle m'accompagne.
— Passez.

Le montagnard approcha de ses lèvres une de ces cornes qui servent de trompe aux bergers, et il en tira un son aigu et retentissant, — puis il disparut et tout rentra dans le silence.

Raoul venait de voir, pour la première fois, un montagnard revêtu de l'uniforme des corps francs.

Cet uniforme était simple : c'étaient les hauts-de-chausses collants, recouverts par la guêtre de cuir qui serrait la jambe, montait jusqu'à mi-cuisse et descendait sur le soulier à lourde semelle ferrée; — l'habit fermé, à larges basques, s'ajustait étroitement à la taille ; — une ceinture de cuir soutenait le poignard et les pistolets ; — l'épée pendait à un large baudrier également de cuir ; — le chapeau était en feutre noir, de forme ronde et relevé d'un côté.

— Ah! murmura Magui, — Lacuzon se garde bien!... — Il faudrait qu'il eût les ailes de l'aigle, celui qui voudrait surprendre le capitaine!... et encore je crois qu'une balle montagnarde l'arrêterait au passage.

Le facile sentier que Raoul et la vieille femme avaient suivi jusque-là devenait, à partir de cet endroit, incroyablement périlleux.

A peine tracé dans le flanc d'une roche à pic qui surplombait un précipice plein de brumes et de vapeur, il se transformait par endroits en une sorte d'escalier irrégulier, et enfin il finissait par n'être plus qu'un mince rebord, large d'un pied tout au plus, ayant au-dessus et au-dessous une muraille parfaitement lisse de deux cents pieds au moins, et dominant une cascade qui tombait avec un effroyable fracas dans un précipice habité par le Vertige aux doigts crochus.

— Messire, — dit Magui à son compagnon, — ne regardez ni en bas, ni en arrière; — regardez devant vous, — marchez d'un pas ferme et tranquille, et tâchez de vous figurer que vous êtes sur un grand chemin et que vous avez, à droite et à gauche, autant d'espace qu'il en faut pour la marche d'un homme ivre.

Raoul suivit ce conseil, et, au bout de quelques minutes, il avait franchi le terrible passage.

— Vous pouvez maintenant vous arrêter et vous retourner, — reprit la vieille femme.

Le jeune homme pâlit malgré lui en jetant les yeux sur cette corniche étroite et glissante qu'il venait de parcourir.

— Affaire d'habitude! — continua Magui. — Les montagnards de Lacuzon, et Lacuzon lui-même, passent là par tous les temps et à toutes les heures de jour et de nuit. — Ils y passeraient les yeux fermés... — Nous voici, d'ailleurs, bien près du but de notre voyage...

— Où est la grotte?

— A une demi-lieue de chemin, tout au plus, et de ce côté de la montagne ; ce qui n'empêche pas que, pour y arriver, il nous faudra traverser deux fois le Hérisson.

— Pourquoi cela?..

— Parce qu'à côté d'ici le sentier que nous suivons s'interrompt brusquement. — D'ailleurs, vous allez voir...

Le bois recommençait.

Ils s'engagèrent dans le sentier étroit qui, s'éloignant du rocher, se rapprochait du ruisseau devenu torrent, qu'on entendait, non plus murmurer ainsi qu'un enfant capricieux, mais rugir comme un lion menaçant.

Enfin ils atteignirent les rives encaissées entre lesquelles il courait impétueusement, pour bondir jusqu'à la cascade, du haut de laquelle il se précipitait avec un fracas de cataracte.

III. — LE SECRET DU MASQUE NOIR.

Un tronc de sapin ébranché, et jeté d'une rive à l'autre, formait un pont fragile et mouvant sur lequel il fallait se hasarder.

De l'autre côté du torrent étaient deux montagnards.

LE TROU DES GANGÔNES. (Page 58.)

Le premier se tenait penché, tout prêt à précipiter le sapin dans l'abîme au moindre signal d'alarme.
Le second épaulait son mousquet en criant :
— Qui va là ?...
— Saint-Claude et Lacuzon ! — répondit Raoul.
— Passez, — dit le montagnard.
Et, comme la précédente sentinelle, il fit retentir à deux reprises la trompe rustique qu'il portait suspendue à son cou.
Raoul, tout frémissant, traversa le pont dangereux qu'il sentait vaciller sous le poids de son corps, et il fut bien forcé de s'avouer à lui-même que des épées et des mousquets dirigés contre lui lui causeraient moins d'épouvante que ces périls sans cesse renaissants de la montagne.
Le sentier côtoyait pas à pas le lit du torrent et, par une pente rapide sur laquelle de grosses pierres semées çà et là formaient comme une ébauche d'escalier, descendait jusqu'au niveau du bassin dans lequel le Hérisson, lancé de cent pieds de haut, s'engouffrait, pour en ressortir bouillonnant, large et majestueux, et plutôt fleuve que rivière.
— C'est là qu'il nous faut passer... dit Magui en arrêtant son compagnon sur la marge glissante du bassin, et en parlant assez haut pour que le bruit de ses paroles ne se confondît point avec le tonnerre des eaux mugissantes.
— Là ? — répéta Raoul avec stupeur ; — mais c'est impossible !...
— Les flots bouillonnent contre les rochers comme dans les chaudières de Satan !... Le plus hardi nageur serait brisé mille fois s'il tentait de traverser le torrent !...
En ce moment, et comme pour confirmer les paroles du jeune homme, un chêne gigantesque, déraciné par quelque orage, glissa le long de la cascade éblouissante, s'abîma dans le gouffre et pas une de ses branches ne reparut à la surface. — L'arbre tout entier venait de s'anéantir dans des profondeurs inconnues !...
— Voyez ! — dit Raoul, — voyez !...
Magui le saisit par la main.

— Fermez les yeux, — lui dit-elle, — et suivez-moi...
Raoul obéit.
Au bout de deux ou trois secondes, la vieille femme cessa de marcher, et Raoul, éprouvant une sensation de froid glacial et sentant un vent plus aigu que la bise d'hiver le fouetter au visage, ouvrit les yeux et regarda.
Magui l'avait amené sous la cascade même, et tous deux se trouvaient debout sur une étroite saillie entre le rocher et la chute d'eau, dont la nappe incessante formait comme un voile étrange qui, malgré sa transparence, ne permettait point de distinguer d'une façon complète les objets placés de l'autre côté.
Le flot succédait au flot refoulait sans cesse les couches d'air dans cet étroit espace, et causait ce vent continuel et ce froid glacial dont Raoul ressentait les morsures.
Ces masses liquides, métamorphosées dans leur chute en une sorte de poussière humide, roulaient dans l'abîme ainsi qu'un brouillard et rendaient plus glissante que du verglas la corniche que foulaient les pieds de Raoul.
Ce dernier dégagea vivement sa main que Magui tenait et se précipita sur l'autre bord.
Quand il sentit l'air libre baigner son front, — quand il ne vit plus entre ses regards et l'horizon cette formidable cataracte qui semblait l'emprisonner et le séparer à tout jamais d'une atmosphère respirable, il éprouva une sensation délicieuse, — il lui sembla qu'il revenait à la vie.
— Nous touchons au but de notre voyage, — dit Magui ; — le trou des Gangônes est situé parmi les rochers qui dominent le petit bois dans lequel nous entrons.
— Que Dieu en soit béni ! — répondit Raoul... — il était temps, car mes forces sont à bout !...
A peine la vieille femme et le jeune homme avaient-ils fait quelques pas sous les arbres dépouillés, que trois hommes parurent devant eux.
L'un de ces trois hommes était Garbas.

— Ah! messire, — dit-il à Raoul, — comme vous avez tardé, et avec quelle impatience vous êtes attendu!
— Prévenez le capitaine que me voici, je vous prie...
— Le prévenir! — Croyez-vous donc qu'il ne sache point votre arrivée?...
— Et comment en serait-il instruit?...
— Aucun étranger ne met le pied sur les domaines des corps-francs sans qu'un éclaireur vienne annoncer son approche au trou des Gangônes... — Il y a près d'une heure que le capitaine connaît votre présence sur les bords du Hérisson...
— Eh bien, hâtons-nous d'aller le rejoindre...
Garbas passa le premier.
A la sortie du bois se trouvait un talus incliné, couronné par une gigantesque muraille de rochers à pic.
Au sommet du talus et à la naissance du roc s'ouvrait une large et béante ouverture dont les arceaux de plus en plus sombres, et finissant par se perdre dans une obscurité complète, indiquaient la profondeur.
C'était l'entrée du trou des Gangônes.
La caverne, au moment où Raoul et Magui en franchirent le seuil, offrait un spectacle digne des pinceaux de Salvator ou de Rembrandt.
Une centaine de montagnards, isolés ou par groupes, se disséminaient çà et là sous les voûtes, dans les attitudes les plus variées et les plus pittoresques.
Les uns, enveloppés dans leurs surtouts de peau de mouton et couchés sur des bottes de paille, dormaient les poings fermés.
D'autres, assis sur des fragments de rocher, ou sur des troncs d'arbres coupés en billots, nettoyaient les lames de leurs rapières et les canons de leurs mousquets.
D'autres, enfin, entouraient un grand feu de fascines qui brûlait au milieu de la caverne et dont la fumée montait jusqu'à la voûte en spirales capricieuses.
Trois piquets entre-croisés soutenaient au-dessus de ce feu une énorme marmite dans laquelle cuisait à gros bouillons un mouton tout entier.
Plusieurs moutons vivants, parqués dans un angle où les retenaient des palissades de cordes et de broussailles, bêlaient en grignotant le foin placé devant eux, et indiquaient suffisamment que les hommes de Lacuzon étaient approvisionnés de vivres pour bien des jours.
Deux sentinelles, l'arme au bras, allaient et venaient d'un pas mesuré dans toute la largeur de l'entrée de la caverne, se rejoignant à la moitié du parcours, et se tournant le dos ensuite avec une régularité militaire.
— Je ne vois pas le capitaine... dit Raoul en promenant autour de lui un regard investigateur.
— Ceci est la caverne des soldats, — répliqua Garbas avec un sourire; — je vais vous conduire au logis du chef. — Mais j'ai l'ordre de vous introduire seul, messire Raoul... — Cette femme doit attendre là où nous sommes.
— Elle m'a guidé jusqu'ici... — fit vivement le jeune homme... — sans elle j'aurais péri misérablement... — Il est urgent qu'elle parle à Lacuzon sur-le-champ... laissez-la m'accompagner.
— Impossible! — la consigne est la consigne!... — Parlez au capitaine; — le capitaine donnera des ordres...
— Oui... oui, messire, — interrompit Magui, — hâtez-vous!... — dites au capitaine ce que vous savez, et il ne me fera pas attendre longtemps...
— Venez, messire, — reprit Garbas.
Raoul suivit son guide qui s'enfonça dans les profondeurs de la caverne; — ils trouvèrent sur leur droite un escalier pratiqué dans le roc et qui montait à une seconde grotte, formant comme un deuxième étage au-dessus de la première, et éclairée par une fissure assez semblable à une fenêtre étroite et longue, depuis laquelle on découvrait toute la vallée.
Lacuzon, Varroz et Marquis étaient assis sur les bottes de paille autour d'un billot de chêne servant de table.
Le colonel et le prêtre serrèrent les mains de Raoul; — Lacuzon lui tendit les bras avec effusion.
Mais après cette vive étreinte, sa première parole fut celle-ci :
— Eglantine?... où est Eglantine?... — Comment revenez-vous sans la ramener?...
— Ne m'accusez pas, mon frère, — répondit vivement Raoul; — c'est en m'assassinant lâchement et par derrière qu'on m'a séparé d'elle! — Mais nous avons un moyen de savoir où on l'a conduite, et nous la retrouverons, je vous le jure...
— Ce moyen, — demanda le curé Marquis, — pourquoi donc ne l'avez-vous pas employé?
— Parce que la femme qui possède ce secret ne consent à me le révéler qu'en présence du capitaine...
— Quelle est cette femme?..
— Vous la connaissez sous le nom de Magui la sorcière...
— Magui la sorcière!... — répéta le curé Marquis — une mendiante!... une vagabonde, et peut-être pis!... et vous avez confiance en elle?...

— Une confiance entière, absolue!...
— Qu'a-t-elle donc fait pour la mériter?...
Raoul raconta brièvement les événements de la journée et de la nuit précédentes, et le rôle joué par Magui dans ces événements.
— Il a raison, — dit le capitaine après avoir écouté, — et je sens que, moi aussi, j'ai confiance en cette femme...
Lacuzon appela Garbas qui attendait sur l'escalier, et lui enjoignit d'amener à l'instant Magui.
Tandis que le trompette exécutait cet ordre, le capitaine expliqua à Raoul que, la veille, ne l'ayant pas trouvé au rendez-vous donné, et forcé de s'éloigner avec sa bande, il avait laissé à sa place un montagnard chargé de l'attendre et de le guider ainsi qu'Eglantine jusqu'au trou des Gangônes.
Mais le jeune homme n'était point allé au lieu indiqué, où, sans doute, le montagnard attendait encore.
En ce moment Garbas reparut avec Magui.
— Femme, — lui dit le curé Marquis, — approchez et soyez sans crainte... — Votre renommée est mauvaise, — le surnom que vous portez l'indique assez! — mais Dieu lit dans les cœurs, et peut-être le vôtre est-il bon malgré tout ce qui se dit de vous... — Enfin, quoi que vous soyez, nous vous devons des remerciements pour votre conduite à l'égard de messire Raoul, notre ami. — Vous avez bien agi...
— Je n'ai fait que mon devoir... — répondit humblement Magui.
— Dieu nous ordonne de rendre le bien pour le mal; — j'ai rendu le bien pour le bien, voilà tout... — Je ne mérite pas même un éloge...
— Un ami des Cuanais, un gentilhomme, s'est mis en péril pour sauver la vie inutile et méprisée de Magui la sorcière... — désormais Magui donnerait pour ce gentilhomme et pour les Cuanais son sang, sa vie, et jusqu'à son âme!...
— La reconnaissance est une noble et sainte vertu, mais c'est par des actions et non par des paroles qu'elle se prouve... — Vous avez bien commencé, continuez...
— Je suis prête à tout.
— Vous avez dit à messire Raoul que vous saviez où le misérable ravisseur avait conduit Eglantine?
— Et c'est la vérité. — Je le sais.
— Vous avez ajouté qu'en présence du capitaine Lacuzon, vous révéleriez le nom et la demeure de l'homme au masque noir...
— Je tiendrai ma promesse.
— Voilà le capitaine Lacuzon, — voilà le colonel Varroz, et vous savez sans doute que je suis le curé Marquis... — pouvez-vous parler devant nous trois?...
— Oui, messire prêtre, — je le puis et je le veux.
— Eh bien! parlez donc, et je vous jure que vous serez largement récompensée.
Magui secoua la tête.
— Oh! messire prêtre, — murmura-t-elle, — ce n'est pas dans l'espoir d'une récompense que j'ai agi, ni que je veux agir!...
— Parlez, je vous le répète, et Dieu vous payera dans le ciel le bien que vous aurez fait sur la terre...
— Me promettez-vous d'ajouter foi à mes paroles?...
— Oui. — Si vous jurez, sur le salut de votre âme, de ne dire que la vérité...
— Sur le salut de mon âme, messire prêtre, je vous jure que pas une parole mensongère ne sortira de ma bouche...
— Je reçois votre serment, femme, et je vous fais, pour moi et pour mes compagnons, la promesse que vous demandez...
— Et vous engagez-vous aussi à tirer vengeance du traître auquel un misérable a vendu votre nièce?... Vous engagez-vous à le punir, quel qu'il soit?...
— Quel qu'il soit, nous le punirons! — répondit Marquis, — et j'atteste le christ, sur lequel j'étends la main, que justice sera faite!...
— Par mes cheveux blancs, je le jure!... — s'écria Varroz.
— Je le jure par mon épée!... — dit le capitaine.
— Je le jure par Eglantine elle-même! — fit Raoul à son tour.
Magui demeura pendant quelques secondes un regard profond sur ces quatre hommes qui attendaient avec une anxiété fiévreuse le premier mot qu'elle allait prononcer.
Puis ses yeux se tournèrent vers la fissure du rocher qui laissait la lumière entrer à flots dans la grotte.
Dans un lointain brumeux on entrevoyait la silhouette sombre du château de l'Aigle se dessinant sur le ciel gris.
Le bras de Magui se souleva, — sa main s'étendit dans la direction du manoir sinistre.
— C'est là qu'est Eglantine; — dit-elle ensuite d'une voix éclatante; — c'est là qu'il faut aller chercher. — C'est là que vous la trouverez!...
— Où donc? — demandèrent à la fois Lacuzon, Varroz et Marquis.
Raoul avait compris déjà et n'interrogeait pas.
— Au château de l'Aigle, — répondit fermement la vieille femme, — au château de l'Aigle, où le Gris Limassou l'a portée cette nuit pour la vendre comme otage au plus lâche de tous les traîtres, au puissant et noble seigneur Antide de Montaigu!...
— Antide de Montaigu, — répéta le curé Marquis avec stupeur; — femme... songez-vous bien à ce que vous dites!...

— Si j'ai menti ou calomnié, — s'écria Magui avec impétuosité, que Dieu qui m'entend envoie la foudre me démentir !...

Le tonnerre, auquel la vieille femme faisait appel, serait en ce moment tombé dans le trou des Gangônes sans produire une plus formidable impression que les paroles de Magui.

Une incroyable stupeur se peignit sur les traits des triumvirs de la montagne.

Raoul seul avait aux lèvres un sourire de triomphe. — Rien ne l'étonnait, rien n'était imprévu pour lui dans l'accusation si énergiquement formulée par la vieille femme.

Mais il ne voulait point intervenir, — quant à présent du moins, — et il garda le silence.

Le colonel Varroz, les sourcils froncés et les yeux pleins d'éclairs, tordait ses longues et rudes moustaches blanches.

Le curé Marquis attachait sur Magui un regard qui semblait vouloir fouiller jusque dans les plus profonds replis de son âme.

Lacuzon baissait la tête.

— Mais, — s'écria-t-il enfin, — si vous dites vrai, femme, — si Églantine est en effet au château de l'Aigle, elle est sauvée...

— Sauvée ? — répéta Magui en regardant le capitaine avec étonnement, comme pour chercher dans l'expression de sa figure le sens du mot qu'il venait de prononcer et qu'elle ne comprenait pas. — Sauvée ?... — dit-elle pour la seconde fois. — Comment sauvée ?... pourquoi sauvée ?...

— Antide de Montaigu est notre fidèle allié... — l'un des fermes soutiens de notre cause..., — fit le capitaine.

Le visage de Magui se décomposa, — ses lèvres pâlirent, — de fauves étincelles semblèrent jaillir de ses prunelles.

— Antide de Montaigu, un allié fidèle !! — répliqua-t-elle d'une voix rauque. — Êtes-vous donc assez abandonné de Dieu pour être aveugle jusqu'au point de croire cela !!... — Antide de Montaigu, votre allié !.. votre ami !! — lui ! — lui, *l'homme au masque noir !*...

— Ah ! —murmura Raoul qui ne pouvait se contenir davantage, — vous voyez !... vous voyez ! — je vous l'avais bien dit !!...

— Et moi, je dis, — s'écria le colonel Varroz en se levant tout à coup et en appuyant la main sur la garde de sa longue épée, — je dis que cette femme a raison !... je dis que les pressentiments de Raoul ne le trompaient pas !... je dis qu'Antide de Montaigu est un traître !...

Raoul s'élança vers le colonel et pressa chaleureusement les vaillantes et fortes mains du vieil ami de son père.

— Prenez garde, colonel, — dit le curé Marquis ; — un ressentiment mal éteint peut vous rendre cruellement injuste... — Vous haïssiez jadis Antide de Montaigu...

— Eh bien, oui, mordieu !... — répliqua Varroz, — et je le hais encore, et je le dis bien haut aujourd'hui, quoique, depuis vingt ans, je cache cette haine au plus profond de mon cœur !... — Oui, je hais Antide de Montaigu, — je le hais et je le méprise, — et si pendant tant d'années j'ai su me taire et me contraindre, si j'ai cherché à arriver, non pas au pardon, mais à l'oubli, c'est que je sacrifiais tout mon être, mes rancunes, mes convictions, mes attachements, à cet ardent amour que j'ai pour mon pays !... — Chaque fois que je me trouvais en présence du seigneur de l'Aigle, je sentais quelque chose se soulever et se révolter en moi... — Une voix intérieure me criait : — Voilà le ravisseur de Blanche, — voilà l'assassin de Tristan, — voilà l'incendiaire de Champ-d'Hivers ! — J'essayais de douter... je luttais contre moi-même, mais j'étais toujours vaincu ; et cependant je me taisais et je commandais à mon visage de rester calme, tandis qu'un ouragan de colère et de vengeance grondait dans mon âme !... — C'est qu'alors je me disais comme vous : — Peut-être est-ce un allié fidèle !... — Mais aujourd'hui je ne puis plus, je ne veux plus douter !... — La vérité éclate à mes yeux !... — Le ravisseur, l'assassin, l'incendiaire, est traître à son drapeau comme à tout e reste !... — Ce même masque noir que le gentilhomme félon et lâche portait autrefois pour protéger ses crimes, il le porte aujourd'hui pour vendre sa province... — Le meurtrier de Champ-d'Hivers est aussi le meurtrier de Pierre Prost et le complice de Lespinassou !... — J'ai nos deux amis à venger, — j'ai Raoul à venger, — j'ai otre fille d'adoption à venger !... — Il faut que la haine et l'indignation débordent !... il faut que l'heure de la vengeance sonne enfin !...

— Oui, — répéta Raoul, — vengeance !... vengeance !...

— Es-tu convaincu, Jean-Claude ? — demanda Varroz au capitaine.

— Pas encore..., — répondit ce dernier. — Je veux tenter une suprême épreuve.

— Laquelle ?

— Je vais aller au château de l'Aigle...

— A la tête de nos montagnards ?

— Seul, et sans autres armes que mon épée.

— Et que feras-tu ?

— Je parlerai au sire de Montaigu ; — je lui dirai bien en face quelle accusation plane sur lui, et je saurai lire la vérité dans son regard et dans l'accent de sa réponse.

Magui eut un éclat de rire sinistre.

— Capitaine Lacuzon, — dit-elle, — c'est bien parler, cela !... —

Oui, allez au château de l'Aigle !... allez-y seul et sans défiance !... — dites en face à Antide de Montaigu que vous savez le secret du masque noir !... — dites-lui cela, et, ce soir, vous vous endormirez dans un cachot !... et, demain, le sire de l'Aigle, qui n'aura plus rien à cacher, vous enverra sous bonne escorte dans le bas pays, à ses amis les Français ou à ses amis les Suédois, et, après-demain, le comte de Guébriant ou le marquis de Villeroy feront de vous ce que le maréchal de Biron fit à Arbois, en 1575, de Joseph Morel, dit le *petit prince*, ils donneront l'ordre de vous accrocher, pendant leur déjeuner, à la plus belle branche d'un arbre, ce qui leur procurera la joie vive de vous voir rendre l'âme au dessert !... — Allez, capitaine, allez !... — Mais, avant de partir, ne dites point *au revoir* à vos compagnons !... dites-leur *adieu*, je vous le conseille, car vous ne les reverrez plus en ce monde !!...

Un silence d'un instant suivit les dernières paroles de Magui.

Le curé Marquis rompit le silence.

— Femme, — dit-il avec une gravité solennelle, — avez-vous bien réfléchi à toute la portée de vos terribles accusations ?...

— Croyez-vous donc, messire prêtre, — répondit-elle, — croyez-vous qu'on parle à la légère quand on a comme moi les pieds dans la tombe et qu'on a juré sur le salut de son âme de ne faire entendre que la vérité ?...

— Et tout ce que vous avez dit, vous le maintenez ?...

— Je le maintiens.

— Ainsi, vous affirmez qu'Églantine est en ce moment au château de l'Aigle ?...

— Je l'affirme.

— Vous affirmez que le seigneur au masque noir est Antide de Montaigu ?...

— Oui ! — cent fois oui !...

— Vous affirmez, par conséquent, qu'Antide de Montaigu, qui se dit notre allié et qui cependant pactise avec nos sanguinaires ennemis, est un lâche et un traître ?...

— Je l'accuse de trahison et d'infamie... et je demande qu'on fasse tomber ma tête s'il est reconnu que mon accusation est mensongère...

— Mais cette trahison, elle existe depuis longtemps ?...

— Certes.

— Et depuis longtemps vous la connaissez ?...

— Oui.

— Et vous en convenez ?...

— Pourquoi n'en conviendrais-je pas ?

— Vous saviez que nous étions trahis et vendus, femme, et vous ne nous en préveniez point !!...

— Et pourquoi donc l'aurais-je fait ? — demanda Magui avec calme.

Le curé Marquis la regarda d'un air profondément étonné.

IV. — UNE RÉSOLUTION.

— Oui, — répéta Magui, — pourquoi l'aurais-je fait ?... Est-ce que, jusqu'à ce jour, — jusqu'au moment où j'ai contracté envers l'un des vôtres une dette de reconnaissance que je veux acquitter, même au prix de ma vie, — est-ce que les montagnards n'étaient pas mes ennemis aussi bien que les Gris et les Suédois ?... — Quelle raison pouvait me pousser à prendre parti pour les uns contre les autres, moi que les uns et les autres accablaient de leur mépris et de leurs injures ?? — Est-ce que les hommes du capitaine Prost ne m'appelaient pas *Magui la sorcière*, aussi bien que les soldats de Guébriant ou que les bandits de Lespinassou ?... — Et pourquoi s'accordaient-ils tous à me nommer ainsi ?... — A qui donc avais-je fait du mal, pauvre créature inoffensive que je suis ?... — Vous préve-nir !... et comment ?... — Voyez-vous la sorcière arrêtant quelqu'un de vos chefs au milieu des rues d'une ville, sur un chemin, dans une forêt ?... — Avec quel dédain l'eût-il repoussée en lui disant : — *Au large, sorcière !... — Au large, gibier de potence et de fag ts !... va te faire pendre plus loin !!* — Et si, non découragée, Magui avait voulu vous éclairer malgré vous et vous venir trouver ici, au fond de vos domaines, la voyez-vous dans les bois, de l'autre côté de la cascade, errant avec sa besace et ses haillons, et cherchant son chemin... — Un montagnard lui crie : — *Qui va là ?*... — Sait-elle le mot d'ordre ? — Non. — La balle d'un mousquet ensevelit à tout jamais dans sa poitrine le secret du *Masque noir !*... — Vous prévenir !... — Non, messire prêtre, — je ne le pouvais pas, — je ne le devais pas, — je ne le voulais pas !... — Aujourd'hui je me suis donnée à votre cause, corps et âme, — sang et cœur,... — Je suis à vous, — bien à vous, — tout à vous... — disposez de moi !... — Hier, je n'appartenais à personne ! ceux pour lesquels, en ce moment, j'offrirais ma vie, je n'aurais pas fait, il y a quelques heures, un pas pour les sauver !...

Magui se tut.

— Étrange femme !... — pensa le curé Marquis.

— Elle a raison !... — murmura Varroz.

— Celle qui parle ainsi ne peut pas mentir !... — s'écria Lacuzon presque malgré lui.

— Et j'affirmerais sur mon honneur et sur la mémoire de mon père qu'elle n'a dit que la vérité, — fit Raoul à son tour.
— Que décides-tu, Jean-Claude? — demanda Marquis à Lacuzon au bout d'un instant.
— Il me paraît maintenant certain que cette femme ne nous trompe point et ne se trompe point elle-même. — Je crois qu'Antide de Montaigu est un traître, — je crois qu'Eglantine est au château de l'Aigle...
— Eh bien?...
— Eh bien, il faut la sauver, pardieu!! — il faut l'arracher, et cela sans perdre un instant, aux griffes de tigre du Masque noir.
— Appelons aux armes tous les corps-francs, — dit vivement le lonel, — et marchons avec eux sur le château de l'Aigle...
Lacuzon secoua la tête.
— Mauvais moyen, — répondit-il.
— Pourquoi!...
— Parce que faire une guerre ouverte et loyale à un traître et déloyal ennemi, c'est jouer un jeu de dupe!... — D'ailleurs, attaquer Antide de Montaigu, ainsi que le colonel vient de le proposer, ce n'est pas sauver Eglantine, c'est la perdre...
— La perdre?... — répéta Varroz.
— Oui, — et voici comment : — Entre les mains du seigneur de l'Aigle, Eglantine est un otage! — Antide de Montaigu, voyant sa félonie découverte, se servirait contre nous de la malheureuse enfant et nous menacerait de la faire pendre aux créneaux de sa plus haute tour au moment du premier assaut!... — Ce n'est point par la violence qu'il nous faut lui venir en aide.. c'est par la ruse... — Je vous répète que je veux aller au château de l'Aigle et que j'y veux aller seul...
— En secret, alors?... — dit Marquis, — et à l'insu du sire de Montaigu?...
— Oui, en secret et à son insu...
— Mais comment pourras-tu pénétrer dans une forteresse si bien gardée?...
— Je ne sais pas encore; — Dieu m'inspirera et me fera trouver un moyen...
— Le moyen, — s'écria Magui, — je vous l'apporte!
— Vous, femme!... — murmura le prêtre avec étonnement.
— Aujourd'hui, — poursuivit la prétendue sorcière, — tous les tenanciers du seigneur de l'Aigle, et ils sont nombreux, viennent payer leurs redevances. — Ce sera, jusqu'au soir, un encombrement de manants, de chariots et de bestiaux... — Pourquoi le capitaine ne s'introduirait-il pas dans le château au milieu des mainmortables, après s'être déguisé en paysan de la montagne et avoir métamorphosé sa figure au point de la rendre méconnaissable, grâce au suc de certaines herbes que je connais?...
— Il faudrait mettre les tenanciers dans la confidence, — fit observer le curé Marquis, — et ce serait dangereux...
— Un seul homme pourrait se trouver dans le secret, — répliqua Magui, — et cet homme vous est absolument dévoué; — c'est le père de Garbas, qui est tenancier du seigneur de l'Aigle puisqu'il habite le village de Ménétrux-en-Joux... — Rien ne l'empêchera de prendre le capitaine avec lui et de le faire passer pour un garçon de ferme arrivé ces jours passés du bas pays...
— C'est vrai, — dit Lacuzon, — c'est possible, — c'est facile... pourvu qu'il ne soit pas déjà trop tard!...
— Il est une heure à peine, — reprit Magui, — et le défilé des chariots durera jusqu'au soir...
Le capitaine fit retentir ce coup de sifflet que nous connaissons, et qui était un signal et un appel.
Garbas accourut.
— Ton père va-t-il au château de l'Aigle aujourd'hui? — lui demanda Lacuzon.
— Oui, capitaine.
— A quelle heure?
— Il m'a dit hier qu'il quitterait la ferme à trois heures.
— Quelles sont les redevances qu'il apporte?
— Trois milliers de foin, — soixante et quinze écus, — quatre sacs d'orge, — trois sacs de blé...
— C'est bien. — Cours au-devant de lui, — rejoins-le, soit à la sortie de sa ferme, soit en route; — dis-lui de feindre un accident, — un essieu rompu, — le joug d'un de ses bœufs brisé, — quelque chose enfin qui lui fournisse le prétexte d'un temps d'arrêt... — Il m'attendra près du Saut-Girard... — Tu m'as compris?...
— Oui, capitaine.
— Pars et va vite!
— Oui, capitaine.
Garbas fit le salut militaire et sortit.
— Tu vas te déguiser? — demanda Varroz.
— Non. — Un déguisement me gênerait, et d'ailleurs il me serait inutile. — J'ai maintenant un moyen sûr de pénétrer dans le château sans être vu.
— Sois prudent!...
— Ne craignez rien! — Je pourrais peut-être hasarder ma vie, — mais j'ai celle d'Eglantine à sauver, et, comme une imprudence perdrait cette chère enfant en même temps que moi, je serai prudent.
Lacuzon endossa le baudrier qui soutenait sa rapière et mit à sa ceinture son poignard et ses pistolets.
— Capitaine Lacuzon, — dit Magui en ce moment, — vous n'avez pas tout prévu.
— Qu'ai-je oublié?...
— Par un moyen que je crois deviner, vous allez pénétrer dans le château de l'Aigle... — vous y pénétrerez en secret, — comme un ennemi... — Si vous êtes découvert, ce qui est possible, c'est en ennemi qu'on vous traitera... — Que ferez-vous?
— Je me défendrai, mordieu!...
— Vous serez écrasé par le nombre...
— C'est évident; mais, au moins, je vendrai chèrement ma vie...
— Je n'en doute point. — Mais, vous mort, que deviendra Eglantine prisonnière?...
Le capitaine ne répondit pas.
Magui reprit, après un silence :
— Ce qu'il vous faut, c'est une chance de salut, — c'est une issue pour la fuite; — je viens vous offrir cette chance et cette issue... — Vous êtes allé souvent au château de l'Aigle, n'est-ce pas?
— Oui, souvent.
— Ecoutez-moi, et retenez bien ce que je vais vous dire : — entre la vaste esplanade sur laquelle s'élèvent les bâtiments du château, et la pointe du rocher qui sert de base à la grande tour, se trouve un étroit espace, une sorte de fissure qui n'a jamais été comblée. — Sur cette fissure est bâtie une voûte qui semble continuer l'esplanade; — au milieu de cette voûte existe un soupirail, percé pour l'écoulement des eaux, et recouvert par une grille qui n'est point scellée dans la pierre. — Grille et soupirail sont à quelques pas de la porte d'entrée de la tour, à l'extrémité de la terrasse plantée d'arbres qui communique par un escalier à demi ruiné avec la cour de la citerne.
— Savez-vous ce que je veux dire, capitaine?...
— Parfaitement.
— Vous comprenez alors quel parti un homme résolu, dans un moment de danger suprême, peut tirer de cette issue... — Il n'est pas impossible, en soulevant la grille, de se glisser dans la fissure qui n'a guère que la largeur d'un conduit de cheminée, et, tout en se soutenant avec les bras et avec les jambes pour empêcher la chute d'être trop rapide, de descendre jusqu'au pied des murailles du château. — Je sais bien qu'une fois là, il resterait encore à gagner la vallée en s'aventurant sur une pente presque à pic, — mais pour un homme tel que vous tout est possible, et enfin, je le répète, c'est toujours une chance de salut...
— Merci, femme!... — dit vivement Lacuzon, — merci... — Mais comment pouvez-vous connaître ces détails? — Vous avez donc vécu dans le château de l'Aigle?
— Je sais cela comme je sais tant d'autres choses... — répondit Magui; — mais je refuse de donner en ce moment des explications que vous n'avez point le droit d'exiger... — Peut-être vous révèlerai-je un jour ce que je vous cache aujourd'hui... — Ce jour n'est pas venu.
— Gardez vos secrets, — répliqua Lacuzon. — Je ne vous en remercie pas moins, et de tout mon cœur, de ce que vous avez fait aujourd'hui pour nous tous.
Puis, se tournant vers ses trois amis, il leur serra la main et dit au curé Marquis, en ployant le genou devant lui :
— Je pars; — bénissez-moi et priez pour moi et pour celle qui m'attend là-bas!...
Le prêtre étendit ses mains sur la noble tête de Lacuzon.
— Va, mon enfant! — lui dit-il, — que le Seigneur Dieu te bénisse!... qu'il te protège et qu'il te ramène!...
Le capitaine s'éloigna d'un pas rapide.
— Femme, — dit alors le curé Marquis à la vieille Magui qui, l'oreille attentive, écoutait se perdre peu à peu sous les voûtes le bruit des pas de Lacuzon, — je ne crois pas que vous ayez menti, — mais, enfin, c'est parce qu'il a eu foi en vos paroles que Jean-Claude Prost se prépare à affronter des périls et peut-être des pièges..... — Ne voyez point dans ce que je vais vous dire une injurieuse défiance. — J'obéis aux lois de la guerre : — votre vie me répond de celle du capitaine; — vous resterez ici jusqu'à son retour...
— En d'autres termes, je suis prisonnière?...
— Oui et non : — vous serez traitée avec les plus grands égards, mais vous ne pourrez vous éloigner...
— Soit, messire prêtre... — c'est me rendre le mal pour le bien; — je ne me plains pas... — Dieu est grand, d'ailleurs, et c'est sa volonté qui sera faite, et non la vôtre...
— Que voulez-vous dire?...
— Ce que je dis, messire prêtre, — ne cherchez point au-delà.
Le curé Marquis n'insista point et appela Pied-de-Fer.
— Emmenez cette femme, — lui dit le prêtre; — elle vient de nous rendre d'importants services, et elle doit passer ici quelques heures... — Qu'elle ait à manger si elle a faim, — à boire si elle a soif, — de la paille fraîche et abondante si elle veut dormir.
Et tout bas, il ajouta : — Que vos hommes ne la perdent pas de vue un seul instant. — Vous me répondez d'elle!

Le lieutenant emmena Magui, qui, quelques instants après, était étendue au fond de la caverne sur des bottes de paille, et semblait profondément endormie. Deux montagnards avaient reçu la consigne de la surveiller sans relâche, et, dociles à cette consigne, ils s'étaient installés à quelques pas d'elle et ils la tenaient pour ainsi dire en arrêt.

V. — LE CHATEAU DE L'AIGLE.

Avant d'introduire nos lecteurs dans ce château de l'Aigle dont il a été si souvent question déjà depuis le commencement de ce livre, il nous faut entrer dans quelques détails topographiques, complétement indispensables pour l'intelligence de ce qui va suivre.

La haute montagne qui commande la vallée d'Ilay est le commencement de cette chaîne que l'on appelle le second plateau du Jura.

Elle se sépare en deux parties entre le lac d'Ilay et le Saut-Girard, — qui est l'une des cascades du Hérisson, — et forme un escarpement considérable, surmonté d'une série de mamelons traversés par la route de Morez à Lons-le-Saulnier.

Au commencement du xive siècle, Jean de Châlon, dans le double but de protéger la chartreuse de Bonlieu et de défendre le passage, véritables *Thermopyles* du Jura, fit construire le château de l'Aigle sur la partie des mamelons qui se trouve à gauche de la route.

Un rapide talus de sable et de petits cailloux monte depuis le fond de la vallée jusqu'au pied de la roche, qui s'élance droite et unie comme une gigantesque muraille.

A gauche, et en avant de la ligne courbe et régulière formée par les mamelons, s'élève une pointe de rocher, extrêmement aiguë et d'une prodigieuse hauteur, qui semble avoir été placée là par la main de quelque cyclope, tant elle est nettement séparée de la masse principale.

C'est sur cette pointe, — ou aiguille, — qu'était bâtie jadis la principale tour, que, pour cette raison, on nommait *la tour de l'Aiguille*.

La pensée humaine reste confondue quand on réfléchit à l'incroyable audace de celui qui, le premier, conçut le projet de bâtir une forteresse sur ce rocher presque inaccessible.

Jean de Châlon rêvait une position imprenable. — Son rêve se réalisa, — et la citadelle surgit dans la nue.

Quand l'œuvre fut achevée, il la baptisa du nom de château de l'Aigle, — et c'était un nom bien trouvé, car l'homme venait de détrôner l'aigle jusqu'alors unique monarque de ces formidables cimes.

Le château n'occupait pas entièrement le vaste plateau qui couronnait la montagne, mais une forte enceinte de murailles enfermait ce château.

Avant d'arriver au cœur de la place, il fallait franchir deux ponts-levis successifs et passer sous deux voûtes défendues par des herses.

L'entrée principale, munie d'un premier pont-levis, était située du côté du village de la Chaux-de-Dombief.

Une seconde porte et un deuxième pont donnaient accès sur l'esplanade au milieu de laquelle s'élevait le château proprement dit, splendide édifice, qu'une terrasse plantée de grands arbres mettait en communication avec la tour de l'Aiguille.

A gauche de l'esplanade, et du côté de la route, se trouvait un vaste bâtiment où logeaient les hommes d'armes.

A droite, et dominant le chemin de ronde, un autre bâtiment destiné aux écuyers, aux pages et aux valets.

Tous les manoirs féodaux dont les ruines subsistent encore aujourd'hui dans le comté de Bourgogne, offrent la preuve que la principale tour de ces châteaux était de forme carrée.

Unique exception, peut-être, la tour de l'Aiguille était ronde. — Sans doute, d'ailleurs, doit-on attribuer cette particularité à la forme du rocher sur lequel elle était bâtie.

Cette tour, fort élevée, ne contenait qu'une chambre à chaque étage.

On montait d'un étage à l'autre par un escalier pratiqué dans l'épaisseur de la muraille.

Une plate-forme crénelée, et sur laquelle flottait la bannière seigneuriale, formait le sommet de la tour, et, depuis cette plate-forme, la vue plongeait, d'une hauteur de quinze cents pieds au moins, bien au-delà des vallées du Hérisson.

Sur le dernier des mamelons de la petite chaîne dont nous avons parlé, et à droite de la tour, se trouvait l'habitation réservée jadis aux femmes des seigneurs de l'Aigle et à leurs enfants. — Les fenêtres de ce bâtiment donnaient sur la vallée.

Antide de Montaigu n'ayant jamais été marié, le logis des femmes, complétement abandonné, se dégradait d'une façon rapide. — On y parvenait en suivant un prolongement de la terrasse coupé en deux par une grille qu'on pouvait fermer, mais qui restait habituellement ouverte.

Un escalier, également muni d'une lourde grille dans sa partie supérieure, conduisait à une cour située entre le logis des femmes et le mur d'enceinte ; — on la nommait la cour de la Citerne, parce qu'à son point central s'ouvrait une immense citerne, creusée par la main de l'homme dans le roc, et qui recevait et conservait les eaux pluviales.

Une porte étroite, à demi pourrie et presque condamnée, mettait le bâtiment des femmes en communication avec cette cour qui se trouvait au niveau des cuisines, — des greniers à blé, — des magasins à fourrages, — de tous les endroits en un mot où venaient s'entasser les redevances.

Les domestiques, au moyen d'un passage voûté qui conduisait des cuisines et des écuries à la cour, pouvaient venir puiser l'eau de la citerne pour tous les besoins du château.

Les partisans montagnards, — les hommes des corps-francs, — enfin tous les gens d'épée qui défendaient, les armes à la main, la liberté franc-comtoise, mettaient très-haut dans leur esprit Antide de Montaigu, seigneur de l'Aigle.

Cela s'explique.

Nous avons entendu Lacuzon adresser à Raoul de Champ-d'Hivers ces paroles qui peuvent résumer l'opinion des populations militaires à l'endroit du fier gentilhomme : — *Aujourd'hui Antide de Montaigu est un des plus puissants et des plus ardents défenseurs de nos libertés*, — avait dit le capitaine. — *C'est parmi ses vassaux que se recrutent nos corps-francs ; — c'est lui qui nourrit et protège la mère, la sœur ou la fille du paysan soldat ; c'est au château de l'Aigle, enfin, que se trouve le centre des opérations de toute la haute montagne !...*

Et, en effet, Antide de Montaigu faisait tout cela.

Mais les populations agricoles ne pouvaient partager à son égard cette manière de voir, car c'était à leur détriment que le riche seigneur témoignait son dévouement à la cause nationale.

Oui, il fournissait des vivres et des armes aux partisans du capitaine Lacuzon...

Oui, il prenait sur ses domaines et parmi ses vassaux des hommes qu'il enlevait à la charrue pour en faire des soldats...

Oui, sa sollicitude pourvoyait aux besoins des filles et des femmes de ces guerriers improvisés...

Oui, il prouvait de mille manières qu'il serait fidèle au serment fait à l'Espagne, ou plutôt au pays, de se défendre jusqu'à la mort contre les entreprises de la France...

Mais, en même temps, il avait augmenté dans toute l'étendue de ses immenses domaines le chiffre des taxes, — la longueur des corvées, — le poids et la mesure des redevances que les tenanciers avaient à lui fournir en nature.

De nouveaux impôts, de nouvelles dîmes, s'ajoutaient chaque jour aux dîmes et aux impôts déjà si lourds.

Les intendants parcouraient le pays et fouillaient les chaumières pour s'assurer qu'on ne faisait pas tort au maître d'une heure de travail...

Les ravages mêmes de la guerre n'étaient point acceptés comme causes légitimes d'impuissance ou de retard. — Les exigences semblaient croître en même temps que les difficultés.

Ce n'était point que l'enthousiasme manquât aux vassaux du seigneur de l'Aigle pour la sainte cause de la province ! — Ils auraient donné de grand cœur à la Franche-Comté leur dernier homme et leur dernier écu, — mais ils auraient voulu acquitter librement cette redevance de sang et d'or, et, forcés de courber la tête, ils se révoltaient dans leur for intérieur contre l'odieuse tyrannie des exigences brutales et sans cesse renaissantes du suzerain.

C'était toujours avec une sorte d'indignation sourde et contenue qu'ils entendaient associer le nom d'Antide de Montaigu aux noms vénérés et chéris de Lacuzon, de Marquis et de Varroz, les héros, les libérateurs !...

Peu à peu les souffrances physiques conduisirent aux divagations morales. — On fit planer autour du château de l'Aigle une étrange atmosphère de mystère et de terreurs. — Antide de Montaigu prit sa place dans les récits aux allures de légendes. — Pour les montagnards épris du merveilleux, le terrible gentilhomme devint un personnage presque fantastique, et ce n'était plus sans effroi qu'aux veillées des villages on prononçait son nom redouté.

Ces étranges rumeurs, ces bizarres récits, reposaient-ils sur un fondement quelconque ?...

Sans doute nous le saurons plus tard.

§

Laissons le colonel Varroz, le curé Marquis et Raoul de Champ-d'Hivers faire les vœux pour l'heureux résultat de la tentative hardie de Lacuzon.

Laissons Magui la sorcière dormir ou feindre le sommeil sous la garde vigilante de deux montagnards.

Laissons Garbas courir à la rencontre de son père.

Laissons le capitaine attendre auprès du Saut-Girard l'arrivée du père de Garbas.

Laissons enfin tous nos personnages hâter de toute la force de leur vouloir les événements près de s'accomplir, et transportons-nous au sommet de la montagne, auprès de la première porte extérieure du château de l'Aigle.

Il était environ trois heures de l'après-midi, — une assez grande quantité de paysans se réunissaient aux alentours du manoir.

Les uns étaient encore au bas de la côte ; — les autres gravissaient à pas lents la montée, avec des chariots chargés lourdement ; — d'autres, enfin, prenaient la file et traversaient les uns après les autres le pont-levis pour aller payer leurs redevances en argent et en nature.

D'instant en instant il y avait des temps d'arrêt dans le défilé, tandis que le majordome examinait, — comptait, — pesait — l'or d'un, — l'argent, — les fourrages et les provisions de toutes sortes amenées par les tenanciers.

Quelques hommes d'armes, groupés près de la tête du premier pont-levis, mettaient de l'ordre dans les entrées et les sorties.

Une grande et forte femme, de trente-cinq à quarante ans, robuste commère s'il en fut, et portant le costume des paysannes de la montagne, allait atteindre le sommet de la côte.

Elle tenait à la main une longue baguette de bois blanc, armée d'un aiguillon de fer dont elle se servait pour exciter et pour diriger deux grands bœufs noirs, aux cornes aiguës, attelés à un chariot chargé de paille, de sacs de blé et de pommes de terre.

— Que le bon Dieu soit béni ! — dit-elle en un patois que nous traduisons, — nous voilà donc arrivées, mes bêtes et moi, et nous pourrons bientôt regarder en l'air sans courir le risque de perdre la vue... — Tiens, vous voilà, vous, père Breniquet... — Bonjour... ça vous va bien ?...

Ces dernières paroles s'adressaient à un vieux paysan, assis sur une grosse pierre au bord du chemin, et mordant vigoureusement dans un notable morceau de pain bis.

— Assez bien tout de même, la Gothon, et vous pareillement ? — répondit le personnage interpellé par la forte femme ; — qu'est-ce que ça veut donc bien dire, ce que vous dites, sans vous commander, la Gothon ?...

— Ça veut dire ce que ça dit,.. à savoir que cette enragée de montée n'en finissait point... — Nous croyions, moi et mes bêtes, que la route s'ensuivait devant nous...

— Je ne vais point à l'encontre, la Gothon ; — mais vous avez parlé de perdre la vue...

— J'en ai parlé, et j'en reparle...

— Pourquoi donc ça ?...

— Ah !... mais, dites donc, vous, Breniquet, est-ce que vous vous imaginez que je voudrais regarder la tour de l'Aiguille ?...

— Et pourquoi donc pas ?...

— Jésus mon Dieu !... est-ce que vous la regarderiez, vous ?...

— Moi ? — Mais je l'ai dévisagée tout le temps de la montée, la tour de l'Aiguille, — même que je me disais que si on tombait depuis là haut, on aurait le temps, avant d'arriver en bas, de réciter le Pater, le Credo, le Confiteor, et, par-dessus le marché, de faire un acte de contrition pour mourir en état de grâce...

— Las-moi !... — s'écria la Gothon, — vous avez fait ça, père Breniquet ?...

— Ah ! dame, oui...

— Et vous n'avez rien vu ?...

— Rien de rien...

La Gothon se signa à deux reprises avec dévotion.

— Rendez-en grâce au bon Dieu, au moins... — dit-elle ensuite.

— Grâce de quoi ?...

— De ce qu'il vous a préservé d'un grand danger...

— Quel danger ?...

— Si le fantôme vous avait vu, vous étiez aveugle sur le coup !...

Le paysan lâcha le morceau de pain dans lequel il allait mordre et devint un peu pâle.

— Le fantôme ! — répéta-t-il en se levant, — il y a donc un fantôme ?...

— Comment ! vous ne savez pas ?...

— Non... ah ! mais non, je ne sais pas...

— Eh bien, oui, il y a un fantôme... — reprit la Gothon, — tout blanc et haut de cent pieds...

— Où est-il ?... Que fait-il ?... Quand le voit-on ?...

— Il se promène sur la plate-forme de la tour...

— Souvent ?

— Presque toujours.

— Ah ! mon Dieu !

— C'est comme ça, père Breniquet... — Le jour, depuis la vallée, il ressemble à un brouillard fait en forme humaine... comme s'il était de feu...

— Et c'est bien vrai, ça, la Gothon ?...

— Puisque je vous le dis !

— Et quand on le voit, on devient aveugle ?

— Positivement. — Et tenez, pas plus tard que ce matin...

— Vous l'avez vu ?

— Eh, non ! puisque j'ai toujours mes deux yeux ! — Mais j'ai vu quelqu'un qui l'a vu...

— Et qui est devenu aveugle ?...

— Comme si on lui avait tiré un coup de mousquet dans la figure !...

Le paysan se prit à trembler.

— Et où donc que ça s'est passé, ce malheur-là ?... — fit-il ensuite d'une voix chevrotante.

— Pas loin du Saut-Girard. — J'allais chercher mes chèvres ; — j'étais sur la hauteur, — un jeune homme passait dans le fond du val, — un beau jeune homme, ma foi, habillé comme un gentilhomme... — Il était avec une vieille mendiante qui ressemblait à Magui la sorcière, — et, de fait, ça pouvait bien être elle ; — tout d'un coup, le voilà qui se met à monter la côte en courant comme un fou et à regarder la tour de l'Aiguille...

— Et le fantôme y était ?

— Bien sûr que oui... puisque le jeune homme poussa un cri... mit ses deux mains sur ses yeux, et roula du haut en bas de la montagne comme une balle...

— Il était aveugle ?...

— Des deux yeux.

— Et qu'est-ce que vous avez fait alors, la Gothon ?...

— J'ai pris mes jambes à mon cou pour m'ensauver plus vite...

— Est-ce que vous n'en auriez pas fait autant, vous, père Breniquet ?...

— Ah si !.. ah si !... par exemple...

Un mouvement eut lieu dans la foule des tenanciers. — Le défilé, un instant interrompu, reprenait son cours.

La Gothon poussa ses bœufs et suivit la file, ce qui, naturellement, interrompit la conversation commencée.

Nous avons cru devoir mettre cette conversation sous les yeux de nos lecteurs, parce qu'elle était un écho fidèle des bruits absurdes et dépourvus de toute vraisemblance, — mais fortement enracinés dans les esprits, — qui couraient sur le château de l'Aigle parmi les populations montagnardes.

VI. — LES REDEVANCES.

Les paysans, en arrivant sur l'esplanade, se rangeaient de manière à former deux lignes entre lesquelles se trouvait ménagé un espace libre qui allait d'une porte à l'autre.

Les chariots et les bestiaux occupaient cet espace.

Le majordome se tenait debout en tête de la file, et sa physionomie solennelle, empesée, bouffie d'orgueil, indiquait clairement à quel point il était vain de ses importantes fonctions.

C'était un homme d'une soixantaine d'années, gros et court, aux épaules massives, au cou de taureau. — Son visage large et luisant, parsemé de rubis dont le nombre et l'éclat dénotaient un fervent adorateur de la dive bouteille, était couronné par un front chauve qui, d'une chevelure jadis abondante, n'avait conservé que trois touffes crépues et grisonnantes, — une au sommet du crâne, les deux autres au-dessus de chaque tempe.

Ses yeux, d'un gris pâle, étincelaient sous d'épais sourcils en broussailles encore très-noirs ; — la lèvre inférieure lippue et sensuelle pendait sur le menton.

Ce majordome avait la tête nue, et il portait une sorte de houppelande brune, difficilement assujettie sur son ventre proéminent par une cordelière de cuir.

Une paire de lunettes sans branches se tenaient à cheval sur son nez court et rouge, dont elles serraient fortement l'extrémité. — Il feuilletait un long registre renfermant les noms de tous les tenanciers, avec les indications des redevances de chacun.

De temps en temps il trempait une plume ébouriffée dans une écritoire de plomb qu'un des marmitons du château avait soin de tenir à portée de sa main.

De tout ce qui précède il semble résulter, croyons-nous, que le digne fonctionnaire était pourvu d'une physionomie tout à fait monacale et rabelaisienne, et plutôt grotesque que repoussante.

Quiconque, cependant, conclurait de cette façon après avoir lu le portrait que nous venons de tracer, se tromperait d'une façon complète.

La physionomie du majordome était ridicule, cela est vrai, mais elle était en même temps terrible.

Ses yeux gris avaient des regards aigus, impassibles, presque féroces. — Sa lèvre pendante rappelait celle de Caracalla et de Néron. — Le mufle du tigre se retrouvait vaguement parmi les lignes de sa figure.

Cet homme devait trouver une joie vive à voir les larmes qu'il faisait couler ; — il devait être inébranlable comme le bourreau, — insensible comme la hache, — et le seigneur de l'Aigle, en le choisissant pour en faire l'instrument de ses exactions, avait bien su ce qu'il faisait.

Nous allons assister pendant quelques secondes à sa manière de procéder.

Il consultait son registre et il faisait l'appel des tenanciers, appel qui, durant depuis midi, touchait à sa fin.

— Jean-Marie Goux, de la ferme de Charmont ?... — dit-il.

— Voilà, — répondit un petit homme brun, dont le visage basané et taillé en lame de couteau offrait le type espagnol dans toute sa pureté.

Il était suivi d'une voiture traînée par deux bœufs, et derrière laquelle une vache et quatre moutons étaient attachés.

Le majordome jeta un regard sur la voiture et sur les bestiaux, et poursuivit, en reportant les yeux sur son registre :

— Cinq sacs de blé, — deux de seigle, — trois d'orge, — soixante livres de lard fumé, — un jambon, — cinquante écus en bonnes espèces sonnantes et ayant cours, — une vache de dix-huit mois, ayant mis bas, — quatre moutons d'un an, en bon état, non tondus... — Tout y est-il ?...

— Oui, messire, tout y est. — Quant aux cinquante écus, les voici avec le reste.

Et le paysan tira une à une d'une bourse de cuir les pièces d'argent, et les remit au majordome qui les fit tomber avec fracas dans une profonde escarcelle qui pendait à son côté.

— Tout y est, dis-tu, Jean-Marie Goux ?... — Mais les sacs ont-ils le poids, et les moutons sont-ils gras ?...

— Oh ! je vous en réponds...

— Vous répondez toujours, vous autres !... parbleu, ça ne vous coûte rien... Enfin, nous allons voir...

Le majordome fit un signe.

Des valets déchargèrent aussitôt le chariot et en mirent le contenu sur l'un des plateaux d'une énorme balance destinée à cet usage.

Le paysan suivait l'opération d'un regard anxieux.

Les poids se trouvèrent exacts. — Les moutons, visités immédiatement après, furent reconnus bien en chair et capitonnés d'une laine longue et douce.

On rechargea la voiture.

— Il paraît que la ferme est bonne, Jean-Marie Goux ?... — dit le majordome.

— Je ne me plains point, messire... — il faut rudement travailler, — mais, en travaillant, on joint les deux bouts...

— Et il reste bien encore quelque chose au bout de l'an, hein, Jean-Marie ?...

— Pas grand'chose, messire, pas grand'chose...

— Ce n'est pas l'avis de monseigneur... — Il augmente tes redevances de dix écus, — de deux sacs de blé, — de quatre mesures de pommes de terre et de deux moutons.

— Mais, messire..., — s'écria le paysan stupéfait et consterné.

— En voilà assez ! — reprit le majordome en lui coupant la parole ; — c'est entendu !... — Sois exact l'an prochain, sinon !...

Puis il ajouta d'une voix retentissante :

— Jean-Marie Goux, de la ferme de Charmont, reçu. — A un autre...

Le paysan désolé piqua ses bœufs et entra avec son chariot dans l'intérieur du château. Le majordome consulta son registre et reprit :

— Pierre-Antoine Contet, de la Grange-Faucon : huit sacs d'avoine, — un cochon du poids de trois cents, — un bœuf de huit cents, — trente écus en bonnes espèces sonnantes et ayant cours.

— Voilà, messire, — répondit un vieillard à les veux blancs, dont l'échine voûtée annonçait une longue vie de travail opiniâtre.

— Tout y est-il ?

— Tout, messire.

— Les écus ?...

— Voici.

— Bien. — Qu'on décharge et qu'on pèse.

Les poids furent déclarés satisfaisants. — Le vieillard reçut la notification d'un surcroît de redevances. — Le mot reçu fut solennellement prononcé, et le chariot passa.

— François Theurey, de la ferme des Petites-Chiettes, — poursuivit le majordome : — quinze sacs de blé, — quatre de farine, — six voine, — trois d'orge, — cinq boisseaux de pommes de terre, — bœuf du poids de huit cents, — quatre moutons d'un an, en bon at, non tondus, — trente poulets gras, — quatre livres de beurre, quatre milliers de foin, — cinquante écus en bonnes espèces sonantes et ayant cours...

Personne ne répondit voilà !

Le majordome leva les yeux, et, au lieu du fermier qu'il attendait, il vit devant lui une belle jeune fille, pâle et tremblante, essuyant ses yeux rougis avec le coin de son mouchoir de cotonnade.

— Ah çà ! — demanda-t-il brutalement, — qui es-tu, toi ?...

— Je suis la fille de François Theurey... — balbutia la pauvre enfant.

— Où est ton père ?

— Il est chez nous.

— Pourquoi n'est-il pas venu ?

— Il n'a pas pu.

— Comment !... comment !... — s'écria le majordome en se roidissant sur ses courtes jambes, comme un coq en colère qui se dresse sur ses ergots, — il n'a pas pu ! — Qu'est-ce que cela signifie ?... — Et nos redevances ?... où sont nos redevances ?...

La jeune fille ne répondit pas, et elle éclata en sanglots.

— Voyons ! — s'écria le petit homme en frappant du pied, — se raille-t-on de nous, par hasard !... François Theurey est un de nos plus riches fermiers !... Les redevances... où sont les redevances ?...

— Hélas ! messire, les Gris sont venus...

— Les Gris sont venus ? — Eh bien ! après ?

— Ils ont tout pillé... tout saccagé !..., ils ont brûlé les granges et les magasins à tourrages ! — Ils ont emmené les bœufs, les moutons !... ils ont tout emporté !...

— Et ton père les a laissé faire, comme ça, tranquillement, sans se défendre ?...

— Oh ! il s'est défendu, messire !... il s'est bien battu !... il s'est battu comme un soldat ! — Un de mes frères a été blessé dangereusement... Mon père a reçu un coup d'épée dans la cuisse...

— Tant pis pour lui. — Et les redevances ?

— Puisqu'il n'y a plus rien, messire, puisque tout a été emporté ou brûlé...

— Même les cinquante écus ?...

— Hélas, messire, nous comptions vendre des bœufs et des moutons pour faire l'argent...

— Et ton père croit que les choses vont se passer comme ça ?...

— Il espère que monseigneur aura pitié de lui... — il est dans son lit... il est bien malade de sa blessure...

— Eh bien, dis-lui de ma part, à ton père, que si, dans huit jours, les redevances ne sont pas intégralement payées, c'est dans les prisons du château qu'il viendra se guérir...

— Grâce, messire, au nom du ciel !... — murmura la jeune fille au milieu de ses sanglots, — ayez pitié de nous.

— Tu as entendu ?... — dans huit jours...

— Mais, Seigneur mon Dieu !... comment voulez-vous que nous puissions faire ?...

— Ça ne me regarde pas !... La paix !... — Dans huit jours, tu comprends... — A un autre...

En voyant s'éloigner la jeune fille, qui, dans son désespoir, s'arrachait les cheveux et se meurtrissait le visage, les tenanciers répandus sur l'esplanade ne purent contenir un murmure d'indignation.

— Qu'est-ce que j'entends !... — s'écria le majordome exaspéré, en frappant du plat de sa main sur son registre, — en plantant derrière son oreille rouge sa plume ébouriffée, — et en promenant autour de lui le regard menaçant de ses yeux pâles, — qu'est-ce que j'entends !... Or ça, manants, faut-il que nos hommes d'armes vous chatouillent les côtes, pour vous bien prouver que vous n'avez point ici droit de murmure !... — Que l'un de vous murmure un réplique, et je vous préviens que monseigneur doublera les taxes !...

Cette menace produisit un effet immédiat, — le calme se rétablit comme par enchantement.

On eût entendu voler une mouche, tant le silence devint profond d'une seconde à l'autre.

Le majordome reprit son appel :

— La veuve Gothon Clément, de la ferme d'Ilay... — dit-il : — six sacs de blé, — quatre boisseaux de pommes de terre, — quarante écus en espèces sonnantes, — un bœuf du poids de huit cents, — un fromage du poids de trente livres...

— Voilà... voilà, messire, — répondit en s'avançant la grande et robuste gaillarde que nous connaissons déjà, pour lui avoir entendu raconter au vieux Breniquet la légende du fantôme blanc de la tour de l'Aiguille.

A l'aspect de la forte femme, le visage du majordome s'adoucit et prit une expression presque bienveillante.

— Ah ! ah !... ma commère, — fit-il en ébouriffant ses trois mèches d'une façon coquette, — vous voilà donc ?...

— Comme vous voyez, messire, pour vous servir... — répliqua la Gothon en ébauchant une révérence.

— Et nos petites redevances, ma commère ?

— Je les amène.

— Sommes-nous au complet ?...

— Ma foi, il manque si peu de chose que ce n'est vraiment pas la peine d'en parler...

— Parlons-en, cependant ; — qu'est-ce qui nous manque ?

— Le fromage.

— Ah bah !... Et comment ça se fait-il ?

— Ça n'est pas ma faute, allez ! — Vous savez, on porte son lait à la fromagerie, tout un chacun dans le village, et on a un fromage quand vient son tour... — Eh bien, on avait jeté un sort à mes vaches... elles étaient toutes taries... — Mais notre monsieur le curé leur a dit des paroles, avec de l'eau bénite, et les voilà redevenues bonnes au lait... — Donnez-moi un peu de temps...

— Combien vous faut-il ?

— Huit jours.

— Je vous en donne quinze.

— Merci bien, messire !...

— Et la première fois que je descendrai à Ilay, j'irai chez vous vous dire un petit bonjour, ma commère.

— Ça me fera honneur et plaisir...

— La veuve Gothon Clément, — cria le majordome, — reçu ! — A un autre.

Et il appela :

— Jacques-Remy Garbas, de Ménétrux-en-Joux : — trois milliers

LES REDEVANCES. (Page 63.)

de foin, — soixante et quinze écus, — quatre sacs d'orge, — trois sacs de blé !...

Aucune réponse ne fut faite à cet appel.

— Comment ! — dit le majordome d'un air étonné, — comment ! Garbas n'est pas là ?...

— Il va arriver dans un instant, messire, dit un paysan en s'approchant.

— Pourquoi est-il en retard ?...

— Une des roues de son chariot s'est cassée près du Saut-Girard, — il la raccommode et il va monter.

— C'est bien, nous recevrons ses redevances en dernier...

Et le majordome fit continuer le défilé des tenanciers.

Nous le laisserons s'acquitter de cette besogne, et nous allons pénétrer dans la cour intérieure du château.

Les voitures, après avoir quitté l'esplanade, arrivaient l'une après l'autre devant le perron, haut de plusieurs marches, qui conduisait à la porte d'honneur du principal corps de logis...

Antide de Montaigu se tenait debout sur la plus haute marche de ce perron, et chacun des tenanciers s'arrêtait pendant une ou deux minutes pour le saluer, et pour lui laisser le temps de jeter le coup d'œil du maître sur les redevances.

Les voitures prenaient ensuite à droite, entraient dans le chemin de ronde, et ne s'arrêtaient que dans la cour de la Citerne, dont nous avons, un peu plus haut, expliqué la position.

Là, elles étaient rapidement déchargées par des valets qui transportaient les provisions dans les greniers et dans les magasins.

Les chariots reprenaient ensuite à vide le chemin par lequel ils étaient venus, — traversaient l'esplanade et sortaient du château.

Au moment où nous rejoignons le seigneur de l'Aigle, il commençait à se faire tard ; le crépuscule succédait au jour, et le défilé des voitures avait cessé depuis un instant.

— Que veut dire ceci ? — demanda Antide de Montaigu à l'un de ses écuyers qui se trouvait à côté de lui ; — si tout est fini, pourquoi les hommes d'armes ne rentrent-ils point, et pourquoi ne ferme-t-on pas les portes ?...

L'écuyer s'empressa d'aller aux informations, et, au bout de quelques secondes, il revint accompagné du majordome.

— Monseigneur, — dit ce dernier d'une voix humble et d'un air profondément respectueux, — nous attendons encore quelqu'un...

— Et quel est l'insolent drôle qui se permet de se faire attendre ?...

— Monseigneur, c'est Remy Garbas, de Ménétrux-en-Joux.

— Le père du trompette de Lacuzon ?...

— Lui-même, monseigneur... — Il a d'ailleurs une excuse à alléguer...

— Laquelle ?...

— Il lui est arrivé un accident... — une des roues de son chariot s'est brisée près du Saut-Girard.

— Tant pis pour lui, — il devait prendre ses précautions.

— Que faut-il faire, monseigneur ?...

— Faire rentrer le poste et fermer les portes...

— Et Garbas, monseigneur ?

— Il reviendra demain.

Le majordome allait s'éloigner pour exécuter les ordres de son maître, — mais, en ce moment précis, on entendit une voix vibrante et bien timbrée chanter sur l'esplanade le premier couplet d'une chanson que les montagnards de Lacuzon avaient apprise pendant leurs excursions dans le bas pays.

Cette chanson était originaire de Bresse, et les hommes des corps-francs ne la chantaient que pour se moquer des Bressans, pour lesquels ils professaient la haine et le mépris les plus profonds.

Voici ce que disait la voix :

Quand l'printemps revient sur terre,
Quand les pommiers sont en fleurs,
Quand les champs et la bruyère
Sont pleins de bonnes odeurs,
Les beaux gars et les fillettes,
Les sages et les coquettes
Ne pensent qu'aux amourettes !...

Églantine appuya ses lèvres sur les pages du livre sacré. (Page. 70.)

— Messire majordome, — cria de loin un valet, — voici Garbas de Ménétrux-en-Joux...
— C'est bien, — j'y vais...
Et le majordome se mit en devoir de se diriger vers l'esplanade.

VII. — LE SEIGNEUR DE L'AIGLE.

Antide de Montaigu l'arrêta.
— Non, — dit-il, — restez là, et qu'on fasse avancer Garbas; — vous recevrez ses redevances en ma présence...
Le valet alla transmettre au retardataire l'ordre de venir dans la cour d'honneur.
La voix chanta, plus rapprochée :

Viens avec moi, ma promise,
Viens avec moi, que j' te dis;
D' l'aut' côté de la land' grise
J' sais un petit paradis...
Viens, tu me rendras bien aise...
Tout en y cueillant la fraise,
Nous causerons à notre aise...

En même temps parut un chariot chargé de foin et attelé de deux bœufs qu'aiguillonnait le chanteur.
— Mais ! — s'écria Antide de Montaigu, — ce n'est pas Garbas le fermier, c'est Garbas le trompette...
— Le fils au lieu du père, monseigneur, pour vous servir..... — répondit le jeune homme en se déchaperonnant et en arrêtant ses bœufs, — mais c'est toujours la même chose...
— Comment se fait-il?...
— C'est bien simple, monseigneur. — J'ai rencontré mon père au Saut-Girard ; — un accident le retardait, — il s'est trouvé malade, et pour ne pas le faire accuser d'inexactitude, je l'ai remplacé...
— Le capitaine n'a donc pas eu besoin de toi aujourd'hui ?

— Il paraît que non, monseigneur, puisqu'il m'a laissé libre pour jusqu'à demain.
— Il est au trou des Gangônes, cependant ?
— Non, monseigneur, — il en est parti ce matin.
— Seul?
— Avec le colonel Varroz, le curé Marquis et soixante montagnards.
— Il s'agit d'une expédition, sans doute ?...
— Je le crois, monseigneur.
— De quel côté?
— Le capitaine ne me l'a pas dit.
— Et sais-tu quand ils doivent revenir?...
— Cette nuit, monseigneur.
Tandis que ces paroles s'échangeaient entre le gentilhomme et le trompette, la nuit était tout à fait tombée.
— Monseigneur, — dit le majordome, — vous plaît-il que nous fassions peser le foin et les sacs ?
— Pas ce soir, — répondit Antide ; — il est grandement temps de lever les ponts-levis et de fermer les portes... — Demain, vous pèserez tout cela...
— Que faut-il faire de la voiture?...
— Qu'on la conduise dans la cour de la Citerne et qu'on la dételle...
— Monseigneur, — dit alors Garbas, — j'ai une grâce à vous demander.
— Laquelle?...
— Permettez qu'on mette mes bœufs dans une écurie et que je passe la nuit ici... — je dormirai parfaitement sur mon chariot, dans le foin...
— Pour les bœufs, je le veux bien... — mais, quant à vous, c'est autre chose... — Aucun étranger n'est admis dans le château pendant la nuit.
— C'est que, monseigneur, il faut que je me trouve demain, au point du jour, au trou des Gangônes...
— Allez coucher chez votre père à Ménétrux-en-Joux, et que ce soit lui qui vienne demain chercher son chariot et ses bœufs.

— Oui, monseigneur.
— Et quand vous allez revoir le capitaine Lacuzon, le colonel Varroz et le curé Marquis, dites-leur bien que les sentiments qu'ils m'inspirent n'ont point changé et ne changeront jamais...
— Je n'y manquerai pas, monseigneur.
— Maintenant, mon ami, allez...

Garbas piqua ses bœufs et les dirigea vers le chemin de ronde, puis tout en marchant, il se remit à chanter :

> Dépêchons-nous, ma mignonne,
> Bien vit' passe le printemps !
> Après l'été vient l'automne,
> Et, plus tard, on n'a plus l'temps,
> C'est l' printemps qui nous attire,
> Dépêchons-nous ! — J' veux te dire
> Queuq'chos' qui t' fera sourire...

La voiture arriva dans la cour de la Citerne. — Le jeune homme détela ses bœufs, — abandonna le chariot au milieu de la cour, mais ne s'en éloigna qu'après avoir dit tout haut, comme se parlant à lui-même :
— Le plus fort est fait !... bonne chance !...

Ensuite il regagna le chemin de ronde, — il traversa la cour d'honneur, — l'esplanade, — les ponts-levis, — tout en reprenant d'une voix de plus en plus haute et retentissante :

> Sur les blés verts, l'alouette,
> En volant, chante : Aimons-nous !...
> Dans les taillis, la fauvette
> S'envole à son rendez-vous... —
> Nous aussi, comm' l'hirondelle,
> Comme aussi la tourterelle,
> Nous nous aimerons, ma belle...

Tout en descendant la rampe de la montagne, Garbas continua à égrener les notes rustiques d'un cinquième, d'un sixième, d'un septième couplet (la chanson en comptait jusqu'à trente-deux !...).
Mais sa voix s'affaiblissait peu à peu, et finit par se perdre tout à fait dans l'éloignement.

§

Un temps assez long s'était écoulé depuis le moment où le dernier couplet de la chanson, brésilienne de Garbas avait cessé de se faire entendre, tandis que le jeune homme regagnait la vallée.

Dix heures du soir venaient de sonner à l'église de Ménétrux-en-Joux, — le froid était vif, — la lune se cachait derrière un rideau de nuages épais qui couvraient le ciel.

Les quelques hommes d'armes qui, pendant le jour, avaient mis de l'ordre dans le défilé des tenanciers, étaient depuis longtemps rentrés dans le bâtiment qui leur servait de caserne ; — les chaînes s'étaient roidies en soulevant la lourde masse des ponts-levis ; — les herses avaient glissé dans leurs rainures avec un bruissement métallique ; — les portes massives avaient grondé sourdement en tournant sur leurs gonds.

Toutes les lumières s'étaient éteintes successivement sur la façade du bâtiment seigneurial, à l'exception d'une seule. — Un silence profond et d'impénétrables ténèbres enveloppaient le château.

Nous allons conduire nos lecteurs dans un vaste salon situé immédiatement après la salle des gardes, dans les appartements du principal corps de logis réservé à l'habitation du châtelain.

Ce salon, d'une étendue qui semblerait invraisemblable aujourd'hui, était surmonté d'un plafond peint en coupole, orné de fresques naïves, que leur ancienneté rendait précieuses et qu'il fallait attribuer sans doute à quelque élève d'Orcagna, égaré dans les montagnes du Jura.

L'artiste avait eu l'intention de représenter les âmes des justes traversant les expiations temporaires du purgatoire.

Nous devons ajouter que ces figures grimaçantes, se tordant avec d'effroyables convulsions parmi les flammes fourchues d'un rouge sanglant et d'un jaune vif, ressemblaient infiniment plus à des damnés qu'à des élus.

En face de la porte d'entrée s'ouvrait une porte-fenêtre donnant de plain-pied sur la terrasse par laquelle on allait à la tour de l'Aiguille.

Quatre fenêtres prenaient leur jour, les unes sur la cour du bâtiment des hommes d'armes, — les autres sur la cour de la Citerne, — ce qui permettait au seigneur de l'Aigle de surveiller, sans sortir de ce salon, tout ce qui se passait autour de chez lui.

Au milieu du panneau de gauche se trouvait une haute cheminée en pierre polie, armoriée. — Au-dessus de cette cheminée, et incliné légèrement en avant, se suspendait un objet d'un luxe inouï pour l'époque. — C'était une glace de Venise, de deux pieds carrés, dans un cadre de cristal et d'étain.

Sous cette glace, et comme unique ornement du manteau de la cheminée, on admirait une gigantesque coupe d'argent, miraculeusement ciselée par un émule du Florentin Benvenuto Cellini, — et peut-être par le grand artiste lui-même. — Sur les flancs de cette coupe se détachaient en relief les armes de la noble maison de Vaudrey, qui, à défaut d'héritiers mâles, s'était fondue dans celle de Montaigu, — le père du seigneur de l'Aigle ayant épousé l'unique descendante des Vaudrey.

Ce colossal récipient contenait une pinte et demie de vin. — Le dernier baron de Vaudrey la vidait d'un trait.

Honte, honte immortelle aux buveurs dégénérés du XIXe siècle, qui sablent à petits coups les grands vins de Château-Lafitte ou de Chambertin dans des verres mousseline de la contenance d'un dé à coudre, et qui sont parfaitement gris à la quatrième bouteille !...

Qu'est-il devenu le temps où Bassompierre, faute de trouver une coupe assez vaste, buvait dans sa botte à l'écuyère à la santé des treize cantons ?...

Ah ! nous valons moins que nos pères, — et nos fils vaudront moins que nous !...

Qu'on ne veuille bien, d'ailleurs, ne pas prendre cette boutade humoristique pour une apologie de l'intempérance ; — nous prétendons formuler purement et simplement un regret à l'endroit de la vigueur plus qu'humaine et de l'inébranlable santé de nos bons aïeux !...

Revenons à nos moutons...

Les murailles du salon qui nous occupe étaient revêtues, dans toute leur hauteur, de tapisseries à personnages, représentant des sujets empruntés aux saintes Écritures et d'un choix assez lugubre.

C'étaient la mort foudroyante des Hébreux adorateurs du serpent d'airain, — le massacre des innocents, — Saül et la pythonisse d'Endor, — Lazare dans son tombeau.

De chaque côté de la porte d'entrée, deux portraits en pied peints sur panneaux de chêne, attiraient les regards, dans leurs cadres richement sculptés et aux dorures un peu ternies.

Ces portraits reproduisaient les visages hautains et les fières attitudes du dernier des Vaudrey et du premier des Montaigu.

Enfin, dans le panneau de droite, entre les deux fenêtres, se voyait une horloge primitive, portant comme un chaperon son timbre arrondi qui le couvrait entièrement, et faisant courir son unique aiguille sur un cadran de faïence blanche à chiffres bleus.

Cette horloge s'accrochait à huit pieds du sol, et son lourd balancier descendait jusqu'au parquet qu'il effleurait presque dans ses évolutions monotones.

Une table ronde en chêne bruni, recouverte d'un tapis assez riche, rapporté d'Orient sans doute à l'époque des croisades, se trouvait placée non loin de la cheminée, à côté d'un très-haut fauteuil dont le blason des Montaigu formait le couronnement.

Dans ce fauteuil, et les yeux fixés sur le foyer où brûlait un grand feu, était assis, ou plutôt trônait le seigneur de l'Aigle.

A l'époque à laquelle se passaient les faits dont nous sommes le fidèle historien, Antide de Montaigu pouvait avoir cinquante ans, mais il aurait été extrêmement difficile de lui assigner un âge précis, d'après l'examen des traits de son visage et des lignes de son corps.

Très-grand, et d'une irréprochable perfection de formes, il se tenait droit comme un jeune homme à la taille cambrée s'asseyait avec un équilibre admirable sur ses hanches puissantes. — Doué d'une agilité singulière et d'une force musculaire prodigieuse, il gravissait des pentes réputées inaccessibles avec la souplesse et la rapidité d'un chasseur montagnard. — Il aurait, comme Milon de Crotone, déchiré un lion vivant avec ses deux mains.

Son visage, fortement caractérisé, était régulièrement beau, et cependant il inspirait à la première vue un sentiment de répulsion et presque d'effroi ; ce qui tenait sans doute à la courbe fortement prononcée de son nez aquilin et à l'expression tout à la fois fauve et cruelle de ses grands yeux d'un vert sombre et profond.

Une chevelure épaisse et crépue, d'un noir net et sans reflet, parmi les masses de laquelle aucun fil d'argent ne venait trancher, dessinait cinq pointes sur son front pâle à peine sillonné par quelques rides transversales.

Sa barbe, qu'il gardait entière et longue, ajoutait encore au cachet de cette physionomie bizarre.

Un turban serait bien allé à cette tête accentuée, dont tous les traits exprimaient la duplicité et le despotisme oriental.

Antide de Montaigu portait un pourpoint de drap brun ; — de longues guêtres de cuir souple serraient ses jambes nerveuses et montaient jusqu'à mi-cuisses.

Il était, avons-nous dit, étendu dans un grand fauteuil, et ses regards suivaient d'une façon distraite les étincelles fugitives qui se poursuivaient dans l'âtre.

Un valet, debout à trois ou quatre pas de lui, attendait ses ordres.

Quelques minutes s'écoulèrent.

Le seigneur de l'Aigle releva brusquement la tête et dit au valet :
— Allez chercher la prisonnière...

Le valet sortit par la porte-fenêtre qui donnait sur la terrasse.

Tant que dura son absence, Antide de Montaigu marcha rapidement dans le salon, — la tête inclinée, — les bras croisés sur sa poitrine, — allant et venant comme un homme en proie à une profonde préoccupation.

Le valet revint au bout d'un instant ; — il accompagnait une jeune fille.

Avons-nous besoin d'ajouter que cette jeune fille était Églantine?

La fiancée de Raoul de Champ-d'Hivers s'arrêta à quelques pas du seigneur de l'Aigle, et se tint debout, immobile et muette, devant lui.

Sur son visage pâle et défait se voyaient des traces de larmes récentes.

Ses beaux yeux rougis, ses paupières gonflées, racontaient éloquemment les douleurs et les angoisses de sa captivité.

Cependant, dans les regards furtifs qui glissaient à travers ses longs cils, on eût pu voir briller parfois une vague lueur d'espérance.

Antide de Montaigu attacha ses yeux sur elle et la considéra longuement, avec une fixité et une attention étranges.

— Jeune fille, — lui dit-il ensuite d'une voix sèche, mais qui n'avait rien de farouche ni de menaçant, — écoutez-moi...

Églantine releva la tête.

L'expression de sa physionomie changea aussitôt; — ses sourcils se contractèrent, — ses regards devinrent acérés, — un fier sourire crispa ses lèvres et un flot de sang indigné monta de son cœur à son front pâle.

Sa beauté, si douce et si chaste, prenait en ce moment un caractère de grandeur et de domination qui la rendait éblouissante.

On eût dit une jeune reine irritée.

Le seigneur de l'Aigle lui-même ne put s'empêcher d'admirer cette merveilleuse transformation.

— Je vous écoute, messire, — dit fermement Églantine, — et je suis prête à vous répondre...

— Vous donneriez beaucoup pour sortir d'ici, n'est-ce pas? — reprit le gentilhomme.

— Vous vous trompez, messire...

— Quoi! — la captivité ne vous semble pas lourde?...

— Elle me rend heureuse et fière!... — Quand tant de braves gens et de nobles seigneurs se dévouent corps et âmes pour la sainte cause de la province, comment une pauvre fille ne ferait-elle pas avec joie et avec orgueil le sacrifice de sa liberté, et, s'il le fallait, de sa vie!...

— C'est du fanatisme, cela! — répliqua Antide de Montaigu avec un sourire contraint.

— Non, messire, c'est du dévouement.

Il y eut un instant de silence. — Puis le seigneur de l'Aigle reprit :

— Si vous faisiez un serment... si vous juriez sur l'Évangile et sur le salut de votre âme... tiendriez-vous la parole ainsi donnée?

Églantine haussa les épaules.

— Je vous demande à vous-même, messire, — s'écria-t-elle ensuite d'un ton d'écrasant mépris, — je vous demande ce que vous pensez de ceux qui font un serment et qui ne le tiennent pas!...

— Ainsi, dans le cas où je vous rendrais la liberté en vous faisant jurer de ne jamais révéler à qui que ce soit au monde, — pas même à un prêtre et sous le sceau de la confession, — en quel lieu vous avez été conduite, je pourrais compter...

Églantine interrompit le gentilhomme.

— N'allez pas plus loin, messire, — dit-elle, — c'est inutile...

— Que voulez-vous dire?...

— Je veux dire qu'il ne faut pas me demander un serment que je refuserais de faire!...

— Vous refuseriez de me jurer un éternel silence?...

— Oui, messire.

— Et pourquoi?...

— Parce que le premier usage que je ferais de ma liberté, si j'étais libre, serait d'aller apprendre à ces héros qui vous croient leur ami, ce qu'Antide de Montaigu, seigneur du château de l'Aigle, est en réalité!...

— Prenez garde, jeune fille!...

— A quoi, messire?...

— Vous êtes ma prisonnière, — et cette liberté que vous refusez, vous pouvez l'attendre longtemps!...

— Vous vous lasserez avant moi, messire! — L'injustice a des bornes, la résignation n'en a pas...

— Ainsi, vous êtes résignée et prête à tout.

— Résignée et prête à tout, oui, messire, même à la mort...

— Vous dites adieu, sans un regret, à tous ceux qui vous aiment, que vous aimez, et que vous ne reverrez peut-être jamais...

— L'avenir n'est ni à vous ni à moi, messire, — l'avenir est à Dieu!...

— Ainsi, votre cœur ne se brise pas à la pensée de la séparation?...

— Qu'importe que mon cœur se brise, pourvu que mon courage faiblisse point?...

— Songez-y bien, jeune fille, c'est pour toujours peut-être...

— Pour toujours, soit... — murmura Églantine.

Puis elle ajouta avec un sourire :

— Peut-être!...

L'expression de sa voix en prononçant le mot *peut-être*, fit tressaillir Antide de Montaigu.

— Qu'espérez-vous donc?... — s'écria-t-il.

— J'espère en Dieu, messire!...

— Dieu ne fera rien pour vous...

— Qui sait?...

— Je ne crains ni Dieu ni les hommes!... — dit violemment le seigneur de l'Aigle.

— Ceci est un blasphème et un mensonge!... — répliqua Églantine; — le jour où Dieu voudra me délivrer de vos mains, il n'aura qu'à envoyer à mon aide un homme devant lequel vous tremblerez, seigneur de l'Aigle, si puissant que vous soyez!...

— Et cet homme... — demanda Antide de Montaigu avec ironie, — cet homme, quel est-il?...

— C'est le capitaine Lacuzon!... — Vous le savez bien, messire, et voilà que vous pâlissez, rien que d'entendre prononcer son nom!...

— Le capitaine Lacuzon me croit son plus fidèle allié!...

— Vous avez épaissi les ténèbres autour de vos trahisons, messire, — mais il ne faut qu'un éclair pour illuminer la nuit!...

— Cet éclair ne viendra pas...

— Qui sait? — répéta Églantine.

— Et d'ailleurs, — poursuivit le gentilhomme, — jamais le capitaine Lacuzon ne pourra découvrir où vous êtes.

— Qui sait?... — dit Églantine pour la troisième fois.

VIII. — LA MESSAGÈRE.

Une contraction olympienne rida profondément le front large et proéminent d'Antide de Montaigu.

Il se laissa tomber dans le grand fauteuil armorié, et, pendant quelques secondes, il murmura des paroles indistinctes, comme font les gens très-préoccupés qui se parlent à eux-mêmes.

Les sentiments les plus contradictoires se livraient en ce moment dans son âme une bataille acharnée, et les traces de cette lutte intérieure se reflétaient sur son visage.

— Jeune fille, — dit-il au bout d'un instant, — vous venez de faire ce que personne au monde n'avait fait avant vous, — ce qu'après vous personne ne fera... — vous m'avez bravé en face, — vous m'avez parlé avec une insultante hauteur, — vous m'avez outragé...

— Je vaux mieux que vous ne le croyez, sans doute, car je ne me vengerai pas!... — Ceux qui, voulant me rendre, ou plutôt me vendre un service, vous ont amenée ici, m'ont mis dans un étrange embarras... — Vous avez surpris un secret qui est un secret de vie et de mort... — Vous devriez mourir... — ma sûreté et mes intérêts l'exigeraient sans doute; — cependant, je ne me sens point le courage de vous condamner... — J'aurais voulu vous rendre libre... — j'aurais eu confiance en votre parole, moi qui me défie de tout ce qui m'approche... — Je vous ai demandé un serment... — vous avez refusé... vous avez refermé cette porte que j'ouvrais devant vous... — votre volonté sera faite; — vous pourriez réaliser votre rêve de dévouement... — vous serez prisonnière...

— Je vous ai déjà dit, messire, — interrompit Églantine, — que j'acceptais la prison, comme j'aurais accepté la mort...

— Il me faut donc revenir au premier projet que j'avais conçu, — reprit Antide de Montaigu; — il faut que vous soyez en dehors entre mes mains et entre celles de mes alliés... — Vous ne pouvez rester ici...

Églantine tressaillit en entendant ces derniers mots.

— Vous allez partir... — poursuivit le seigneur de l'Aigle.

La jeune fille devint très-pâle.

— Partir!... — répéta-t-elle.

— Il le faut.

— Mon Dieu!... et que voulez-vous faire de moi?...

— Le comte de Guébriant, mon puissant allié, auprès duquel vous serez conduite, se chargera de vous trouver une prison sûre et qui nous répondra de votre silence...

— Eh bien, soit! — dit Églantine qui sembla se ranimer, — prisonnière du comte de Guébriant ou du seigneur de l'Aigle, peu m'importe!... — Je partirai demain...

— Non pas demain, jeune fille...

Un tremblement convulsif secoua les membres d'Églantine.

— Et quand donc? — balbutia-t-elle.

— Cette nuit même... dans un instant!...

— Cette nuit!... dans un instant!... oh! non... c'est impossible!...

— Impossible?... Pourquoi?...

— Attendez à demain, messire, je vous en supplie.

Antide de Montaigu attacha sur la jeune fille un regard soupçonneux.

— C'est étrange!... — murmura-t-il.

Puis il reprit tout haut :

— Quelle raison puissante vous fait donc souhaiter de passer cette nuit au château de l'Aigle?... Qu'attendez-vous?... qu'espérez-vous?

— Rien, messire... rien... — répondit vivement Églantine, — que puis-je espérer?... que puis-je attendre?... Je souhaitais seulement un peu de repos... je suis brisée... la fatigue m'accable.

— Vous vous reposerez dans le camp suédois... — D'ailleurs, si vous ne pouvez marcher, on vous portera...

— Qui donc?

— L'homme que j'attends et qui va se charger de vous...

— Cet homme, messire, où est-il donc?...

— Il est là.

En prononçant ces derniers mots, Antide de Montaigu s'approcha de l'un des deux tableaux dont nous avons déjà parlé, et qui se trouvaient de chaque côté de la porte d'entrée du salon.

Ce tableau était le portrait en pied du baron Guillaume de Vaudrey. Le seigneur de l'Aigle toucha un bouton caché parmi les ornements sculptés et dorés du cadre.

On entendit le craquement sec d'un ressort qui se détendait.

Le panneau tout entier tourna sur des gonds invisibles et découvrit l'entrée béante et sombre d'une profonde ouverture.

— Capitaine Brunet, — dit le seigneur de l'Aigle, — venez.

Une forme vivante se détacha lentement dans les ténèbres du passage secret; — cette forme fit quelques pas en avant, — devint plus distincte, et, au lieu du frère d'armes de Lespinassou, Antide de Montaigu vit sortir de l'issue démasquée une femme de haute taille, misérablement vêtue de haillons. L'apparence étrange de cette femme arracha à Eglantine un cri de surprise et de frayeur.

Le gentilhomme lui-même, prodigieusement étonné de cette apparition inattendue, et dominé malgré lui par les croyances superstitieuses de son époque, fit un pas en arrière.

— Que veut dire ceci?... — murmura-t-il.

— Ce n'est pas moi que vous attendiez, monseigneur? — fit l'inconnue.

— Qui êtes-vous, femme?...

— Je suis une pauvre créature qu'on appelle *Magui la sorcière*.

— Et d'où vous est venue cette audace inouïe d'oser pénétrer jusqu'ici pour y surprendre mes secrets?...

— Vos secrets, monseigneur, qu'en ferais-je? — D'ailleurs, à quoi bon les surprendre?... Il y a bien longtemps que je les connais tous!...

— Vous, femme!...

— Depuis l'incendie du château de Champ-d'Hivers, monseigneur (et il y a vingt ans de cela), je sais le nom du Masque noir!...

Antide de Montaigu frissonna.

— J'aurais pu vendre ce nom, monseigneur, — poursuivit Magui, — et vous savez que je ne l'ai pas fait...

— Mais, — reprit Antide en s'efforçant de dominer son émotion, — comment avez-vous pu pénétrer dans le château?... Qui vous a enseigné l'existence du couloir secret? — Qui vous a ouvert la porte?...

— Je pourrais vous répondre que je suis sorcière; — je pourrais vous rappeler que les sorciers savent tout et que les portes fermées ne les arrêtent point. — J'aime mieux vous dire la vérité!...

— Parlez, — parlez vite!...

— Connaissez-vous cette clef, monseigneur?

Et Magui présentait une clef au seigneur de l'Aigle.

— Oui, — répondit-il, — je la connais. — C'est celle de la porte du passage mystérieux.

— Vous l'avez remise vous-même à celui que vous attendiez cette nuit à dix heures, — à Brunet, le seul capitaine des Gris du Bugey, depuis que Lespinassou a été tué à Saint-Claude...

— Comment se fait-il que cette clef remise hier à Brunet par moi se trouve aujourd'hui entre vos mains?...

— C'est bien simple, monseigneur, — mais c'est toute une histoire à vous raconter; — avez-vous le temps de m'entendre?...

— Racontez cette histoire; — seulement, ne cherchez pas à me tromper par un mensonge.

— Je ne dirai pas un mot qui ne soit vrai, monseigneur; — Mentir, à quoi cela me servirait-il? — Vous connaissez le bois de Charésier?...

— Parfaitement.

— Ce soir, un peu avant la tombée de la nuit, je venais d'en franchir la lisière, — j'entendis, à peu de distance de moi, un grand bruit d'armes et de coups de feu qui se rapprochaient. — Il y avait bataille. — Je me cachai dans le fourré, et je regardai. — Quatre hommes luttaient contre une vingtaine de Gris. — Au bout de quelques minutes, trois de ces hommes étaient tombés; — le quatrième, dont on pouvait distinguer le visage et le costume, restait seul debout et résistait encore; — enfin il tomba à son tour... — Les Gris se ruèrent sur son corps... — Quand il se releva, ou plutôt quand on le releva, il était garrotté. — Les Gris firent un brancard avec leurs mousquets, puis ils placèrent le blessé sur ce brancard et s'éloignèrent, au nombre de dix ou douze, en emportant le prisonnier avec eux.

— Et, — demanda vivement Antide de Montaigu, — vous ne savez pas quel était ce prisonnier?...

— Non, monseigneur, — mais peut-être pourrez-vous le deviner tout à l'heure...

— Continuez...

Magui reprit :

— Une partie des Gris avaient pris à droite avec l'homme garrotté. — Ceux qui restaient se disposaient à s'éloigner dans la direction opposée, quand ils se trouvèrent enveloppés tout à coup par une cinquantaine de paysans armés de mousquets et de fourches; — ils n'essayèrent même pas de résister; — plusieurs tombèrent roides morts sous la première décharge. — Les autres se débandèrent et s'enfuirent. — Au bout de quelques minutes, le bois de Charésier était désert et silencieux. — Seulement, dans l'endroit où deux luttes successives venaient d'avoir lieu, il y avait dix ou douze cadavres étendus sur la mousse ensanglantée... — Je quittai le fourré dans lequel j'avais cherché un asile, et je me dirigeai vers une grotte que je connais et dans laquelle je comptais passer la nuit... J'avais déjà fait quelques centaines de pas, lorsque des plaintes et des gémissements arrivèrent à mon oreille. — Je me dirigeai vers l'endroit d'où venaient ces plaintes, et je finis par trouver, au pied d'un arbre, un homme étendu et aux trois quarts mort...

— Et cet homme... — s'écria le seigneur de l'Aigle, — cet homme?...

— Je me penchai sur lui pour m'assurer qu'il vivait encore, car ses gémissements s'éteignaient; — il m'entendit et il ouvrit les yeux...

« — Venez-vous m'achever? — me demanda-t-il.

« — Non, — lui répondis-je, — et si je peux vous secourir, je le ferai.

« — C'est inutile.

« — Pourquoi?

« — Parce que je suis perdu...

« — On revient de loin...

« — J'ai trois balles dans le ventre; — je n'en reviendrai pas...

« Il se tordit et râla pendant une minute, si bien que je crus qu'il allait trépasser. — Mais il se calma un peu, et, faisant un effort pour se soulever et me regarder, il dit :

« — Je crois que je vous ai déjà vue... — Qui êtes-vous?

« — Je suis Magui la sorcière...

« — L'amie des Cuanais?

« — Ni des Cuanais ni des Gris; — tout le monde me méprise, me repousse et me maltraite. — Je n'ai pas d'amis...

« — Ainsi, vous êtes malheureuse?...

« — Oui, bien malheureuse.

« — Il ne tient qu'à vous que ce malheur cesse...

« — Comment?...

« — Je puis vous mettre sous la protection du plus riche et du plus puissant seigneur de la province. Le voulez-vous?...

« — Ce serait le bonheur... — Que faut-il faire pour cela?...

« — Rendre un service à ce seigneur...

« — Puis-je le faire?...

« — Oui.

« — Je suis prête à tout.

« — Allez donc, sans perdre un instant, au château de l'Aigle... — Vous direz à monseigneur Antide de Montaigu que vous venez de la part du capitaine Brunet...

« — Le capitaine Brunet, c'est vous?...

« — C'est moi. — Vous ajouterez que je suis mourant, mais que j'ai exécuté ses ordres autant que je l'ai pu... — Vous lui rapporterez mes propres paroles : *Le père et le fils nous ont échappé, mais le saint esprit est en notre pouvoir,* — *on le conduit au château de Claireaux...* Il comprendra. — Vous souviendrez-vous?...

« — Oui.

« — Ah! — s'écria Antide de Montaigu dans un transport de joie, — il a dit cela, femme, — vous êtes bien sûre qu'il a dit cela?...

— J'en suis certaine, monseigneur, — répondit Magui.

— Et ensuite?...

— Ensuite, — continua la vieille femme, — j'ai ajouté : — Mais comment parvenir jusqu'au seigneur de l'Aigle?...

« — C'est facile, — a répliqué le capitaine : — le seigneur de l'Aigle m'attend cette nuit à dix heures; — prenez cette clef, — c'est celle d'une petite porte de fer, à demi cachée parmi les broussailles dans l'un des fossés du château, à trois cents pas environ, sur la gauche, de la tour de l'Aiguille... — Vous trouverez derrière cette porte un couloir souterrain long et étroit, et, après ce couloir, un escalier; — vous compterez deux cents marches; — vous vous engagerez dans un corridor sombre et d'une médiocre longueur; — parvenue à l'extrémité de ce corridor, vous attendrez que le seigneur de l'Aigle juge à propos de faire jouer lui-même la porte secrète qui ouvre dans son salon et dont le portrait du dernier baron de Vaudrey forme le panneau...

« — Est-ce tout? — demandai-je.

« — C'est tout. — N'oubliez rien!...

« — Soyez tranquille... — mon propre intérêt vous garantit la fidélité de ma mémoire...

« Ces paroles rassurèrent sans doute le capitaine Brunet... — il referma les yeux et sembla s'endormir.

« Je mis ma main sur son cœur; — ce cœur ne battait plus. — L'homme que vous attendiez, monseigneur, venait de mourir doucement et sans convulsions...

« Je me suis mise en route aussitôt. — J'ai suivi les indications de capitaine Brunet, et me voici prête à faire ce qu'il vous conviendra de m'ordonner, monseigneur, espérant mériter ainsi votre haute et puissante protection...

— Et vous pouvez conter, femme, qu'elle ne vous fera pas défaut, — répondit le seigneur de l'Aigle.

Pendant tout le temps qu'avait duré le long récit de Magui, Antide avait attaché sur la prétendue sorcière un regard rempli d'hésitation et de méfiance.

Mais à mesure que Magui parlait, il avait senti ses doutes et ses soupçons se dissiper, et, quand elle eut achevé, sa confiance en sa véracité et en sa résolution de le bien servir était absolue.

La vieille femme, du reste, n'avait pas baissé un seul instant les yeux sous le coup d'œil perçant du sire de Montaigu.

Ce dernier s'assit, et, semblant oublier qu'il n'était pas seul, il se mit à réfléchir profondément à l'importante nouvelle que Magui venait de lui apporter et qui se cachait sous ces mots parfaitement intelligibles pour lui : — *Le père et le fils nous ont échappé, mais le saint-esprit est dans nos mains!...*

Quant à Eglantine, cette phrase avait passé pour elle sans qu'elle l'eût fait inaperçue.

Tandis que le seigneur de l'Aigle s'absorbait dans sa méditation, la jeune fille regardait avec une curiosité pleine de trouble cette vieille femme dont la présence lui avait causé d'abord un si vif effroi, et qui maintenant, — du moins elle l'espérait, — deviendrait un obstacle à l'accomplissement immédiat des volontés du comte.

Plus Eglantine observait attentivement Magui, plus elle se sentait rassurée. — Il lui semblait découvrir, parmi les traits jadis beaux et purs de ce visage dévasté, une expression affectueuse et presque tendre, quand les yeux de la sorcière se tournaient à la dérobée de son côté, — et il paraissait évident à la jeune fille qu'une femme méchante et cruelle ne pouvait avoir un pareil regard.

D'ailleurs, nous le répétons, c'est sur un homme que le seigneur de l'Aigle avait compté pour faire conduire Eglantine au camp du comte de Guébriant, et il devenait plus que vraisemblable que l'absence de cet homme retarderait forcément le départ.

Or, — ainsi qu'Antide de Montaigu s'était trouvé au moment de le deviner, — la jeune fille avait les motifs les plus puissants pour désirer passer cette nuit entière au château de l'Aigle, — motifs que nous connaîtrons bientôt. — Donc, pour elle, à tous les points de vue, Magui la sorcière devait être la bienvenue.

Mais ce n'était pas assez d'avoir une espérance, — Eglantine voulait une certitude ; — aussi profita-t-elle du premier moment où le seigneur de l'Aigle, un peu moins absorbé, tourna la tête de son côté, pour s'avancer vers lui et pour lui dire avec résolution :

— Eh bien, messire, puisqu'il faut me soumettre à la loi du plus fort, je ne résiste plus, me voilà prête à partir...

Puis, désignant Magui du geste et du regard, elle ajouta :

— Est-ce cette femme qui doit être ma compagne de voyage?...

Antide de Montaigu haussa les épaules et se tut. — Il hésitait sur le parti à prendre.

Magui se rapprocha d'Eglantine.

— Jeune fille, — lui dit-elle d'une voix douce et presque caressante, — ne me craignez pas... — je suis vieille, — je suis laide, — je suis pauvre, — c'est vrai, — mais, malgré mon âge, ma laideur et ma pauvreté, je ne suis pas une méchante femme... — Le dedans vaut mieux que le dehors, je vous jure!... — Quand on veut juger trop vite et trop sévèrement, l'on s'en trompe souvent... — Si je dois être votre compagne, — si je dois vous conduire quelque part, — j'accomplirai fidèlement ma mission, j'obéirai à l'ordre que j'aurai reçu, mais je vous promets que vous n'aurez point à vous plaindre de moi...

— Vous ne pouvez partir cette nuit, — dit à son tour Antide de Montaigu. — Je ne vous confierai point à cette femme... — Quels que soient d'ailleurs son dévouement et sa fidélité, vous lui échapperiez trop facilement... — Il me faut donc vous garder jusqu'à la nuit prochaine au château de l'Aigle... — Vous demandiez tout à l'heure une nuit de repos... — le hasard me force à vous l'accorder... — Profitez-en, car ce retard sera le dernier...

— Messire, — répondit Eglantine, — demain comme aujourd'hui c'est la volonté de Dieu qui sera faite et non la vôtre...

— Nous verrons bien! — répliqua le sire de l'Aigle avec un indéfinissable sourire.

Il frappa sur un timbre.

Le valet qui avait introduit Eglantine une heure auparavant entra dans le salon.

— Reconduisez cette jeune fille, — lui dit Antide, — et veillez à ce que les portes de l'appartement qu'elle occupe soient bien fermées. — Vous me répondez d'elle sur votre vie... — Allez !...

Puis il ajouta en s'adressant à Magui :

— Restez. — Dans un instant, sans doute, j'aurai besoin de vous.

IX. — LE LOGIS DES FEMMES.

On n'a pas oublié, — nous l'espérons du moins, — qu'après avoir laissé dans la cour de la citerne le chariot de foin tout chargé qu'il avait amené, Garbas s'était éloigné avec ses bœufs en répétant sa voix la plus sonore :

    Sur les blés verts, l'alouette,
    En volant, chante : Aimons-nous...
    Dans les taillis, la fauvette
    S'envole à son rendez-vous...
    Nous aussi, comm' l'hirondelle,
    Comme aussi la tourterelle
    Nous nous aimerons, ma belle...

Puis, tandis qu'il descendait la rampe qui le conduisait dans la vallée, sa voix et sa chanson s'étaient affaiblies à peu à peu et avaient fini par s'éteindre complètement.

Retournons, s'il vous plaît, dans la cour de la Citerne, que tous les valets du château avaient quittée les uns après les autres pour aller souper et se mettre au lit, et dans laquelle régnaient maintenant le plus profond silence et la plus complète obscurité.

Deux heures à peu près s'écoulèrent sans qu'aucun mouvement eût lieu, sans qu'un seul bruit se fît entendre.

Puis, ce qui se passe dans une prairie lorsqu'une taupe arrive à l'extrémité de la galerie souterraine qu'elle se creuse, et dont l'issue vient aboutir à la surface du sol, eut lieu sur le chariot de foin.

L'herbe desséchée s'agita doucement d'abord, — un renflement se produisit, — une tête se montra, — deux épaules lui succédèrent, et enfin un homme, après s'être assuré que nul regard indiscret ne pouvait l'entendre, sortit tout entier de la couche de foin dans laquelle il était resté enseveli jusqu'à ce moment.

Cet homme demeura pendant quelques secondes immobile au sommet de la voiture, et, se laissant ensuite glisser sur le sol, il détendit ses membres afin de leur rendre l'élasticité qu'une immobilité trop prolongée leur avait fait perdre.

Nos lecteurs ont deviné depuis longtemps déjà que tel avait été le hardi moyen employé par Lacuzon pour s'introduire dans le château de l'Aigle.

Trois points lumineux scintillaient faiblement dans les ténèbres sur les vêtements sombres du capitaine : — c'était d'abord l'églantine en diamants du médaillon qu'il portait suspendu à son cou par une chaînette d'acier, et qu'il n'avait pas quitté depuis le moment où ce médaillon lui avait été remis par Pierre Prost, dans le cachot de l'abbaye de Saint-Claude. — C'étaient en outre les crosses des pistolets passés dans sa ceinture.

Deux des fenêtres du salon dans lequel se trouvait en ce moment le seigneur de l'Aigle prenaient jour, nous l'avons dit, sur la cour de la Citerne.

Le capitaine fut étonné, dans le premier moment, de voir ces fenêtres éclairées, et il se demanda si la prudence ne lui commandait pas impérieusement d'attendre, pour agir, qu'Antide de Montaigu fût couché et endormi.

Mais la veillée du gentilhomme pouvait se prolonger longtemps encore ; — il était dix heures à peine, et Lacuzon se décida à commencer ses recherches sur-le-champ.

Les relations suivies du chef des partisans montagnards avec le comte de Montaigu l'avaient amené souvent au château de l'Aigle, dont il connaissait les principales dispositions intérieures.

Il était convaincu, — et non sans raison, — que le bâtiment des femmes devait servir de prison à Eglantine, et, s'orientant de son mieux après avoir laissé à ses regards le temps de s'habituer à l'obscurité, il se dirigea vers cette petite porte en mauvais état dont nous avons parlé lorsque nous sommes entrés dans quelques détails relativement aux diverses constructions du vieux manoir.

Arrivé devant cette porte sans trop de peine, et, s'étant assuré que les planches qui la formaient étaient notablement vermoulues, il tira son poignard et s'efforça de disjoindre sans bruit les panneaux chancelants, de façon à se ménager un passage.

Tout alla bien d'abord. — La surface de la porte, moisie par le temps et vermiculée par les travaux d'une foule d'insectes rongeurs, se détachait en larges éclats sous la pointe acérée du poignard ; — mais quand l'acier atteignit le cœur du bois, les difficultés du travail augmentèrent et devinrent telles, à peu à peu, que le capitaine dut s'avouer, avec un découragement profond, que la nuit entière s'écoulerait dans un labeur obstiné sans amener un résultat suffisant.

Quant à démonter la serrure, il n'y fallait point penser. — Cette serrure se trouvait à l'intérieur, — et de plus, sans doute, de solides verrous mordaient la pierre.

Désespéré de ce contre-temps, le capitaine se recula de quelques pas, et, d'un long regard il interrogea la morne façade, cherchant si quelque issue pouvait lui permettre de tenter une escalade avec chance de réussite.

Mais nous savons déjà que les derrières seuls du bâtiment des femmes dominaient la cour de la Citerne. — Lacuzon avait sous les yeux des ouvertures étroites, placées à une grande hauteur, et d'ailleurs défendues par de lourds barreaux de fer en forme de croix.

— Mon Dieu ! — murmura-t-il en se frappant le front comme pour en faire jaillir une idée, — aurais-je donc vainement affronté l'antre du tigre ?... — Ne pourrais-je pas même arriver jusqu'à cette enfant que je voudrais délivrer au prix de ma vie ?

Et il se mit à côtoyer à pas lents les murailles dans lesquelles la cour était enfermée, demandant à la disposition des lieux une inspiration qu'il ne trouvait pas en lui-même.

Tout à coup ses pieds heurtèrent la première marche du petit escalier conduisant à la terrasse.

— Ah! — s'écria-t-il presque à haute voix, — j'avais oublié !... Je suis donc tou !!!

Et il franchit rapidement les degrés.

En haut de l'escalier, et au niveau même de la terrasse, une grille lui barra le chemin. — Cette grille était fermée, mais la clef se trouvait à la serrure, et, pour l'ouvrir, Lacuzon n'eut qu'à passer son bras entre les barreaux.

Les gonds rouillés grincèrent lamentablement et produisirent un bruit à peu près pareil au cri lugubre de l'orfraie. — Peut-être ce bruit inattendu, retentissant tout à coup dans le silence, allait-il faire surgir autour du capitaine des ennemis armés.

Il mit la main sur les crosses de ses pistolets, et il attendit.

Personne ne parut.

Au bout de quelques secondes, il s'engagea sur la terrasse avec une prudente lenteur, — car il courait le risque de se heurter à chaque pas contre les troncs des arbres qu'il ne distinguait que vaguement dans les ténèbres, — et il atteignit sans encombre la seconde grille.

Elle était ouverte tout au large.

Le capitaine la franchit, en remerciant Dieu de la négligence des valets, et il se trouva dans l'espace compris entre le logis seigneurial et le bâtiment des femmes.

Une des fenêtres du premier étage de ce bâtiment était ouverte, malgré la rigueur du froid, et par cette fenêtre on voyait à l'intérieur une lueur faible et vacillante.

— C'est là qu'elle est, sans doute..., — pensa Lacuzon; — c'est là qu'elle attend son libérateur !...

Rempli d'ardeur et d'espérance par cette pensée, il se dirigea vers la porte principale, en se disant que peut être on se serait contenté de la fermer depuis le dehors sans en emporter la clef.

Si la clef manquait, le capitaine était décidé à attirer l'attention d'Eglantine en murmurant sous la fenêtre un de ces refrains montagnards qu'elle connaissait bien et qu'elle aimait à répéter.

Ce fut avec une émotion et un trouble profonds qu'il découvrit, en s'avançant, que la première porte était ouverte.

En haut de l'escalier qui se trouvait en face, se voyait cette même lueur faible et tremblante aperçue depuis le dehors.

La porte de la chambre du premier étage était ouverte également.

— Que veut dire ceci ?... — pensa Lacuzon. — Ce n'est pas de cette façon que le seigneur de l'Aigle doit garder ses prisonniers !...

— Eglantine n'est-elle donc point dans ce bâtiment... ou bien serais-je arrivé trop tard ?...

L'idée la vieille Magui avait pu le tromper, ou se tromper elle-même, ne se présentais pas à son esprit.

A tout prendre, il était possible que la jeune fille se trouvât dans quelque pièce reculée du logis des femmes. — Peut-être, même, la chambre ouverte et éclairée du haut de l'escalier était-elle occupée par ses gardiens...

Ces différentes hypothèses lui paraissaient, sinon vraisemblables, du moins admissibles. — Il voulut savoir le plus tôt possible à quoi s'en enir, et, retenant sa respiration, — étouffant le bruit de ses pas, — saisissant de la main gauche la poignée de son épée, afin de l'empêche de se heurter contre la muraille, — s'appuyant de la main droite à la rampe de fer, — il se mit à monter les degrés de l'escalier, — s'arrêtant à chaque marche et prêtant l'oreille, afin de pouvoir se mettre en défense au moindre bruit et éviter au moins une surprise.

Le silence restait profond ; — on eût dit que le bâtiment était désert.

A mesure que Lacuzon montait, la lueur se faisait plus vive et se projetait comme un cercle lumineux sur les hautes marches de l'escalier.

Le jeune homme entra dans cette zone éclairée. — Là il s'arrêta de nouveau. — Autour de lui, même calme, même immobilité !

Il reprit sa marche ; il atteignit le palier qui se trouvait de plain-pied avec la porte, il appuya son épaule contre l'un des montants de cette porte, et avec des mouvements d'une lenteur calculée, il avança la tête, de façon à jeter un coup d'œil dans l'intérieur de la chambre.

Cette chambre était vide.

Lacuzon franchit le seuil.

L'ameublement de la pièce dans laquelle il se trouva avait été somptueux jadis ; mais le temps et le manque de soins s'étaient chargés de la dégradation complète de ces magnificences.

Les tentures à personnages qui recouvraient les murailles pendaient ça et là comme des haillons tels que les pauvres accrochent à leurs fenêtres dans les quartiers populeux des grandes villes.

Les vers avaient rongé jusqu'à la trame la laine aux splendides couleurs du tapis de haute lisse.

La tapisserie de petit point des fauteuils avait subi le même sort et n'existait plus qu'à l'état de lambeaux.

Le grand lit à colonnes torses et à baldaquin, portant à son couronnement l'écusson sculpté des Montaigu et des Vaudrey, était vermoulu et menaçait ruine — Les rideaux de lampas oriental qui l'enveloppaient autrefois étaient flétris et décolorés.

Un reste de feu se consumait dans l'âtre.

Près de la cheminée se voyaient un fauteuil et une table.

Sur cette table, une petite lampe, dont le courant d'air faisait vaciller la lueur, éclairait une Bible tout ouverte.

Cette Bible fut une révélation pour le capitaine.

Eglantine seule, — parmi les hôtes du château de l'Aigle, — avait pu demander, aux pages du livre saint entre tous les livres, la force et les consolations dont elle avait un si grand besoin.

Presque en même temps, d'ailleurs, une preuve matérielle vint s'adjoindre à cette présomption morale.

Le capitaine aperçut sur le tapis un vêtement de gros drap dont il lui sembla reconnaître l'étoffe et la forme.

Il releva ce vêtement. — C'était son propre manteau dans lequel, on s'en souvient, il avait enveloppé Eglantine au moment de l'incendie de la Poyat.

Il devenait impossible de douter... — la jeune fille avait habité cette chambre. — Sans doute elle venait de la quitter depuis un instant bien court, puisque ni le feu ni la lampe n'avaient eu le temps de s'éteindre.

Mais où donc était-elle ?...

Voilà ce que le capitaine ne pouvait deviner.

Nous savons, nous, que la jeune fille se trouvait en ce moment auprès d'Antide de Montaigu, et nous avons assisté à leur entrevue dans le cours des chapitres précédents.

Cependant, à coup sûr, il était sur la trace, — il marchait dans la bonne voie. — Dieu, qui l'avait conduit jusque-là, ne l'abandonnerait point sans doute !...

Le capitaine se dit cela, et il poursuivit ses recherches.

En face de la porte d'entrée se trouvait une autre porte, masquée jadis par la tapisserie, mais entièrement découverte depuis que la tenture tombait en lambeaux.

Lacuzon se dirigea vers cette porte, qu'il ouvrit sans difficulté. — Elle donnait accès dans cette longue enfilade de pièces qui occupaient toute la longueur du logis des femmes.

Le jeune homme, n'osant toucher à la lampe dont il eût été possible de remarquer le déplacement depuis le dehors, eut l'idée de prendre une branche enflammée dans le foyer et de s'en servir en guise de torche pour continuer son exploration.

Déjà il se dirigeait vers la cheminée, quand soudain, il lui sembla entendre des pas sur la terrasse au bas de la fenêtre.

Il s'arrêta pour écouter mieux, et il acquit bien vite la certitude qu'il ne se trompait point.

Les pas se rapprochaient. — Quelqu'un s'engagea dans l'escalier.

L'intérêt manifeste du capitaine était de pouvoir tout observer sans courir le risque d'être surpris.

Il se jeta rapidement derrière le lit à colonnes et il s'enveloppa dans les plis des rideaux, de façon à ce qu'il lui fût possible et facile de tout voir en restant lui-même invisible.

A peine venait-il de disparaître dans cette cachette, qu'il entendit la porte du bas de l'escalier se refermer et la lourde clef grincer à deux reprises dans la serrure massive.

— Allons ! — murmura-t-il, — le sort en est jeté ; me voici pris comme une belette dans un pigeonnier !... Comment tout cela finira-t-il ?...

Cependant le bruit du pas léger d'une femme continuait dans l'escalier. — Ce bruit se rapprochait de seconde en seconde.

Le cœur de Lacuzon battait violemment.

Eglantine entra dans la chambre.

Le capitaine fut au moment de quitter sa cachette improvisée et de crier à la jeune fille en lui tendant les bras : — Me voici, ma sœur ! — me voici !

Mais une réflexion l'arrêta.

Sans doute, dans la surprise du premier moment, Eglantine ne serait point assez maîtresse d'elle-même pour contenir une exclamation de joie et d'émotion en voyant apparaître devant elle son ami, son défenseur.

Or, le gardien ou le valet qui venait de la ramener à sa prison ne pouvait être assez loin déjà pour ne point entendre ce cri. — Peut-être voudrait-il en connaître la cause. — Il monterait pour s'en enquérir, et Eglantine serait indubitablement trahie par un trouble qu'elle ne pourrait dominer.

Lacuzon se dit tout cela en beaucoup moins de temps que nous n'en avons mis à l'écrire, et il resta immobile et muet.

La jeune fille avait le teint animé et les yeux brillants ; — rien, ni dans son regard, ni dans sa démarche, n'annonçait la tristesse et le découragement.

Elle s'avança jusqu'auprès de la petite table devant laquelle elle s'agenouilla, — puis, soulevant dans ses deux petites mains la grosse Bible, elle appuya ses lèvres sur les pages du livre sacré avec une ardente effusion ; — dans ce baiser il y avait tout à la fois une invocation et une action de grâces.

Ensuite elle se éleva, et, traversant rapidement la chambre, elle courut se mettre à la fenêtre, à cette même place où elle avait déjà passé bien des heures, son regard s'efforça de percer les ténèbres,

— son oreille se tint prête à recueillir le moindre souffle, le moindre bruit.

C'est que, quelques heures auparavant, la voix connue de Garbas, disant les naïfs couplets de sa chanson bressane, était arrivée jusqu'à elle, perçant les murs de la prison comme un signal de délivrance, comme un chant d'espérance et de victoire.

C'est que ces rimes rustiques et cette musique champêtre lui avaient dit en réalité tout autre chose que ce qu'elles signifiaient en apparence ; — c'est qu'au lieu des fades bucoliques roucoulées par un berger à sa bergère, elle avait entendu distinctement ces mots :

— Vos amis savent où vous êtes, — ils vous protègent, — ils vous entourent, — ils sont là, tout près de vous... — Espérez donc et ne craignez plus !...

La jeune fille aussitôt s'était sentie ranimée et consolée ; — et depuis ce moment, elle avait attendu, bien certaine que son attente ne serait pas vaine.

On se souvient de l'indicible épouvante qu'elle éprouva lorsque le seigneur de l'Aigle parla de lui faire quitter le château cette nuit même. — Il lui sembla qu'une seconde captivité, bien autrement terrible que la première, allait commencer pour elle; car, si elle s'éloignait, ses libérateurs perdraient peut-être sa trace, et qui sait si jamais ils la retrouveraient ?...

Son courage, — sa résistance opiniâtre à la volonté d'Antide de Montaigu, — sa joie quand l'apparition de Magui lui fit comprendre que, pour cette nuit-là du moins, il serait impossible de l'éloigner, — tout cela avait été l'œuvre de la ballade de Garbas !...

La voix était partie de la cour de la Citerne.

— Ils sont là ! — s'était-elle dit; — ils viendront à moi, puisque je ne puis aller à eux !...

Et elle n'avait pas quitté la fenêtre d'où la vue, quoique bornée du côté gauche par la tour de l'Aiguille, plongeait cependant jusque sur la vallée d'Ilay.

— C'est de là, sans doute, — avait-elle ajouté, — c'est de là que m'arrivera un nouveau signal... — Je veux être prête à l'entendre... — je ne veux pas qu'on m'appelle en vain...

X. — RÉUNION.

Ce signal de délivrance, cet appel si impatiemment désiré, se fit entendre, — mais il vint du côté absolument opposé à celui par lequel la jeune fille comptait l'entendre arriver.

Dès que le valet qui venait de refermer la porte en dehors se fut éloigné suffisamment pour que sa présence ne fût plus un danger, le capitaine se dégagea à demi des rideaux dans lesquels il s'enveloppait, et il murmura d'une voix étouffée ce seul mot :

— Eglantine...

La jeune fille se retourna d'un mouvement brusque, et ses yeux agrandis par l'étonnement se fixèrent vers cette partie de la chambre où son nom venait d'être prononcé.

Elle vit Lacuzon, et son cœur bondit, et, dans un élan de profonde et suprême reconnaissance, son âme tout entière s'éleva vers Dieu.

A l'école du danger on apprend vite la prudence. — Eglantine eut la force de rester muette. — Elle appuya un doigt sur ses lèvres afin de commander le silence au capitaine; et, au lieu de s'élancer à l'instant vers lui, elle reprit sa place à la fenêtre et elle se pencha au dehors, afin de bien s'assurer que les pas du valet avaient cessé de se faire entendre. Lorsqu'elle eut acquis cette certitude, elle referma la fenêtre, puis, cédant enfin à l'impulsion jusque-là contenue de son cœur, elle se jeta dans les bras du capitaine et elle appuya sa tête sur la poitrine du jeune homme en balbutiant :

— Te voilà donc !... te voilà donc enfin, mon frère... mon ami... mon sauveur !...

Au contact de la charmante tête et des longs et soyeux cheveux de cette belle jeune fille que, — si peu de jours auparavant, — il aimait d'un amour d'amant bien plus que d'une tendresse de frère, — Lacuzon sentit que son cœur s'arrêtait et qu'un étrange frisson, tout à la fois glacé et brûlant, passait dans ses veines avec son sang...

Mais nous savons déjà que la volonté de Lacuzon était d'acier, comme ses nerfs et comme ses muscles. — Il commanda à son cœur de recommencer ses battements ; — il commanda au feu de s'éteindre : à la glace de se fondre ; — Le cœur et le sang obéirent, — la tête et les sens se calmèrent, et le capitaine ne vit plus dans Eglantine que la fiancée de Raoul de Champ-d'Hivers.

— Oui, chère enfant, — répondit-il d'une voix dont le tremblement léger était à peine perceptible, — oui, ton ami, — oui, ton frère, — mais pas encore ton sauveur... — Avant de mériter et d'accepter ce titre il faut d'abord sortir avec toi du château de l'Aigle.

— Eh bien, nous en sortirons...

— Pardieu ! je l'espère et j'y compte !... — J'y suis bien entré... — or qui peut entrer peut sortir... — cela est logique... — J'avoue cependant que la chose ne me semble pas précisément facile...

— Ah ! — s'écria Eglantine avec exaltation, — tout est facile avec le capitaine Lacuzon... même l'impossible !...

Lacuzon se mit à rire.

— Tu répètes ce que tout le monde dit, chère enfant..., — fit-il ensuite.

— Et tout le monde a raison de le dire, puisque c'est vrai !... — interrompit la jeune fille.

— J'espère que les événements de cette nuit ne viendront pas donner un démenti à cette croyance si généralement acceptée, et qui fait de moi quelque chose d'à peu près pareil aux héros des romans de chevalerie... — J'espère qu'il ne me faudra point échouer pour la première fois de ma vie en tentant l'entreprise que j'ai le plus ardemment désiré mener à bonne fin, depuis que le montagnard Jean-Claude Prost est devenu le capitaine Lacuzon !!...

— Va ! sois tranquille !... je te réponds du succès !.. — Dieu est pour nous. — J'en ai déjà eu une preuve ce soir... — j'en aurai encore..., j'en aurai d'autres...

Le capitaine sourit de nouveau de cette confiance si complète et si exaltée d'Eglantine.

Puis il lui dit :

— Maintenant, chère enfant, dis-moi bien vite ce qui s'est passé depuis le moment où tu as été enlevée jusqu'à celui où je te retrouve ici...

— D'abord, — murmura Eglantine en baissant les yeux, — parle-moi de mon père... — parle-moi de Raoul...

— Ton père est sauvé, — répondit Lacuzon en évitant par un pieux mensonge de rendre plus triste encore la situation de la jeune fille. — Raoul est au secours des Gangônes auprès de Varroz et de Marquis... — Dieu l'a préservé presque miraculeusement d'un grand péril...

— Que Dieu soit béni !... — Tu vois combien j'ai raison de croire que sa protection nous entoure !...

— Mais toi, toi ?...

— Moi, j'ai bien peu de chose à te raconter... — J'ai perdu connaissance au milieu de l'incendie... — C'est toi qui m'as sauvée, n'est-ce pas ?...

— Oui. — Mais Raoul voulait se jeter au milieu des flammes, et, pour l'en empêcher, il m'a fallu le faire contenir de vive force par Garbus et Pied-de-Fer.

— Je vous unis dans ma reconnaissance et dans ma tendresse..., — dit Eglantine en serrant la main de Lacuzon.

— Quand j'ai repris connaissance, — continua-t-elle, — bien des heures s'étaient écoulées sans doute, — il faisait nuit, — un inconnu m'avait attachée sur la croupe de son cheval, et nous courions avec une vitesse qui me parut prodigieuse. — Je voulus crier, — je voulus appeler à mon aide... — L'homme qui m'enlevait se tourna vers moi et me dit : « — Si vous appelez, si vous criez, je vous tue !!... »

— A la manière dont ces mots furent prononcés, je sentis bien que l'inconnu le ferait comme il le disait. — Je ne voulais pas mourir, j'espérais en Dieu et j'espérais en toi !... — Je gardai le silence. — Nous arrivâmes au château de l'Aigle, et alors je compris que j'étais prisonnière d'Antide de Montaigu, à qui mon ravisseur venait de me livrer...

— Prisonnière d'Antide de Montaigu !! — répéta le capitaine.

— Ainsi, c'est donc bien vrai !... le seigneur de l'Aigle est un traître !!...

— Un traître bien lâche et bien misérable, qui se vante tout haut de ton étrange aveuglement !...

— Que veut-il donc, cet homme ?... Quel prix infâme espère-t-il retirer de sa trahison ?... — Louis XIII et Richelieu, sans doute, lui achètent la Franche-Comté ! — Mais depuis quand voit-on les fils vendre et livrer leur mère !!... — Ah ! c'est un terrible compte à régler entre nous, seigneur de l'Aigle !... un compte qui se soldera avec du sang !...

Puis, après un instant de silence indigné, Lacuzon reprit :

— Mais ceci viendra en son temps... — Maintenant, il faut fuir...

— Oui, il faut fuir..., — répéta Eglantine ; — mais comment ?...

— Nous sommes enfermés dans ce bâtiment, et, fussions-nous sur l'esplanade, nous trouverions les portes closes, et les ponts-levis ne s'abaisseraient pas pour nous...

— Ah ! je sais que notre entreprise est difficile et dangereuse !... Cependant j'ai un projet.

— Lequel ?...

— A l'extrémité du chemin de ronde, du côté de la route de Lons-le-Saulnier à Morez, la muraille n'est pas extrêmement élevée... Elle s'assied sur un rocher qui forme à sa base une étroite plate-forme... Une fois sur cette plate-forme, le plus fort est fait, car le rocher n'est point à pic depuis le pied du mur jusqu'à la vallée, et d'ailleurs il offre des anfractuosités qui peuvent en quelque sorte remplacer une échelle.

— Oui... mais de quelle façon descendre jusqu'à la plate-forme dont tu parles ?...

— Le cas est prévu ; — regarde.

Le capitaine ouvrit son pourpoint et montra à la jeune fille une corde longue et mince, roulée autour de son corps.

— Tu vois, — lui dit-il, — que ce qui te préoccupe n'est qu'un jeu d'enfant... Cette corde, attachée à un créneau, deviendra, grâce à quelques nœuds, le plus commode des escaliers !... — Ceci n'est rien ; — mais autre chose me préoccupe...

Quand je serai en bas, tu reporteras l'échelle à sa place. (Page 74.)

— Quoi donc?...
— Cette lumière inquiétante qui brille dans les appartements du seigneur de l'Aigle... — Que peut faire, à cette heure, Antide de Montaigu?...
— J'étais auprès de lui au moment où tu es entré dans cette pièce... — Il m'avait envoyée chercher pour m'annoncer que j'allais quitter immédiatement le château et qu'à l'avenir le comte de Guébriant serait chargé de ma garde... — C'est même dans cette circonstance, ainsi que je te le disais tout à l'heure, que la protection de Dieu est devenue visible pour moi...
— Quelle a donc été la cause du changement de résolution d'Antide de Montaigu?...
— L'homme qu'il attendait, et qui devait m'emmener avec lui, a été tué il y a quelques heures...
— Sais-tu le nom de cet homme?...
— Oui. — Il s'appelait Brunet?...
— Brunet!... le capitaine des Gris du Bugey?...
— Lui-même.
— Et il a été tué, dis-tu?...
— Il y a quelques heures, je te le répète, dans le bois de Charésier...
— Par qui la nouvelle de cette mort a-t-elle été apportée au château de l'Aigle?...
— Par une vieille femme qui se dit sorcière, et que Brunet mourant envoyait à sa place au seigneur de l'Aigle...
— Une vieille femme qui se dit sorcière!... — s'écria Lacuzon avec étonnement. — Sais-tu comment s'appelle cette femme?...
— Magui, je crois...
— Ah! vive Dieu! voilà qui est étrange et presque surnaturel!..
— En quoi donc?...
— J'ai laissé Magui la sorcière attendre mon retour au trou des Gangônes...
— Et moi, je t'affirme qu'elle est en ce moment auprès d'Antide de Montaigu.

— Que vient-elle faire au château de l'Aigle? — Veut-elle nous servir ou nous perdre?...
— J'ai cru d'abord qu'elle était à la solde du seigneur de l'Aigle, — mais j'ai vu bien vite qu'il ne la connaissait même pas... — Aussi longtemps que nous nous sommes trouvées en face l'une de l'autre, elle n'a cessé de me regarder avec persistance et d'une façon étrange...
— Me connaît-elle donc?...
— Oui, certes, Magui te connaît!... — C'est elle qui m'a envoyé ici...
— Elle!! — répéta Eglantine de l'air d'une profonde stupeur.
— Et je ne puis croire qu'elle veuille nous trahir..., — poursuivit le capitaine, — car son dévouement pour nous me semble absolu... Déjà elle nous a rendu de grands services... — C'est elle qui a amené Raoul au trou des Gangônes, après lui avoir sauvé la vie... Il avait été blessé en te défendant, et sans les soins de Magui, il serait mort peut-être sans parvenir à nous rejoindre.
— Comment! — s'écria Eglantine avec une joyeuse expansion, — elle a sauvé Raoul, la chère femme... la digne femme... l'excellente femme! — Je ne m'étonne plus du secret instinct qui, dès le premier moment où je l'ai vue, me disait d'avoir confiance en elle...
— J'avais, sans le savoir, la reconnaissance du service rendu... — Mais, tout à l'heure, tu paraissais douter... — Comment! elle a sauvé Raoul et tu doutes!... Ah! c'est bien mal!...
— Tu as raison..., — répondit le capitaine; — aussi, maintenant, je suis comme toi, — j'ai pleine et entière confiance en Magui. — Elle m'avait envoyé ici, — elle a voulu s'y trouver elle-même pour me venir en aide et compléter son œuvre... — Les choses qui me semblent étranges et inexplicables dans sa conduite me seront sans doute expliquées plus tard... — Sans doute, un jour, elle me donnera la clef du mystère dont elle s'entoure.
— Ah! murmura la jeune fille en employant les notes les plus sourdes de sa voix et en se rapprochant du capitaine, — ce n'est pas dans ce château qu'il faut parler de mystère...
— Pourquoi donc?...

La vieille femme parut aussitôt. (Page 79.)

— Parce qu'il en est plein, comme ces vieux manoirs enchantés dont on raconte aux veillées d'hiver de si fantastiques légendes...
— Que veux-tu dire?...
— J'ai passé ici un jour et une nuit seulement, et, dans cet espace si court, j'ai vu et entendu des choses étranges...
— Quelles sont ces choses, mon enfant?...
— Le jour, de vagues plaintes, de déchirantes lamentations, semblent sortir des entrailles de la terre... — Le soir, une voix plaintive et triste murmure dans la tour de l'Aiguille une ballade douloureuse. — La nuit, un fantôme pâle et vêtu de blanc paraît sur la plate-forme de cette tour...
— Un fantôme!...
— Oui.
— Tu l'as vu?...
— Oui. — Un peu après le moment où la chanson de Garbas est venue jusqu'à moi, ce fantôme s'est promené lentement, pendant plus d'une heure, sous les grands arbres de la terrasse... — Parfois il s'arrêtait devant la grille et on eût dit qu'il cherchait à l'ébranler, puis il reprenait sa marche lente et solitaire...
— Ainsi, — murmura Lacuzon, — ainsi donc, ce n'est pas un conte, et la rumeur populaire, une fois par hasard, a dit vrai... — Le fantôme de la tour de l'Aiguille existe... — C'est une femme, je n'en puis douter, une femme qui vit et qui souffre... Et les sourds gémissements qui montent des profondeurs de la terre révèlent d'autres souffrances et d'autres crimes...

Après avoir gardé le silence pendant quelques instants, le capitaine ajouta avec véhémence :

— Ah! comte de Montaigu, seigneur de l'Aigle, noble bandit, un jour arrivera, et ce jour n'est pas loin peut-être, où je reviendrai dans ton château! J'y reviendrai une épée d'une main, une torche de l'autre, et il faudra bien alors que tes cachots disent tous leurs secrets!... il faudra bien que la lumière se fasse parmi tous tes sombres mystères!!... Oui, — reprit-il après un nouveau silence, — l'heure de la vengeance sonnera... mais cette heure n'est pas venue...

— En ce moment il faut songer à sortir d'ici... — Je te descendrais bien par la fenêtre avec ma corde, mais il existe, je crois, une issue plus facile... — As-tu visité toutes les pièces de ce corps de logis?...
— Non, — je n'ai pas osé; — je ne suis pas sortie de cette chambre...
— Eh bien, nous allons voir ensemble si nous trouverons ce que je cherche.

Le capitaine prit la lampe sur la petite table, — il ouvrit la porte dont nous avons déjà parlé, et il traversa, suivi d'Eglantine, une longue enfilade de pièces absolument délabrées.

Dans la dernière de ces pièces, une porte s'ouvrait sur un escalier pratiqué dans la muraille.

— Voilà sans doute, — pensa le capitaine en mettant le pied sur la première marche, — voilà l'escalier qui conduit à la cour de la citerne...

Il ne se trompait pas.

Après avoir descendu un grand nombre de degrés, — car la cour se trouvait beaucoup plus bas que le niveau de la terrasse, — le capitaine et la jeune fille arrivèrent en face de cette porte vermoulue, vainement attaquée de l'autre côté.

Il n'y avait ni clef ni serrure, mais un ressort et, outre ce ressort, deux verrous massifs mordant profondément la pierre.

Lacuzon tira les verrous.

— Eteignons la lampe dont la lueur pourrait nous trahir, — dit-il alors à Eglantine, — ensuite je ferai jouer le ressort...

La jeune fille souffla sur la mèche fumante... — Le capitaine appuya sur l'acier rouillé. — On entendit un craquement : — la porte s'ouvrit.

Lacuzon passa la tête par l'entre-bâillement. — Il regarda et il écouta, avant de s'aventurer dans la cour.

Elle était silencieuse et semblait déserte.

Seulement, la lumière brillait toujours derrière les vitres de l'appartement du seigneur de l'Aigle.

— Viens, mon enfant, — dit le capitaine à Eglantine en se glis sant dans la cour. — Suis-moi, — et, surtout, pas de bruit ; — que nos pas s'étouffent sur le sol... Marchons comme si nous étions des ombres... — Une imprudence peut nous perdre...

La jeune fille sortit.

A peine venait-elle de franchir le seuil, que le vent, toujours vif la nuit, sur ces hauteurs, s'engouffra dans l'escalier et referma bruyamment la porte.

— Maladroit que je suis !!... — balbutia Lacuzon. — J'aurais dû penser à cela et briser le ressort... — En cas d'alarme et d'attaque, nous n'avons plus d'asile !... — Voilà notre retraite coupée... — Maladroit !... maladroit !

L'irritation ne remédiait à rien. — Lacuzon finit par prendre son parti du fait accompli, et il ajouta :

— Après tout, c'est Dieu qui l'a voulu !... — Nos vaisseaux sont brûlés !... — La nécessité est la mère de l'audace heureuse !... — Viens... et il l'entraîna.

Il saisit la main d'Eglantine et il l'entraîna, avec des précautions infinies, jusqu'à l'entrée de la voûte qui conduisait au chemin de ronde.

Là, il s'arrêta.

— Il faut tout prévoir, — dit-il en commençant à dérouler la corde mince dont il s'était fait une sorte de cuirasse en la passant autour de son corps depuis les hanches jusque sous les bras. — Nous ne rencontrerons pas de sentinelles dans le chemin de ronde, mais il n'est point impossible que nous en trouvions une sur la muraille, précisément à l'endroit que j'ai choisi pour opérer notre descente...

— Dans ce cas, il me faudra jouer du poignard... — Si la sentinelle appelle à l'aide, nous serons enveloppés... — Je vais t'attacher la corde à la ceinture, afin de te descendre à la première alarme. — Je me défendrai ensuite et je te rejoindrai le plus tôt possible...

Un bruit soudain et inattendu vint couper la parole à Lacuzon et le faire tressaillir.

Le son d'un cor retentissait à la porte principale du château.

XI. — LA CITERNE.

— Que veut dire ceci ?... — murmura le capitaine ; — quel est l'hôte qui peut arriver au château de l'Aigle à cette heure ?...

— La nuit dernière, — répondit Eglantine, — le son d'une trompe a retenti comme en ce moment, mais plus tard encore, car il était minuit passé... — Les portes se sont ouvertes, et, au bout de quelques minutes, la cour, dans laquelle nous nous trouvions était pleine d'hommes d'armes, de valets et de chevaux... — La même chose va sans doute se renouveler... — Nous ne pouvons rester ici... cachons-nous...

— Mais où nous cacher ?... — La porte du logis des femmes est refermée. — Nous n'avons plus d'asile...

— Hâtons-nous... hâtons-nous !... — balbutia la jeune fille avec effroi ; — entends-tu grincer les chaînes des ponts-levis qu'on abaisse...

— Peut-être aurons-nous le temps de gagner le rempart...

— Impossible. — C'est par le chemin de ronde et par la voûte que les hommes et les chevaux vont arriver...

— Que faire donc ?... — se demandait le capitaine à qui la situation commençait à paraître désespérée, et qui tremblait, non pas pour lui, mais pour Eglantine.

— Que faire donc ?... — répétait-il en parcourant à grands pas la cour de la citerne et en creusant son imagination pour chercher quelque expédient qu'il ne trouvait pas. — Que faire ?... que faire ?...

Soudain ses regards se portèrent vers l'ouverture de cette citerne qui donnait son nom à la cour, et qu'entourait une margelle en maçonnerie surmontée d'une légère balustrade de fer.

— Nous sommes sauvés !! — s'écria-t-il.

— Sauvés ! comment ?.. — demanda la jeune fille.

— Le sire de l'Aigle m'a dit souvent que, même pendant les fortes pluies, l'eau n'arrivait jamais dans la citerne à une hauteur de plus de deux ou trois pieds...

— Eh bien ?...

— Eh bien, — répondit le capitaine en saisissant une échelle dressée contre l'une des hangars sous lesquels, par les mauvais temps, on déchargeait les chariots de provisions, — j'y vais descendre ; — personne au monde ne peut s'aviser de soupçonner une cachette comme celle-là !... — Il ne s'agit, après tout, que de prendre un bain un peu froid... — Quand je serai en bas, tu reporteras l'échelle à sa place, et tu reviendras me la tendre quand tout danger de surprise aura disparu...

— Et moi, — demanda Eglantine, — que ferai-je ?...

— Tu vas prendre cet escalier qui conduit sur la terrasse... — la grille qui se trouve en haut de cet escalier est ouverte. — J'ai passé par là tout à l'heure... — Entre les grands arbres se trouvent des touffes de buis. — Cache-toi derrière une de ces touffes et ne reviens que quand le moment te semblera opportun.

— Pourquoi ne viens-tu pas avec moi là-haut, au lieu de descendre dans la citerne ?...

— Pour la meilleure de toutes les raisons... — Si par hasard on

s'aperçoit que tu as quitté le bâtiment des femmes (ce qui est possible), on te cherchera... — Laisse-toi trouver. — On te réintégrera dans la chambre qui te servait de prison. — Il n'en sera pas autre chose et j'en serai quitte pour te délivrer une seconde fois... — Si, au contraire, on nous trouvait ensemble, Antide de Montaigu ne me pardonnerait point d'avoir découvert son secret, il me ferait tuer par ses valets comme un chien enragé, et nous serions perdus l'un et l'autre...

— Tu as raison, — dit la jeune fille, — descends vite ..

Lacuzon, tout en parlant ainsi, avait enfoncé l'échelle dans la citerne. — Après la réponse d'Eglantine, il glissa rapidement le long des échelons.

Au moment où il atteignait le niveau de l'eau, l'idée se présenta à son esprit de se courber et d'étendre les mains pour s'assurer s'il ne trouverait pas quelque saillie du rocher sur laquelle il lui fût possible de se tenir assis ou debout, de façon à éviter d'entrer dans l'eau et dans la vase jusqu'à mi-jambes, par ce temps glacial.

Le hasard le servit à souhait.

Il rencontra sous sa main droite une sorte de corniche, étroite et glissante, qui faisait entièrement le tour de la citerne.

— Enlève l'échelle, — dit-il, après avoir pris pied sur cette corniche.

Eglantine obéit, et Lacuzon se trouva seul dans la plus étrange position qu'aucun homme, nous le croyons, ait jamais pu affronter dans le cours d'une vie aventureuse.

Il était extrêmement inquiet sur les suites possibles de son expédition au château de l'Aigle.

Sans parler du danger immédiat et manifeste qui menaçait Eglantine et lui, — sans parler de l'effrayante responsabilité qu'il avait acceptée en se séparant de ses fidèles montagnards que la mort ou la captivité de leur chef désorganiserait infailliblement, — la trahison avérée d'Antide de Montaigu soulevait dans l'âme du capitaine tout un ouragan de réflexions désespérantes.

La trahison !...

Ce seul mot entraînait avec lui son fatal cortége de défiance et de soupçons !... — Il fallait douter, et, — ce qui est le pire des supplices, — il fallait laisser ses doutes errer au hasard et s'arrêter peut-être sur les amis les plus intimes, sur les compagnons les plus dévoués, sur tous ceux, enfin, à qui la confiance la plus aveugle et la mieux méritée, avait été prodiguée jusque-là !...

Jusqu'à ce moment, en effet, tout ce qui pouvait revendiquer le titre de citoyen libre de la Franche-Comté, s'était toujours montré digne de ce nom ; — pas un seul des rameaux de ce grand arbre ne s'en était détaché. — Partout la loyauté et le patriotisme avaient pris la fière devise de l'hermine bretonne : *Potius mori quam fœdari*.

Et, maintenant, voici que la trahison venait !

Et le premier membre gangrené était le plus haut placé !... était le bras droit de la liberté franc-comtoise !...

La noblesse allait-elle donc abandonner tout à coup cette cause héroïquement soutenue par elle jusqu'alors, au prix de tant d'or et de tant de sang ?...

La défection deviendrait-elle générale ?...

Et quand bien même Antide de Montaigu aurait été le premier et le seul à lever le drapeau hideux de la trahison, qui sait si ce fatal exemple ne serait pas suivi ?... — Comment les paysans de la plaine et de la montagne, appauvris, presque ruinés par la guerre, se soustrairaient-ils à cette secrète influence qui avait agi sur le riche et puissant seigneur ?...

Après avoir donné à la cause de la province tant de gages éclatants d'un dévouement qui semblait inébranlable, Antide de Montaigu s'était vendu !... — La corruption montée si haut n'avait-elle pu descendre plus bas et s'infiltrer dans les plus fidèles vaisseaux de la grande artère populaire ?...

De qui le capitaine pouvait-il se croire sûr désormais ?...

Qui sait si, parmi les hommes des corps-francs eux-mêmes, il n'y avait pas des traîtres ?...

Voilà ce que se disait Lacuzon, depuis que, au sein d'un isolement complet et d'une obscurité profonde, il pouvait laisser s'égarer sa pensée dans cette voie nouvelle ouverte devant lui par les événements.

La citerne, au fond de laquelle il avait cherché un asile momentané, était un ouvrage complétement indispensable dans un château placé comme celui de l'Aigle au sommet d'une montagne, et se trouvant exposé, ainsi que toutes les forteresses, à subir un siège ou un blocus.

Il fallait non-seulement que la citerne existât, mais encore qu'elle fût assez vaste pour contenir une masse d'eau considérable et devant suffire aux besoins d'une garnison nombreuse pendant plusieurs jours, peut-être pendant plusieurs semaines.

Jean de Chalon, en édifiant le château, avait donc pris soin de faire creuser dans le roc vif une citerne qui s'étendait, comme un souterrain voûté sur l'espace entier compris entre les murailles de la cour, dont le sol, incliné à dessein et rayé de petites rigoles, amenait les eaux pluviales jusqu'à l'ouverture, dans laquelle elles se déversaient par quatre conduits qui traversaient la margelle circulaire.

Une fois dans le bassin vaste et peu profond que recouvraient les arceaux de granit lentement taillés par des ciseaux patients, l'eau pouvait s'étaler, — déposer son limon et ses impuretés, et prendre la fraîcheur de l'eau de source et le limpide éclat du cristal de roche.

Tout à l'entour, le long des murailles de rocher, les ouvriers avaient laissé une corniche circulaire de deux pieds de hauteur, à peu près, corniche qui n'était recouverte qu'à l'époque des grandes pluies de l'automne et du printemps.

Debout sur cette corniche et complètement caché par la voûte qui surplombait au-dessus de sa tête, Lacuzon devait rester introuvable, même si tous les valets et tous les hommes d'armes du château s'étaient mis à sa recherche... — Il pouvait donc y donner audience, tout à son aise, aux graves préoccupations qui l'obsédaient et dont nous avons fait connaître la nature à nos lecteurs.

Mais il était décidé que, pendant tout le cours de cette nuit, les plus invraisemblables événements se succéderaient avec une rapidité vertigineuse, et les réflexions du capitaine furent interrompues d'une façon à laquelle il était bien loin de s'attendre.

Quelques minutes à peine s'étaient écoulées depuis le moment où Églantine avait retiré l'échelle.

La surface de l'eau, assez violemment agitée d'abord, avait repris peu à peu son niveau, après avoir ondulé pendant un instant, et les échos de la voûte avaient cessé de répéter le clapotement faible des petites vagues bien vite endormies.

Un bruit soudain, de la plus bizarre nature, attira l'attention du capitaine, et, nous devons le dire, fit perler une sueur froide à la racine de ses cheveux.

Derrière le rocher contre lequel il était appuyé, un gémissement sourd, une plainte haletante et entrecoupée, se firent entendre.

Dans le premier moment il chercha à se persuader qu'il était le jouet de quelque illusion, et, afin de se bien convaincre que le témoignage de ses sens l'abusait, il écouta avec attention.

Les gémissements se turent.

Un de ces longs sanglots qui partent d'un cœur brisé lui succéda.

Le doute cessait d'être possible. — Il y avait, à tout prix, une créature souffrante et misérable, — une victime sans doute de l'infâme cruauté du seigneur de l'Aigle, ou bien il fallait ajouter foi aux légendes fantastiques que les paysans franc-comtois racontaient sur le château maudit !...

Aux plaintes, — aux gémissements, — aux sanglots, — succéda un bruit d'une autre nature, mais parfaitement distinct. — On eût dit qu'un corps humain se mouvait lentement dans les entrailles de la terre, et glissait pas à pas dans une étroite ouverture en frôlant le rocher avec ses vêtements et avec ses mains.

Et tout cela se passait à une faible distance de cet endroit où Lacuzon attendait, immobile et glacé, — en proie à une indéfinissable émotion, — tandis que les gouttes d'eau glacée qui suintaient sans cesse de la voûte tombaient tantôt sur lui, tantôt sur la pierre à ses côtés, tantôt dans le bassin lui-même, avec un clapotement monotone.

Le capitaine se souvint alors des paroles d'Églantine, qui, elle aussi, pendant la nuit précédente, avait entendu des bruits souterrains et mystérieux.

— Où je suis sur la voie de quelque terrible mystère !... — se dit-il, — ou bien le seigneur de l'Aigle croit avoir intérêt à encourager en ce qui me concerne les croyances superstitieuses, et il se fait le metteur en scène de nocturnes fantasmagories...

Cette dernière supposition était infiniment peu vraisemblable, aussi Lacuzon ne s'y arrêta-t-il point.

Son incertitude, d'ailleurs, ne pouvait être de longue durée désormais, car les pas sourds et comme étouffés qu'il avait entendus se rapprochaient de plus en plus.

Le capitaine était brave, — mais il était Franc-Comtois, — mais il était montagnard, — mais il vivait au XVIIe siècle. — C'est assez dire qu'il était superstitieux.

A mesure que le bruissement des pas et le frôlement continu d'une main sur le rocher se faisaient plus distincts et plus rapprochés, une indicible angoisse s'emparait de lui ; — un frisson courait dans ses veines, — les racines de ses cheveux devenaient douloureuses, — et le souffle dont parle l'Écriture *passait devant sa face...*

Il aurait voulu fuir, — mais la fuite était impossible, — et d'ailleurs ses pieds engourdis par la terreur restaient comme cloués à la corniche qu'ils foulaient.

Les pas s'arrêtèrent...

Les plis d'un vêtement touchèrent le bras du capitaine...

Une tiède haleine frappa son visage, et il lui sembla que deux prunelles lumineuses étincelaient en le regardant.

En même temps une voix lente, sans intonations, pareille à la voix d'une somnambule en état de sommeil magnétique, lui demanda :

— Qui êtes-vous ?...

Le capitaine, certain maintenant qu'il avait affaire à un être humain et non à un fantôme, sentit disparaître aussitôt, sinon sa surprise, du moins sa frayeur.

Mais l'être qui lui parlait pouvait être un ennemi ; — il mit donc à tout hasard sa main sur son poignard, et il répondit :

— Qui êtes-vous vous-même, vous qui m'interrogez ?...

— Ne le savez-vous pas ? — murmura la voix.

— Non, — je ne le sais pas.

— Alors, que venez-vous faire ici ?... — Pourquoi réveiller le prisonnier ?...

— Quoi ! s'écria le capitaine, vous êtes prisonnier ?

— Ne cherchez pas à me tromper, — poursuivit l'inconnu ; — si vous êtes envoyé par Antide de Montaigu, seigneur de l'Aigle, mon geôlier, mon bourreau ; — si vous êtes chargé de mettre fin à ma triste vie, je vous prie, — frappez, — j'attends !... — et, loin de vous maudire, je vous bénirai, car la main qui tue est aussi la main qui délivre !...

Lacuzon, profondément ému, allait répondre, quand un grand bruit d'armes et de chevaux se fit au-dessus de sa tête dans la cour de la citerne.

— Silence !... — murmura-t-il vivement, — silence !...

— Qui donc êtes-vous ? — répéta la voix.

— Votre sauveur peut-être. — Mais, au nom du ciel, silence !... — Je suis descendu dans cette citerne pour me cacher. — Si l'on me découvre, voilà l'inconnu.

— Venez... — dit l'inconnu.

— Où donc ?...

— Dans mon cachot.

— Mais... — balbutia le capitaine.

— Je vous dis à mon tour : Silence !...

Lacuzon sentit une main saisir la sienne et l'entraîner. — Il obéit à l'impulsion qu'il recevait, et, après avoir fait quelques pas sur la corniche, il traversa une ouverture étroite et basse qui aboutissait à la prison de l'inconnu.

— Nous sommes arrivés, — fit ce dernier. — Là, presque sous vos pieds, il y a une botte de paille. — Asseyez-vous si vous voulez ; vous aurez moins froid que dans la citerne, quoique vous soyez assez jeune et assez fort pour ne pas craindre le froid.

— Comment savez-vous que je suis jeune et fort ?... — demanda le capitaine stupéfait.

— Je vous vois...

— Malgré ces ténèbres épaisses ?...

— Mes yeux se sont habitués à voir dans la nuit, comme ceux de la chouette et de l'orfraie, depuis que je vis dans les éternelles ténèbres d'un cachot...

— Il y a donc bien longtemps que vous êtes prisonnier ?...

— Bien longtemps, oui. — Il y a vingt ans !

— Vingt ans !... — répéta Lacuzon avec terreur.

— La seule idée de ce que j'ai dû souffrir pendant ces vingt ans vous épouvante, n'est-ce pas, jeune homme ?... — Vous vous demandez comment une créature humaine, que Dieu a faite pour la lumière et pour la liberté, a pu supporter sans mourir les incessantes tortures de cette captivité sans fin ?... — Oui, j'ai souffert, — oh ! j'ai souffert plus qu'un prisonnier... plus qu'un martyr peut-être !... Souvent, presque toujours, pour les captifs le corps survit à l'intelligence, — l'isolement prolongé amène la folie ou l'abrutissement... — On devient idiot, ou l'on devient fou... — Le corps n'a plus que des besoins matériels.. que des souffrances physiques, et qu'est-ce que cela ?... — L'âme et la pensée sont absentes, — on ne souvient pas, — on ne regrette pas, — on n'attend pas, — on n'est heureux !...

La voix de l'inconnu, cette voix étrange et sans intonations dont nous avons parlé, s'était modifiée peu à peu ; — elle avait passé par toutes les nuances de l'amertume et de l'attendrissement, et enfin, avec le dernier mot de la dernière phrase, elle s'éteignit dans un sanglot.

Après un court instant de silence, l'inconnu reprit avec une croissante énergie :

— Oui, c'est la loi commune !... quand le cachot laisse vivre le corps, il anéantit l'âme !... — L'idiotisme ou la folie, je vous le répète, voilà l'avenir du prisonnier !... — Et cependant, moi, j'ai été la douloureuse exception à cette règle implacable !... — Ame, — intelligence, — pensée, — tout a vécu !... — tout a grandi !... — J'ai tout gardé : le souvenir, — le regret, — l'attente, — la haine !... — surtout la haine !... — Savez-vous pourquoi, dans ces longues heures de désespoir, où la mort apparaît au captif comme le plus radieux, comme le plus souriant de tous les asiles, savez-vous pourquoi j'ai résisté à la puissante tentation de me briser le crâne contre les murs de ma prison ?... — C'est que la haine me donnait la force de vivre, en me montrant, dans quelque lointain avenir, une vengeance peut-être impossible !... — Et les heures passaient, — et les jours, — et les ans !... — et la vengeance ne venait pas, — et l'heure attendue reculait sans cesse ! — Et cependant je continuais à me cramponner à la vie, parce que la haine était dans mon cœur et que la haine avivait l'espérance !...

L'inconnu s'arrêta, suffoqué par l'émotion terrible qui grandissait en lui.

Jeune homme, — dit-il au bout de quelques secondes, en saisissant les deux mains du capitaine et en les serrant fiévreusement, — mon Dieu... vous étonne.. vous ne me comprenez pas... Et comment me comprendriez-vous ?... Comment vous parlerais-je un langage intelligible, moi qui depuis vingt ans n'ai élevé la voix que

pour implorer Dieu qui ne m'écoutait point, ou pour maudire mon bourreau qui ne m'entendait pas!... — Je ne sais plus quel langage il faut parler aux hommes. — Depuis vingt ans je n'ai pas vu le visage d'un homme, pas même celui d'un geôlier, car le guichet par lequel on me jette mes aliments ne s'ouvre jamais qu'à demi... — Depuis vingt ans aucune main ne s'est tendue vers moi... et j'avais perdu tout espoir de ce bonheur que Dieu m'envoie aujourd'hui, en me permettant de serrer une main amie... car vous êtes mon ami, puisque vous êtes l'ennemi du seigneur de l'Aigle!...
— Oui, son ennemi! — répondit le capitaine, — oui, le plus mortel de tous ses ennemis!...
— Après moi!... — murmura le prisonnier.
— Et ma haine sera implacable! — poursuivit l'inconnu.
— Comme la mienne! — dit l'inconnu.
— Et bientôt, si Dieu me vient en aide, ce compte terrible sera réglé!...
— Puissiez-vous dire vrai!... — reprit l'inconnu, — et puissé-je, avec vous, donner au seigneur de l'Aigle une sanglante quittance!... Ah! vienne ma vengeance, et peu m'importe que ma mort la suive!... Foi de gentilhomme, si je meurs bien vengé, je mourrai bien heureux!...
— Messire, — dit le capitaine en serrant à son tour les mains du prisonnier, — tout à l'heure vous m'avez demandé qui j'étais...
— Je n'ai pas répondu... — Si je ne vous ai pas dit mon nom... si, en ce moment, je ne vous le dis pas encore, ne supposez en moi ni un sentiment de défiance, ni une pensée d'égoïsme. — Les impies et les fous croient à une aveugle puissance qu'ils nomment le hasard. — Je crois, moi, à une manifestation de la volonté divine, et je l'appelle *Providence*. — C'est la Providence qui m'a conduit auprès de vous. — Je vous sauverai, messire; je vous rendrai la lumière et la liberté. — mais je dois, avant tout, songer à celle que je suis venu défendre et secourir.
— Celle? — répéta le prisonnier. — Est-ce donc pour une femme que vous êtes au château de l'Aigle?...
— Oui, messire...
— Une jeune fille, n'est-ce pas?...
— Oui, messire...
— Amenée ici par un misérable bandit, dans la soirée d'hier, et vendue comme otage au sire de Montaigu?...
— Oui, messire! — s'écria Lacuzon stupéfait. — Mais comment pouvez-vous savoir?...
— Comment je sais!... — interrompit le prisonnier d'une voix à peine distincte, tandis qu'un tremblement convulsif agitait ses mains que tenait le capitaine. — C'est étrange, n'est-ce pas? que je sache... — Eh bien, j'en sais plus encore, et je vais vous dire qui vous êtes, vous que je n'ai jamais vu!...
— Moi?... — balbutia le capitaine, — moi?
— Il n'y a qu'un homme, — poursuivit l'inconnu avec véhémence, — il n'y a que le héros de la montagne, qui ait pu pousser l'audace assez loin pour venir braver l'aigle jusque dans son aire et lui arracher sa proie!... — Il n'y a qu'un homme capable de délivrer Eglantine, prisonnière du sire de Montaigu...
— Eglantine! — répéta le capitaine qui croyait rêver.
— Et cet homme! — acheva le prisonnier, — ce héros, c'est Jean-Claude Prost!... c'est le capitaine Lacuzon!...

XII. — LE TRAITRE.

Le capitaine ne répondit pas; — la stupeur toujours croissante qui s'emparait de lui paralysait en quelque sorte toutes ses facultés.
— Je ne me suis point trompé! — poursuivit le prisonnier. — Oh! dites-moi que je ne me suis point trompé!... — dites-moi que vous êtes bien ce noble jeune homme, le héros de nos montagnes, — le défenseur de nos libertés, — l'effroi de nos ennemis, — le sauveur de notre province!... — Dites-moi que vous êtes bien l'élève, le compagnon, l'émule de mon vieux Varroz et de Marquis, le prêtre soldat!... — Dites-moi que vous êtes bien Jean-Claude Prost, l'ami de tous ceux qui j'aime!...
Et comme le capitaine se taisait toujours, l'inconnu reprit avec une expression de profonde tristesse :
— Me suis-je donc trompé, mon Dieu?... — N'êtes-vous point celui que je viens de nommer?... — Si j'ai commis une erreur, en voici la cause : — j'ai su que la nièce du curé Marquis était prisonnière au château; — j'ai su qu'elle n'attendait et qu'elle n'espérait sa délivrance que d'un seul homme... — En vous entendant me dire que vous veniez ici pour sauver une jeune fille, j'ai cru que vous étiez cet homme... — Encore une fois, me suis-je trompé?... Mais si vous n'êtes pas celui que j'ai nommé, qui donc êtes-vous?...
Le capitaine avait eu le temps de prendre un parti.
— Oui, messire, — répondit-il, — je suis Jean-Claude Prost, — je suis le compagnon de Varroz et de Marquis!... — Je viens sauver Eglantine, et je vous répète que je vous sauverai avec elle...
— Mais, au nom du ciel, éclairez pour moi les ténèbres dans lesquelles ma pensée s'égare!... — Dites-moi, prisonnier et

sans communication avec les hommes, vous pouvez savoir ainsi tout ce qui se passe dans ce château.
— Je vais vous répondre aussitôt que vous aurez répondu vous-même à une question que je vous adresse dans votre intérêt seul...
— Laquelle?
— Quel motif vous a poussé à vous réfugier dans la citerne?...
— Je traversais la cour avec Eglantine pour gagner le chemin de ronde et tenter de fuir en escaladant les murailles. — Le son du cor s'est fait entendre à la porte extérieure du château... — Eglantine a gagné la terrasse, — moi je suis descendu dans la citerne... — Voilà ma réponse...
— Le son du cor! — répéta l'inconnu. — Hier, pendant la nuit, une longue conférence a eu lieu entre le seigneur de l'Aigle et un autre seigneur que vous connaissez sans doute... — Ils se sont séparés en se disant : *A demain...* — C'est le gentilhomme de la nuit d'hier qui revenait tout à l'heure.
— C'est probable...
— C'est plus que probable, — c'est certain!...
— Je vous ai répondu, messire, — c'est à votre tour de me répondre...
— Vous voulez savoir comment je suis instruit de ce qui se passe dans le château et dans la province?
— Oui...
— Eh bien, venez, et vous n'aurez plus besoin de m'interroger...
L'inconnu prit le capitaine par la main et le conduisit dans l'un des angles du cachot.
— Appuyez votre oreille contre la muraille, — lui dit-il alors, — et restez immobile...
Lacuzon obéit.
A l'instant, le bruit de deux voix arriva jusqu'à lui, net et distinct, — et l'une de ces voix, il n'en pouvait douter, était celle d'Antide de Montaigu.
S'il eût été transporté en ce moment dans la pièce même où se trouvait le seigneur de l'Aigle, il n'eût point entendu d'une façon plus complète.
— Que veut dire cela? — demanda-t-il à l'inconnu.
— Je vous l'expliquerai plus tard, — répondit ce dernier. — Maintenant, écoutez, écoutez attention!... écoutez!... écoutez!... car, ou je me trompe fort, ou l'entretien de là-haut va vous intéresser!...
Lacuzon garda le silence et prêta l'oreille.

§

Abandonnons pour un instant le capitaine et le prisonnier, que nous retrouverons bientôt l'un et l'autre dans le cachot de la citerne, et transportons-nous dans le salon que nous connaissons déjà et où nous avons assisté à l'entrevue d'Eglantine avec le seigneur de l'Aigle, et à la brusque apparition de Magui la sorcière.
Au moment où retentit le son du cor qui annonçait l'arrivée du visiteur nocturne, Antide de Montaigu, assis devant la table de chêne, auprès de la cheminée, traçait d'une main lourde et indécise, sur une grande feuille de papier, des caractères bizarres.
A quelques pas de lui Magui la sorcière était debout, et le couvrait d'un regard vague et distrait en apparence, mais en réalité scrutateur et perçant.
Le signal attendu fit tressaillir le comte. — Il laissa son travail interrompu et, se levant vivement, il s'approcha du panneau de Guillaume de Vaudrey, et toucha le bouton caché dans les sculptures du cadre; — le panneau tourna sur lui-même aussitôt, démasquant la porte secrète.
— Femme, — dit alors le seigneur de l'Aigle à Magui, — puis-je véritablement compter sur votre fidélité et sur votre zèle?...
— Monseigneur, — répliqua la prétendue sorcière, — je ne puis que vous répondre ce que je vous ai répondu déjà : Mon intérêt vous garantit mon zèle et ma fidélité...
— Servez-moi bien, et vous verrez que vous avez affaire à un maître généreux...
— Je suis prête, monseigneur... et quelle que soit la chose que vous ayez à me commander, j'obéirai...
— Tout à l'heure j'aurai à vous confier une mission qui demande à être accomplie avec intelligence et promptitude...
— Je ferai de mon mieux, monseigneur.
— Maintenant, — ajouta le comte de Montaigu en désignant le couloir mystérieux, — entrez là, — asseyez-vous, si vous voulez, sur une des marches de l'escalier, et attendez que je vous rappelle...
— Resterai-je là bien longtemps, monseigneur?...
— Je ne le crois pas.
— N'allez pas m'oublier, au moins, monseigneur...
— Soyez sans inquiétude.
Magui était d'autant plus tranquille, qu'elle avait eu soin de laisser ouverte la petite porte qui donnait dans les fossés du château; ce qui lui permettrait de gagner sans difficulté la campagne, dans le cas, assez peu probable, d'un oubli du seigneur de l'Aigle.
Elle entra dans le couloir, et le panneau se referma derrière elle.
Pendant un instant elle eut l'idée de s'éloigner immédiatement; —

mais le souvenir de la mission, peut-être importante, qu'Antide de Montaigu devait lui confier, l'arrêta.

Elle s'assit donc sur l'escalier et elle attendit.

Aussitôt que le gentilhomme se trouva seul, il frappa sur un timbre pour appeler ce même valet qui, si peu de temps auparavant, avait reconduit Eglantine au bâtiment des femmes.

Le valet accourut.

— Prenez une lanterne, — lui dit Antide, — et précédez-moi...

Tous deux traversèrent la salle des gardes et le vestibule, — descendirent les degrés du perron et s'avancèrent sur l'esplanade déserte et silencieuse.

Des ordres avaient été donnés à l'avance afin que le son du cor, retentissant tout à coup au milieu de la nuit, n'arrachât au repos ni les hommes d'armes ni les écuyers.

Deux sentinelles continuaient sur les murailles leur ronde monotone et silencieuse. Antide de Montaigu les appela et leur fit, sous ses yeux, ouvrir les portes et baisser le pont-levis.

Un cavalier, enveloppé jusqu'aux yeux dans un immense manteau brun, et suivi d'une escorte de dix à douze hommes parfaitement montés, mit pied à terre sur l'esplanade.

Les hommes et les chevaux se dirigèrent vers le chemin de ronde qui devait les conduire à la cour de la Citerne.

Le visiteur nocturne et le seigneur de l'Aigle échangèrent un salut cérémonieux, sans prononcer une parole, et, précédés seulement du valet qui portait la lanterne, ils gagnèrent le château.

Quand ils furent dans le salon que nous connaissons et quand ils y furent seuls, le nouveau venu laissa tomber son manteau, et le sire de Montaigu, lui avançant un fauteuil et le saluant de nouveau avec l'apparence d'une déférence extrême, lui dit :

— Comte de Guébriant, soyez le bienvenu...

— Le représentant de Sa Majesté le roi de France ne saurait être que le bienvenu chez *le gouverneur du comté de Bourgogne!*... — répondit le comte, en accentuant d'une façon toute particulière les derniers mots que nous venons de souligner.

En s'entendant donner pour la première fois ce titre, objet de ses plus chères ambitions, Antide de Montaigu tressaillit et la vive rougeur de la joie et du triomphe vint empourprer son pâle visage.

— Gouverneur du comté de Bourgogne!... — répéta-t-il. — C'est bien ainsi que vous avez dit, comte, n'est-ce pas?...

— Oui, messire, — répondit M. de Guébriant, — et, par ces mots, j'entends gouverneur du bailliage d'aval, ou, en d'autres termes, de tout le pays compris dans le diamètre de ce grand cercle dont Saint-Claude et Lons-le-Saulnier, Dôle, Salins et Nozeroi forment la circonférence.

— Ainsi, — s'écria le comte, — ainsi, Son Eminence monseigneur le cardinal de Richelieu daigne enfin consentir?...

Le comte de Guébriant interrompit le seigneur de l'Aigle.

— Comte de Montaigu, — lui dit-il, — avant de continuer cet entretien, et afin de nous bien comprendre et par conséquent de nous bien entendre, il est indispensable de récapituler rapidement ce qui s'est passé depuis que des négociations sont entamées entre nous...

— A quoi bon?... — murmura Antide de Montaigu; ce que vous allez dire, nous le savons d'avance tous les deux...

— Certes, nous le savons. — Mais je crois sur certains points nous ne sommes pas complètement d'accord, — et c'est de cela qu'il me parait essentiel de nous assurer avant tout...

Le seigneur de l'Aigle ploya les épaules comme un homme qui se résigne à subir ce qu'il ne peut empêcher.

Le comte de Guébriant poursuivit :

— La France veut la Franche-Comté, — dit-il, — et vous comprenez aussi bien que moi, qu'un peu plus tôt ou un peu plus tard, elle l'aura... — L'issue de la guerre peut être rapprochée ou retardée, mais, en somme, cette issue n'est pas douteuse... — Est-ce votre avis comme le mien, sire de Montaigu?...

— Oui, — répondit Antide, du geste plutôt que de la voix.

— Cependant, — continua le comte, — j'avoue que nous ne pouvions prévoir que la résistance de la province, — résistance qu'il faut bien appeler héroïque, et qui, depuis deux ans, oppose à nos efforts une barrière quasi-infranchissable... — Nous avons voulu arrêter cette inutile effusion d'un sang généreux, — nous n'avons pas voulu que la province conquise fût en même temps une province décimée. — Sa Majesté le roi de France tiendrait avec orgueil à ajouter à son beau royaume des montagnes dévastées et sans habitants; — pour amener une solution prompte et pacifique, nous n'avions qu'un parti à prendre : c'était de mettre dans nos intérêts quelques-uns des plus hauts seigneurs franc-comtois, réunis à nous par le double intérêt de se concilier la haute faveur d'un grand roi, et de donner à leurs vassaux, pour l'avenir, de solides garanties de paix et de tranquillité. — Dans les montagnes du haut Jura, c'est de vous, seigneur de l'Aigle, que nous avons fait choix. — Vous avez accepté nos propositions, — vous avez juré de nous bien servir; — une récompense vous est due, elle sera splendide et ne vous manquera pas. — Mais elle doit être méritée complètement, et, pour que nous tenions nos promesses, il faut d'abord que vous teniez les vôtres...

— Monsieur le comte, — répondit Antide après quelques secondes de silence qui lui permirent de peser mûrement le sens et la portée de chacune des expressions dont il allait se servir, — donnez-moi la preuve que Son Eminence le cardinal de Richelieu m'a véritablement conféré le titre de gouverneur du comté de Bourgogne... — remettez entre mes mains l'acte signé de son nom et scellé du sceau de l'Etat, et, foi de gentilhomme, avant trois mois la Franche-Comté sera province française...

— C'est-à-dire, — s'écria Guébriant, — c'est-à-dire que vous voulez être payé d'avance...

— N'appelez donc pas les choses par leur nom, monsieur le comte, quand ce nom est odieux!... — Il ne s'agit point ici d'un payement, — il s'agit d'une garantie. — Je veux être certain que les engagements de la France à mon égard seront tenus...

— Sire de Montaigu, vous êtes défiant!...

— Oui, pardieu... — Monsieur le comte, la sagesse des nations affirme que la défiance est la mère de la sûreté, et je crois à la sagesse des nations...

— Ceci est très-prudent, je n'en disconviens point. — Mais, pour être clair, je le dois, je dois ajouter que cette *prudence* produit en haut lieu une très-fâcheuse impression...

— Je le regrette, messire comte, et je m'en étonne... — Pourquoi donc ma prudence (puisque vous vous êtes servi de ce mot) serait-elle moindre que celle du cardinal de Richelieu?.. Après tout, qu'est-ce que je demande?... Un acte qui ne peut compromettre que moi, puisqu'il ne recevra son exécution que lorsque j'aurai tenu toutes mes promesses!... — Cet acte, pourquoi refuse-t-on de le remettre entre mes mains?...

— Je serai sincère avec vous, seigneur de l'Aigle... — M'autorisez-vous à vous parler librement?...

— J'allais vous prier de le faire...

— Le cardinal trouve que votre conduite n'est pas franche...

— En quoi?

— Ecoutez : c'est seulement dans cette partie de la province, — ici, — dans le haut Jura, — que la résistance est sérieuse et redoutable. — Partout ailleurs les moyens de défense sont insuffisants ; — les bras manquent, et surtout la tête, — c'est-à-dire les chefs. — C'est donc seulement dans le pays compris entre Saint-Claude et Pontarlier, et commandé par trois hommes tels que Lacuzon, Varroz et Marquis, que le vieil esprit d'indépendance se concentre et se débat. — Tant que vos montagnes ne seront pas conquises ou soumises, les avantages partiels que nous pourrons remporter ailleurs resteront nuls comme résultats, et n'auront rien de définitif et d'absolu. — Une fois, au contraire, que le Jura nous appartiendra, Dôle et Besançon seront à nous, et nous n'aurons pas même besoin de recourir à un siège pour nous en emparer, car nous avons dans ces deux villes des amis dévoués qui, dès qu'ils seront sûrs que nous nous y maintiendrons sans peine, nous en ouvriront les portes. — Or, Besançon et Dôle, c'est la province entière...

Le comte de Guébriant s'arrêta.

— Je vois, messire, — dit au bout d'un instant Antide de Montaigu, — je vois que vous comprenez à merveille la situation de la province. — Mais j'attends toujours cette accusation que vous devez formuler contre ma conduite au nom de son Eminence le cardinal...

— J'y arrive, seigneur de l'Aigle. — C'est de vous et de vous seul que dépend la fin de la guerre. — Lacuzon, Varroz et Marquis sont les trois héros qui nous tiennent en échec. — Lacuzon surtout est un géant d'audace et de génie!... — Quand on pense que cet homme a osé pénétrer l'autre jour dans Saint-Claude!... — dans une ville prise d'assaut et occupée par un corps d'armée tout entier ! — qu'il y a narré sa bande avec lui et que, sous nos yeux, sur la place Louis XI, il aurait délivré un homme condamné par notre justice, si votre coup de pistolet n'y eût mis ordre au dernier moment !... — C'est à n'y pas croire!... — Commandée par de tels chefs, une population est invincible!... — Si, au contraire, ces chefs succombent, la démoralisation et la terreur s'emparent le lendemain de ces soldats improvisés, si terribles la veille!... — Lacuzon, Varroz et Marquis, morts ou prisonniers, la résistance est anéantie!... — Cela est indiscutable, n'est-ce pas?...

— Indiscutable, oui, messire comte.

— Eh bien, depuis six mois que vous appartenez à notre cause, vous avez eu vingt occasions de vous emparer de ces hommes et de nous les livrer, car leur confiance en vous est sans bornes et ils seraient tombés dans le premier piège que vous leur auriez tendu! — Vous ne l'avez pas fait... — Est-ce agir en allié loyal, je vous le demande, et pouvons-nous ajouter foi à un dévouement dont vous nous donnez si peu de preuves?...

— Est-ce tout ce que vous avez à me reprocher? — demanda Antide de Montaigu.

— C'est tout.

— Eh bien! je vais vous répondre...

XIII. — MARCHÉ CONCLU.

— Oui, je vais vous répondre, répéta le seigneur de l'Aigle, et de même que vous avez été franc avec moi, je serai franc avec vous... — Oui, plus d'une fois j'ai eu en mon pouvoir le capitaine des corps francs, et avec lui les deux autres membres de cette trinité en qui reposent, ainsi que vous le dites vous-même, la force et l'espoir de la province... — Oui, je sais comme vous que le jour où ces trois hommes seront morts ou prisonniers, la Franche-Comté sera conquise, car les partisans montagnards, désormais sans chefs, se disperseront; la terreur s'emparera des esprits et toute résistance semblera impossible et le deviendra en effet... — Oui, j'aurais pu depuis longtemps vous livrer Jean-Claude Prost, le colonel Varroz et le curé Marquis, mais en le faisant, comte de Guébriant, je me serais mis pieds et poings liés à votre discrétion, ou plutôt à celle du roi de France et du cardinal de Richelieu, et c'est ce que je ne devais pas accepter !... — La reconnaissance des rois est chose trop douteuse!... — Une fois le service rendu, ils oublient facilement le serviteur!...

— Seigneur de l'Aigle, — s'écria Guébriant, — ce doute est une injure!...

— Qui ne s'adresse point à vous, monsieur le comte, et que Sa Majesté le roi Louis XIII ne relèvera pas!... — Donc, j'ai dû laisser la guerre suivre ses phases différentes de succès et de revers, — de revers surtout, afin de vous bien prouver que vous ne pouviez vous passer de moi... — Aujourd'hui (et vous voyez qu'en vous parlant ainsi je joue cartes sur table), aujourd'hui vous ne pouvez tenir plus longtemps la campagne, — vos troupes sont décimées et épuisées, — l'hiver commence. — Maîtres de Saint-Claude il y a trois jours, vous en étiez chassés hier par une poignée d'hommes moitié paysans et moitié soldats... — Il ne vous reste d'autre alternative que d'en finir, grâce à moi, ou de vous avouer vaincus!...

Le comte de Guébriant, forcé de convenir vis-à-vis de lui-même qu'Antide de Montaigu avait raison, baissait la tête et mordait sa moustache.

— Vous-vous sentez le plus fort ! — dit-il enfin au bout d'un instant, — vous savez que vous êtes devenu nécessaire et que le succès dépend de vous, et vous voulez profiter de votre position. — C'est de l'habileté et je ne puis vous blâmer d'agir ainsi, — mais je vous répète que les intentions de la cour de France à votre égard sont franches et loyales...

— La cour de France ! — répéta le seigneur de l'Aigle. — Eh bien, comte, vous me forcez à aller plus loin que je ne l'aurais voulu et que je ne le devrais peut-être... — vous me forcez à vous dévoiler ma pensée tout entière... — Ce n'est pas de la France que je me défie...

— Et de qui donc?... — demanda Guébriant avec hauteur.

— Je vous parle avec calme, messire comte, — écoutez-moi de même... — La France m'a fait des propositions, — c'est avec la France que j'ai traité, — c'est à la France que m'attachent tous mes intérêts...

— Eh bien ?

— Eh bien, je consens à ce que la Comté devienne province française ; mais il est une chose que je ne souffrirai jamais...

— Laquelle ?

— C'est qu'un autre prétende se tailler dans la province un royaume à part, et se forger à nos dépens une couronne de roi des montagnes !...

— Je ne vous comprends pas...

— Vraiment! — murmura Antide de Montaigu avec un sourire ironique...

Puis il ajouta :

— Rapportez mes paroles au duc de Saxe-Weimar, et vous verrez qu'il me comprendra, lui !...

Le comte de Guébriant mordit plus que jamais sa moustache et garda le silence.

— Vous vous taisez, — reprit le seigneur de l'Aigle au bout d'un instant, — tant mieux, car ceci me prouve que nous nous entendons à merveille. — Je continue : — Oui, la France veut la Comté, — mais d'autres ambitions veillent et se promettent d'entamer une seconde lutte quand la première sera finie. — Vous êtes Français, mais vous n'êtes pas au service de la France, comte de Guébriant. — Vous avez un maître, et vous vous dévouez à ce maître, — c'est tout naturel. — Or, le duc de Saxe-Weimar, aujourd'hui l'allié de Louis XIII, pourrait bien, après la conquête, se tourner contre lui...
— Ses projets, ses ambitions, ses espérances, sont connus depuis longtemps ; — il est vraisemblable que rien de tout cela n'a changé. — Vous êtes le premier aide de camp de Saxe-Weimar, et c'est avec vous seul que j'ai été mis en rapport ; — il est possible, il est même probable que des ordres secrets vous ont été donnés...

— Comte de Montaigu !... — s'écria Guébriant en pâlissant de colère.

— Messire comte ? — demanda Antide avec le plus grand sang-froid.

— Vous doutez de ma loyauté et de celle de mon maître !...

Le seigneur de l'Aigle se mit à rire, d'un rire un peu contraint peut-être, mais éclatant et sonore.

— Ne parlons pas de loyauté, comte de Guébriant, — dit-il ensuite ; — nous n'ignorons ni l'un ni l'autre que le mot existe, — mais que, pour nous autres ambitieux du moins, la chose n'existe pas... — Du reste, si je vous ai dit longuement tout ce que vous venez d'entendre, c'était pour en arriver à ceci : — les espérances et les rêves de votre maître m'importent peu, mais il m'importe beaucoup de ne pas me trouver, le lendemain de la victoire, en face d'un souverain, petit ou grand, qui n'aurait contracté envers moi aucun engagement... — C'est avec le cardinal de Richelieu et non avec le duc de Saxe-Weimar que j'ai traité par votre entremise. — Je veux me trouver en droit et en mesure de défendre la province, au nom de la France, contre tout prétendant, quel qu'il soit, et contre le duc de Saxe-Weimar aussi bien que contre les autres...

Guébriant fit un mouvement brusque.

— Ne vous cabrez pas, je vous en prie, messire comte, — poursuivit le seigneur de l'Aigle, vous feriez de l'indignation à froid, car vous comprenez à merveille que j'ai complètement raison... — Je finis, d'ailleurs, et je me résume ainsi : — La nuit dernière, en me quittant, vous m'avez fait l'honneur de me promettre pour cette nuit une solution. — Le titre avec lequel vous m'avez salué tout à l'heure, au moment de votre arrivée, pouvait et devait me faire croire que cette solution vous me l'apportiez enfin... — Si vous l'avez réellement, donnez-la-moi, car je suis fatigué d'attendre... — Je consens à croire que personne... vous entendez, personne, n'a cherché à reculer l'échéance de mes engagements vis-à-vis de la cour de France, et de ceux de la cour de France vis-à-vis de moi... — Mais je me verrais contraint de douter si vous m'en refusiez la preuve...

Le comte de Guébriant défit quelques-unes des agrafes de son pourpoint, et, prenant dans son sein un papier plié en forme de lettre, il le tendit au seigneur de l'Aigle en lui disant :

— Voici la preuve que vous demandez.

Antide de Montaigu saisit avidement le papier, le déplia d'un geste rapide et le parcourut d'un seul regard.

C'était un message envoyé par le duc de Saxe-Weimar au comte de Guébriant.

— Cette lettre, — dit-il quand il eut achevé, — en annonce une autre, — une lettre du cardinal de Richelieu, adressée à moi directement et que vous êtes chargé de me remettre.

— Oui, messire comte...

— Et, — demanda Antide avec un tressaillement d'impatience fébrile, — cette lettre de Son Eminence, vous l'avez?...

— La voilà. — Les instructions que j'ai reçues me prescrivaient de ne vous la donner qu'au moment où vous auriez acquitté toutes vos promesses... — mais votre franchise a commandé ma confiance.

Le seigneur de l'Aigle brisa le large cachet de cire rouge fermant l'enveloppe épaisse et carrée qui venait de lui être remise par le comte de Guébriant, — il déploya le parchemin plié en quatre et il lut.

A mesure qu'il avançait dans sa lecture, son visage semblait rayonner de plus en plus ; — les rides de son front s'effaçaient, et de son regard jaillissaient de joyeux éclairs.

— Comte de Guébriant, — demanda-t-il ensuite, — savez-vous ce que renferme ce parchemin ?

— Je sais du moins ce qu'il doit renfermer. — Son Eminence accepte toutes vos conditions, et, selon vos désirs, vous nomme gouverneur du comté de Bourgogne, à partir du jour où la Franche-Comté sera province française...

— Oui, messire comte, et je suis heureux de reconnaître que, non plus que la femme de César, la loyauté du cardinal, celle du duc de Saxe-Weimar et la vôtre ne pouvaient être soupçonnées. J'ai d'ailleurs à ma disposition un moyen sûr de me faire pardonner à l'instant même mes doutes offensants, et de vous prouver en même temps combien vous aviez tort, vous aussi, de croire qu'il y eût dans ma conduite quelque chose de tortueux...

— Et ce moyen, messire comte ?...

— C'est de vous apprendre une bonne nouvelle... — L'un des membres de la grande trinité des montagnes est en notre pouvoir...

— Lacuzon?... — s'écria le comte de Guébriant.

— Ni Lacuzon, ni Varroz, — répondit Antide. — Le père et le fils nous ont échappé, mais nous tenons le saint-esprit... — Le curé Marquis est prisonnier.

— En effet, monsieur le comte, c'est là une nouvelle importante. — Pouvez-vous me donner quelques détails ?...

— Marquis, fait prisonnier par les Gris, il y a quelques heures, a été tout aussitôt, par mes ordres, dirigé sur le château de Clairvaux, où le comte de Bauffremont, notre allié, se chargera de le bien garder... — Je prendrai, à cette occasion, la liberté de recommander à vous et au cardinal le comte de Bauffremont ! — une position à la cour de France et un régiment suffiront à son ambition. — Il est d'ailleurs, vous le savez, fort grand seigneur...

— Comptez sur moi !... — Marquis prisonnier !... C'est une capture heureuse et qui nous fait faire un grand pas !...

— Et je me charge de vous livrer Lacuzon et Varroz...

— Où sont-ils maintenant?

— Au trou des Gangônes.

— Tout près d'ici, n'est-ce pas ?...

— A une heure et demie de chemin tout au plus.

— Écoutez-moi, seigneur de l'Aigle. — Je ne suis pas un diplomate, moi ; je suis un soldat, et toute trahison me répugne... — Varroz et Lacuzon sont des ennemis sans doute, mais ce sont de braves gens, mais ce sont des héros... — Il faut qu'ils meurent, mais je voudrais les voir mourir honorablement, comme ils le méritent, sur un champ de bataille et les armes à la main... — N'est-il donc point possible, au lieu de les attirer dans un piége comme des fouines ou comme des loups, d'aller les attaquer dans leurs retranchements et d'arriver au trou des Gangônes ?...

Antide de Montaigu sourit.

— C'est chevaleresque, messire comte, — dit-il ensuite ; — mais, malheureusement, c'est impossible...

— Pourquoi ?

— Le trou des Gangônes est inaccessible et imprenable... il faudrait être un aigle pour y parvenir quand les passages sont gardés.

— Dix hommes résolus tiendraient tête sans peine, au défilé de la cascade, à une armée tout entière !... — Je vous le répète, c'est impossible...

— Ne pourrait-on, du moins, envelopper dans un blocus rigoureux la caverne et la vallée entière .. — Chefs et soldats, — pris par la famine, — seraient bien vite contraints de se rendre...

— Prisonniers de cette façon ou d'une autre, qu'importe ? — demanda Antide.

— De cette façon ils subiraient les lois de la guerre... ils ne succomberaient point par le fait de la trahison...

— La distinction est subtile !

— Pas pour moi, seigneur de l'Aigle, — répliqua sèchement Guébriant. — Enfin répondez-moi : — Avec les forces militaires dont je dispose, puis-je enfermer le trou des Gangônes dans une infranchissable barrière de rapières et de mousquets ?...

— Non, messire comte, vous ne le pouvez pas et voici la raison de cette impossibilité. — Souvenez-vous de ce que je vous ai dit plus d'une fois au sujet de l'organisation des corps francs du capitaine Lacuzon. — Ces compagnies de partisans montagnards sont fortes d'environ trois mille cinq cents hommes, disséminés dans tout le haut Jura, et qui ne se réunissent jamais complètement que dans les occasions importantes et lorsqu'ils savent que doit avoir lieu quelque action décisive. — Le capitaine a deux lieutenants qui commandent les corps dispersés dans la montagne. — Ces chefs partiels communiquent avec le chef suprême par des émissaires qui viennent chercher les ordres et retournent assigner le lieu et l'heure du rendez-vous. — En une demi-journée, Lacuzon peut mettre sur pied et faire converger vers un centre commun tous les hommes dont il dispose, et que vous vous attireriez à la fois sur les bras si vous cherchiez à investir le trou des Gangônes. — Cette caverne, d'ailleurs, n'est qu'une sorte de quartier général où deux ou trois cents montagnards, tout au plus, se trouvent réunis. — C'est là que se concentrent les grands dépôts de munitions et d'armes. — Des vivres abondants y sont entassés, et il faudrait que le blocus durât bien longtemps pour amener la famine. — Ce n'est pas tout : — on affirme, et je le crois, que le trou des Gangônes renferme des issues secrètes, connues seulement de Lacuzon, de Varroz et de Marquis, et qui, par des chemins souterrains, conduisent au loin dans la campagne ceux qui ont des raisons pour ne point se montrer dans la vallée d'Ilay. — Comment surveiller les issues dont nous ne pouvons que soupçonner l'existence ?... — Vous croiriez avoir enfermé Lacuzon dans un cordon infranchissable, et Lacuzon, dont notre folle confiance doublerait la force, nous attaquerait par derrière, à l'improviste, avec cet irrésistible élan, avec cette fougueuse audace qu'il sait communiquer aux partisans dont il est le chef, et la sanglante défaite de Saint-Claude aurait un pendant !...

— Vous m'avez convaincu, — répondit le comte de Guébriant. — Je comprends que vis-à-vis de semblables ennemis, la force est impuissante et qu'il faut employer la ruse...

— Et nous l'emploierons, messire comte..

— Que comptez-vous faire ?

— Je ne le sais pas encore. — Mon plan me sera dicté par les circonstances. — Je ferai naître l'occasion ; — il est facile d'attirer dans un piége adroit des hommes sans défiance...

— Judas !... — murmura Guébriant avec un profond dégoût, mais assez bas pour que le seigneur de l'Aigle ne l'entendît point.

— Dès demain, — poursuivit Antide de Montaigu, — ou plutôt dès aujourd'hui, car il est minuit passé, je me mettrai à l'œuvre ... — et, pour commencer, je vous demande la permission de terminer et d'expédier à son adresse une lettre que j'écrivais au moment de votre arrivée, messire comte, et dans laquelle j'enjoins au seigneur de Bauffremont de faire garder à vue, jour et nuit, celui qui est la tête et l'intelligence de la trinité montagnarde, celui que nous appelons le saint-esprit, — le curé Marquis enfin...

Tout en parlant, Antide de Montaigu ajouta quelques caractères à ceux qu'il avait déjà tracés sur une feuille de papier, et tendit cette feuille au comte de Guébriant.

— Et qui va se charger de votre lettre ? — demanda le comte de Guébriant en la prenant.

— Une vieille femme en qui j'ai confiance et que personne au monde ne peut soupçonner de faire partie de mes agents... — D'ailleurs, si cette lettre était perdue ou enlevée, ceux entre les mains de qui elle tomberait ne sauraient en retirer de grands avantages...

— Comment cela ?...

— Regardez, messire comte...

Guébriant examina la lettre, qui ne contenait, ainsi que nous l'avons déjà dit, que des caractères bizarres et hiéroglyphiques et des chiffres disséminés çà et là.

— En effet, — dit-il ensuite, — voilà qui ressemble aux griffonnages incohérents d'un enfant, et je crois que les moines bénédictins eux-mêmes perdraient leur temps et leurs soins à vouloir déchiffrer ce grimoire... — Cela offre-t-il réellement un sens ?...

— Oui, messire, un sens très-net et très-clair. — Seulement, le sire de Bauffremont et moi, nous nous servons pour correspondre de certaines formules convenues à l'avance entre nous ; — nous défions ainsi toute surprise et tout espionnage...

— A merveille !... ceci est admirablement combiné, et j'admire la prudence sans bornes que vous savez mettre en toutes choses !...

— Je crois, seigneur de l'Aigle, que vous serez pour Sa Majesté le roi Louis XIII un bien excellent et bien précieux gouverneur du comté de Bourgogne...

— Je le crois aussi, — répondit Antide de Montaigu avec un orgueil naïf.

Il ploya sa lettre, — la mit sous enveloppe, — la scella avec un cachet qui portait, non point l'empreinte de ses armes mais une simple devise, ensuite il fit jouer le ressort que nous connaissons et il appela Magui, La vieille femme parut aussitôt.

— Voici, — lui dit-il, — voici le moment de faire preuve de ce zèle dont vous prétendez être animée...

— Vous me verrez à l'œuvre, messire. — Les actions sont plus éloquentes que les paroles...

— Vous pouvez vous remettre en route sur-le-champ, n'est-ce pas ?...

— Oui, messire.

— Malgré la fatigue ?...

— Mes vieilles jambes sont vigoureuses, et j'ai l'habitude des longues marches.

— Combien vous faut-il de temps pour aller d'ici à Clairvaux ?...

— Quatre heures.

— Ainsi, vous arriverez avant le jour si vous partiez à l'instant ?

— Oui, messire.

— C'est bien. — Prenez cette lettre et mettez-la dans quelque endroit où elle soit en sûreté.

— Je la cache dans ma besace. — Les Cuanais, si j'en rencontrais quelques-uns, n'auraient certes point l'idée d'aller la chercher là.

— Aussitôt à Clairvaux, vous remettrez cette missive au comte de Bauffremont lui-même. — Vous entendez ? à lui-même...

— J'entends, messire, et je comprends, mais je doute fort qu'il me soit possible d'obéir.

Antide de Montaigu fronça le sourcil.

— Pourquoi cela ? — demanda-t-il.

— Parce que je ne viendrai point à bout de parvenir jusqu'à lui...

— Croyez-vous donc que les ponts-levis s'abaisseront devant moi et que les sentinelles laisseront passer Magui la sorcière ?...

— Je vais vous donner un moyen d'être introduite auprès du comte de Bauffremont, et cela sans faire cabrer antichambre...

Antide de Montaigu tira de son doigt un anneau d'or, pareil à ceux que portaient les chevaliers romains.

— Prenez cette bague, — dit-il ensuite ; — vous la montrerez à la première sentinelle que vous rencontrerez, en la prévenant que vous venez de ma part ; — les difficultés s'aplaniront aussitôt devant vous.

— Maintenant, messire, je réponds de tout, et je vous promets d'exécuter fidèlement vos ordres.

— J'y compte. — Vous direz au sire de Bauffremont, quand il aura pris connaissance de mon message, que j'attends une réponse...

— Est-ce moi qui devrai me charger de vous apporter cette réponse ?...

— Oui. — Je suppose qu'il vous la remettra sur-le-champ. — Vous prendrez quelques heures de repos et vous reviendrez ici...

— Quelques heures de repos, messire !... à quoi bon ? — Aussitôt que la réponse sera dans mes mains, je quitterai Clairvaux pour revenir au château de l'Aigle.

— C'est inutile. — Il me suffira que vous soyez de retour ici vers le commencement de la nuit prochaine.

— J'y serai, messire. — Par quelle porte devrai-je arriver ?

— Par la petite porte du rempart ; — en voici la clef. — Maintenant, femme, partez vite...

Magui disparut dans le couloir secret et le panneau se referma derrière elle.

— Comte de Montaigu, — dit alors le sire de Guébriant, je crois que notre conférence est terminée, et la façon la plus satisfaisante, puisque nous voici d'accord sur tous les points.

— J'en suis heureux, messire, et j'ai hâte de prouver au roi de

Voilà l'enfant de la nuit du 17 janvier 1620; voilà votre fille. (Page 84.)

rance et au cardinal que je suis digne de la confiance qu'ils veulent bien avoir en moi.

— Il est maintenant de votre intérêt, autant que du nôtre, que la Franche-Comté devienne province française, car le jour où ce grand événement s'accomplira, vous serez, vous, gouverneur du comté de Bourgogne...

— Avant trois mois, messire, je serai gouverneur du comté de Bourgogne... car avant trois mois la Franche-Comté sera province française !

— Voulez-vous donner des ordres pour que mes gens et mes chevaux se tiennent à ma disposition ?...

— A l'instant, messire...

Le seigneur de l'Aigle sonna, et le valet auquel il dit quelques mots se dirigea en toute hâte vers la cour de la Citerne.

Quelques minutes après, le comte de Guébriant, accompagné jusqu'au dehors du dernier pont-levis par Antide de Montaigu, descendait avec sa petite escorte la rampe qui conduisait à la vallée.

Antide, après avoir fait refermer les portes sous ses yeux, se dirigea vers le salon qu'il venait de quitter, et dans lequel il rentra en murmurant :

— Gouverneur du comté de Bourgogne !... C'est un grand et beau titre, et je saurai le grandir encore !...

XIV. — ALARME.

Le moment est venu de rejoindre le capitaine et le prisonnier, dans le cachot de la citerne.

Tous deux, appuyés à la muraille du rocher, avaient entendu, sans en perdre un seul mot, la longue et cynique conversation que nous venons de mettre sous les yeux de nos lecteurs.

Vingt fois le capitaine avait frissonné de dégoût, ou pâli d'indignation, en écoutant le traître gentilhomme se faire marchander la liberté de la province et la vie des chefs de la montagne.

La nouvelle imprévue de la captivité du curé Marquis l'avait bouleversé d'abord ; — mais il s'était calmé et rassuré en se disant :

— Dès que je serai hors de ce château maudit, je courrai à l'aide du prêtre soldat et je l'arracherai bien vite aux griffes de ces misérables.

L'apparition de Magui la sorcière et le rôle qu'elle paraissait jouer auprès d'Antide de Montaigu avaient été pour le capitaine la plus inexplicable de toutes les énigmes. — Cependant, il lui paraissait certain que la vieille femme ne trahissait point, puisque, connaissant sa présence au château de l'Aigle, elle ne la dénonçait pas au terrible châtelain.

— Messire, — demanda vivement Lacuzon au prisonnier, aussitôt que le comte de Guébriant et le sire de Montaigu eurent quitté le salon, — expliquez-moi maintenant comment il se fait...

— Que depuis ce cachot il soit possible d'entendre tout ce qui se dit dans le salon du seigneur de l'Aigle, n'est-ce pas ? — interrompit l'inconnu.

— Oui.

— C'est bien facile, sinon à comprendre, du moins à expliquer... — Il s'agit ici d'un de ces phénomènes qui sont si fréquents dans l'ordre des choses naturelles, et qui cependant pourraient presque passer pour surnaturels... — Le cachot dans lequel nous nous trouvons est creusé dans le roc vif, précisément au dessous de la pièce où le sire de Montaigu se tient d'habitude. — L'une des murailles de cette pièce s'appuie sur la voûte même du cachot, dans un endroit où la roche change de nature et forme une sorte de veine poreuse, éminemment propre, paraît-il, à la transmission des sons... — Un savant vous dirait quelle est cette veine et d'où provient la sonorité !

— Moi, qui ne suis pas un savant, je me borne à constater le fait.

— La muraille descend jusqu'à la veine du rocher et apporte à sa base les sons qui la frappent à son sommet. — C'est bizarre, mais c'est incontestable, puisque, si votre oreille ne s'appuyait pas à la roche elle-même, et même dans un espace assez restreint, vous auriez beau écouter, vous n'entendriez aucun bruit... — Plus tard, je vous dirai quels événements m'ont révélé, dans une nuit terrible, l'existence de ce phénomène, et, quand vous m'aurez écouté, vous

Brunet poussa un cri effroyable et roula dans le ravin avec le tronc d'arbre. (Page 85.)

saurez qui je suis... — Maintenant, ne songeons qu'à sortir du château... ne songeons qu'à la liberté... car la liberté c'est la vengeance!
— La cour de la Citerne est déserte... Venez...

L'inconnu reprit la main du capitaine et lui fit traverser de nouveau le couloir étroit qui du cachot conduisait à la citerne.

A peine venaient-ils d'atteindre la corniche glissante qui régnait tout autour du réservoir, que l'eau fut agitée violemment par un corps étranger qui s'y plongeait.

En même temps on entendit, à l'orifice de la citerne, une voix douce et basse murmurer :
— C'est l'échelle...

Lacuzon sentit la main de l'inconnu trembler dans la sienne.
— Une foudroyante émotion terrassait ce prisonnier qui, après vingt ans de tortures, touchait au moment de reconquérir l'air et la lumière si longtemps perdus!..
— Soyez homme ! — lui dit-il tout bas, — soyez fort!... — Songez qu'il faut du courage contre la joie comme il en faut contre le malheur!...
— Capitaine, — répondit l'inconnu d'une voix à peine distincte, — l'âme est forte, mais la chair est faible, — il faut me pardonner...
— L'idée que j'allais être libre... libre à l'instant... m'avait anéanti... Mais c'est déjà passé!... voyez, je suis calme... — Partons...
— Messire, — répondit Lacuzon, — je vais monter le premier. — Eglantine s'attend à me retrouver seul, comme elle m'a laissé... — Votre vue pourrait lui arracher un cri de surprise et de terreur, et c'est ce qu'il faut éviter...
— Oui... oui, — répondit vivement l'inconnu ; — montez, je vais vous suivre...

Lacuzon s'élança sur les barreaux de l'échelle, et, en une seconde, il atteignit la margelle et franchit la petite balustrade de fer qui la couronnait.

Eglantine, très-intriguée et très-inquiétée par le bruit de voix qu'elle avait entendu dans la citerne, demanda vivement :
— Tu n'es pas seul?...

— Non, — répondit le capitaine.
— Qui donc t'accompagne?...
— Un ami.
— Mais comment se fait-il?... — interrompit le capitaine. — Maintenant, chère enfant, je t'en prie, pas un mot de plus...

Eglantine se tut.

En ce moment l'inconnu atteignait à son tour l'orifice de la citerne, et, dans un élan de joie et de reconnaissance, il appuyait ardemment contre ses lèvres la main que Lacuzon lui tendait pour l'aider à franchir la balustrade.

Nous avons dit que le ciel était voilé par un lourd entassement de grands nuages qui s'interposaient, ainsi que de gigantesques boucliers, entre la lune et la terre.

Par instant, un rayon, ou plutôt un reflet pâle et timide, se glissait entre deux nuées sombres, auxquelles il mettait une bordure d'argent, et venait, non pas dissiper les ténèbres, mais les rendre visibles.

Ces clartés indécises et intermittentes ne permirent point au capitaine de voir le visage du captif délivré par lui, mais suffirent cependant à lui montrer un homme de cinquante-cinq à soixante ans, d'une taille haute et pleine de noblesse, malgré les haillons qui le couvraient, et portant une longue chevelure blanche qui ruisselait sur ses épaules et une immense barbe, également blanche, tombant jusqu'au milieu de sa poitrine.

Barbe et chevelure lui donnaient l'aspect étrange et presque fantastique de ces chevaliers de la Table ronde dont parlent les romans du moyen âge, et qui, victimes des maléfices ténébreux de quelque nécromant, se réveillaient un beau matin après avoir dormi cent années.

Eglantine éprouva à cette vue un mouvement involontaire de terreur superstitieuse qui la fit se rapprocher de Lacuzon et se serrer contre lui.

A peine les pieds de l'inconnu eurent-ils foulé le sol ; — à peine

6

sa poitrine se fut-elle gonflée de l'air pur et froid de la nuit, si différent de l'atmosphère humide et nauséabonde de son cachot, qu'il tomba à deux genoux et qu'il éleva à la fois vers le ciel, pour remercier Dieu, ses yeux, ses mains et son âme!

Cette enthousiaste action de grâces fut d'ailleurs de courte durée.

— Il se releva presque aussitôt, et il murmura :

— Quand vous voudrez, capitaine. — Je suis prêt, et je vous répète que je le suis fort... — D'ailleurs, quel péril pourrions-nous redouter désormais?... Dieu, qui vous a envoyé vers moi, ne nous abandonnera ni l'un ni l'autre...

— Comptons sur Dieu, messire, — répondit Lacuzon, — mais comptons aussi sur nous-mêmes... — C'est de l'autre côté de ces murailles seulement que nous trouverons la liberté, et avec elle la vengeance... — Que cette pensée vous soutienne jusqu'au bout dans notre tâche difficile...

— Je ne faiblirai pas!...

— Marchons...

— Je vous suis. — Mais, auparavant, retirons l'échelle de la citerne, je vous prie.

— A quoi bon?...

— Il est inutile que le seigneur de l'Aigle soit instruit de ma fuite, quant à présent du moins...

— Ne la connaîtra-t-il pas demain?...

— Non. — Le valet qui m'apportait chaque jour ma nourriture n'ouvrait le guichet qu'à demi et ne m'adressait jamais la parole.

— Des années pourraient s'écouler sans qu'Antide de Montaigu apprit qu'il a perdu ce prisonnier... — Il le saura bientôt... — mais je veux que ce soit par moi...

— Soit, — répondit Lacuzon en retirant l'échelle et en courant l'appuyer au hangar, dans l'endroit où il l'avait prise. — Maintenant, voilà qui est fait, hâtons-nous...

Le capitaine, suivi d'Eglantine et de l'inconnu, se dirigea rapidement vers la voûte qui mettait en communication la tour de la Citerne avec le chemin de ronde.

Là il s'arrêta, et il déroula la corde qu'il portait autour de ses reins.

— Messire, — dit-il à l'inconnu, — approchez, je vous prie.

— Que voulez-vous faire?...

— Vous attacher cette corde en guise de ceinture. — C'est vous qui descendrez le premier...

— Moi... Le premier? — répéta l'inconnu. — Et pourquoi pas cette jeune fille?... — C'est elle qu'il faut sauver d'abord...

— Eh ! c'est justement dans l'intérêt d'Eglantine que je veux agir...

— Une fois que vous serez en bas, je la descendrai jusqu'à vous, et vous la recevrez dans vos bras...

— S'il en est ainsi, que votre volonté soit faite...

Le capitaine assujettit solidement la corde sous les bras de l'inconnu.

— Et maintenant,—reprit-il quand il eut terminé, — nous allons nous engager sous la voûte ; — elle n'est pas longue, mais elle est sonore, ce qui rend le trajet dangereux. — Retenons notre haleine... étouffons le bruit de nos pas... Une fois dans le chemin de ronde où, par bonheur, la lune voilée ne nous trahira point, marchons dans l'ombre plus épaisse encore produite par la muraille. — Songeons enfin que notre vie à tous les trois est en jeu !... — Prie tout bas et avec ferveur, — ajouta-t-il en s'adressant à Eglantine ; — prie, mon enfant... Dieu écoute les voix innocentes !...

Lacuzon s'engagea le premier sous la voûte et il continua à marcher en gardant une avance de quatre ou cinq pas, une main sur ses pistolets, l'autre sur la poignée de sa rapière, — l'oreille attentive, — le regard fixe et cherchant à sonder les ténèbres.

Derrière lui venait l'inconnu, — soutenant Eglantine qui tremblait bien fort, car la crainte d'une surprise la glaçait. — Cependant, elle se rassurait peu à peu, et à chaque pas qu'elle faisait en avant, il lui semblait que le péril s'éloignait.

Il commençait en effet à devenir probable que la dangereuse aventure arriverait à bonne fin.

Déjà la voûte était dépassée, — déjà les deux tiers du chemin de ronde étaient franchis.

On approchait de cet endroit de la muraille choisi par le capitaine comme particulièrement favorable pour effectuer la descente.

Encore quelques secondes de prudence et de patience, et l'on touchait au but, — au salut, — à la liberté!...

— Devant les trois fugitifs apparaissait vaguement, et plus sombre sur les ténèbres, la façade du principal corps de logis trouée par les deux fenêtres lumineuses du salon où le seigneur de l'Aigle caressait avec amour ses plans de trahison et de grandeur.

A gauche l'esplanade, terminée par le rempart qui surplombait l'abîme.

Les lèvres de Lacuzon se remuaient, comme pour ébaucher ces trois mots : — Courage !... nous arrivons !... — mais elles ne laissaient échapper aucun son.

Soudain, une figure humaine sembla se détacher de l'ombre du grand bâtiment, avec lequel elle était restée jusque-là confondue, et une voix, qui parut aux fugitifs plus retentissante et plus sinistre que la trompette du jugement dernier éveillant les échos de la vallée de Josaphat, leur cria :

— Qui va là?...

Lacuzon frissonnant s'arrêta, et, mesurant du regard la distance qui le séparait de la malencontreuse sentinelle, il se demanda s'il ne pourrait pas arriver jusqu'à elle d'un seul bond, et trancher d'un coup d'épée sa parole et sa vie.

Mais entre le veilleur de nuit et le capitaine il y avait un intervalle de vingt-cinq à trente pas.

— Qui va là?... — répéta l'homme d'armes pour la seconde fois. Lacuzon ne répondit pas et s'élança en avant.

Le soldat épaula son mousquet et pressa la détente. — Un éclair raya la nuit, une détonation retentit et une balle passa en sifflant à quelques lignes de la tempe gauche du capitaine.

En même temps, le soldat recula et se perdit dans l'obscurité en hurlant de toute la force de ses poumons :

— Alarme !... alarme !...

A cet appel sinistre, résonnant dans la nuit comme un coup de tocsin, tout sembla s'éveiller à la fois dans le château. — Des torches s'allumèrent, — des silhouettes effarées se dessinèrent sur les fenêtres lumineuses, et les voix confuses des hommes d'armes et des valets répétèrent :

— Alarme !... alarme !...

— Nous sommes perdus ! — balbutia Eglantine défaillante.

— Pas encore ! — répondit le capitaine. — Venez... retournons en arrière...

Et il les entraîna rapidement.

— Nous allons descendre dans la citerne, — leur dit-il, — et nous nous y tiendrons cachés jusqu'à la nuit prochaine...

Mais, au moment où ils venaient d'entrer dans la cour, cinq ou six valets la traversèrent en courant et disparurent sous la voûte que les fugitifs venaient de quitter... — En même temps on voyait des torches s'agiter et se rapprocher.

— Nous n'aurons pas le temps !... — murmura Lacuzon avec désespoir ; — nous n'aurons pas le temps !... Mon Dieu, faudra-t-il donc mourir ici !...

Puis, après une seconde de réflexion, il ajouta :

— La terrasse... gagnons la terrasse...

Ils s'élancèrent tous les trois sur l'escalier qui, depuis la cour de la Citerne, conduisait à la terrasse.

— Au moins, ici, — reprit le capitaine après avoir fermé la grille qui se trouvait en haut de l'escalier, — nous pouvons nous cacher et essayer même de nous défendre, derrière les troncs d'arbres et les haies vives...

Et ils se blottirent parmi les rameaux vivaces d'un buis gigantesque qui faisait face à la tour.

— Capitaine, — dit tout bas l'inconnu, — au nom du ciel, donnez-moi une arme... — Si nous sommes surpris, que j'aie au moins le dernier bonheur de leur vendre chèrement ma vie !...

Lacuzon lui tendit silencieusement son poignard.

Cependant le bruit et le mouvement augmentaient dans le château, — dans les cours, — sur l'esplanade.

Le seigneur de l'Aigle, aussitôt après avoir entendu le coup de feu et le cri d'alarme, était venu questionner lui-même la sentinelle, afin de se bien assurer qu'il ne s'agissait point de quelque fausse alerte.

Puis, convaincu par le rapport de cet homme que des étrangers s'étaient réellement introduits dans l'enceinte du château, il avait donné des ordres pour que les murailles fussent couronnées de sentinelles armées de torches, et il avait organisé les recherches qu'il dirigeait lui-même.

La cour de la Citerne fut le but des premières explorations. — On fouilla les hangars, — on déchargea jusqu'à la dernière botte de foin dont était chargée la voiture du père de Garbas. — On visita les celliers, les écuries, les cuisines, — on ne trouva rien.

Une douzaine d'hommes envahirent alors la terrasse, et la parcoururent dans tous les sens, en formulant les plus terribles menaces contre ceux qui venaient ainsi troubler leur repos.

Les uns parlaient de dresser un gibet sur l'esplanade, — les autres d'allumer un bûcher sur la plate-forme de la tour de l'Aiguille, afin d'intimider par un exemple salutaire les populations environnantes.

Pendus ou brûlés vifs !... — telle était l'alternative offerte à nos fugitifs. Eglantine s'évanouissait à demi.

Lacuzon serrait convulsivement la poignée de sa rapière ; — l'inconnu caressait la garde du poignard que le capitaine venait de lui donner.

XV. — LA FEMME PALE.

A dix reprises différentes, les soudards du seigneur de l'Aigle passèrent à côté de la touffe de buis qui servait d'asile à nos personnages. — Aucun d'eux n'eut l'idée d'en écarter, du bout de son épée, les rameaux épais.

Eglantine avait eu raison de croire à la protection de Dieu. — Au moment où il semblait les abandonner, Dieu veillait encore sur eux.

Fatigués de ne rien trouver, les hommes d'armes dirigèrent leurs recherches vers un autre point. — Ils refermèrent les grilles. — Les pas et les voix s'éloignèrent, et la lumière vacillante des torches s'affaiblit dans la distance.

Pendant près d'une heure encore, des patrouilles continuèrent à aller et venir dans l'enceinte du château, dans les cours et sur l'esplanade. — Mais l'ardeur de ces patrouilles se ralentissait visiblement. — Les lumières disparurent les unes après les autres, et l'on n'entendit plus que la marche lente et mesurée des sentinelles dont on avait doublé le nombre sur les remparts.

— Sommes-nous sauvés?... — demanda tout bas Eglantine.

Le capitaine lui fit la même réponse qu'un peu auparavant, quand elle avait balbutié : — *Nous sommes perdus*...

— Pas encore, mon enfant... — dit-il.

— Qu'allons-nous faire? — demanda l'inconnu.

— Depuis une heure je réfléchis à notre situation, — répliqua le capitaine, — et je combine un plan qui me parait offrir quelques chances de salut... — Voici ce plan... — Sa réussite vous intéresse autant que moi, — vous pouvez donc l'agréer ou le repousser... — Il me semble absolument impossible de nous échapper tous les trois cette nuit; — le nombre des sentinelles est doublé, et, après l'alarme qui vient d'avoir lieu, c'est courir à une mort certaine que de braver leur surveillance... — Je vous propose de gagner avec Eglantine le cachot de la citerne, dans lequel vous serez en sûreté... — Moi je me glisserai, en rampant comme un serpent, jusqu'à la plus prochaine sentinelle... — je la tuerai..., — s'il vient que je vive, il saura bien détourner de moi les balles... A la pointe du jour, je viendrai à la tête de mes montagnards, — nous nous emparerons de vive force du château de l'Aigle et vous serez libres...

— Capitaine, — répondit l'inconnu, — croyez bien qu'en ce moment il n'y a pas dans mon esprit une seule pensée d'intérêt personnel..., — mais, si vous êtes tué, que deviendra cette pauvre enfant?...

— Elle sera perdue, et vous avec elle, je le sais!... — je ne le sais que trop, — dit vivement Lacuzon; — mais, si je reste, elle sera perdue bien plus infailliblement encore... — Je vois d'un côté une chance de salut, — de l'autre, je n'en vois pas...

— Oui... oui... — murmura en ce moment Eglantine, — pars, mon frère, pars et sois sans crainte... — Je suis sûre, moi, que tu reviendras nous délivrer... — Je suis sûre qu'il ne t'arrivera pas de mal!... — Et, si le capitaine Lacuzon meurt, à quoi sert-il que les autres vivent?...

— Ah! — pensa le jeune homme en appuyant Eglantine contre son cœur, — ah! si elle m'avait aimé!...

Puis il reprit tout haut :

— Ainsi donc, c'est votre avis, il faut partir?...

— Oui, — répondit l'inconnu, — je vous affirme que cette enfant me fait partager sa confiance, et, à mon tour, je vous dis : — Soyez sans crainte !... vous reviendrez !...

Le capitaine quitta la touffe de buis et s'avança vers la grille qui dominait l'escalier, afin de jeter un regard sur la cour de la Citerne et de s'assurer qu'elle était déserte.

Mais au moment où il atteignait cette grille, plusieurs hommes, accroupis dans les ténèbres le long des marches, se levèrent à la fois en criant :

— Ils sont là !... nous les tenons !... Tue !... tue !...

En même temps les canons de cinq ou six mousquets passèrent à travers les barreaux de la grille.

Le capitaine pensa donner tête baissée dans un piège.

Obéissant à un premier mouvement instinctif, car le temps de la réflexion lui manquait, il prit ses pistolets à sa ceinture et il fit feu.

Deux cris répondirent à la double détonation, — deux hommes roulèrent dans l'escalier.

Les autres s'enfuirent en poussant des hurlements de rage et d'effroi.

— Ils vont revenir, — dit le capitaine en rejoignant Eglantine et l'inconnu; — ils vont revenir plus nombreux !... — Ah! cette fois, nous sommes perdus... bien complètement perdus !...

— Et, — s'écria l'inconnu avec une expression désespérée, — nous ne pouvons même pas leur vendre chèrement notre vie... — Ils ne viendront pas nous combattre de près et corps à corps, les lâches !... ils nous arquebuseront de loin! ils nous tueront comme on tue les loups enragés !...

On voyait dans le lointain s'allumer et courir des torches, — on entendait gronder des clameurs furieuses...

Le capitaine, l'inconnu et la jeune fille avaient reculé jusqu'auprès de cette grille, toujours fermée, qui séparait la tour de l'Aiguille du reste de la terrasse.

— Vous voulez vendre chèrement votre vie ! — dit le capitaine à son compagnon. — Eh bien, tâchons de forcer cette grille, — réfugions-nous dans la tour, et là, défendons-nous jusqu'à la mort...

— La tour du fantôme! — balbutia Eglantine. — Oh! mon frère, il vaudrait mieux mourir ici !...

Lacuzon n'entendit point ces paroles, dictées par une frayeur superstitieuse. — Déjà il avait saisi l'un des barreaux de la grille, et, avec l'aide de l'inconnu dont les années et la prison ne semblaient point avoir diminué les forces, il ébranlait ce barreau.

La vigueur réunie des deux hommes, — vigueur centuplée par les furieux coups d'éperons de la nécessité, — triompha de la puissante résistance du métal inflexible.

Le fer plia comme du plomb sous l'effort prodigieux des quatre mains qui le broyaient. — Le barreau, tordu et descellé, sortit de son alvéole de pierre, et laissa libre un passage étroit mais suffisant.

Eglantine et l'inconnu passèrent, — puis le capitaine.

Les clameurs et les torches se rapprochaient.

Dix pas à peine séparaient les fugitifs de la porte de la tour, vers laquelle le capitaine s'élançait, le barreau de fer à la main, tout prêt à la forcer si elle offrait quelque résistance.

Soudain il s'arrêta.

Une voix étrange semblait monter des profondeurs de la terre, et arrivait jusqu'à lui en disant :

— Lacuzon !... Lacuzon !...

Le capitaine se baissa vivement, puis, se relevant presque aussitôt, il s'écria :

— Nous sommes sauvés ?...

Il venait de rencontrer sous sa main ce grillage dont Magui lui avait révélé l'existence, et qui recouvrait l'ouverture pratiquée dans la voûte pour l'écoulement des eaux.

— Aidez-moi, — dit-il à l'inconnu.

Ils se cramponnèrent l'un et l'autre au lourd grillage que la rouille avait scellé; ils le soulevèrent, ils démasquèrent l'orifice béant et sombre de l'égout.

La voix souterraine répéta :

— Lacuzon !... Lacuzon !.... courage !...

La corde préparée pour descendre le long du rempart était toujours attachée autour des reins de l'inconnu. — Le capitaine saisit l'extrémité de cette corde.

— Je vais vous soutenir, — dit-il; — laissez-vous couler... Quand vous serez en bas, détachez la corde que je tirerai à moi et préparez-vous à recevoir Eglantine...

L'inconnu, sans répondre un seul mot, — car chaque seconde perdue pouvait être un retard mortel, — serra la main de Lacuzon et s'élança dans le gouffre béant où il disparut.

Au bout de moins d'une minute, le capitaine sentit que la corde n'était plus tendue. — Il la tira à lui et elle obéit à la pression. — L'inconnu venait de toucher terre sans accident.

— A toi, Eglantine... — murmura Lacuzon en se tournant vers la jeune fille.

Celle-ci ne répondit que par un cri d'épouvante et tomba sans connaissance à la renverse, en balbutiant :

— Le fantôme !

Les cheveux du capitaine se dressèrent sur sa tête. — La porte de la tour s'était ouverte sans bruit, et, à quatre pas de lui, une ombre vague et blanche, qui dans la nuit semblait colossale, se tenait debout et immobile.

— Arrière, Satan ! dit Lacuzon en ébauchant le signe de la croix sur son front humide d'une sueur glacée, — arrière !...

Le fantôme, au lieu de disparaître, fit un pas en avant.

Le vent du nord venait de s'élever et faisait courir les grands nuages sombres sur la face du ciel.

Par une éclaircie, un rayon égaré de la lune tomba sur la terrasse et, pendant une seconde, éclaira d'une lueur fantastique les personnages de la scène étrange que nous racontons.

Le capitaine eut le temps de distinguer un visage de femme, si pâle et si défait, qu'on eût dit que ce visage était celui d'une morte.

La femme pâle, ou plutôt le fantôme, eut le temps de voir étinceler sur la poitrine du capitaine l'églantine de diamants.

A cette vue, elle chancela, — elle s'élança vers le jeune homme, et, tombant à ses genoux et saisissant ses mains, elle lui dit, d'une voix que l'émotion et l'épuisement rendaient sourde et à peine distincte :

— Ma fille !... où est ma fille ?... Au nom de votre mère, dites-moi où est ma fille...

Le capitaine ne croyait plus à l'existence d'un fantôme, mais il lui semblait hors de doute qu'il avait sous les yeux une folie dangereuse dont il fallait à tout prix se débarrasser le plus vite possible, car, si elle continuait à s'attacher à ses mains comme elle le faisait en ce moment, il était perdu et Eglantine avec lui.

On entendait des hommes d'armes et des valets s'appeler et s'encourager les uns les autres à envahir la terrasse. — La crainte d'être accueillis comme l'avaient été leurs camarades refroidissait un peu leur ardeur. — Mais c'était là un bien court répit.

La voix d'Antide de Montaigu s'éleva sur l'esplanade.

— En avant! — criait le seigneur de l'Aigle, — enveloppez la terrasse, et, quand vous serez à portée de mousquet, feu partout !...

— Madame, — dit Lacuzon en s'efforçant de se dégager des étreintes convulsives de la femme pâle, — au nom du ciel, laissez-moi libre... vous me tuez

— Ma fille!... — répéta le fantôme dont l'exaltation semblait augmenter, — où est ma fille?...
— Eh! comment le saurais-je?... comment voulez-vous que je le sache?... Je ne vous connais pas!... je ne connais pas votre fille!...
— Ils viennent... mon Dieu... ils viennent!... — Lâchez-moi, madame, au nom du ciel, lâchez-moi!...

La femme agenouillée se releva d'un bond, et saisissant l'églantine en diamants, elle reprit :
— Celui qui porte ce médaillon doit savoir où est ma fille...

Ces paroles furent un trait de lumière pour le capitaine.
— Vous!... — s'écria-t-il, — c'était vous!...
Et il ajouta :
— La nuit du 17 janvier, n'est-ce pas...?
— Oui... oui... oui... — interrompit la femme pâle. — C'est dans la nuit du 17 janvier 1620 que ma fille est née, — et l'homme auquel le seigneur de l'Aigle a remis la pauvre enfant qu'il arrachait de mes bras, — l'homme auquel j'ai donné, moi, au péril de ma vie, le médaillon que vous portez... — cet homme a laissé là, sur le premier arceau de cette voûte, l'empreinte de sa main sanglante...
— Vous lisez bien que je dis vrai... Vous voyez bien que vous savez où est ma fille... vous voyez bien que, si vous avez un cœur, vous allez avoir pitié de moi!...

Les valets portant des branches résineuses enflammées, — les hommes d'armes, le mousquet à l'épaule, — formaient autour de la terrasse un cercle qui se rétrécissait toujours.

Seulement, éblouis par la lumière de leurs torches, ils ne pouvaient voir ce qui se passait dans les ténèbres au pied de la tour de l'Aiguille.

La silhouette gigantesque d'Antide de Montaigu, tenant une arquebuse à la main, se détachait en vigueur sur les bâtiments éclairés.
— Il y a dix-huit ans que je pleure et que j'appelle ma fille!... — continua la femme pâle. — Soyez bon comme Dieu lui-même, qui prend en pitié les mères désespérées... — Dites-moi où est ma fille!

Le temps passait... — le cercle des soldats se faisait plus étroit.

Les grandes lueurs vacillantes des torches agitées dépassaient la première grille!...

Une minute encore peut-être, et toute chance de salut serait perdue!...

Lacuzon releva le corps inanimé d'Églantine, et, jetant la jeune fille évanouie dans les bras du fantôme, il s'écria :
— Voilà l'enfant de la nuit du 17 janvier 1620, — voilà votre fille. — Elle s'appelle Églantine. — Elle croit que sa mère est morte et que l'homme à la main sanglante est son père. Prenez-la, gardez-la!... — Je suis Jean-Claude Prost, — je suis le capitaine Lacuzon. — Je reviendrai bientôt vous sauver toutes deux!...

Un cri, ou plutôt un hurlement de joie s'étouffa dans le gosier contracté de la femme pâle.

Elle referma avidement ses bras sur le trésor rendu, puis, soulevant Églantine comme un enfant au berceau, avec cette force plus qu'humaine qui réside tout entière dans les nerfs et surtout dans la volonté, elle s'élança et disparut dans la tour de l'Aiguille dont la porte massive se referma sur elle.

Lacuzon, lui, avait bondi jusqu'à l'ouverture percée dans la voûte. Il recommanda son âme à Dieu et se laissa couler.

La lueur des torches, toujours plus rapprochée, éclaira vivement la tête et les épaules du jeune homme.
— Feu! — cria le seigneur de l'Aigle avec rage.

Vingt coups de mousquet éclatèrent à la fois. — Une grêle de balles vint moucheter les blocs de granit qui formaient les assises de la tour.

Mais il était déjà trop tard. — Lacuzon avait disparu.

XVI. — LA FUITE.

Le capitaine, se soutenant avec ses bras et ses genoux dans l'étroit conduit, arriva sans encombre au sommet du talus de sable et de cailloux sur lequel s'asseyait le rocher à pic qui supportait la tour de l'Aiguille.

Quelques déchirures à ses vêtements, quelques écorchures à ses mains, furent les seuls résultats fâcheux de cette périlleuse descente.

Au moment où il reprenait pied, il vit, non sans étonnement, que l'inconnu n'était pas seul.

Une femme, dont l'obscurité ne lui permettait point de distinguer les traits, se trouvait à côté de lui.
— Ah! capitaine!... — murmura cette femme, — comme vous avez tardé!... Nous mourions d'inquiétude et d'épouvante...
— Magui! — s'écria Jean-Claude qui la reconnut à la voix.
— Oui, Magui... la pauvre Magui!... que le curé Marquis, après votre départ, avait donné l'ordre de garder prisonnière au trou des Gangônes jusqu'à votre retour!... — Vous voyez, capitaine, que j'ai bien fait de m'échapper, car, ou je me trompe fort, ou je viens de vous sauver la vie...
— C'est vous, — dit le capitaine, — qui, après avoir prononcé mon nom une première fois tout à l'heure, avez crié : — Courage!... et prononcé deux fois mon nom?...

— C'est moi.
— Donnez-moi votre main.
— Qu'en voulez-vous faire, capitaine?...
— Je veux la serrer comme une main amie et dévouée... comme la main d'une courageuse créature...

Magui saisit la main du héros et la porta à ses lèvres.
— Ah! — murmura-t-elle ensuite, — je suis trop payée du peu que j'ai pu faire!...

Et une larme d'attendrissement tomba des yeux de la vieille femme sur la main du capitaine.
— Qu'avez-vous fait d'Églantine? — demanda l'inconnu. — J'espère qu'il ne lui est point arrivé malheur...
— Rassurez-vous! — répondit Jean-Claude;— si Églantine courait un danger, je me serais fait tuer près d'elle plutôt que de la quitter...
— Elle est en sûreté, — plus en sûreté que nous ne le sommes nous-mêmes en ce moment, — et, si Dieu me prête vie, demain elle sera libre...
— Mais, — s'écria l'inconnu, — comment se fait-il?...

Lacuzon l'interrompit.

Pour mettre l'inconnu au courant de ce qui venait de se passer, il eût fallu lui raconter dans tous leurs détails les incidents de la nuit du 17 janvier 1620, — et le capitaine ne pouvait ni ne voulait entreprendre ce récit.
— Messire, — dit-il, — ne me demandez aucune explication, je vous en prie, et ne m'interrogez pas... — Je ne pourrais vous répondre, car il s'agit ici d'un secret qui n'est pas le mien... — Je vous affirme de nouveau qu'Églantine, ma sœur bien-aimée, est en sûreté, et cela doit suffire à vous rassurer complètement. — D'ailleurs le temps nous presse, — les gens du seigneur de l'Aigle vont sans doute tourner le château et venir nous donner la chasse jusqu'ici... Hâtons-nous de gagner la vallée d'Ilay ; — là seulement nous pourrons nous dire à l'abri de tout péril...

Et, joignant l'exemple au conseil, le capitaine se mit en marche le premier, après avoir ajouté :
— Je suis jeune et fort, messire, et j'ai le pied montagnard ; appuyez-vous sur mon épaule, car vous allez avoir à affronter des difficultés plus grandes que vous ne le croyez peut-être...
— Moi aussi je suis montagnard, — murmura l'inconnu, — et, jadis, j'aurais pu marcher sur le versant même d'un abîme... — Mais depuis vingt ans mes pieds ont désappris à fouler les rochers de mon pays!... — J'accepte votre offre, capitaine...

Lacuzon avait dit vrai. — Il était extrêmement difficile de se maintenir en équilibre sur la surface mouvante du talus presque vertical. — À chaque instant le pied glissait sur un caillou roulant ou s'enfonçait dans le sable. — Vainement la main cherchait un point d'appui pour s'y cramponner ; — elle ne trouvait ni une broussaille, — ni une pointe de rocher, — ni même une touffe d'herbe. — Rien!... — la nudité la plus absolue!...

Or, l'inévitable conséquence d'un faux pas eût été d'être précipité d'une hauteur de plusieurs centaines de pieds jusqu'au fond de la vallée, c'est-à-dire une mort certaine.

L'obscurité profonde ajoutait aux difficultés du chemin ; mais, en même temps, elle mettait les fugitifs à l'abri des coups de mousquet qu'on n'aurait pas manqué de leur tirer depuis les murailles du château, s'il avait été possible de voir de quel côté ils se dirigeaient.

Magui marchait la première, avec des précautions infinies et sondant le terrain à chaque pas, du bout d'un long bâton qu'elle tenait à la main.

Au bout d'un peu plus d'un quart d'heure, Lacuzon, l'inconnu et la vieille femme avaient enfin atteint la route étroite, mais praticable même aux voitures, qui conduisait de Ménétrux-en-Joux au manoir de l'Aigle.

Lacuzon s'arrêta.
— Messire, — dit-il à l'inconnu, — ici, et ici seulement nous sommes sauvés... — Vous pouvez élever votre âme et remercier Dieu, car, à partir de cette minute, vous êtes véritablement libre...
— J'ai déjà remercié Dieu, capitaine, — répondit l'inconnu ; — et si je ne vous remercie pas comme je le devrais, vous à qui après, lui, je dois tout, c'est que les expressions me manquent pour vous témoigner dignement la reconnaissance qui déborde dans mon cœur... Par bonheur, capitaine, j'ai le droit d'espérer qu'il me sera permis et possible de payer utilement un peu plus tard la dette de reconnaissance que j'ai contractée envers vous...

Lacuzon serra la main du vieillard, et reprit en s'adressant à Magui :
— Je suis dans un grand embarras...
— D'où vient cet embarras, capitaine?...
— Au moment où vous venez de nous rendre, avec le plus admirable dévouement, des services signalés, je me vois forcé d'avoir à votre égard toutes les apparences d'un procédé presque injurieux...
— Ne vous gênez pas, capitaine, et dites-moi de quoi il s'agit...
— Il me faut vous quitter ici, et vous demander d'aller attendre, auprès du Saut-Girard, que Garbas vienne vous chercher...
— Pourquoi cela?...

— Parce que je vais regagner le trou des Gangônes par une de ces issues mystérieuses que Varroz, Marquis et moi nous connaissons seuls, et que nous nous sommes engagés les uns vis-à-vis des autres, sur notre honneur, à ne révéler à qui que ce soit au monde... — J'ai en vous, Magui, la confiance la plus absolue, et vous l'avez noblement méritée, mais il me faut tenir mon serment...

— Eh bien, — demanda la vieille femme en désignant l'inconnu, — et ce gentilhomme?...

— Je le prierai de se laisser bander les yeux par moi, quand nous approcherons de l'endroit où commence le souterrain...

— Capitaine, — reprit Magui avec un sourire, — mettez votre conscience en repos... — Je puis vous accompagner, et vous ne trahirez aucun serment...

— Que voulez-vous dire?...

— Je veux dire que je vous servirais de guide au besoin, et que je connaissais longtemps avant vous toutes les issues du trou des Gangônes...

— C'est impossible! — s'écria Lacuzon.

— C'est peut-être impossible, — répliqua Magui, — mais ce n'en est pas moins l'exacte vérité, et je vais vous en donner la preuve...

Elle s'approcha du capitaine et lui parla tout bas pendant un instant.

— Etrange créature! —murmura ce dernier après l'avoir écoutée. — Comment se fait-il que vous connaissiez...

— Ce que vous croyez connu de trois personnes seulement, — interrompit Magui. — Je pourrais vous répondre que je suis sorcière, mais vous ne me croiriez peut-être pas!... Vous êtes un bon ange et non point un mauvais génie !...

— J'aime mieux vous rappeler, — poursuivit la vieille femme, — que depuis vingt ans je vis sans asile et au jour le jour, parcourant le pays tout entier, et qu'il n'est pas dans nos montagnes un rocher, une grotte, une source, un vieil arbre même, que je ne connaisse...

— Venez donc avec nous... — répondit le capitaine.

Au lieu de tourner à gauche pour suivre le cours du Hérisson et arriver au Saut-Girard, Lacuzon prit à droite avec ses compagnons et gravit ce mamelon du haut duquel la brave et robuste veuve Gothon avait aperçu Raoul de Champ-d'Hivers regardant la tour de l'Aiguille.

Il se dirigeait vers la forêt de Ménétrux-en-Joux qui couronnait, en face de lui, les sommets de la montagne...

Après quelques instants de marche rapide et silencieuse, Lacuzon ralentit pas sa.

— Maintenant, — dit-il à Magui, — expliquez-moi, je vous prie, ce qu'il y a de vrai dans la nouvelle que vous êtes venue apporter au seigneur de l'Aigle...

— La nouvelle de la prise du curé Marquis?...

— Oui.

— Tout est vrai, par malheur !... — Seulement j'ai prétendu en face du comte n'avoir point reconnu le prisonnier, parce que je parlais devant Eglantine et que je ne voulais pas ajouter un chagrin de plus aux chagrins de la pauvre enfant... — J'avoue, cependant, que j'ai singulièrement altéré la vérité en ce qui touche aux détails de ma rencontre avec Brunet...

— Que s'est-il donc passé?...

— Je vais vous le dire. — Immédiatement après votre départ, ainsi que vous le savez déjà, le curé Marquis donna l'ordre à Piedde-Fer de me mettre sous la garde de deux montagnards qui devaient me garder à vue... — Ceci m'inquiétait peu, car je n'avais pas oublié le secret du souterrain et je savais bien que je serais libre quand il me conviendrait de l'être. — Je me couchai sur un tas de paille et je fis semblant de dormir. — Au bout d'une heure, la surveillance de mes gardiens fut distraite par l'arrivée d'un homme des corps-francs qui devait sans doute apporter au curé quelque nouvelle, échappés sans doute au massacre de Saint-Claude, errait dans les environs et venait de mettre le feu à deux fermes et de massacrer des paysans... — Il se fit un grand mouvement dans la caverne, et le curé, en robe rouge, se mit à la tête d'une vingtaine de montagnards pour aller pourchasser les Gris... — Je profitai du bruit et de la confusion de ce moment pour me glisser dans les profondeurs du trou des Gangônes et pour m'engager dans l'issue secrète qui me conduisit bien vite en rase campagne...

« J'étais inquiète du résultat de votre tentative, capitaine, et les dangers auxquels vous vous exposiez. — J'aurais donné la moitié des quelques jours qui me restent à vivre pour me rapprocher de vous et pour pouvoir vous venir en aide au besoin... — J'eus d'abord l'idée de m'introduire dans le château de l'Aigle à la faveur du grand concours de tenanciers et de mainmortables qui venaient apporter leurs redevances... — Mais c'était là une idée folle... — On sait trop bien que Magui la sorcière ne possède rien et ne peut rien avoir à payer à personne... — D'ailleurs, dans la haine aveugle et sans motifs qu'ils m'ont vouée, les paysans eux-mêmes auraient été les premiers à dénoncer ma présence, et, si j'en avais été quitte pour être chassée honteusement, j'aurais dû m'estimer heureuse...

« Je résolus donc de me contenter d'errer autour du château et de me rapprocher de cette issue dangereuse dont je vous avais appris l'existence. — Mais je ne pouvais me montrer de ce côté en plein jour, et pour attendre que la nuit fût venue j'allai m'asseoir dans un fourré, au pied d'un arbre, dans le bois de Charésier. — Là, au moment où la nuit commençait à tomber, je fus témoin de ce combat que j'ai raconté au seigneur de l'Aigle. — Les Gris étaient nombreux ; — les Cuanais furent écrasés, le curé Marquis fut fait prisonnier... — Je ne pouvais le secourir en aucune façon. — Je restai blottie dans ma cachette. — Le capitaine Brunet, que je reconnus à l'instant, passa tout près de moi avec quelques hommes, et je l'entendis qui disait à l'un d'eux :

« Lieutenant, vous allez prendre le commandement de l'escorte du prisonnier... — vous le conduirez au fond de la gorge qui traverse la rivière du lac, sous Clairvaux ; — vous remonterez la rive droite et vous rencontrerez un homme auquel vous demanderez le mot de passe... — Je vous quitte, — le *maître* m'attend à dix heures. — Je compte vous rejoindre cette nuit... — Faites bonne garde!... Vous me répondez de la robe rouge sur votre tête !...

« Les Gris s'éloignèrent, et le capitaine Brunet se mit seul en marche dans la direction du château de l'Aigle. — Le *maître* dont il venait de parler était Antide de Montaigu, — je n'eus pas à cet égard l'ombre d'un doute.

« Il faut vous dire, capitaine, que je connaissais l'existence d'une poterne pratiquée dans la partie inférieure des remparts, cachée sous des broussailles, et par laquelle j'avais vu plus d'une fois Lespinassou et Brunet s'introduire.

« C'était encore grâce à cette poterne, à coup sûr, que Brunet allait entrer. — En avait-il la clef, ou si je parvenais à la lui prendre j'atteignais le but de mes désirs. — Mais, pour cela faire, il fallait l'empêcher d'arriver au château.

« Mon plan fut bientôt combiné.

« A une demi-heure de chemin de l'endroit où se trouvait en ce moment Brunet, vous savez, capitaine, que le sentier se voit coupé par une profonde ravine sur laquelle un sapin est jeté en guise de pont.

« Je pris les devants en courant en ligne droite, à travers les taillis, de toute la vitesse de mes vieilles jambes. — Je traversai la ravine, — je tirai à moi le tronc du sapin, de façon qu'il ne reposât que de quelques lignes sur le rocher, et je m'accroupis dans les herbes.

« Au bout de cinq ou six minutes j'entendis venir Brunet. — Il sifflotait joyeusement l'air de cette chanson bressanne que Garbas chante si souvent.

« Je le laissai s'engager sur le pont chancelant, puis quand il fut au milieu, je donnai au sapin une violente secousse.

« Brunet poussa un cri effroyable et roula dans la ravine avec le tronc d'arbre.

« Je descendis avec précaution, je le trouvai tout au fond, roide mort et le crâne fracassé. — Je fouillai dans ses vêtements, — j'y trouvai la clef qui devait m'ouvrir la poterne du château de l'Aigle vers lequel je me dirigeai.

« Chemin faisant, je réfléchis au meilleur parti à tirer de ma situation. — Le comte de Montaigu attendait Brunet, — peut-être n'était-il point impossible, en me présentant à la place du capitaine et en inventant une histoire vraisemblable pour expliquer cette substitution, de capter la confiance du comte. — Je cherchai l'histoire, qui ne me coûta pas de grands frais d'imagination et qui réussit merveilleusement, puisque le seigneur de l'Aigle fut de tous points ma dupe... — Maintenant, capitaine, vous en savez aussi long que moi.

— Ainsi, — demanda Lacuzon, — vous êtes sûre que le curé Marquis a été conduit au château de Clairvaux?...

— Je suis sûre, au moins, qu'il a été remis au sire de Bauffremont, qui sera chargé de sa garde...

— Avant la nuit prochaine, Marquis sera libre et Bauffremont sera prisonnier!... — s'écria Lacuzon.

— Me permettrez-vous, capitaine, non pas de vous donner un conseil, mais d'exprimer mon opinion?...

— Certes!...

— Eh bien, croyez-moi, prenez garde à ce que vous voulez faire, — ne compromettez rien par une hâte imprudente. — Songez que si vous avez des preuves de la trahison du comte de Bauffremont, ces preuves ne sont pas encore publiques. — Songez que ce n'est point sans doute au château de Clairvaux, mais dans quelque prison secrète que le curé Marquis doit se trouver en ce moment. — Songez enfin que nous avons un moyen de savoir promptement tout ce qui se passe et de profiter de la confiance de nos ennemis, puisque le seigneur de l'Aigle a pris soin de me donner lui-même une lettre et une bague qui doivent me permettre d'approcher du sire de Bauffremont...

— Mais cette lettre est inintelligible pour nous!...

— Croyez-vous donc que je ne saurai pas me rendre compte des impressions de celui à qui elle est adressée?... — Croyez-vous donc qu'admise dans l'intérieur du château de Clairvaux, je ne saurai pas en rapporter de précieux renseignements?...

— Sans doute... mais si mes retards laissent le temps de rallumer pour Marquis le bûcher de Pierre Prost?...

— Soyez sans inquiétude, capitaine, — vous avez plus d'un jour devant vous. — Si le curé Marquis doit mourir, ce n'est pas maintenant et ce n'est pas ici... — Sa capture est trop importante, — un pareil homme est trop haut placé, pour que les Gris et les Suédois le sacrifient avant de s'en être fait un trophée aux yeux de la France.
— Il est possible que vous soyez dans le vrai, — répondit Lacuzon ; — dans tous les cas, je ne prendrai aucun parti avant d'avoir délibéré avec le colonel Varroz, et vous nous avez rendu de trop grands services pour n'être point présente à cette délibération...

Tout ce qui précède s'était dit en gravissant la côte escarpée qui conduit à la forêt de Ménétrux-en-Joux.

Nos personnages ne tardèrent point à arriver sous les arceaux de sombre verdure formés par les sapins séculaires.

Tant qu'ils avaient marché sur des surfaces découvertes, les clartés pâles tombant du ciel étaient venues les aider à se diriger ; — mais ici les ténèbres devenaient opaques, et Lacuzon et Magui, n'ayant point comme le prisonnier délivré la faculté si chèrement acquise de voir clair dans l'obscurité la plus profonde, couraient risque de s'égarer à chaque pas et de s'engloutir dans les crevasses béantes qui se rencontrent fréquemment sur les plateaux des montagnes du Jura.

— Capitaine, — dit la vieille femme en brisant quelques branches sèches, — voici qui nous servira de torche ; — je marcherai la première afin de reconnaître le terrain...

Lacuzon embrasa un peu de mousse sèche en brûlant une amorce ;
— Magui souffla sur cette mousse d'où ne tarda point à jaillir une flamme pétillante qui lui servit à allumer une des branches de sapin dont elle avait fait provision.

Armée de cette torche improvisée elle prit les devants, secouant au-dessus de sa tête la résine ardente d'où s'échappaient de longues spirales d'une fumée blanche et tournoyante.

Lacuzon put alors, pour la première fois, jeter sur son compagnon un regard investigateur.

Les traits de l'inconnu étaient d'une admirable pureté de formes, mais recouverts d'une pâleur si grande qu'on les eût dit sculptés dans le marbre, et que la barbe et les cheveux blancs ne tranchaient qu'à peine sur cet épiderme livide.

Le capitaine tressaillit et ne put retenir un geste de stupeur.
— Qu'avez-vous donc ? — lui demanda l'inconnu qui remarqua ce mouvement.
— Messire, — murmura Lacuzon, — il y a deux heures, dans ce cachot où vous attendiez depuis vingt ans un libérateur, vous m'avez dit mon nom... — Voulez-vous qu'à mon tour je vous dise le vôtre ?...
— Le mien ! — répondit l'inconnu, — comment pourriez-vous le savoir ?... — J'ai presque appris à l'oublier, moi...
— Qu'importe la façon dont je le sais, pourvu que je le sache !

L'inconnu secoua la tête.
— C'est impossible ! — reprit-il ; — Dieu seul et le seigneur de l'Aigle se souviennent aujourd'hui de ce nom... — C'est celui d'un homme qui n'existe plus...
— C'est celui d'une race qui peut refleurir ! — répliqua vivement le capitaine, — c'est celui d'un homme vivant et fort, et dont pas un des cœurs généreux de la province n'a perdu le souvenir !...
— C'est celui du baron franc-comtois Tristan de Champ-d'Hivers !...

L'inconnu s'arrêta et attacha sur Lacuzon un regard dans lequel se peignait l'étonnement le plus profond.
— Dieu lui-même, — balbutia-t-il, — a-t-il écrit mon nom sur mon front dévasté ?...
— Peut-être..., — dit le capitaine.
— Je ne vous comprends pas...
— Je m'expliquerai, messire, mais plus tard... — En ce moment, j'ai le droit d'attendre de vous la confidence promise. — J'ai le droit de vous demander le récit de vos malheurs...
— Ce récit sera bien court, — répondit le vieillard, auquel nous restituerons désormais son nom et son titre, — et si étrange et terrible épisode, rêve plutôt que réalité, n'était venu apporter une cruelle diversion aux accablantes tortures de vingt ans de captivité, il pourrait se résumer par ces quelques mots : *J'ai souffert plus qu'il n'est donné à un homme de souffrir...* — Ecoutez-moi donc, et quand vous m'aurez entendu vous comprendrez quelle énergie de sentiment d'implacable haine qui m'étreint le cœur... — vous comprendrez que je donnerais avec joie non-seulement ma vie en ce monde, ceci ne serait rien ! — mais encore ma part de bonheur dans l'autre, — pour me venger dignement d'Antide de Montaigu !!...

XVII. — TRISTAN.

Il y eut un moment de silence après ces dernières paroles ; puis le baron Tristan demanda au capitaine :
— Que savez-vous de mon histoire ?...
— Je sais les bruits qui ont couru dans la province au moment de l'incendie du château de Champ-d'Hivers et rien de plus... — Comme beaucoup de gens, j'ai cru longtemps que le feu du ciel était tombé sur le manoir seigneurial et que vous aviez péri dans l'incendie avec votre fils unique. — Depuis cette époque, de sérieuses raisons sont venues modifier ma croyance. — Là où je ne voyais qu'un accident, j'ai vu un double crime, un assassinat et un incendie, et c'est Antide de Montaigu que j'en ai accusé en mon âme et conscience...
— Puis-je connaître les motifs qui ont influé à ce point sur vos convictions ?...
— Vous les connaîtrez bientôt, messire... — mais, en ce moment, je vous supplie de ne pas m'interroger...
— Cependant, vous ajoutiez foi à ma mort ?...
— Aussi fermement que si j'avais eu votre cadavre sous les yeux.
— Pourquoi cela ?
— Un vieux serviteur avait cru voir votre corps tout sanglant dans le lit embrasé...
— Mais alors, capitaine, comment donc tout à l'heure vous a-t-il été possible de deviner qui j'étais ?... — Un vieillard m'aurait reconnu peut-être... — mais quand j'ai disparu vous n'étiez qu'un enfant... — Il y a là un mystère inexplicable dans lequel ma pensée s'égare...

En face de ces questions réitérées, Lacuzon éprouvait un grand embarras.

Plus de deux siècles avant l'apparition de cet admirable chef-d'œuvre de madame de Girardin : *La joie fait peur !...* il savait que la joie, prodiguée trop brusquement et à trop hautes doses, peut foudroyer aussi bien et peut-être mieux que la plus âcre douleur.

Il ne voulait point révéler si vite au baron de Champ-d'Hivers que Raoul était vivant et que c'était à sa ressemblance avec le fils qu'il avait reconnu le père.

Il se contenta donc de répondre :
— Je vous en conjure de nouveau, messire, armez-vous de patience !... — Je ne tarderai guère à vous apprendre tout ce qu'il vous importe de savoir, et vous verrez alors qu'il m'était impossible de parler plus tôt...

Tristan s'inclina.
— Ce que vous ferez sera bien fait, — dit-il. — J'attendrai donc que le moment soit venu.

Puis il reprit :
— Le vieux serviteur, — Marcel Clément sans doute, — qui m'a vu tout sanglant et sans connaissance dans le château incendié, ne s'était point trompé. — Surpris dans mon sommeil par le feu et par les assassins, je n'eus pas même le temps de me mettre en défense.
— Dix hommes armés, parmi lesquels se trouvait l'homme au masque noir, le seigneur de l'Aigle, se ruèrent sur moi et me percèrent de coups d'épée... — Je m'évanouis et je crus mourir...

« Quand je revins à moi, j'étais dans un cachot ; — dans ce même cachot d'où vous m'avez arraché il y a deux heures. — J'avais perdu beaucoup de sang ; — ma faiblesse était telle et mon corps si complètement brisé, que je n'eus pas tout d'abord la conscience de ma situation...

« C'est d'une façon vague, incomplète, presque indistincte, que je me rappelle la première période de ma captivité... — Les souvenirs de cette époque m'apparaissent pour ainsi dire à travers un voile qui les obscurcit et les amoindrit ; ils ressemblent à ces rêves qu'on oublie au réveil et qui ne laissent dans l'esprit, en s'effaçant, qu'une trace vague et confuse.

« Etendu sur la paille au fond de mon cachot, — de même qu'il n'y avait presque plus de sang dans mes veines, il n'y avait plus d'énergie dans mon cœur, même pour la souffrance. — Mon corps était mourant, ma pensée était morte !...

« Bien des heures, bien des jours, bien des mois s'écoulèrent sans me ramener la force physique et la force morale. — Je sentais que je venais d'être foudroyé par quelque inouïe catastrophe gigantesque. — Je sentais que ma vie était perdue et qu'aucun autre malheur ne se pouvait comparer au malheur inouï qui m'accablait... — Mais l'énergie me manquait pour la révolte. — Je m'engourdissais peu à peu, comme ces voyageurs perdus dans les neiges, qui sentent le sommeil venir, et avec lui la mort, et qui cependant n'essayent même point de lutter contre le sommeil et contre la mort... — C'est tout au plus si, par instants, j'éprouvais une aspiration instinctive vers la liberté.
— Alors je cherchais machinalement quelque moyen insensé d'évasion... — alors je tournais dans mon cachot comme un loup prisonnier tourne dans sa cage. — Je m'élançais pour atteindre au soupirail par lequel on me jetait ma nourriture. — Puis, découragé par ces efforts infructueux, je retombais dans ma torpeur et dans mon inertie...

« A cette somnolence étrange, à ce long sommeil de mon âme, succéda une crise de désespoir et de délire. — J'exhalai ma rage en cris, en imprécations, en blasphèmes ; — je meurtris mes bras et je brisai mes ongles contre les murailles de rocher !... — Cette période de fureur passa comme avait passé la période d'engourdissement...

« Un découragement morne et froid leur succéda. — Je voulus mourir... — Pendant bien des jours je n'approchai de mes lèvres ni un morceau de pain, ni une goutte d'eau...

« Je touchais à l'agonie ; — les tortures de la faim me firent oublier ma résolution. Je mangeai ; — en même temps que la force, me revinrent à la fois le découragement et le délire. — Je résolus de nouveau d'en finir avec la vie, mais je voulus en finir sur-le-champ et sans m'infliger encore une fois le supplice d'une agonie longue et intolérable. — Je pris mon élan : — à dix reprises je m'élançai de toute ma vigueur contre le rocher, le heurtant impétueusement avec ma tête, dans l'espérance qu'un de ces chocs serait mortel. — A dix reprises je me relevai couvert de sang, pour recommencer encore, jusqu'à ce qu'enfin je sentis une suprême défaillance s'emparer de moi. — Je ne me relevai pas. — Je crus que la mort venait. — Du fond de mon âme je remerciai Dieu qui daignait enfin me prendre en pitié, et je perdis l'usage de mes sens... »

Tristan de Champ-d'Hivers, comme accablé sous le fardeau des souvenirs lugubres qui passaient dans sa mémoire, baissa la tête sur sa poitrine et garda le silence pendant un instant.

En écoutant le terrible récit de ces souffrances sans nom, fait par celui même qui les avait subies, Lacuzon se sentait pâlir, et de seconde en seconde il essuyait ♦ sueur glacée qui mouillait ses tempes.

Le vieillard reprit :

— Il était écrit là-haut que je vivrais, — et grâce à vous, capitaine, je dois aujourd'hui remercier Dieu de n'avoir pas exaucé dans ce temps-là ma prière ardente.

« Au moment où je m'étais évanoui, ma tête portait contre la muraille. — Au moment où je repris l'usage de mes sens, il me sembla que plusieurs personnes parlaient dans mon cachot et tout près de moi. — Pour un prisonnier un événement inaccoutumé, quel qu'il soit, apporte une espérance avec lui...

« Je me soulevai vivement afin de voir quels étaient ces visiteurs inattendus. — Il n'y avait là personne, et je n'entendis plus rien.

« Je crus à une hallucination et je laissai retomber ma tête en arrière. — A peine avait-elle touché de nouveau la muraille, que le bruit des voix recommença.

« J'éloignai ma tête, — le silence se fit... Je la rapprochai, — les voix parlèrent de nouveau.

« C'est ainsi que je découvris cette étrange propriété de la transmission des sons, dont la voûte et la muraille du cachot étaient douées au plus haut degré.

« Cette découverte fut pour moi d'un immense intérêt et me rattacha en quelque sorte à la vie. — Désormais je n'étais plus absolument seul; — je n'étais plus, au moins, condamné à n'entendre d'autre bruit que celui du guichet s'entr'ouvrant à demi pour laisser tomber auprès de moi une nourriture grossière et insuffisante ; un lointain écho du monde arrivait jusqu'à mon oreille et fournissait un aliment à la dévorante activité de mon esprit...

« A partir de ce moment, je ne quittai plus guère l'endroit de ma prison d'où je pouvais écouter tout ce qui se disait au-dessus de moi, — et Dieu sait combien de secrets sinistres me furent ainsi révélés.

« Mais j'en arrive à cette nuit horrible dont le souvenir, à l'heure où je vous parle, arrête encore les battements de mon cœur...

« Je m'étais endormi, la tête appuyée contre le rocher.

« Je fus tiré de mon sommeil par des cris déchirants qui se mêlaient au cliquetis des verres se heurtant dans une orgie. — La voix avinée du seigneur de l'Aigle murmurait des paroles, ou plutôt les imprécations d'un infâme amour, et une autre voix, qui fit tressaillir ma chair et qui remua mon âme jusque dans ses profondeurs, répondait par des plaintes, par des prières, par des malédictions.

« C'est cette voix, qu'il me semblait reconnaître, était celle de la femme que j'avais tant aimée, — celle de Blanche, — de ma douce et chaste fiancée, disparue dans des circonstances que je n'ai pas besoin de vous rappeler.

« Il me sembla que j'étais sous le poids d'un hideux cauchemar. — J'aurais voulu me lever et courir à l'aide de la malheureuse créature qu'Antide de Montaigu violentait... — j'aurais voulu répondre à son appel désespéré et joindre mes imprécations à ses cris; mais un anéantissement pareil à la mort me clouait au sol sur lequel j'étais étendu; — ma voix expirait dans ma gorge; — mes lèvres, tout en s'agitant, restaient muettes.

« Cependant le bruit continuait, et j'assistai par la pensée à toutes les péripéties de l'effroyable lutte dont l'issue ne pouvait être douteuse...

« Les cyniques emportements du misérable ivre de vin et de luxure atteignaient leur paroxysme; les gémissements et les supplications de la victime s'affaiblissaient. — Sa force était à bout.

« Enfin Antide de Montaigu poussa un hurlement de triomphe auquel répondit vaguement le râle du désespoir, pareil à celui de l'agonie.

« Le plus lâche, — le plus monstrueux des crimes, — venait de s'accomplir.

« Après un long silence j'entendis frapper sur un timbre, puis le seigneur de l'Aigle s'écria : *Emportez cette femme !*...

« Le calme se rétablit ensuite, et je me demandai si je ne venais pas de rêver; — et cette question que je m'adressais alors, je me l'adresse encore aujourd'hui; car, depuis cette époque, jamais un mot ne fut prononcé qui eût trait à la scène inouïe dont il m'avait semblé être le témoin...

« Cependant le désir ardent, impérieux, irrésistible, de dégager la vérité des nuages parmi lesquels elle s'enveloppait pour moi, m'avait rendu des forces en me donnant une fiévreuse soif de liberté !...

« Vingt fois par jour j'entendais, derrière celle des murailles de mon cachot qui touche à la citerne, des bruits dont je ne pouvais me rendre compte et qui étaient produits par les valets et les palefreniers venant puiser de l'eau. — Je me figurai que s'il m'était possible de creuser le rocher en cet endroit, je parviendrais à m'échapper.

« Je me fis une sorte d'outil avec un carcan rouillé que j'avais trouvé sur le sol, et je me mis à l'œuvre... — Ce fut un travail gigantesque... J'employai, non pas des jours et des mois, mais des années à percer une étroite issue dans ces blocs de granit contre lesquels s'usait le fer...

« Enfin j'atteignis le résultat si longtemps rêvé, si énergiquement poursuivi !... J'avais vaincu le granit...

« Jugez de ce qui se passa en moi, jugez du désespoir qui s'empara de mon âme, quand je vis que l'unique résultat de tous mes efforts et de tous mes travaux avait été de me donner deux cachots au lieu d'un seul !...

« Comment ai-je survécu à cette atroce déception ?... — En vérité, je ne le comprends pas !... — Je puis supposer seulement que Dieu, sachant que la délivrance me viendrait par vous, ne voulait pas me laisser mourir...

« Voilà l'histoire de ma captivité, capitaine. Et maintenant vous comprenez sans doute quelle place doivent tenir dans mon âme ces deux sentiments : pour vous une reconnaissance sans bornes, — pour Antide de Montaigu une haine immortelle !!... »

Tristan de Champ-d'Hivers se tut.

Lacuzon s'absorba dans une profonde et sombre rêverie, et pendant quelques minutes il garda le silence...

— Messire, — demanda-t-il enfin, — vous était-il possible, dans votre cachot, de vous rendre un compte exact du temps écoulé?

— Oui, — répondit le vieux seigneur. — C'était une sorte d'occupation pour moi que de supputer les années, les mois et les jours, et même j'avais trouvé un moyen d'éviter toute erreur...

— Que faisiez-vous pour cela?..

— Chaque semaine j'ajoutais une entaille aux entailles faites précédemment par moi dans le rocher...

— Alors il vous serait possible de préciser l'époque à laquelle s'est passée cette scène étrange, — rêve ou réalité, — d'une femme violentée par le seigneur de l'Aigle?...

— Cela me serait possible.

— Faites-le donc, je vous en prie...

Tristan de Champ-d'Hivers, après un instant de réflexion, répondit :

— Cette scène a dû se passer dans le courant du mois de mai 1619.

— Ah!... — murmura Lacuzon tout bas, — Eglantine est née au château de l'Aigle au mois de février 1620!... — Il est impossible d'en douter, Eglantine est fille de Blanche de Mirchel et de l'infâme Antide de Montaigu!!...

Le vieux gentilhomme allait demander au capitaine quels étaient les motifs de la question qu'il venait de lui adresser.

Il n'en eut pas le temps.

XVIII. — RECONNAISSANCES.

Magui, qui précédait toujours nos deux personnages, arrivait en ce moment au fond d'une ravine étroite; — là elle s'arrêta en face d'une roche haute et lisse, dont la base disparaissait au milieu d'un véritable fourré de genêts et d'arbustes épineux et toujours verts.

— Messire, — dit Lacuzon à Tristan, — nous approchons du terme de notre voyage, et, pour obéir au serment que je vous ai fait, je vais être obligé de vous bander les yeux... — Je n'ai pas besoin d'ajouter que le colonel Varroz et le curé Marquis, aussitôt qu'ils vous connaîtront, m'accorderont le droit de n'avoir plus de secrets pour vous...

— Ce que vous ferez sera bien fait, capitaine, — répondit de nouveau Tristan en présentant sa tête pâle au bandeau que venait de préparer Lacuzon.

Magui écarta les broussailles qui enveloppaient d'un réseau presque inextricable le pied du rocher, et elle démasqua une ouverture étroite et basse dans laquelle il n'était possible de se glisser qu'en rampant sur les mains et sur les genoux.

La vieille femme s'engagea la première dans cette ouverture. — Le capitaine fit passer Tristan de Champ-d'Hivers, et, après avoir rapproché en bon ordre les rameaux des buissons momentanément écartés, il suivit le gentilhomme.

Au bout d'une vingtaine de pas, il devint facile de se relever et de marcher sans courber la tête. — La voûte du souterrain s'élargissait et le couloir se faisait galerie.

— Messire, — demanda le capitaine à Tristan, — sauriez-vous

Baron Tristan de Champ-d'Hivers, embrassez votre fils. (Page 90.)

seul, et, sans indications, retrouver l'entrée par laquelle nous venons de nous introduire ?...
— Non, certes ! — répondit le vieux gentilhomme.
— Vous me l'affirmez ?...
— Je vous en donne ma parole d'honneur...
— Dans ce cas, rien n'empêche que vous ôtiez votre bandeau...— Je suis en règle vis-à-vis de mon serment, puisque vous ignorez le secret de la caverne...

Tristan se hâta d'arracher le mouchoir qu'il rendit au jeune chef, en lui disant :
— Franchement, capitaine, j'aime mieux cela... — Je ne saurais vous exprimer combien l'obscurité me pèse, après tant d'années d'obscurité...

La voûte, nous le répétons, s'élargissait devant les voyageurs nocturnes ; — une atmosphère humide et froide alourdissait leurs poitrines et venait les frapper au visage. — Le faible bruit de leurs pas retentissait avec une sonorité étrange, et se perdait au loin après avoir éveillé les échos endormis parmi les anfractuosités du roc.

La galerie dans laquelle ils marchaient suivait une pente assez rapide, et sa voûte allait s'élevant et s'élargissant toujours jusqu'au moment où la galerie se métamorphosait tout à coup en une salle immense ; — la voûte se perdait à une si grande hauteur, que la lumière de la torche ne pouvait l'atteindre.

Le silence qui régnait dans cette salle n'était pas le silence réparateur de la nuit, — le doux et calme silence de la nature qui sommeille, — coupé et interrompu par les vagues murmures de la vie qui va bientôt renaître... non... — c'était un calme sinistre, — un silence glacial, absolu : — celui de la mort et de la tombe...

C'est à peine si l'on entendait par instants le cri lugubre de la chauve-souris, quittant la pointe du rocher à laquelle elle était suspendue par les pattes, et décrivant dans l'atmosphère lourde les bizarres sinuosités de son vol capricieux.

D'innombrables stalactites formaient sur les parois de la caverne comme un étrange défilé de fantômes menaçants et d'animaux impossibles, pareils à ceux que le moyen âge sculptait pour en faire les gargouilles de ses cathédrales et de ses monastères.

A l'extrémité de la salle, une rivière souterraine roulait lentement et silencieusement sur un lit de sable ses flots qui, dans la demi-obscurité, semblaient noirs comme de l'encre et épais comme de l'huile.

Nos trois personnages traversèrent cette rivière en sautant de rocher en rocher, et ils pénétrèrent dans une seconde galerie qui s'abaissait et se resserrait devant eux et qui finit par s'interrompre tout à coup. Un bloc de granit, semblant s'être détaché de la voûte, barrait le chemin.
— Nous sommes arrivés, messire, — dit le capitaine à Tristan.
— Arrivés ! — répéta ce dernier. — J'aurais cru plutôt que nous étions fourvoyés dans un souterrain sans issue...
— Vous allez voir...

Lacuzon prit la torche des mains de Magui et montra au gentilhomme que quelques entailles, suffisantes pour y placer les pieds et les mains, étaient pratiquées dans le bloc de granit, dont elles faisaient une sorte d'échelle ; et après avoir éteint la torche désormais inutile, il monta le premier.

Du haut du rocher qui touchait presque à la voûte, le regard plongeait dans l'intérieur du trou des Gangônes, et dans l'éloignement, on entrevoyait la lueur faible et vacillante des feux de bivac allumés par les montagnards.

Le capitaine descendit, — suivi par Tristan et par la vieille femme.

Il approcha de sa bouche deux de ses doigts, et il fit retentir ce formidable coup de sifflet qui servait de signal aux soldats des corps-francs, et dont les Gris et les Suédois avaient entendu si souvent sur les champs de bataille les menaçantes vibrations.

A l'instant même, tout fut bruit et mouvement dans la caverne ; — les montagnards se précipitèrent avec des clameurs de joie vers l'endroit où ils savaient qu'ils allaient revoir leur jeune chef bien-aimé, et Garbas, arrivant le premier de tous et entraîné par un irrésistible transport, se jeta au cou de Lacuzon en s'écriant :

Épuisé de fatigue, Marquis s'assit sur un banc. (Page 93.)

— Ah! capitaine!... c'est donc vous !..... Vous voilà revenu !.....? tout est sauvé !... — Nous commencions à nous démoraliser, savez-vous !... — Il nous semblait que le malheur était sur nous !... — Le curé Marquis prisonnier, et vous absent, nous n'étions plus des hommes !... — Mais puisque vous revoici, tout va bien, et le curé sera bientôt libre !...
— Vive le capitaine ! vive Lacuzon !! — hurlèrent avec un formidable ensemble tous les montagnards, en proie à un véritable délire et s'efforçant d'embrasser les mains et les vêtements du jeune homme.
— Merci, mes amis... — merci, mes braves et dignes compagnons... — merci, mes fidèles soldats..., — répliqua le capitaine, profondément touché de cet accueil enthousiaste dans lequel se lisait si bien l'ardent attachement qu'il inspirait.
Puis, après avoir rendu à Garbas étreinte pour étreinte, il lui dit :
— Cours prévenir le colonel Varroz que j'arrive et que j'ai des choses de la plus haute importance à lui communiquer!... — Qu'il m'attende dans la grotte du haut, où je vais le rejoindre à l'instant.
Le trompette s'élança en bondissant comme un chamois.
Lacuzon échangea quelques paroles avec les partisans, et leur promit qu'avant que trois jours se fussent écoulés le curé Marquis serait de retour au milieu d'eux.
Ensuite il se dirigea avec Tristan de Champ-d'Hivers vers l'escalier taillé en plein roc et qui conduisait à cet étage de la caverne dans lequel nous avons déjà introduit nos lecteurs.
A peine avait-il fait quelques pas, qu'il s'aperçut que Magui ne le suivait point. — Il se retourna, et vit la vieille femme immobile, chancelante, et paraissant pouvoir à peine se tenir debout.
Il courut à elle, il l'enveloppa de ses bras pour la soutenir et il lui demanda :
— Mon Dieu, qu'avez-vous ?...
— Rien, capitaine..., — répondit Magui d'une voix assez ferme, — je n'ai rien...

Puis, désignant du regard le gentilhomme dont elle avait pu voir distinctement, pour la première fois, le visage pâle et les cheveux blancs, pendant le temps d'arrêt qui venait d'avoir lieu, elle balbutia à l'oreille de Lacuzon :
— C'est lui, n'est-ce pas ?... — Oh ! capitaine, dites-moi que c'est lui !...
— Qui donc ? — fit le jeune homme avec un étonnement facile à comprendre.
— Lui... mon vieux seigneur... lui, le baron Tristan...
Lacuzon tressaillit.
— C'est lui..., — répliqua-t-il vivement et tout bas... — mais silence...
Magui tomba à genoux et se mit à murmurer, des lèvres et du cœur, des paroles entrecoupées d'une ardente action de grâces.
Ensuite elle se retourna et elle dit :
— Je puis vous suivre maintenant, capitaine, — me voici forte ; — je me tairai tant qu'il le faudra... — je me tairais toute ma vie s'il le fallait... et cependant il y a dans mon pauvre vieux cœur assez de joie pour me faire vivre cent ans...
Lacuzon lui serra silencieusement la main et se remit en marche.
Quelques secondes après ce moment, il avait gravi l'escalier et entrait dans la petite grotte où Varroz et Raoul l'attendaient avec une impatience pleine d'anxiété.
Une lampe, dont toute l'huile était usée, achevait de consumer sa mèche fumante qui mourait sans jeter de lueur.
Le colonel et le jeune homme virent bien que Lacuzon n'était pas seul, mais ils n'accordèrent qu'une très-minime attention à ses compagnons.
— Mes amis, — leur dit le capitaine après avoir répondu à leurs embrassements, — je veux avant tout vous rassurer au sujet d'Églantine... Je reviens sans elle, mais cette chère enfant bien-aimée est en sûreté; — aucun danger ne la menace, et je crois même pouvoir ajouter qu'en ce moment aucun danger ne saurait l'atteindre...

— Ah! — s'écria Raoul avec impétuosité, — ah! capitaine, soyez béni !...

— Bientôt, — poursuivit Lacuzon — bientôt, dans un instant, je vous reparlerai d'elle, et je vous révélerai des mystères tellement étranges qu'il vous semblera, en m'écoutant, que vous êtes le jouet d'un mauvais rêve... — Sachez d'abord que Magui la sorcière avait dit vrai. — Le seigneur de l'Aigle est un bourreau !...

— Capitaine, — murmura Raoul, — je vous l'avais bien dit !...

— Et moi je le devinais ! — ajouta Varroz ; — tu vois maintenant, Jean-Claude, tu vois que mon instinct ne me trompait pas !...

— J'ai lutté contre vos pressentiments à tous les deux, c'est vrai, — répliqua Lacuzon ; — pouvais-je croire à tant d'infamie ?... — Pour me convaincre il fallait l'évidence, — il fallait un miracle !... — L'évidence est venue, — le miracle s'est fait... — Dieu, dans sa sagesse infinie, avait décrété que l'enlèvement d'Eglantine me conduirait au château de l'Aigle... — Dieu m'a guidé, — Dieu m'a choisi pour faire de moi l'instrument d'une grande réparation et d'un grand châtiment... — J'ai commencé l'œuvre sainte, vous vous unirez à moi pour la mener à bonne fin !...

Lacuzon s'interrompit.

Il s'approcha du baron Tristan qui s'était assis dans un angle obscur de la grotte ; — il mit un genou en terre devant lui, baisa sa main, et reprit en s'adressant à lui :

— Monseigneur...

— Monseigneur... — s'écrièrent à la fois Varroz et Raoul stupéfaits.

— Vous avez bien souffert... — continua Lacuzon, — vous avez souffert plus que ne peut souffrir un homme... — Dieu doit une éclatante compensation à vos tortures, et je vous le promets en son nom... — Vous avez été fort et résigné contre le malheur ! — Soutenu par un espoir bien vague, vous avez lutté avec la double énergie du corps et de l'âme contre un martyre de vingt années !... — Vous avez triomphé d'une lutte formidable, car j'ai trouvé un corps vigoureux et un esprit vaillant dans ce cachot où j'aurais dû ne trouver qu'un cadavre ou qu'un fou... — Le moment est venu de rappeler à vous, monseigneur, cette énergie, cette force, cette vaillance dont vous avez donné tant de preuves !... — On vous avait tout enlevé... votre rang, votre fortune, votre famille et jusqu'à votre nom !... — Ne vous laisseriez-vous pas briser sous le choc écrasant du bonheur, si l'on vous rendait tout cela ?...

— Capitaine, — s'écria Tristan en se levant, et en appuyant ses mains tremblantes d'émotion sur les épaules du héros montagnard, — capitaine, qu'avez-vous dit ?... quel mot avez-vous prononcé ?... ai-je bien entendu ?... — *Ma famille*... j'ai donc une famille ?... J'avais un fils... mon fils est donc vivant !...

— Monseigneur, la joie tue !... Monseigneur, prenez garde !...

— Qu'ai-je à craindre ? — reprit Tristan. — La douleur a passé sur moi sans laisser son empreinte ; — la joie rajeunira le vieux sang qui coule dans mes veines... — Capitaine, au nom du ciel, répondez-moi... N'ayez pas peur, capitaine... Si mon fils est vivant, je vivrai pour aimer mon fils...

En écoutant la voix de Tristan, Varroz avait tressailli, comme tressaille dans les steppes de l'Amérique du Nord le cheval libre et sauvage qui, tout à coup, entend venir jusqu'à lui, à travers l'espace, le hennissement de son frère captif.

Le vieux soldat sentait un essaim de pensées confuses et de vagues espérances tourbillonner dans son cerveau troublé. — Les veines de ses tempes se gonflaient, — ses narines dilatées frémissaient, — il essayait de percer d'un regard éperdu la demi-obscurité qui mettait un voile sur les traits de cet homme dont il ne pouvait distinguer que la haute taille et les cheveux blancs. — De lointains souvenirs se réveillaient en lui, et tantôt ils l'accueillaient comme une promesse, tantôt il les chassait comme une illusion !...

Raoul, de son côté, éprouvait une émotion si vive et si profonde qu'il ne se souvenait pas d'avoir jamais ressenti rien de pareil, même au moment où, dans la maison de la grande rue de Saint-Claude, il avait appris qu'Églantine était près de lui.

Et il se demandait d'où venait ce trouble instinctif, et pourquoi les battements de son cœur se précipitaient ainsi...

La réponse ne se fit pas attendre.

— Parlez, capitaine !... — continua Tristan, — parlez vite, car vous venez de mettre dans mon âme un espoir si ardent et si fou, que, si vous tardez, ce n'est pas la joie qui me tuera... c'est le doute.

— Eh bien, soyez fort, monseigneur !... — répondit Lacuzon, — car tout ce que j'ai promis, je vais le tenir !... — J'ai dit que je vous rendrais votre nom et votre famille... — Baron Tristan de Champ-d'Hivers, embrassez votre fils que voici dans vos bras...

Et il poussa en effet dans les bras du vieillard Raoul, qui, le visage inondé de larmes, balbutia avec une joie plus qu'humaine ces deux mots si doux : *Mon père !*...

Varroz n'y tint plus. — L'émotion et l'attendrissement le débordaient. — Il appuya contre sa poitrine bondissante le père et le fils enlacés, et les unissant dans une même étreinte il les embrassa longtemps en pleurant comme un enfant, et en murmurant d'une voix entrecoupée et presque indistincte :

— Tristan... c'est moi... — ton ami... ton frère... ton vieux Varroz... — Ah ! ton image vivait là !... Je t'aimais bien, Tristan... je ne t'oubliais pas, moi... — J'ai tant pleuré ta mort !... — Je te revois... tu es là, — près de moi, — dans mes bras... Vous êtes là tous deux... car j'aime ton fils, Tristan... je l'aime comme je t'aimais, et il le mérite comme tu le méritais... — Tu étais beau, loyal et brave... il est beau, — il est brave, — il est loyal.... — Ah ! que Dieu maintenant rappelle mon âme à lui quand il le voudra... — j'ai vécu le jour le plus heureux de ma vie !...

Elle fut longue cette triple étreinte du père, du fils et de l'ami, — cette étreinte dans laquelle trois nobles cœurs battaient à l'unisson ! Tristan se sentait près de défaillir sous le fardeau de son bonheur ; — les vingt années de souffrances qu'il venait de traverser avaient disparu de ses souvenirs comme un rêve qui s'efface, et volontiers il se fût écrié :

— Douleurs de l'isolement, — souffrances de la captivité, — tortures du corps et de l'âme, non, vous n'avez pas existé !...

Lacuzon contemplait ce tableau touchant avec une ivresse orgueilleuse. Ce bonheur était son ouvrage, — il était en même temps sa récompense !...

Quand les premiers transports de cette triple reconnaissance se furent apaisés, — quand les bras se furent dénoués pour ne laisser que les mains unies, Magui s'avança lentement et humblement : — elle s'agenouilla près de Tristan dont elle embrassa les genoux, et après l'avoir regardé pendant un instant de bas en haut, à travers les larmes qui ruisselaient sur sa figure expressive, elle balbutia :

— Et moi, monseigneur, mon cher seigneur, n'aurai-je donc de vous ni un souvenir, ni une parole ?...

Le baron de Champ-d'Hivers attacha son regard sur les traits de la vieille femme, et s'écria :

— Marguerite !...

— Il me reconnaît !... — dit-elle en se levant avec une exaltation folle ; — il me reconnaît !... monseigneur me reconnaît !... — Qui m'eût prédit cela quand je fuyais les ruines embrasées du château de Champ-d'Hivers, sous lesquelles je croyais le père et le fils ensevelis !... — Qui m'eût dit que je les reverrais un jour tous les deux ! — Qui m'eût dit, quand je pleurais mon nourrisson... mon pauvre enfant... mon Raoul... qui m'eût dit qu'un jour je le sauverais la vie à celui que je croyais mort... car la vieille et laide Magui d'aujourd'hui s'appelait Marguerite autrefois... et elle était votre nourrice, messire Raoul... mon Raoul... mon beau Raoul... Oh ! mon enfant... mon cher enfant... laissez-moi vous voir encore... — laisse-moi t'embrasser aujourd'hui comme je t'embrassais jadis...

Nous n'avons pas besoin d'ajouter que Raoul se prêta de tout son cœur à l'accomplissement du désir de la pauvre et noble femme, et qu'il lui rendit étreinte pour étreinte et baiser pour baiser.

Ces scènes touchantes, dont nous n'avons su tracer dans les pages qui précèdent qu'une ébauche pâle et incomplète, auraient pu se prolonger longtemps encore, si Lacuzon n'eût rappelé à l'esprit de Varroz et de Raoul des préoccupations un instant effacées par des événements si complètement inattendus.

— Le bonheur qui rendrait le cœur égoïste se desséchait lui-même serait un bonheur immérité, — dit-il. — Le curé Marquis est prisonnier, songeons au curé Marquis... — Le baron de Champ-d'Hivers vous racontera lui-même ensuite la terrible odyssée de ses longues tortures, et moi je tiendrai ma promesse en vous reparlant d'Églantine. — Mais, encore une fois, en ce moment ne nous occupons que de Marquis...

— Que faire ? — s'écria Varroz en tordant sa moustache blanche. — Comment savoir en quel lieu les Gris ont conduit leur captif ?...

— Nous le savons, — répliqua le capitaine.

— Et c'est ?...

— C'est à Clairvaux.

— A Clairvaux ! — répéta Varroz.

— Oui.

— Mais, alors, le comte de Bauffremont...

— Il est traître et vendu comme le seigneur de l'Aigle... et c'est à lui que ce dernier confie la garde de Marquis...

— Les misérables !... — murmura le colonel.

Puis il ajouta tout haut :

— Eh bien, si Marquis est prisonnier à Clairvaux, il me semble que nous n'avons qu'un parti à prendre...

— Lequel ?...

— Marchons sur Clairvaux, pardieu ! et délivrons Marquis !...

— C'est ce que j'ai dit comme vous, colonel, — répliqua Lacuzon, — et mon premier mouvement a été pareil au vôtre.

— Et, — reprit vivement Varroz, — j'espère bien que, pour moi, comme pour moi, le second mouvement sera semblable au premier.

— Certes, — répondit le capitaine. — Seulement j'ai promis à notre bonne et fidèle Magui de délibérer avec vous, et en sa présence, sur les observations qu'elle va vous soumettre elle-même, et qui, je l'avoue, me semblent parfaitement fondées...

— Qu'elle parle, — répondit le colonel, — et, si elle a un bon conseil à nous donner, le diable m'emporte si nous ne le suivons pas !

Magui répéta tout ce que nous lui avons entendu dire au capitaine en gravissant la côte de Ménétrux-en-Joux.
— Elle a raison !... complètement raison ! — s'écria Varroz quand il l'eut écoutée.
Ensuite, il lui demanda :
— Que comptez-vous faire ?
— Partir à l'instant, — remettre au sire de Bauffremont la lettre et l'anneau du seigneur de l'Aigle, — découvrir ses intentions secrètes à l'endroit du curé Marquis et savoir en quel lieu on le cache, si ce n'est pas le château de Clairvaux qui lui sert de prison... — enfin, faire en sorte que vous soyez instruit de tout cela sans retard, pour qu'il vous soit possible d'agir avec connaissance de cause...
— Mais, pauvre femme, — interrompit Varroz, — votre vigueur a des bornes, si votre courage n'en a pas... — Vos forces vous trahiront...
— J'en ai peur, colonel ; — mais le cas est prévu.
— De quelle façon ?
— Comme il se peut que mes forces me trahissent en effet et que Clairvaux devienne pour moi un lieu de halte forcée, vous allez me donner quelques hommes sûrs qui devront m'accompagner et m'obéir... — Ces hommes seront tout à la fois mes gardes du corps et mes émissaires.
— C'est facile.
— Eh bien, colonel, que ces hommes se tiennent prêts...
— Combien en voulez-vous ?...
— Cinq ou six.
Lacuzon appela Pied-de-Fer.
— Lieutenant, — lui dit-il, — choisissez six hommes parmi les plus infatigables et les plus résolus de nos montagnards et dites-leur que je les place sous les ordres de Magui, à qui je délègue toute mon autorité sur eux. — Vous ajouterez qu'il s'agit de la délivrance du curé Marquis.
— Oui, capitaine... — répondit Pied-de-Fer en quittant la grotte.
— Merci, colonel — merci, capitaine, de la confiance que vous me témoignez... — s'écria Magui ; — je mourrai s'il le faut pour la justifier... — Je vais baiser une dernière fois la main de mes seigneurs, et je pars... — En passant par la forêt qui domine le val Dessus, je puis encore être à Clairvaux avant le jour... — Vous aurez bientôt de mes nouvelles...
Et après avoir déposé un respectueux baiser sur la main de Tristan, sur celle de Raoul, la vieille femme sortit de la grotte et ne tarda guère à quitter le trou des Gangônes avec sa petite escorte.

XIX. — MESSAGE DE MAGUI.

Jean-Claude et Varroz restaient seuls dans la grotte avec le père et le fils ; — le moment des explications était venu.
Ces explications furent longues et ne portèrent que sur des faits déjà connus de nos lecteurs.
Raoul raconta à son père de quelle façon il avait été sauvé, non pas des eaux, comme Moïse le législateur, mais des flammes, par le vieux et fidèle Marcel Clément, ce modèle des serviteurs passés et à venir.
— Il raconta son éducation en France, — son amour pour Églantine, sa première rencontre avec le capitaine.
Tristan de Champ-d'Hivers dit à son tour le poëme de ses vingt ans de captivité, et les lugubres souvenirs qu'il évoqua firent couler des larmes amères sur le visage de Raoul et mouillèrent à plus d'une reprise les yeux du vieux Varroz.
Puis, enfin, le capitaine des corps-francs entra dans les détails relatifs à la tentative qu'il venait de faire au château de l'Aigle.
— Il dit le but et les moyens de l'infâme trahison d'Antide de Montaigu, et la récompense sur laquelle le gentilhomme déloyal comptait pour payer cette trahison. — Il en arriva à Églantine et au fantôme de la tour de l'Aiguille ; il fit passer sous les yeux de Tristan les particularités de la naissance de la jeune fille et les mystérieux incidents de la nuit du 17 janvier 1620. — Il parla de Pierre Prost, — du Masque noir, — du médaillon de la main sanglante, — et il fit partager à ses auditeurs la ferme conviction dont il était animé ; que c'était bien réellement au château de l'Aigle que le médecin des pauvres avait été conduit, et qu'Églantine était bien réellement la fille de Blanche de Mirebel, violentée par Antide de Montaigu.
— Qu'importe, — s'écria le vieux baron quand Jean-Claude eut achevé, — qu'importe que la naissance de cette chère et malheureuse enfant soit le résultat d'un crime lâche et honteux ?... — Raoul aime Églantine comme sa fiancée. — Je l'aime, moi, comme ma fille ; — nous ne voulons, nous ne pouvons voir en elle que l'enfant du médecin des pauvres, — que la cousine du capitaine Lacuzon ! — C'est avec joie et avec orgueil que Raoul donnera à Églantine le nom de Champ-d'Hivers, — c'est avec joie et avec orgueil que je me dirai son père !...
— Mais elle est prisonnière... — s'écria Raoul, — et tant qu'elle ne sera pas revenue auprès de nous, je tremblerai...
— Elle sera libre ce soir, — répondit le capitaine, — car dans quelques heures nous marcherons sur le château de l'Aigle... — Je vous répète, d'ailleurs, qu'Églantine ne court aucun danger, — elle est auprès de sa mère dans la tour de l'Aiguille, et Antide de Montaigu, — convaincu qu'elle a quitté le château, — ne peut tenter aucune démarche pour s'emparer d'elle de nouveau.
— Je vous crois, capitaine, — dit le jeune homme, — et je suis tranquille ; — cependant je vous supplie de hâter l'attaque, et je vous demande comme une faveur spéciale de m'y laisser combattre au premier rang...
Varroz regarda Tristan avec un sourire.
— Tu vois, baron, — fit-il ensuite, — bon sang ne peut mentir !... — Ah ! Raoul est bien ton fils !... l'aiglon a déjà le vol de l'aigle !...
En ce moment un pas rapide retentit sur l'escalier qui conduisait à la grotte dans laquelle se trouvaient nos personnages, et on frappa vivement à la porte.
— Entrez, — dit le capitaine.
La porte s'ouvrit. — Garbas parut.
— Eh bien ? — demanda Lacuzon.
— Un des hommes de l'escorte de la vieille Magui vient d'arriver, — répondit Garbas ; — il est épuisé par une longue course faite tout d'une haleine ; — il demande à vous parler sur-le-champ...
— Qu'il vienne !... qu'il vienne !... — répondirent à la fois Lacuzon et Varroz.
— *Marche-à-terre !* — cria Garbas, — le capitaine t'attend.
Au bout de quelques secondes, un montagnard ruisselant de sueur se montra dans l'entre-bâillement de la porte.
— Tu apportes des nouvelles ?... — lui dit Lacuzon en allant à lui.
— Oui, capitaine.
— D'abord, d'où viens-tu ?... — reprit vivement Jean-Claude.
— De Clairvaux.
— Que s'est-il passé ?...
— Magui nous a fait cacher dans le bois qui est à gauche de la rivière, et elle est allée au château...
— Ensuite ?...
— Au bout d'une demi-heure, elle est revenue, et m'a ordonné de courir au trou des Gangônes et de vous répéter ce qu'elle allait me dire...
— Et que t'a-t-elle dit ?...
— Deux choses...
— La première ?...
— Que le comte de Montaigu venait d'arriver à l'improviste à Clairvaux et qu'il était inutile de rien tenter aujourd'hui contre le château de l'Aigle.
— Et après ?...
— Qu'il fallait vous trouver aujourd'hui, — le plus tôt possible, — avant midi si ça se pouvait, — dans le bois de Saint-Maur...
— Seul ?...
— Oh ! non, capitaine, — avec beaucoup de monde, au contraire, — cinq cents hommes au moins...
— Et là, que faudra-t-il faire ?...
— Magui viendra vous le dire elle-même, ou elle vous enverra un de mes camarades... — Elle les a gardés tout exprès pour lui faire des messagers...
Et après une seconde de silence, Marche-à-terre ajouta :
— Capitaine, ma commission est faite.
— C'est bien. — Descends et repose-toi...
Le montagnard disparut.
— Garbas ! — dit Lacuzon.
— Capitaine !...
— Appelle le lieutenant.
— Oui, capitaine.
Pied-de-Fer accourut.
— Combien avons-nous d'hommes ici ? — lui demanda Lacuzon.
— Trois cents, capitaine.
— A la Franée ?
— Deux cent cinquante.
— Au champ Sarrasin ?
— Cent cinquante.
— Au Pont de la Pile ?
— Autant.
— Tu vas prendre ici deux cents hommes, et tu partiras avec eux pour le bois de Saint-Maur...
— Oui, capitaine.
— Tu auras soin de diviser ton monde par petites bandes qui suivront différents chemins...
— Oui, capitaine.
— Le *Porte-balle* prendra cent hommes à la Franée et les conduira au même but de la même façon.
— Oui, capitaine.
— *Cœur-de-chêne* et *Bijou* courront, l'un au champ Sarrasin, l'autre au pont de la Pile. Chacun d'eux dirigera cent hommes vers le bois de Saint-Maur... — Tu m'as bien compris ?...
— Parfaitement, capitaine.
— Tout le monde prendra les plus grandes précautions, agira avec une extrême prudence, et, une fois au lieu désigné, se tiendra sur ses gardes, mais bien caché. — On posera les sentinelles derrière les arbres, de façon qu'elles ne soient point en vue...

— Ce sera fait, capitaine.
— Je vais partir moi-même avec une escorte de cinquante hommes. — Qu'on se hâte, et qu'on fasse en sorte que je n'arrive pas le premier...
— On tâchera, capitaine.
— Va, — et n'oublie aucune de mes instructions !...
Pied-de-Fer descendit en courant, et on l'entendit crier d'une voix tonnante, dont les échos de la caverne répétèrent longtemps les vibrations :
— Deux cents hommes sous les armes, — et cinquante nommés d'escorte pour le capitaine...
— Eh bien, — demanda Varroz, — et moi, que vais-je faire?...
— Je comptais vous prier, — répondit Lacuzon, — de vouloir bien rester ici avec le baron de Champ-d'Hivers, afin d'être prêts à prendre le commandement des renforts que je demanderai peut-être bientôt, quand je saurai quel est le véritable but de l'expédition ; — car, en ce moment, vous le voyez, je marche en aveugle, sous la direction de Magui...
— Nous attendrons, — dit le colonel ; — mais ne nous laisse pas nous engourdir trop longtemps dans l'inaction...
— Soyez tranquille. — Je n'aurai pas l'égoïsme de garder le danger pour moi tout seul...
— Va donc, Jean-Claude, et que Dieu te protège et marche avec toi !
Le capitaine se tourna vers le baron de Champ-d'Hivers.
— Messire, — lui dit-il, — me pardonnerez-vous de vous enlever si vite ce fils que vous venez de retrouver à peine?... Je désire vivement que mon frère Raoul m'accompagne...
— Merci ! — s'écria le jeune homme, — merci de l'avoir demandé, capitaine... — Si vous n'aviez pas pensé à m'emmener, ou si vous aviez refusé de le faire, je vous aurais suivi malgré vous...
— Prenez-le ! — dit à son tour le vieux baron ; — je vous le donne avec joie et avec confiance ! — Jamais il ne recevra de plus nobles leçons, de plus sublimes exemples, et si Dieu me réservait cette suprême douleur d'avoir à le reperdre après l'avoir revu, ce serait une consolation pour moi de penser qu'il est tombé à côté du capitaine Lacuzon !...
— Mon père, — fit Raoul en ployant le genou devant le vieillard, — bénissez-moi pour me porter bonheur et pour me rendre invulnérable !...
La main droite de Tristan s'appuya sur la blonde tête du jeune homme.
— Va, — lui dit-il ensuite, — va, mon fils bien-aimé !... — Que Dieu garde ta jeunesse fière et charmante pour être le bonheur et l'orgueil de mes vieilles années, — mais, quoi qu'il ait décidé de toi, que sa volonté soit faite et que son saint nom soit béni !...
Le capitaine et Raoul quittèrent la grotte.
Pied-de-Fer et ses deux cents hommes étaient déjà loin.
Les cinquante montagnards qui devaient former l'escorte de Lacuzon attendaient, la rapière au côté, les pistolets à la ceinture, le mousquet sur l'épaule.
Parmi eux se trouvait Garbas.
Le ciel était bas et sombre ; — un brouillard épais rampait sur les montagnes, — s'accrochait aux cimes des sapins, — ensevelissait dans un linceul de brume la silhouette crénelée du château de l'Aigle, et faisait de toute la vallée d'Ilay quelque chose de comparable à un grand fleuve gris et morne.
La petite troupe s'enfonça dans ces lourdes vapeurs, très-favorables pour la marche rapide et mystérieuse des montagnards qui ne tardèrent point à s'effacer et à disparaître parmi les brouillards depuis le premier homme jusqu'au dernier.

§

Les conjectures de Magui s'étaient trouvées justes. — Le curé Marquis avait été, en effet, conduit au château de Clairvaux par les Gris qui venaient de s'emparer de lui dans les bois de Charésier.
Mais la garde de l'un des membres de la grande trinité franc-comtoise était une tâche trop lourde et surtout trop compromettante pour le sire de Bauffremont, qui n'avait pas encore levé hautement l'étendard de la trahison.
Aussi, dès le point du jour, le curé Marquis fut tiré du cachot dans lequel il avait passé la nuit, — on lui lia les mains derrière le dos, — on jeta sur sa soutane rouge un long manteau sombre. — Les Gris, au nombre de vingt ou trente, le placèrent au milieu d'eux et se remirent en marche.
D'après la direction prise par la troupe qui l'enveloppait, le prisonnier put acquérir la certitude qu'on le conduisait au bas pays, dans l'intention parfaitement évidente de le livrer aux Français et aux Suédois.
Marquis se rendait trop bien compte de sa haute importance et du rôle immense et magnifique qu'il venait de jouer dans la guerre de la conquête, pour ne pas savoir qu'il ne devait attendre de ses ennemis ni grâce ni pitié.
Il comprenait qu'on ne lui pardonnerait pas d'avoir organisé la résistance, — d'avoir fait du haut Jura un infranchissable rempart,

— d'avoir servi avec son génie et avec son bras la cause sainte de la liberté !... — Il comprenait qu'on vengerait sur lui tout le sang versé depuis le commencement de l'invasion, — qu'on ne le traiterait point en adversaire, mais en révolté, et que des vengeances personnelles exigeraient son supplice, auquel on donnerait une couleur de représailles !...
Marquis savait tout cela, et il marchait avec le calme stoïque d'un héros et d'un martyr au-devant d'une mort qui lui paraissait inévitable... Que lui importait la mort?...
N'avait-il pas accompli sa tâche?... — n'allait-il pas donner joyeusement la dernière goutte de son sang à son pays auquel il avait consacré sa vie?... — Prêtre et soldat, n'avait-il pas vu souvent la mort de près?... — Jésus crucifié, d'ailleurs, son maître et son Dieu, ne lui rappelait-il pas que l'échafaud n'est parfois qu'une halte entre la terre et le ciel?
Et cependant, par instants, une amère tristesse envahissait son âme, — un frisson passait sur sa chair ; ses lèvres pâles murmuraient les paroles du Christ au mont des Oliviers, dans la nuit de la passion :
— Seigneur !... Seigneur !... éloignez de moi ce calice...
C'est qu'en ces instants il pensait à la joie insolente, au triomphe cruel des Français et des Suédois quand ils allaient voir arriver dans leur camp, prisonnier, enchaîné, vaincu, le vainqueur de la veille, qui, si souvent, les avait fait trembler.
Ces moments étaient courts. — Marquis comprenait bien vite ces révoltes intérieures... — le soldat s'effaçait pour laisser la place au prêtre.
Il fallait se résigner, d'ailleurs, car toute espérance était vaine, toute tentative de fuite était insensée. — Les Gris connaissaient bien la valeur de leur capture, — ils veillaient sur le prisonnier mieux qu'un avare n'a jamais veillé sur son or, — mieux qu'un jaloux ne veille sur sa maîtresse ou sur sa femme.
Une seule fois, pendant le trajet, une occasion de délivrance parut se présenter, et cette occasion devint pour le prisonnier l'occasion d'un nouveau péril.
L'escorte, forte ainsi que nous l'avons dit de vingt ou trente hommes, passait en vue du manoir de Verges, appartenant au comte Henri de Verges, véritable Franc-Comtois de sang et de cœur.
Il était en ce moment huit heures du matin.
Le comte envoya un détachement de ses hommes d'armes reconnaître la petite troupe.
Marquis songea, sinon à courir au-devant d'eux, il ne le pouvait pas, — mais à leur crier son nom et à les appeler à son aide.
Certes, s'il lui avait été possible d'accomplir ce projet, un combat se fût engagé, — la garnison tout entière serait sortie du château et la délivrance du curé n'eût pas été douteuse.
Les Gris devinèrent la pensée du prisonnier, au moment même où elle se formulait dans son esprit.
L'un d'eux s'approcha de lui, — tira son poignard, et lui appuyant sur le bras gauche la pointe acérée de l'arme, il murmura d'une voix basse et pénétrante :
— Si vous dites un mot, si vous poussez un cri, vous êtes mort !
Marquis fit un mouvement involontaire.
Le Gris, — soit qu'il se méprît sur le but de ce mouvement, soit qu'il voulût ajouter quelque chose à l'énergique avertissement qu'il venait de donner, — le Gris, disons-nous, appuya la main.
La lame du poignard pénétra de deux pouces dans le bras du prêtre et le sang jaillit.
— Vous me faites mal... — dit Marquis avec un sourire doux et résigné.
Le bourreau, sans doute, eut honte de son infâme brutalité, — le poignard sortit des chairs.
Le prêtre reprit son calme stoïque, et les hommes d'armes du seigneur de Verges, ne se doutant point qu'on emmenait un prisonnier sous leurs yeux, et peu désireux d'engager un combat sans but, se replièrent vers le château.
La route était redevenue libre.
Les Gris continuèrent à marcher en hâtant le pas. — Ils firent, vers onze heures, une courte halte, et quelques minutes avant deux heures de l'après-midi ils arrivèrent au château de Bletterans, où se trouvait installé le quartier général de l'armée française.
Cette armée était campée un peu en deçà et occupait un rayon d'une lieue et demie, du côté de Lons-le-Saulnier, depuis Villevieux jusqu'à Montmorot, dont le château avait été démantelé par Henri IV, quarante-trois ans avant l'époque où se passaient les faits que nous racontons.
L'escorte franchit la limite des dernières tentes du camp français, et traversa un espace assez vaste, sans faire d'autres rencontres que celles de quelques officiers et de nombreux messagers d'ordonnance, allant du château au camp et du camp au château.
Mais à mesure que l'escorte se rapprochait du quartier général, des groupes plus nombreux se pressaient autour d'elle, et ces groupes avaient un air de fête et de triomphe.
Il était manifeste que la nouvelle de la captivité du prêtre-soldat avait devancé son arrivée.

Le château de Bletterans, — stratégiquement parlant, — pouvait se considérer comme la clef du bailliage d'Aval.

Situé sur la Sceille, rivière ou plutôt torrent qui prend sa source dans les rochers de Baume, à quatre lieues de là, il défendait du côté de la Bresse l'entrée de la Franche-Comté.

Or, — comme la Bresse appartenait à la France, — les généraux français s'étaient emparés de Bletterans dès le commencement de la guerre, et c'était pour eux une place d'une inappréciable importance, comme centre d'opérations militaires et comme boulevard solide, soit pour appuyer l'attaque, soit pour favoriser la retraite.

Bletterans était un village fortifié plutôt qu'un simple château; — à l'extrémité nord des fortifications s'élevait la citadelle.

Cette citadelle, située au milieu d'une plaine qu'aucune élévation ne dominait, — entourée d'ailleurs presque entièrement par les plis et les replis de la rivière rapide et profonde, fortification naturelle, plus forte que celles élevées par la main des hommes, — avait passé bien longtemps pour imprenable.

Les Français ne s'en étaient rendus maîtres qu'après des combats longs et acharnés, et le drapeau de la citadelle enfin vaincue ne s'était incliné que dans les flots de sang franc-comtois.

XX. — UN PORTRAIT HISTORIQUE.

Le pont-levis de la citadelle s'abaissa pour laisser passer le curé Marquis et son escorte.

Tandis que les Gris traversaient les cours et les esplanades avec une lenteur calculée, la curiosité insolente et brutale des soldats et de cette population immonde de goujats et de vivandiers qui suit les armées en campagne, se concentrait sur le prisonnier.

Les grossiers quolibets, les jeux de mots cyniques, les railleries, les insultes, pleuvaient autour de lui.

— Le voilà donc, ce curé Fierabras!... ce grand pourfendeur de montagnes!... — disaient les uns.

— Curé! criaient les autres, — le moment est venu d'entonner pour toi-même un *De profundis !...* Appelle tes bedeaux !...

— Curé, qu'as-tu fait de ton missel ?...

— Curé, où est la broche à rôtir qui te servait de dague ?...

— Curé, pourquoi n'es-tu pas resté dans ta cure à ânonner ton bréviaire, à planter tes choux, et à courtiser ta servante ?...

— Voyez donc ce desservant de campagne, avec sa face pâle et sa soutane rouge !...

— Ne savez-vous pas qu'il s'est nommé cardinal de son autorité privée et qu'il porte une robe écarlate à cause de cela ?...

— Eh! non, ce n'est pas pour cela...

— Et pourquoi donc?...

— C'est pour faire peur aux petits enfants...

— C'est le curé Croquemitaine, alors !...

— Tout justement...

— Je vous dis, moi, qu'il voulait faire pièce à Son Eminence monseigneur le cardinal de Richelieu...

— Il a réussi ! — il sera bientôt plus haut placé que Son Eminence.

— Comment l'entends-tu ?...

— Je l'entends comme il faut l'entendre : — un curé pendu en plus haute position qu'un cardinal assis...

Et la tourbe idiote et lâche riait et battait des mains à ces lazzi hideux.

Le curé Marquis, impassible et résigné en apparence comme Jésus portant sa croix, s'absorbait dans sa propre pensée et semblait ne rien entendre.

Et, cependant, un ouragan de colère contenue grondait au fond de son âme, et il se rappelait combien de fois il avait vu se débander et s'enfuir sur les champs de bataille, au seul aspect de sa soutane écarlate, tous ces soldats qui se faisaient ses insulteurs, maintenant qu'il était captif et que ses mains enchaînées ne pouvaient plus brandir la rapière et le crucifix.

Enfin ce supplice eut un terme. — L'escorte atteignit la haute porte cintrée qui donnait accès dans l'intérieur même de la citadelle.

Le lieutenant des Gris alla chercher des ordres, et, pendant son absence, les gardes du captif le conduisirent dans une salle basse où l'on ne tarda guère à leur apporter du vin et des viandes.

Les cordes qui attachaient les poignets de Marquis serraient la chair au point de la couper. — Son bras blessé saignait toujours et lui faisait endurer d'intolérables tortures...

Épuisé de fatigue, le prêtre s'assit sur un banc; mais ses lèvres ne murmurèrent pas une plainte et il ne demanda point qu'on le soulageât en déliant les cordes.

Il lui répugnait invinciblement d'implorer la compassion de ses bourreaux; — et qui sait d'ailleurs si sa prière eût été accueillie autrement que par des ricanements nouveaux et de nouvelles insultes ?...

Là, ce grand homme de bien, — ce prêtre pur, — ce soldat vaillant, — s'efforça d'arracher son âme aux étreintes de la chair souffrante et révoltée, et il supplia Dieu de lui accorder, pour dernière grâce, la force de mourir en héros comme il avait vécu...

§

Quittons cette salle basse où les Gris, faisant orgie près du prisonnier, lançaient aux échos de la voûte les honteux refrains de chansons obscènes et blasphématoires, et pénétrons dans une autre partie du château.

Nos lecteurs voudront bien franchir avec nous le seuil d'une pièce de dimensions gigantesques, jadis salon d'honneur où, à de certains jours de fêtes, le gouverneur de la citadelle de Bletterans réunissait toute la noblesse du bailliage d'Aval.

Cette salle immense, presque entièrement démeublée, offrait des traces irrécusables du dernier siège subi par le château.

Un grand nombre des hautes et larges fenêtres avaient été brisées par les balles. — On avait remplacé à la hâte et tant bien que mal ces vitres absentes par des morceaux de parchemin huilé, qui ne tamisaient qu'une lumière rare et douteuse.

Les balles et les éclats d'obus avaient troué et déchiré en maints endroits les portraits en pied des guerriers fameux de la province, et ces grands hommes de guerre s'étaient vus, après leur mort, plus balafrés et plus cicatrisés que de leur vivant.

Un poêle de fonte, — dont le tuyau sortait par une ouverture pratiquée *ad hoc* dans une des fenêtres, — était bourré de combustible au point d'être devenu d'un beau rouge-cerise, et cependant il ne combattait qu'à peine le froid intense qui, par les croisées disjointes et les portes mal closes, envahissait la grande salle où se trouvaient en ce moment six personnages.

L'un de ces personnages était assis ou plutôt couché dans un grand fauteuil de chêne sculpté, garni de velours cramoisi et de crépines d'or, meuble luxueux qui, selon toute apparence, ne faisait point partie du mobilier dévasté du château.

Les cinq autres hommes se tenaient debout, dans des attitudes respectueuses et la tête découverte, autour du personnage assis.

C'est de celui-ci que nous allons nous occuper tout d'abord.

Son visage est tellement typique, — sa physionomie historique tellement connue, — qu'une rapide esquisse suffira pour remettre cette physionomie et ce visage sous les yeux de nos lecteurs.

Sa figure osseuse et longue offrait une pâleur bistre et maladive.

— Ses yeux, très-grands, d'un éclat presque insoutenable, et dont le regard avait une étrange fixité et une incomparable expression de puissance et de discernement, étincelaient dans les arcades sourcilières extrêmement profondes et rendues plus sombres par les épais sourcils qui les couronnaient.

Deux lèvres minces, peu colorées, d'une mobilité prodigieuse et se contractant sous la moindre impression en une sorte de rictus sardonique, dessinaient leur ligne à peine courbée sous de longues moustaches grises cavalièrement retroussées en crocs comme des moustaches de mousquetaire.

Cette bouche caractéristique, jointe à la perspicacité du regard étincelant et dur, donnait à l'ensemble du visage une expression de ruse, d'audace, de cruauté, de confiance en soi-même, et enfin de génie.

Une longue royale grise ornait le menton aigu et nettement découpé.

Moustaches et royale semblaient afficher des allures aventureuses et raffinées qui s'accordaient mal avec l'état d'anéantissement profond que décelaient la pâleur du visage et l'attitude abandonnée du corps.

Le regard seul et le sourire démentaient cette faiblesse évidente et cet irrécusable épuisement.

Le corps souffrait, — le corps s'en allait vers la tombe ! — L'âme, l'intelligence, l'esprit, étaient plus forts, plus lumineux, plus vivaces que jamais.

Le costume du personnage que nous venons de décrire attirait tout d'abord l'attention, malgré son extrême simplicité.

Il consistait en une longue robe de drap rouge enveloppant les membres dans ses plis nombreux, et en une calotte de même étoffe et de même couleur emprisonnant étroitement la tête.

Sur la pourpre éclatante se détachaient les mains, — elles étaient longues et fines, — d'une forme admirable et d'une blancheur mate, — de véritables mains de femme et de duchesse.

Nous connaissons déjà deux des personnages qui se tenaient debout autour de l'homme assis.

C'étaient le comte de Guébriant et le comte Antide de Montaigu, seigneur de l'Aigle.

Les trois autres étaient trois généraux de l'armée française : — le duc de Longueville, — le marquis de Villeroi, — le marquis de Feuquières.

Au moment où nous entrons dans la grande salle, l'homme vêtu de rouge écoutait avec attention le comte de Montaigu.

Ce dernier, qui venait d'arriver à Bletterans sous les auspices de messire de Guébriant, annonçait à son imposant auditeur que le curé Marquis, fait prisonnier la veille, allait être amené sous bonne escorte et livré par ses ordres au chef suprême de l'armée française, comme premier gage de son absolu dévouement à la cause de la France.

L'homme à la robe rouge se contenta d'incliner doucement la tête.

Le seigneur de l'Aigle continua.

Il exposa son plan tout entier, et il entra dans le détail des moyens qu'il comptait mettre en usage pour s'emparer successivement des deux autres chefs de la montagne, Lacuzon et Varroz, et pour amener d'une façon prompte et sûre l'asservissement de la province, en portant le dernier coup à l'esprit d'indépendance dans la personne des deux héros de la liberté franc-comtoise.

Il s'inclina ensuite en murmurant :

— Monseigneur, j'ai dit.

L'homme à la robe rouge, qui l'avait écouté sans l'interrompre une seule fois, leva les yeux alors et attacha longuement sur le seigneur de l'Aigle son regard clair et profond.

Puis il répondit d'une voix lente et basse :

— C'est bien, messire... — Vous avez agi pour le mieux, et vos plans nous paraissent habilement combinés... — Nous croyons à leur réussite. — Quand nous toucherons à la fin de cette longue campagne, — quand l'heure sera venue de régler nos comptes et de distribuer des récompenses, vous pouvez compter que vous ne serez point oublié... — nous vous en donnons notre parole...

Le sire de Montaigu s'inclina de nouveau.

En se relevant, il avait au front la brûlante rougeur de l'orgueil satisfait et de l'ambition triomphante.

— Monseigneur... — balbutia-t-il.

— C'est bien, — répéta l'homme à la robe rouge en interrompant la formule de remercîments qu'Antide de Montaigu allait commencer.

L'une des portes de la grande salle s'ouvrit, et un officier entra.

Il s'avança auprès du personnage assis, et là il s'arrêta, attendant qu'on l'interrogeât.

— Qu'y a-t-il ? — lui demanda l'homme rouge.

— Monseigneur, — répondit-il, — un prisonnier de haute importance vient d'arriver sous escorte.

— Quel est ce prisonnier ?

— Le curé Marquis.

— J'étais prévenu. — Où est celui dont vous parlez ?

— Dans une salle basse, monseigneur.

— Qu'on le conduise ici, et qu'il soit introduit devant moi dans cinq minutes.

L'officier sortit.

— Je veux parler à cet homme, reprit le personnage qu'on appelait *monseigneur*. — Je veux me convaincre par mes propres yeux qu'il est à la hauteur de sa réputation, ou que cette réputation n'est qu'un mensonge. — Je veux enfin voir quelle sera sa contenance quand il se trouvera en face de moi et quand il saura qui je suis... — C'est dans ces occasions-là qu'il est possible de juger un homme en un instant...

Après quelques secondes de silence, le personnage à la robe rouge reprit, en s'adressant au marquis de Feuquières :

— Veillez, je vous prie, général, à ce que mon nom ne soit point prononcé devant le prisonnier. — Je tiens à ce qu'il ne l'apprenne qu'en ma présence. — Donnez l'ordre en outre à cinquante de mes gardes de venir se ranger derrière mon fauteuil...

Et il ajouta en souriant :

— Puisque le curé Marquis est un chef de la montagne, nous allons le recevoir d'une façon digne de lui...

— Monseigneur... — dit alors Antide de Montaigu.

— Que voulez-vous, messire ?...

— L'intérêt de la cause à laquelle je me suis donné corps et âme exige peut-être que le curé Marquis ne puisse me reconnaître...

— Eh bien !

— Votre Éminence daigne-t-elle m'autoriser à revêtir, quoique en sa présence, mon déguisement habituel ?...

— Le masque noir, n'est-ce pas ?...

— Oui, monseigneur.

— Faites, messire.

Le seigneur de l'Aigle sortit.

Il reparut au bout d'une ou deux minutes, enveloppé dans les plis d'un long manteau et le visage caché par son masque de velours et d'acier.

En même temps, les cinquante gardes vinrent se ranger, revêtus de leur étincelant costume et l'épée nue à la main, dans le fond de la salle.

Le comte de Guébriant et les officiers français prirent place à la droite du fauteuil, s'isolant volontairement ou instinctivement du seigneur de l'Aigle qui resta seul sur la gauche.

— Oh ! mes gentilshommes ! — pensa ce dernier en remarquant ce mouvement parfaitement visible, et en fronçant ses épais sourcils sous son masque de velours, — si vous saviez comme le gouverneur du comté de Bourgogne se rit de vos dédains !!...

Et cependant, malgré l'orgueilleuse jactance de cette muette apostrophe, un levain d'amertume commençait à gonfler son âme.

— Général, — dit alors l'homme rouge au marquis de Feuquières, — faites entrer le prisonnier.

Les portes s'ouvrirent à deux battants, et le curé Marquis parut sur le seuil, au milieu d'une dizaine de soldats dont les rapières nues l'enveloppaient dans un cercle d'acier.

On venait de délier ses mains, ce qui avait apporté quelque soulagement à ses cuisantes douleurs. — Néanmoins, il était très-pâle, et autour de ses paupières fatiguées se dessinait un large cercle qu'on eût dit tracé au charbon.

En mettant le pied dans cette immense pièce, qui n'était pour lui qu'une salle d'attente avant la mort, une sorte d'antichambre de l'échafaud, il fut surpris du singulier appareil militaire qui se déployait devant ses regards et dont, à coup sûr, on avait fait les frais à son intention.

Ce spectacle lui donna la preuve qu'il n'était pas grand seulement pour les paysans et pour les montagnards, mais encore pour des ennemis aussi redoutables que les Français, et il en éprouva un sentiment de joie intime et de naïf orgueil.

Son regard calme et assuré erra sur les visages qui l'entouraient, — voulant ainsi reconnaître en quelque sorte le terrain, — savoir ce qu'il avait à craindre et ce qu'il avait à espérer.

Ses yeux s'arrêtèrent d'abord sur le principal des acteurs de cette scène, — sur celui auquel le premier rôle était évidemment destiné, — sur le personnage à la robe rouge.

L'effet produit par cette vue fut immédiat. — Il tressaillit. — Mais aucune nuance de trouble ou d'émotion ne se peignit sur sa figure, — on n'y put lire que de la surprise, — de la curiosité, et même une sorte de satisfaction. — Un sourire ébauché souleva à demi sa lèvre supérieure, et pendant une seconde son regard brilla d'un plus vif éclat.

Ceci ne fut d'ailleurs qu'un éclair.

L'homme à la robe rouge saisit cet éclair au passage, et son front se plissa.

Mais déjà Marquis ne le regardait plus.

Ses yeux errants venaient, dans leur investigation circulaire et rapide, de tomber sur le Masque noir.

Le prêtre soldat frissonna de tous ses membres comme s'il venait de marcher sur un serpent et comme s'il eût senti tout à coup à son talon la morsure du hideux reptile. — Son visage devint pourpre, et son regard, écrasant de mépris, se chargea d'une lueur sanglante.

Cette émotion de haine, ou plutôt d'horreur, ne dura qu'une seconde, et Marquis redevenu calme détourna la tête.

Il passa en revue, avec une profonde et manifeste indifférence, les officiers de l'armée française.

Puis ses yeux, — obéissant sans doute à quelque irrésistible attraction, — revinrent se fixer sur l'homme rouge.

XXI. — LES DEUX ROBES ROUGES.

Le personnage vêtu de rouge, qu'on appelait *Monseigneur* et *Son Éminence*, et qui se tenait assis tandis qu'autour de lui tout le monde restait debout, fit un geste pour maintenir à leur place les soldats servant de gardiens au curé Marquis, et dit à ce dernier :

— Approchez.

Marquis s'avança d'un pas ferme et s'arrêta en face de l'homme rouge, devant lequel il se tint immobile et les bras croisés, sans arrogance, mais en même temps sans humilité.

Il n'y avait là, en apparence, ni un captif, ni un maître, — ni un vaincu, ni un triomphateur ; — il y avait face à face deux hommes égaux qui ne pouvaient rien redouter ni rien attendre l'un de l'autre.

Pendant quelques secondes, Son Éminence considéra le curé Marquis avec une attention profonde.

A travers ses paupières à demi baissées jaillissait ce regard investigateur et en quelque sorte magnétique, qui portait sa lueur jusqu'au fond des âmes et des consciences, et rendait la vérité lumineuse dans les profondeurs où elle se cachait.

Lorsque cet examen muet lui eut appris ce qu'il voulait savoir, l'homme rouge rompit le silence et dit, de sa voix lente, qui semblait égrener les paroles une à une :

— C'est vous qui êtes le curé Marquis ?

— C'est moi.

— C'est vous, — continua l'homme rouge, — c'est vous qui êtes tout à la fois prêtre et soldat ? — C'est vous qui tenez le mousquet et l'épée, de cette même main qui consacre la sainte hostie ?...

— C'est moi, — répondit de nouveau Marquis.

— Prêtre de l'Évangile, avez-vous donc oublié les paroles de l'Évangile : *Celui qui frappe avec l'épée périra par l'épée* ?...

— Je n'ai rien oublié, — je me suis souvenu. — Pour chasser les vendeurs du temple, Jésus prit une corde ; — contre la dévastation, l'incendie, l'assassinat, il fallait d'autres armes.

— Vous voyez que Dieu n'était point avec vous, puisque ces armes ont été vaincues.

— Vaincues ! — s'écria Marquis avec un fier sourire, — qui dit cela ?...

— N'êtes-vous pas captif ?...

— Moi, oui... — mais qu'importe ?... Je ne suis pas le seul enfant de la vieille et noble province !...

— Vous étiez du moins un de ses plus fermes défenseurs.

— Il en est d'autres qui me valent et qui valent plus que moi !... — Il en est d'autres qui donneront comme moi leur vie à la cause de la liberté !... — Ma tête tombera. — Qu'importe ? — Il n'y aura qu'un homme de moins ! — La liberté est un arbre fécond qui grandit arrosé de sang !... — Moi mort, la liberté n'en sera que plus vivante !...

— La liberté ! — répéta l'homme rouge, — vous parlez de la liberté !... — Vous vous croyez donc libres ?...

— Certes !...

— Etrange et folle prétention !...

— En quoi ?...

— Vous repoussez la suzeraineté du roi de France ! — vous êtes vassaux du roi d'Espagne.

— Vassaux du roi d'Espagne !... — C'est-à-dire que nous reconnaissons Philippe IV pour notre souverain, — que nous lui payons un faible impôt, que nous lui envoyons quelques hommes. — C'est là un vasselage facile à supporter ! cependant le roi d'Espagne ne pourrait exiger de nous autre chose que ce qu'il nous plait de lui accorder.

— Et pourquoi ne le pourrait-il pas ?...

— Parce que nous avons des droits, — des droits incontestables et imprescriptibles, et que nous sommes prêts à donner pour les défendre la dernière goutte du sang de nos veines...

— Quels sont ces prétendus droits ?...

— Savez-vous l'origine du nom de *Franche-Comté* que porte notre province ?...

L'homme rouge ne répondit pas.

Marquis reprit après un silence :

— Si vous la connaissez, je vais vous la rappeler ; — si vous l'ignorez, je vais vous l'apprendre. — A la naissance du fils posthume de Louis le Bègue, Charles le Simple, le prince Boson, allié à plusieurs des membres de la descendance de Charlemagne, se révolta, et se mettant à la tête du puissant parti que les parents et les amis de la femme Hermengarde lui avaient ménagé, il provoqua une assemblée de seigneurs et d'évêques, et, le 15 octobre de l'an 879, il fut élu roi de Bourgogne.

« En 887, Boson mourut.

« Son fils Louis, qui lui succéda, était encore presque un enfant, quand Rudolphe Ier, fils du prince allemand Conrad, s'empara de la partie montagneuse située au nord des Etats laissés par Boson à son héritier.

« Le royaume de Bourgogne fut alors divisé en deux royaumes distincts et indépendants l'un de l'autre.

« Le premier prit le nom de Bourgogne *Transjurane*, — le second prit celui de Bourgogne *Cisjurane*.

« Cette division fut peu de point, d'ailleurs, de longue durée.

« Rudolphe II réunit les deux royaumes en un seul, et ceci dura jusqu'à 1126.

« A cette époque, la Bourgogne était gouvernée par Renaud II. Elle avait été, dans l'intervalle, érigée en *comté*. — Renaud II refusa de reconnaître l'empereur pour son suzerain, et préféra les chances de la guerre aux sujétions du vasselage.

« La lutte s'engagea, et Renaud, après avoir repoussé toutes les attaques, conserva la libre possession de ses États. — Comme il ne relevait de personne et qu'il s'était créé, par sa volonté et par sa force, souverain indépendant, il reçut le surnom de *Franc-Comte*, et la province qu'il avait si bien défendue prit le nom de *Franche-Comté*.

« Nous sommes les descendants en ligne directe des hardis et heureux défenseurs de la Comté-Franche ! — Nous ne vaudrons pas moins que ne valaient nos pères ! — Jusqu'au dernier souffle du dernier homme nous garderons intact l'héritage d'indépendance qu'ils nous ont transmis !... »

En disant ce qui précède, le curé Marquis s'était animé peu à peu. Sa voix maintenant résonnait vibrante et sonore comme le clairon des batailles, — et, tandis qu'il poussait son cri de liberté, ses regards devenaient étincelants et son visage prenait une radieuse expression de fierté et d'enthousiasme.

L'homme à la robe rouge l'avait écouté et le regardait avec une sorte d'admiration étonnée.

Voilà donc quel était ce prêtre soldat qu'on lui avait dépeint jusqu'alors comme un paysan presque brut, malgré son exaltation, — comme un grossier et aveugle fanatique !...

Et cet homme était un profond penseur, — un savant, — un apôtre ! — Il marchait droit au but, sous le drapeau d'une idée grande et sainte. — Il avait l'éloquence de la parole, — l'éloquence du geste, — l'éloquence du regard !...

Le curé Marquis put lire sans peine sur tous les visages l'impression profonde qu'il venait de produire.

Il ne voulut pas lui laisser le temps de s'affaiblir, et il reprit :

— Oui, la Comté est franche ! — elle est libre, — elle veut rester libre !... — La liberté, depuis cinq cents ans, n'est-elle pas le but unique de ses efforts, souvent ensanglantés ?... Avez-vous perdu le souvenir des luttes mémorables des comtes de Bourgogne contre l'inféodation impériale, sous Frédéric Barberousse ?... — Ne vous souvient-il pas que, sous Philippe le Bel, on força les seigneurs à accepter l'appel au parlement de Dôle contre les sentences et les arrêts rendus par leurs baillis seigneuriaux ?... — L'existence du parlement n'est-elle pas d'ailleurs la plus irrécusable preuve de notre indépendance ?... — Le parlement est notre force morale... — c'est notre bouclier. — Nous nous abriterons derrière lui, et nous le défendrons jusqu'à la mort, dans l'avenir, comme nous l'avons déjà défendu dans le passé !... En 1336, la noblesse voulut lui dicter des lois au lieu d'en recevoir de lui, — la noblesse fut vaincue. — L'autorité judiciaire, pouvoir immuable, l'emporta sur les épées sorties du fourreau ! — Jean de Châlon, dépouillé de ses fiefs et chassé de la Comté-Franche ; — Jean de Granson, étranglé comme traître, voilà de grands et terribles exemples de la justice parlementaire !...

« Et qui sait si ces exemples ne se renouvelleront pas bientôt ?... et qui sait si bientôt on ne verra pas tomber des têtes dont on aura arraché le masque ! »

Ces dernières paroles, accompagnées d'un regard chargé de mépris et de menace, arrivèrent, comme la lame aiguë d'un poignard, droit au cœur d'Antide de Montaigu, qui pâlit involontairement sous son masque de velours.

Après un silence d'une seconde, le curé Marquis reprit, en s'adressant à l'homme rouge :

— Faut-il vous rappeler ce que le parlement a fait pour la province ?... Faut-il vous redire comment, à toutes les époques, il a su mériter le dévouement et la reconnaissance du pays ?... — Lorsque l'ouverture de la succession de la maison d'Autriche mit entre ses mains le pouvoir politique absolu, ne s'est-il pas servi de sa puissance pour rendre plus heureux le sort des bourgeois et celui des manants ?... N'a-t-il pas lutté avec une égale vigueur, et contre ces monstrueux héritiers des réformateurs et contre le fanatisme intolérable de Philippe II ?... Le parlement de Dôle n'est-il pas à la fois notre gouvernement, notre loi et notre justice ?... — Ne défend-il pas le peuple contre les gentilshommes... ne défend-il pas les gentilshommes contre les grands seigneurs ?... — Le peuple est pour lui, — la noblesse est pour lui, — et toutes ces masses réunies forment un faisceau que nulle force humaine ne saurait briser !...

« Nous sommes les vassaux de l'Espagne ! — disiez-vous il n'y a qu'un instant. — Est-ce que nous appartenons à l'Espagne ? — Est-ce que nous sommes Espagnols ?... — Est-ce que nous avons adopté les mœurs, les coutumes, le langage, les lois de l'Espagne ?...

« Non ! non ! cent fois non !...

« Nous sommes un peuple à part. — Nous sommes un peuple libre ! — Nous n'obéissons qu'à nos lois. — Nous nommons nous-mêmes les membres du parlement qui nous gouverne !...

« Le joug prétendu de l'Espagne, dernier vestige d'un principe féodal qui s'éteint, n'est qu'un mot, — une apparence vaine ; — la réalité de ce joug n'existe pas ! — Nous briserions la chaîne si nous en sentions les anneaux !...

« L'Espagne est loin de nous. — Son influence ne peut nous atteindre.

« La France nous touche ; — elle nous aurait bien vite enveloppés dans ses vastes frontières.

« Nous pouvons accepter la protection du roi, — nous pouvons l'acheter même par un tribut et par un serment. — Mais nous ne voulons pas de maître, et nous n'en subirons jamais...

« L'Espagne nous défend. — Vive l'Espagne !...

« La France veut nous asservir. — Guerre à la France, et guerre éternelle s'il le faut !!... »

Le curé Marquis se tut.

— Et, — dit l'homme rouge après un silence, — si l'Espagne vous abandonne, que ferez-vous ?...

— Nous nous défendrons seuls. — Nous n'en appellerons qu'à Dieu et à nos épées !...

— Si Dieu se retire de vous... et si vos épées sont impuissantes ?...

— Nous trouverons une tombe glorieuse sous le dernier rocher de nos montagnes héroïquement défendues !... — Et la France victorieuse aura conquis, non pas une province, mais un sépulcre, — et de toutes parts les ossements blanchis se lèveront pour crier contre elle !!...

Acceptant avec la résignation d'un chrétien et d'un prêtre le sort qui l'attendait, Marquis, à partir du moment où il avait été fait prisonnier par les Gris, savait bien qu'il ne lui restait aucune espérance de salut.

Depuis le commencement de l'invasion, les prisonniers de guerre avaient été fusillés impitoyablement par les Français et les Suédois.

— La terrible sincérité de l'histoire nous force à enregistrer ces actes d'inutile cruauté.

Au nom du Dieu vivant, ayez pitié de moi. (Page 103.)

Le passé répondait donc de l'avenir, et le prêtre-soldat savait que son arrêt de mort était prononcé d'avance.

Cependant, au moment où il franchissait le seuil de la grande salle du château de Bletterans, il était bien loin de prévoir quel rôle magnifique le hasard, ou plutôt la volonté de l'homme rouge, lui réservait.

Certes, l'attitude que nous venons de lui voir prendre vis-à-vis de son interlocuteur était le résultat d'une conviction profonde. — Chacune des paroles qu'il venait de prononcer s'échappait d'une âme ardente et sincère. — Ce qu'il venait de dire il le pensait, et plus d'une fois il avait versé son sang pour le soutenir...

Mais peut-être, aussi, aurait-on pu trouver un autre motif à cette fière attitude... — Peut-être, avant de mourir, Marquis voulait-il rendre un dernier service à la cause de sa province, en donnant à ses ennemis une preuve suprême de cette résistance énergique, inflexible, que rien ne pourrait dompter et qu'ils rencontreraient jusqu'au bout.

Peut-être voulait-il que l'homme rouge en arrivât à se dire :
— Ces têtes hautaines ne plieront point, — il faudra les abattre toutes!...

Et qu'il reculât d'horreur devant la nécessité de cette effroyable tâche.

Toutes ces idées, du reste, exposées par lui avec une si fougueuse audace, avaient trouvé de l'écho dans plus d'un cœur, bien qu'elles fussent en opposition directe avec les intérêts de tous les auditeurs.

Il y avait là des Français, — des soldats, — des gentilshommes, — des hommes, enfin, animés à ce triple titre de cet esprit chevaleresque qui semble parfois s'endormir, mais qui ne meurt jamais tout à fait.

Les nobles élans d'une âme si grande et si généreuse ne pouvaient passer inaperçus devant eux. — A la surprise succéda le respect, — presque la sympathie.

Sans la présence de l'homme rouge, plus d'une main peut-être se fût tendue vers le prêtre-soldat pour saisir et serrer la sienne.

Mais parmi ces Français, — ces soldats, — ces gentilshommes, — il y avait un Franc-Comtois. — Il y avait un lâche, — il y avait un traître.

Antide de Montaigu reniait et vendait sa province, ainsi que Judas Iscariote avait renié et vendu son Dieu!...

Aussi, chaque parole du curé Marquis tombait sur le cœur du seigneur de l'Aigle comme une goutte de plomb fondu. — Le misérable sentait son masque se soulever et les implacables lanières de la honte et du déshonneur le fouetter publiquement au visage.

Une rage sourde et d'autant plus violente qu'elle était contenue, débordait en lui, la sueur ruisselait sur son front. — Il aurait voulu s'élancer sur le prêtre, l'étrangler de sa main, ou trancher à la fois d'un coup de poignard sa parole et sa vie.

Mais la présence de l'homme rouge faisait aussi bien obstacle aux manifestations de sa haine qu'à celles de la sympathie des officiers français. — Le respect le clouait sur place, et sa fiévreuse et impuissante colère était la première épine de cette sanglante couronne que l'avenir devait attacher à son front.

Après la dernière réponse du curé Marquis, — l'homme rouge, — comme écrasé par la grandeur de cet héroïsme qui se manifestait si simplement, — baissa sur sa poitrine sa tête brune et pâle, et, pendant quelques secondes, sembla s'absorber dans une profonde rêverie.

Marquis, toujours calme, — les bras croisés, — les joues colorées légèrement par la vivacité de sa parole, le regardait avec une sorte de sourire...

L'homme à la robe rouge releva lentement la tête, et, posant avec noblesse son coude sur l'accotoir de son haut fauteuil sculpté, appuya sa joue sur sa main et croisa son regard avec le regard de Marquis qui ne baissa point les yeux.

Tous les spectateurs de la scène que nous racontons attendaient avec impatience et avec anxiété les premiers mots qui s'échapperaient de ses lèvres minces et mobiles.

Le curé, lui, semblait moins ému que ces auditeurs désintéressés, — et cependant sa vie était en jeu, et son arrêt, sans doute, allait être prononcé.

L'homme rouge trompa toutes les prévisions. — Au lieu de parler en maître et en juge, il voulait discuter encore.

C'est la vie et c'est la santé, buvez! (Page 106.)

Il dit, d'une voix de plus en plus lente, tandis que son regard, fixé sur le visage du prêtre, semblait y guetter les impressions fugitives :
— Vous criez guerre éternelle à la France et à son roi, parce que la France vous envelopperait dans la ceinture de ses frontières agrandies et parce que son roi deviendrait pour vous un maître ! — La politique de Louis XIII devrait cependant vous être une garantie, ce me semble, que vos droits seraient respectés !...
— Une garantie! — répéta le prêtre. — En quoi?...
— Louis XIII ne suit-il pas, dans son propre royaume, une marche absolument pareille à celle du parlement dans votre province?...
L'homme rouge s'arrêta.
— Je ne vous comprends pas, — dit Marquis.
L'homme rouge poursuivit :
— Le parlement de Dôle, — ce sont vos propres paroles, — protége le peuple contre les gentilshommes et les gentilshommes contre les hauts seigneurs. — Louis XIII fait-il donc autre chose en abaissant chaque jour l'orgueil de ceux qui se croient encore les grands vassaux de la couronne?...
Le curé ne répondit que par un sourire.
— Ne m'avez-vous donc point compris ? — demanda l'homme rouge.
— Ne parlons pas de Louis XIII, — je vous en prie! — s'écria Marquis.
— Pourquoi ?
— Parce que Louis XIII n'existe pas, — et vous le savez mieux que moi...
L'homme rouge tressaillit.
— Non, — poursuivit le prêtre-soldat, — ne parlons pas du roi de France, mais, si vous le voulez, parlons du cardinal-ministre, — parlons de Richelieu... — Oui, j'en conviens, l'Éminence rouge, achève l'œuvre commencée de Louis XI, fauche hardiment et infatigablement les trop hautes têtes de la noblesse de France, établissant ainsi un niveau que la couronne seule domine. — Le roi de Plessis-les-Tours, — l'ami de Tristan l'Hermite et d'Olivier le Dain, — marchait tortueusement au but où le poussait son intérêt propre; — il écrasait tout ce qui, s'élevant trop près du trône, lui portait ombrage. — Les grands tombèrent, et comme en toute chose, le bien était à côté du mal, les petits profitèrent de ces chutes.
— Les temps sont bien changés depuis lors... — Aujourd'hui, Richelieu, grand ministre d'un monarque dont la couronne est une ombre, n'a plus à combattre un duc de Bourgogne insolemment roi dans son propre royaume, — mais il a à renverser les trop hautes puissances de la cour... — Lui aussi il établit le niveau de Louis XI... — lui aussi dans cette forêt humaine il abat les hautes cimes, les arbres séculaires, et donnant aux rejetons de l'espace, de l'air, du soleil, leur permet de vivre et de grandir... — Là aussi, la cognée du bûcheron frappe les grands au profit des petits!... — Mais ce profit tient-il une place dans les projets, dans les volontés, dans les rêves du ministre? — Il m'est permis de ne pas le croire. — Louis XI faisait le niveau dans l'intérêt de son trône. — Richelieu imite cet exemple dans l'intérêt de son ambition sans bornes et de son immense orgueil!...
L'homme rouge sourit à son tour, sans répondre.
Au moment où Marquis prononçait les mots d'*ambition sans bornes* et d'*immense orgueil*, le duc de Longueville, le marquis de Villeroi et le marquis de Feuquières prirent un air menaçant et portèrent la main sur la garde de leur épée.
Le prêtre-soldat se tourna vers eux.
— Eh! messires, — leur dit-il, — laissez en paix vos épées... — vous êtes de trop bons gentilshommes pour frapper un ennemi qui ne peut se défendre, et vous ne voudriez point d'ailleurs usurper les priviléges du bourreau qui va me prendre dans un instant...
Puis il ajouta, en désignant du regard et du geste Antide de Montaigu : — Si cependant vous êtes jaloux d'en finir plus vite avec moi, donnez, non pas une épée, mais un couteau à ce seigneur masqué... Le métier de bourreau est digne de lui...
— Insolent! — s'écria le seigneur de l'Aigle.

— Silence, — murmura à voix basse l'homme rouge en faisant un signe au marquis de Feuquières.

Ce dernier fit signe, à son tour, à un officier placé près de la porte du fond.

L'officier sortit.

On entendit presque aussitôt une sonnerie de trompettes, et l'on vit entrer un page de quinze à seize ans, joli comme une femme, somptueusement vêtu, précédé de deux clairons et suivi de huit gardes.

Le page portait, sur son bras gauche replié, un coussin de velours écarlate galonné d'or. — Une enveloppe entourée d'un ruban de soie rouge et scellée d'un large sceau était posée sur le coussin.

Les clairons et les gardes s'arrêtèrent, — le page s'avança seul jusqu'auprès du personnage assis, et, mettant un genou en terre devant lui, il commença :

— Pour...

Mais il n'eut pas le temps d'achever.

Le curé l'interrompit, et reprenant la phrase qu'il venait de couper il dit d'une voix nette et haute :

— Pour Son Éminence monseigneur le cardinal de Richelieu.

— Quoi ! — s'écria le cardinal (en effet c'était bien lui), — vous saviez ?...

Marquis s'inclina profondément.

— Oui, monseigneur, — dit-il ensuite.

— Qui donc vous avait dit ?...

— Personne. — Mais comment aurait-il pu m'être possible de ne pas deviner ?... — Le bruit de votre arrivée ne s'est pas encore répandu dans nos montagnes, monseigneur, et cependant, en entrant dans cette salle, je n'ai pas eu un moment de doute... — Devant qui autre que vous les généraux français courberaient-ils la tête aussi bas ?...

« D'ailleurs, — ajouta le curé avec ironie, ne portez-vous pas un vêtement qui dit bien haut que vous êtes arrivé au rang le plus élevé de la hiérarchie ecclésiastique et qu'au-dessus de vous il n'y a que le pape et Dieu ?... »

Richelieu, si complètement maître de lui jusqu'alors, pâlit de colère en ce moment.

— Prêtre ! — murmura-t-il, — prenez garde !...

— À quoi, monseigneur ? — demanda Marquis.

L'attention profonde accordée au prêtre-soldat par le cardinal, pendant tout l'entretien qui précède, avait un double motif.

Le premier résultat de l'étonnement éprouvé par lui en trouvant un homme supérieur, presque un homme de génie, dans ces sauvages et rudes montagnes.

Le second venait de la vanité même du grand politique, flatté de la justesse du coup d'œil avec laquelle Marquis avait pénétré dans sa pensée et deviné le but véritable de ses ambitions.

L'incroyable rectitude des jugements du prêtre en avait fait passer la sévérité. Mais voici que Marquis venait de mettre le doigt sur la plaie saignante, en raillant le haut caractère des dignités religieuses dont était revêtu le ministre.

La franchise avait plu d'abord, — maintenant elle blessait douloureusement.

— À quoi faut-il prendre garde, monseigneur ? — répéta le prêtre.

— Qu'ai-je à craindre ? — Ne sais-je pas que la mort m'attend et que je ne lui échapperai point ?... — Qu'importe que mon corps lui soit jeté en pâture quelques minutes plus tôt ou plus tard ?... Les grands de ce monde accordent une grâce à celui qui va mourir... je réclame de vous, comme faveur suprême, le droit de parler jusqu'au bout. — Je parle ici brièvement, monseigneur, et je vous jure de ne rien dire qui ne soit juste et qui ne soit vrai.

Le cardinal avait eu le temps de prendre sur lui-même et de dominer son premier mouvement.

— Parlez, — répondit-il, plutôt du geste que de la voix.

— Merci, monseigneur... — dit le prêtre.

Et il poursuivit :

— La France veut la Franche-Comté !... — mais emploie-t-elle le bon moyen pour conquérir et pour conserver ?... — Est-ce en accablant une province sous le poids de tous les malheurs, de toutes les misères, de tous les fléaux, qu'on s'y fait des partisans et qu'on s'y ménage des sympathies ?... — Est-ce notre faute, à nous, si les noms seuls de Français et de Suédois sont pour la montagne tout entière un objet d'épouvante et d'exécration ?... — Vous voulez faire de la Comté une chose à vous, et vous dépeuplez le pays par le fer et par la famine, — vous la ruinez par le pillage et l'incendie !... — Jamais, dans leurs barbares invasions des siècles passés, jamais les Huns ni les Vandales ne sont allés si loin que vous !... — Demandez à vos généraux, monseigneur, de quelle façon ils reprennent la guerre...

— Mais ils ne vous répondront pas... — Eh bien ! puisque les voilà devant vous et devant moi, je vais vous dire ce qu'ils ont fait... — et, s'ils l'osent, ils me démentiront !...

Le duc de Longueville et MM. de Villeroi et de Guébriant firent un pas en avant et voulurent imposer silence à Marquis par un geste impérieux.

— Monseigneur, — demanda le prêtre au cardinal, — dois-je parler ou dois-je me taire ?

— Parlez, — dit encore Richelieu.

Marquis continua :

— Sont-ils des démons vomis par l'enfer, ou sont-ils des hommes, des enfants de Dieu, ces généraux qui comptent la vie des hommes pour quelque chose de moins que rien ?... — A-t-il un cœur, ce duc de Longueville qui, après avoir triomphé en 1637 de l'héroïque résistance de Poligny, saccage et brûle la ville conquise, et passe au fil de l'épée tous ses habitants tendant vainement leurs mains suppliantes et demandant grâce aux vainqueurs ?...

« A-t-il une âme, ce marquis de Villeroi qui, forcé de lever le siège de Salins, et furieux de ce revers, vient s'abattre devant Dôle et fait faucher pendant quinze jours les blés verts sur les bords du Doubs...

— ce Villeroi qui rase le château de Vire-Châtel pour se venger de l'héroïsme du colonel César du Saix d'Arnans, — brûle les cinq villages de la baronnie, — incendie les châteaux de la Villette et du Frétigney, qui contenaient pour plus de vingt mille écus de grains !...

— Le feu et la famine, voilà les armes de ces illustres chefs !...

— Qu'ils soient maudits et que l'histoire cloue leurs noms à son pilori !...

— Au nom du ciel, monseigneur, — s'écria Longueville, — que Votre Éminence daigne imposer silence à cet homme !...

— A-t-il menti ? — demanda le cardinal, avec dignité.

Le duc ne répondit pas.

— Qu'il continue ! — fit Richelieu.

— Merci, monseigneur ! — répéta le prêtre.

Et il reprit :

— Vous vous irritez, messires !... et cependant je ne dis que la vérité, et je n'ai pas fini de la dire, car je n'ai pas encore retracé les hauts faits de tous !... — Vous avez un émule, messires, — vous avez un rival !... — Qu'en pensez-vous, comte de Guébriant, et croyez-vous que je vais calomnier votre maître, le duc de Saxe-Weimar, qui déjà s'intitule le roi du Jura et qui n'attend que la fin de la guerre pour faire de la Comté un royaume à part qu'il disputera à la France ?...

— Que dites-vous ? — demanda vivement le cardinal en se soulevant à demi, tandis que ses yeux lançaient des éclairs.

— Il en a menti, monseigneur ! — s'écria Guébriant avec fureur, — monseigneur, ne le croyez pas !...

Le curé Marquis s'avança lentement jusqu'auprès du comte, et, plongeant son regard dans ses yeux avec une étrange expression de puissance et de commandement, lui dit :

— Répétez donc que j'en ai menti !...

Guébriant courba la tête et se tut.

— Il y a là, — murmura Richelieu, — il y a là un mystère que nous éclaircirons plus tard. — Maintenant, messire prêtre, articulez vos griefs contre le comte de Guébriant et contre son maître.

— Écoutez donc, monseigneur, et soyez sûr que, cette fois, il ne me criera pas que j'en ai menti ! — Un soir, le duc et le comte, — le maître et le valet, — le futur roi du Jura et le colonel, — exaspérés par l'héroïque résistance d'une poignée de braves gens qui avaient juré de mourir plutôt que de se rendre, et désespérant de s'emparer de Salins et de Besançon, levèrent le siège de Salins et se dirigèrent vers Pontarlier...

« La nuit tombait, et l'obscurité, sans doute, amenait la terreur avec elle...

« Savez-vous comment firent ces hommes pour éclairer leur marche ?... — Néron, jadis, l'empereur infâme, faisait allumer dans ses fêtes, — torches vivantes ! — des chrétiens et des esclaves enduits de résine et de poix ! — Weimar et Guébriant dépêchèrent en avant des éclaireurs avec l'ordre d'embraser tous les villages ! — Cet ordre monstrueux fut exécuté !! — L'incendie prit de telles proportions que pendant cette horrible nuit, depuis le fort de Sainte-Anne et depuis les hauteurs de Nozeroy, on put voir les flammes implacables qui dévoraient plus de deux cents hameaux !... — Le Suédois et le Français traversèrent la contrée sous cette flamboyante auréole, et s'acharnèrent leur œuvre d'enfer en brûlant aussi Pontarlier, qui, peu de jours auparavant, avait cru se racheter du feu en leur payant une somme énorme... — Voilà ce qu'ils ont fait, monseigneur !... »

Le curé Marquis avait prononcé tout ce qui précède d'une voix vibrante et indignée. — Mais maintenant le souvenir des actes monstrueux qu'il retraçait remplissait son âme d'une douloureuse et irrésistible émotion. Ce fut donc d'une voix tremblante et avec les yeux pleins de larmes, qu'il continua :

— Pauvre province, autrefois si belle... voilà ce qu'elle est devenue !... un amoncellement de ruines fumantes !... — Partout la dévastation... — partout la famine... — Les défenseurs des villes n'ont pour se nourrir que le blé insuffisant semé sous les remparts dans un rayon égal à la portée du canon. — La terreur a gagné jusqu'aux animaux ! — Au seul bruit du tocsin, le bétail s'enfuit et se cache !...

— Pauvre comté !... ton dernier jour est-il donc venu ?... — Oh ! monseigneur... monseigneur, grâce pour un malheureux pays épuisé, presque anéanti !... — Désormais sa conquête est indigne de vous !...

Richelieu, immobile, l'œil fixé sur le prêtre-soldat qui lui parlait, conservait une physionomie impassible et impénétrable.

— Si vous considérez comme indigne de nous la conquête d'une province épuisée, pourquoi verser la dernière goutte du sang de votre dernier homme pour conserver cette province ?... — demanda-t-il enfin.

— Eh ! monseigneur, des fils doivent-ils donc abandonner leur mère, parce que leur mère est mourante ?...

— Ils doivent chercher à la sauver...

— La sauver, monseigneur ?... Comment ?...

— En venant enfin à nous... — à nous qui saurions fermer les blessures que nous avons ouvertes, et rappeler à la vie la province expirante..... — Nul autre parti ne s'offre à vous, et rien ne peut vous empêcher d'accepter celui-là...

— Rien, dites-vous, monseigneur ? — s'écria Marquis.

— Rien.

— Et nos serments...

La lèvre supérieure de Richelieu se contracta.

— Vos serments à l'Espagne !... — fit-il avec une ironie mal contenue.

Cette ironie rappela Marquis au sentiment de sa situation et lui rendit cette colère que, depuis quelques instants, l'émotion avait remplacée.

— Pardonnez-moi, monseigneur, — dit-il avec un sourire plein d'amertume, — j'oubliais qu'il ne fallait point vous parler de la religion du serment, à vous qui ne la comprenez pas !... — à vous qui ne vous souvenez point du passé, — qui oubliez le présent dès qu'il vous est acquis, — qui ne voyez jamais que l'avenir, et dans l'avenir le but auquel vous tendez, et auquel vous voulez arriver par tous les moyens, quels qu'ils soient !...

« Vous êtes catholique, monseigneur, vous êtes prêtre, vous êtes cardinal, et cependant vous faites des traités avec Gustave, chef de la confédération germanique et des protestants d'Allemagne, et vous envoyez à son aide les troupes du roi Très-Chrétien !... C'est de la haute politique, sans doute, qu'une semblable alliance ; mais cette politique est-elle bien d'accord avec les lois de la cour de Rome à laquelle vous avez juré soumission et obéissance ?... »

Richelieu, muet, immobile, attentif, écoutait toujours. — Son visage restait impassible, — rien ne venait indiquer qu'il eût à soutenir, en ce moment, un combat contre lui-même.

Les généraux ne savaient de quoi ils devaient s'étonner le plus, de l'audace du curé Marquis ou du calme de Son Éminence.

Le prêtre poursuivit :

— Je le répète, monseigneur, vous ne voyez que le but, et vous n'avez jamais reculé devant le moyen... — Marillac décapité, — Montmorency décapité, — Chalais décapité, — et tant d'autres qui ont payé de leur tête l'impardonnable tort d'avoir entravé votre route, sont des preuves sanglantes de ce que j'avance. — Le salut de l'État vous parait attaché à la conservation de votre pouvoir, et peut-être avez-vous raison ! Peu à peu, et à mesure que vous vous identifiez de plus en plus avec votre rôle de souverain, vous dépouillez votre maître et votre roi de ses prérogatives les plus belles !...

— Aujourd'hui, le petit-fils de saint Louis et de Henri IV n'a plus le droit de grâce !... — Louis XIII lui-même, enfin, n'est dans vos mains qu'un espion qui vous dénonce et qui vous livre vos ennemis.

« Voilà les moyens que vous employez, monseigneur ; — mais, j'en conviens, le but est sublime, et vous l'atteignez parfois !... — Vous avez compris qu'il fallait abaisser les grands devant la couronne et réduire la puissance de la maison d'Autriche !... C'était une tâche rude et difficile !... — Vous l'avez acceptée, et vous l'avez menée à bien sans autre auxiliaire que votre propre génie, car vous ne pouviez regarder comme un appui ce roi Louis XIII dont la faiblesse même devait, d'un moment à l'autre, vous faire redouter une disgrâce... — Vous marchez en avant d'un pas ferme, malgré les obstacles !... — Les princes du sang s'arment contre vous, — vous les brisez et vous écrasez leurs complices !... — Vous foulez sous vos pieds l'incessante opposition de la reine-mère, les renaissantes cabales du duc d'Orléans !... — Vous abattez tout ce qui vous gêne. — Si la route vous semble trop étroite, vous l'élargissez, et c'est avec des têtes qui tombent que vous en comblez les ornières !... Mais qu'importe !... Tout cela, le bien et le mal, est l'œuvre d'un grand homme !... — Louis XIII, grâce à vous, est le second dans la monarchie, mais, grâce à vous aussi, il est le premier parmi les rois de l'Europe —

— Vous abaissez le roi, — vous élevez le règne ! »

Un imperceptible frémissement des paupières de Richelieu fut le seul témoignage physique de l'immense joie que donnaient à son orgueil les appréciations si brutalement sincères du curé Marquis.

Ce dernier reprit :

— Il ne me reste que bien peu de mots à ajouter, monseigneur... ces mots résumeront ma pensée en ce qui nous touche plus particulièrement. — La guerre que votre ambition est venue déclarer à notre malheureuse province est une guerre inique et cruelle... — Une troupe de loups affamés, lâchés dans une bergerie, y feraient de moins grands ravages que ceux apportés parmi nous par vos soldats et par ceux qui les commandent... — Comme Franc-Comtois et comme l'un des chefs de la montagne, je vous hais, — monseigneur !... — Comme homme, je suis forcé de vous admirer et de vous déclarer grand !...

Marquis se tut.

Richelieu, pendant un instant, resta silencieux, pensif, la tête inclinée.

Tous les auditeurs de la longue scène que nous venons de raconter s'étonnaient de ce silence. Le cardinal le rompit enfin.

— Prêtre, — dit-il, — votre vie est entre mes mains...

— Je le sais, monseigneur, et je sais aussi ce que vous allez en faire, et depuis le moment où je vous devenu prisonnier, mon âme se tient prête à paraître devant Dieu...

— Si je vous laissais vivant et libre, pourtant ?...

— Vivant et libre ! — répéta Marquis.

— Oui. — Que diriez-vous ?...

— Je dirais, monseigneur, que vous avez un but en agissant ainsi et que je veux connaître ce but, — car si la grâce faite à moi devait tourner au détriment de la province, je n'accepterais pas...

— Ainsi, vous repousseriez mes offres ?...

Marquis regarda fixement le cardinal.

— Monseigneur, — lui dit-il ensuite, — je vous reconnais le droit de m'envoyer au supplice, mais je vous conteste celui de m'insulter...

Richelieu se leva.

— Prêtre, — fit-il, — je vous laisse maître de votre sort. — Comment voulez-vous être traité ?...

— Comme votre égal, monseigneur.

— Mon égal ! répéta Richelieu avec étonnement.

— Vous êtes un des rois de la France, — je suis un des rois de la montagne. — Nous sommes prêtres tous deux ; — vous êtes cardinal, il est vrai, mais voyez, — ne dirait-on pas que nous sommes égaux, même devant l'Église ?... — Ma robe est rouge comme la vôtre !

— Et cette robe rouge, — s'écria le cardinal, — pourquoi la portez-vous ?... Pourquoi cette parodie coupable du costume des plus hauts dignitaires ecclésiastiques ?...

— Quand on vous a parlé de moi, monseigneur, ne vous a-t-on jamais parlé de cette robe ?...

— On m'a répété de superstitieuses légendes, d'absurdes croyances, auxquelles je ne pouvais ajouter foi...

— On vous a dit, n'est-ce pas, que la robe rouge était un talisman ?

— Oui.

— On vous a dit que sur son étoffe écarlate rebondissaient les balles des mousquets et s'ébréchaient les rapières les mieux trempées ?...

— On m'a dit cela !...

— On vous a dit enfin que sous les plis de sa robe rouge, le curé Marquis était invulnérable, et que les montagnards marchaient plus joyeusement au combat, certains d'être guidés par un chef que nulle blessure ne pouvait atteindre !... — Eh bien, tous ces bruits insensés, monseigneur, ce n'est pas moi qui les ai répandus, mais c'est moi qui les ai laissés s'accréditer...

— Dans quel but ?...

Marquis, d'un mouvement brusque, saisit un poignard à la ceinture de M. de Feuquières qui se trouvait à côté de lui, et, avec la pointe de cette arme, il fendit dans toute sa longueur la manche gauche de sa robe.

Les Français, qui n'avaient compris que le premier des deux mouvements du prêtre soldat, crurent qu'il en voulait à la vie du cardinal et s'élancèrent pour le retenir.

Mais déjà il avait jeté loin de lui l'arme dont il venait de se servir et il montrait à Richelieu son bras nu.

La blessure faite le matin devant le château de Verges, par l'infâme brutalité de l'un des Gris, saignait toujours.

— Regardez, monseigneur, — dit-il, — le sang coule, et nul ne le sait... — Le sang est pourpre comme le vêtement dont il ne change pas la couleur ! — Voilà comment le curé Marquis est invulnérable !... voilà le secret de la robe rouge !...

Le cardinal baissa les yeux, et ses narines mobiles, tout à coup dilatées, indiquèrent qu'il venait de recevoir une violente commotion intérieure.

Un cri d'admiration s'était échappé de toutes les poitrines, en face de ce mâle courage, de cette stoïque vertu, que rien ne pouvait ébranler, — en présence de cet homme qui, semblable aux héros si vantés des grands siècles de Rome, considérait la douleur comme un vain mot !...

Cet enthousiasme, trop franchement manifesté, déplut sans doute à Son Éminence dont les sourcils épais se plissèrent.

Les gentilshommes frissonnèrent, comme si le vent d'une prochaine disgrâce eût passé sur eux, et ils prirent un air confus et morne.

Pendant quelques minutes, tous les visages exprimèrent la consternation. — Le cardinal était toujours pensif, — le curé Marquis toujours impassible.

Richelieu rompit enfin ce silence pesant.

— Messires, — dit-il en arrêtant successivement sur chacun des officiers son regard circulaire, — il faut que justice soit faite... — Nous avons devant nous un rebelle, fait prisonnier les armes à la main... — Nous allons prononcer contre lui la peine qu'il mérite, mais nous voulons auparavant nous éclairer de vos lumières, e

vous demander à tous ce qui doit être cette peine... — Parlez le premier, duc de Longueville...
— Votre Eminence me fait l'insigne honneur de me demander mon avis ?
— Oui.
— Je n'en ai pas d'autre que celui de Votre Eminence... — Je pourrais me tromper, et Votre Eminence est infaillible...
— Et vous, marquis de Villeroi ?...
— Mon opinion est de tout point conforme à celle du duc de Longueville...
— Et vous, marquis de Feuquières ?...
— C'est ma pensée intime et profonde que le duc et le marquis tiennent d'exprimer en même temps que la leur.
Le regard du cardinal dut se baisser en ce moment sous celui de Marquis, tant les yeux du prêtre-soldat exprimaient clairement le profond mépris que lui faisait éprouver la bassesse des trois seigneurs.
— Il a raison, — pensa le ministre, — ces hommes n'osent pas même avoir une opinion devant moi!!...
Puis il continua, et s'adressant à Guébriant, il lui dit :
— Et vous, comte, avez-vous un avis ?...
— Oui, monseigneur.
— Ah ! — fit Richelieu.
— Votre Eminence, — continua Guébriant, — me permet-elle de parler avec franchise ?...
— Non seulement je vous le permets, mais encore je vous l'ordonne.
— Eh bien, monseigneur, je ferais grâce.
— Ah ! — répéta Richelieu.
A ce mot de *grâce*, prononcé d'une façon tellement inattendue, les regards des trois gentilshommes se tournèrent avec stupeur vers celui qui venait de faire preuve d'une aussi formidable audace.
Véritablement, ils ne pouvaient en croire leurs oreilles, ni se persuader que le comte eût parlé sérieusement.
Un jet de flamme sembla s'élancer des trous du masque d'Antide de Montaigu.
Une sorte de frémissement vague, de murmure d'admiration mal contenue, s'échappa de la petite troupe des gardes du cardinal. — Le caractère, le courage, la hardiesse du prêtre-soldat les avaient fascinés.
— Comte de Guébriant, — s'écria Marquis, — vous servez un mauvais maître, mais vous êtes un ennemi généreux !...
Il ne restait plus que le seigneur de l'Aigle à interroger.
Richelieu se tourna vers lui et lui demanda :
— Et selon vous, messire, quelle peine mérite le prisonnier ?
— La mort, — répondit Antide d'une voix gutturale.
— Et quel supplice ?
— Celui des manants, — la corde.
— Et après avoir rendu l'arrêt, vous chargeriez-vous de l'exécuter ?
— S'il le fallait, oui, monseigneur.
Le cardinal détourna les yeux.
L'infamie du seigneur de l'Aigle faisait honte et faisait horreur à ceux-là mêmes qui profitaient de cette infamie.
— Que ce prêtre soit conduit dans la chapelle, — reprit Richelieu au bout d'un instant, — et qu'il reste libre d'y prier et de s'y préparer à la mort...
— Seigneur mon Dieu, — murmura Marquis en sortant au milieu de ses gardes, — j'accepte votre volonté et je la bénis !...

XXII. — LES DEUX MOINES.

Tandis que se passent, dans la grande salle du château de Bletterans, les événements que nous venons de raconter, — tandis que le curé Marquis, prisonnier de Richelieu, triomphe en quelque sorte du grand cardinal par l'ascendant de son héroïsme, — transportons-nous sur cette même route par laquelle étaient arrivés, quelques heures auparavant, les Gris qui formaient l'escorte du prisonnier.
Deux hommes, deux moines, suivaient rapidement cette route, et se trouvaient déjà à une assez grande distance du village de Beaufort.
Ils portaient l'un et l'autre le simple et sévère costume des bons religieux de l'abbaye de Cuzeau, c'est-à-dire une robe de grosse laine grise, longue et large, dont le capuchon pouvait se rabattre sur la tête et cacher presque entièrement le visage.
La robe était serrée à la taille par une corde tenant lieu de ceinture, et dont les bouts flottants, terminés par un nœud, tombaient jusque sur les pieds qui n'avaient d'autre chaussure que des sandales à fortes semelles.
Chacun des moines tenait à la main un long bâton noueux, fraîchement coupé sans doute dans la haie qui couronnait quelque fossé, ou sur la lisière de l'un des bois qu'ils venaient de traverser.
L'un d'eux était un vieillard.
Autant que permettait d'en juger son capuchon rabattu, il avait une de ces têtes magnifiques et vénérables dont les pinceaux de Michel-Ange et du Dominiquin ont souvent reproduit le type.
Des rides nombreuses et profondes sillonnaient son visage et témoignaient de toute une vie de jeûnes, de veilles, d'austérités, de macérations.
Une de ces immenses barbes blanches dont la tradition s'est perdue, — une de ces barbes évidemment vierges de tout contact avec les ciseaux ou le rasoir, ruisselait comme un flot d'argent jusqu'au milieu de sa poitrine.
Quelques mèches de cheveux, blancs comme la barbe, s'échappaient du capuchon.
Le second moine avait tout au plus vingt-trois ou vingt-quatre ans.
La corde qui serrait son froc autour de ses hanches dessinait à merveille la cambrure hardie de sa taille svelte et souple.
Il marchait d'une allure vive et décidée, — tête nue, — ses cheveux blonds au vent, — brandissant par instant son bâton comme une épée au lieu de s'en servir comme d'un point d'appui, ainsi que le faisait son compagnon.
Sans doute (à en juger du moins par le feu de ses regards et par la vivacité de ses mouvements) ce jeune homme était un novice un peu contraint dans sa vocation, et joyeux d'échapper pour quelques heures à l'existence monotone, à l'ennui régulier, à la froide et rigide sujétion du cloître.
La route était absolument déserte. — Depuis que les bons religieux, si différents d'âge et de tournure, avaient quitté Beaufort, ils n'avaient pas fait la rencontre d'un être vivant. — Nous devons ajouter qu'ils n'avaient pas échangé une seule parole.
Quoi de plus simple en apparence que deux moines s'en allant ainsi de compagnie, en plein jour, par les grands chemins ?...
Peut-être regagnaient-ils leur couvent...
Peut-être étaient-ils chargés de faire une quête pour les besoins de leur ordre...
Peut-être le prieur de leur abbaye leur avait-il donné mission de transporter quelque message, écrit ou verbal, pour un prieur de sa connaissance...
Rien n'était plus fréquent, malgré la guerre, que de rencontrer ainsi des moines courant la campagne. — Le danger de tomber dans une embuscade et d'être pris par l'ennemi se bornait pour eux, en réalité, à fort peu de chose.
Les maraudeurs de tous les partis savaient d'avance qu'ils ne trouveraient dans leur poche qu'une bourse plate, ou plutôt qu'ils ne trouveraient pas de bourse du tout, et leur humble défroque tentait médiocrement les pillards les plus décidés.
Et cependant, si quelque observateur invisible avait suivi les deux religieux, il aurait remarqué tout à coup un fait très-minime en apparence, fort important en réalité, et qui eût ouvert incontinent un champ vaste aux conjectures de toutes sortes.
Nos moines, — toujours rapides et toujours silencieux, — arrivèrent à un endroit où la route, depuis quelque temps encaissée, faisait un coude brusque.
A deux ou trois cents pas de ce coude, on voyait des voitures chargées de grains et de fourrages, et une demi-douzaine de grands bœufs, se dirigeant du côté de Beaufort, sous la garde d'une petite troupe de paysans armés jusqu'aux dents et portant avec une gaucherie manifeste des mousquets rouillés et des rapières du temps de Charlemagne.
Tout aussitôt il se fit un changement subit et bizarre dans la tournure et dans la démarche du vieux moine.
Jusqu'à ce moment il avait tenu la tête haute, et il avait marché d'un pas assuré, et sa taille semblait aussi droite que celle de son jeune compagnon.
Dès que les paysans furent en vue, son pas se ralentit, — son épine dorsale se courba, — ses genoux se ployèrent, — une sorte de tremblement agita ses membres, — il s'appuya sur son long bâton, et il n'avança plus qu'avec peine, et remuant doucement la tête comme font les vieillards parvenus à un âge très-avancé.
Tout à l'heure on pouvait être un homme de soixante à soixante et dix ans, vigoureux encore et bien conservé malgré ses rides profondes.
Maintenant c'était un centenaire débile et chancelant.
Le moine avait vieilli de trente ans en une minute...
En vérité ceci tenait du prodige, et cependant le jeune homme ne semblait pas étonné le moins du monde de l'incroyable métamorphose qui venait de s'opérer sous ses yeux.
Paysans et religieux, chacun de son côté, avançaient les uns vers les autres.
Ils finirent par se rencontrer.
Les paysans se rangèrent sur le bord du chemin, ôtèrent leurs larges chapeaux et sollicitèrent la bénédiction du saint vieillard.
— Je vous bénis de tout mon cœur, mes enfants, — leur dit-il d'une voix tremblotante et cassée. — Je vous bénis au nom du Père, au nom du Fils et au nom du Saint-Esprit...
— Mon père, — demanda l'un des paysans, — priez le bon Dieu s'il vous plaît, de permettre que nous ne rencontrions, d'ici à Beaufort, ni Gris, ni Suédois, ni Français...

— Je vais réciter mon rosaire à cette intention, mes enfants... et j'espère que le bon Dieu exaucera ma prière...

— Merci, mon père...

— Allez en paix, mes enfants, allez en paix !...

Puis, après ces quelques paroles échangées, les moines et les paysans se remirent en marche en se tournant le dos.

Lorsqu'ils furent suffisamment éloignés les uns des autres pour s'être complétement perdus de vue, une seconde métamorphose s'opéra dans la personne du vieillard, métamorphose non moins brusque et non moins surprenante que la première.

Sa tête baissée se releva, — sa taille courbée se redressa, — ses jambes chancelantes reprirent leur vigueur primitive, et sa marche ralentie s'accéléra de telle sorte que son compagnon fut obligé de multiplier les enjambées pour ne point se laisser dépasser.

Au bout d'un quart d'heure l'étrange religieux s'arrêta.

— Est-ce que vous ne voyez pas quelque chose tout là-bas, dans le brouillard ? — demanda-t-il.

— Oui.

— Des chaumières, n'est-ce pas ?...

— Je le crois.

— Ce doivent être les premières maisons du village de Sainte-Agnès.

— Le traverserons-nous ?

— Non, puisque nous pouvons l'éviter.

— Qu'allons-nous faire ?

— Quitter la route et nous lancer à travers champs, sur la droite.

— Où cela nous mènera-t-il ?

— Si mes souvenirs sont exacts, — et je crois qu'ils le sont, — nous devons trouver d'ici à dix minutes un sentier qui conduit à Condamine...

— Allons...

Ils abandonnèrent la route; et en effet, au bout d'un petit nombre de minutes ils rencontrèrent le sentier dont le vieillard venait de parler.

Ils le suivirent sans prononcer une parole, et, en moins d'un quart d'heure, ils atteignirent Condamine.

Au moment d'entrer dans le village, le vieux moine dépouilla ses allures franches et rapides, et sembla ne pouvoir marcher qu'avec une extrême difficulté en se soutenant d'un côté sur son bâton, et en s'appuyant de l'autre sur le bras du jeune homme.

Ce dernier avait toutes les peines du monde à s'empêcher de sourire en voyant la vénération profonde et les manifestations respectueuses avec lesquelles les pieux villageois accueillaient cette bizarre comédie.

Le village de Condamine fut traversé sans autres incidents que quelques bénédictions distribuées à droite et à gauche.

Les religieux atteignirent bien vite la frontière de la Franche-Comté et de la Bresse française, et ils la suivirent pendant quelque temps, guidés par la parfaite connaissance du pays que semblait avoir le vieux moine, car aucun sentier frayé ne s'offrait à eux, et ils traversaient une plaine immense et fangeuse, n'ayant d'autres limites apparentes que l'horizon, et présentant à la surface une boue épaisse et gluante dans laquelle ils enfonçaient jusqu'à mi-jambes, ce qui, pour n'avancer que bien lentement, exigeait de leur part une prodigieuse dépense de forces.

— Quelle affreuse contrée !!... — s'écria tout à coup le jeune homme.

— Vous préférez la montagne, n'est-ce pas ? — demanda le vieux moine.

— Certes !!...

— Et vous avez cent fois raison ! — La montagne est aride et froide, — le rocher semble sans cesse y dévorer la terre et la rendre infertile, mais du moins elle a sa sauvage grandeur qui charme les yeux et qui plaît à l'âme. — L'air qu'on y respire est pur, — on y vit pauvre, mais on y vit fort. — La Bresse est riche, au contraire, mais triste jusqu'à la mort ! — Ses plaines fertiles recèlent des marais empoisonnés, — le fantôme pâle de la fièvre veille sans cesse au chevet de la couche de ses débiles habitants !..

En ce moment le jeune homme poussa une exclamation de colère, accompagnée d'un juron nettement accentué, qui s'accordait fort mal avec son vêtement religieux.

Il venait de s'embourber jusque par-dessus les genoux, et il lui fallut l'aide du vieillard pour se tirer de ce mauvais pas.

— Ah ça ! mais, — demanda-t-il alors, — il n'y a donc pas une seule route dans ce pays d'enfer ?...

— Il y en a fort peu, et nous les évitons avec soin. — L'armée française est campée tout près d'ici, — bientôt nous serons au but... — Marchons... marchons... L'heure nous presse...

Le jeune homme poussa un soupir involontaire, et recommença à lutter héroïquement contre la boue, toujours précédé par son compagnon.

Bientôt ils atteignirent une petite éminence qu'ils gravirent; alors une silhouette aiguë d'une tour, dominant d'autres bâtiments d'une imposante apparence, sembla saillir de la plaine et leur apparut dans la brume, à l'horizon, de l'autre côté d'un bois de médiocre grandeur.

— Qu'est-ce que cela ? — demanda le jeune moine.

— C'est Bletterans.

— Et nous y serons... ?

— Dans une heure. — Jusqu'à ce moment notre voyage a été singulièrement heureux ; — on eût dit que les bénédictions prodiguées par moi le long du chemin retombaient sur nous ! — il s'agit de finir avec autant de bonheur que nous avons commencé... — Si les renseignements que l'on m'a donnés sont exacts, le bois dans lequel nous allons entrer n'est point occupé par les troupes françaises. — Le camp s'étend sur la gauche, depuis Ville-Vieux jusqu'à Montmorot, près de Lons-le-Saulnier... — Je commence à espérer que tout se passera comme je le souhaite.

Les deux moines s'enfoncèrent dans le bois, et le traversèrent sans avoir rencontré une âme.

A sa sortie ils virent devant eux un vaste espace découvert, se déroulant jusqu'aux remparts du château de Bletterans, et coupé seulement par un second bois de peu d'étendue.

Le soleil venait de disparaître à l'horizon, derrière un rideau de vapeurs épaisses qu'il teignait d'une pourpre sanglante.

Le crépuscule allait venir.

En ce moment le beffroi de la citadelle sonna cinq heures. — Immédiatement après le dernier coup de cloche, il se fit un grand mouvement sur les remparts; — on entendit des batteries de tambour et des sonneries de clairons, et le pont-levis, baissé jusqu'alors, se releva.

— Oh ! oh ! — fit le vieux moine, — voici qui va mal !... — Nous arrivons trop tard !...

— Que faire ?...

— Allons toujours...

Et il s'engagea dans l'espace découvert qui s'étendait entre le bois et le château, et que coupait, vers la droite, le second petit bois dont nous venons de parler.

La plaine était déserte.

Au loin se voyaient les premières tentes du camp français.

Sur les remparts les sentinelles allaient et venaient, et quelques soldats désœuvrés, s'accoudant sur les créneaux, regardaient au loin.

Le vieux moine, — le dos plus courbé et les jambes plus vacillantes que jamais, — se dirigeait, suivi de son compagnon, vers la grande porte dont le pont-levis venait d'être relevé.

Pour atteindre cette porte, il fallait passer à une portée de mousquet de l'angle du petit bois.

Mais le moyen de craindre que ces quelques bouquets d'arbres, disséminés sur un espace de cent cinquante ou deux cents toises, recélassent un péril quelconque ?...

Aussi les moines allaient-ils d'un air tranquille et comme des gens parfaitement assurés qu'ils n'ont rien à craindre.

Les sentinelles s'arrêtaient dans leur marche monotone pour les regarder avec ce sentiment de vague et instinctive curiosité qui pousse à chercher des distractions dans l'incident le plus futile.

Mais voici que, tout à coup, cette curiosité eut une pâture sur laquelle elle ne comptait guère.

Une vingtaine de soldats, portant l'uniforme de l'armée française, bondirent hors du petit bois, comme une meute de démons, et se ruèrent vers les moines.

Ceux-ci essayèrent de s'enfuir. — Mais le plus vieux fut trahi par ses forces, et le plus jeune ne voulut pas, sans doute, abandonner son compagnon.

Les soldats enveloppèrent les deux religieux, — une lutte s'ensuivit. — Elle ne pouvait être longue.

Le vieillard, renversé, foulé aux pieds, et frappé par le pommeau de vingt rapières, fut laissé pour mort sur la place.

Le jeune homme, écrasé par le nombre, malgré sa résistance désespérée, eut les mains attachées derrière le dos et fut poussé brutalement en avant du côté du bois.

Il refusa de marcher.

Plusieurs soldats le soulevèrent alors, et, faisant avec leurs bras et leurs épées une sorte de civière sur laquelle il fut placé, ils disparurent avec lui dans le taillis.

XXIII. — LA CANTINIÈRE.

La scène que nous venons de raconter s'était passée en moins de quatre ou cinq minutes, et déjà cependant, les deux tiers des hommes formant la garnison du château étaient accourus sur le rempart, stupéfaits de l'audace inouïe de cette scène de violence, de cet acte de brigandage effréné, accompli ainsi en plein jour, à quelques centaines de pas des murailles d'une citadelle et sous les yeux des sentinelles épouvantées.

Chacun disait son mot, chacun exprimait son opinion à propos du fait étrange dont il venait d'être témoin.

— Voilà de pauvres diables de capucins bien mal accommodés !... — s'écriait l'un.

— Le vieux a l'air malade, répondait l'autre.

— Que peuvent-ils vouloir faire du jeune, les bandits... et pourquoi donc l'ont-ils emporté de cette façon, pieds et poings liés?...
— Veulent-ils par hasard obtenir de lui, le pistolet sur la gorge, l'absolution pleine et entière de leurs péchés?
— Ce ne peut être pour le voler, car tout le monde sait que les moines, quand ils voyagent, n'ont pas même un écu dans leur poche...
— A quel corps de l'armée appartiennent ces détrousseurs?...
— J'ai cru reconnaître l'uniforme du régiment de Longueville...
— Et moi, je suis certain d'avoir reconnu celui du régiment de Conti...
— Ah! le régiment de Conti!... les plus grands pillards de l'armée!... de vrais bandits!... Ça doit être ça!...
— Que va dire leur colonel quand il apprendra la chose!...
— Ma foi, je ne voudrais pas être dans la peau de ces gredins-là!...
— Surtout aujourd'hui...
— Pourquoi surtout aujourd'hui?...
— Parce que le cardinal est ici, et que le cardinal, étant cardinal, est prêtre, et que les moines étant prêtres il doit soutenir les moines, et qu'il ne pardonnera pas de les avoir détroussés et assassinés!...
— C'est, ma foi, vrai ce que tu dis là...
— Ce qui m'étonne, moi, c'est qu'il se soit trouvé une embuscade de plus de vingt hommes dans le petit bois, où personne de nous n'avait vu entrer seulement un chat!...
— Bah! ils sont venus par le grand bois qui est en arrière; — rien n'est plus facile que de se glisser d'un arbre à l'autre sans qu'on s'en doute...

En ce moment, un nouveau personnage arriva sur les remparts et se mêla aux groupes des soldats.

Ce nouveau personnage était une vieille femme; — personnalité assez curieuse, à laquelle il est utile de consacrer ici quelques lignes.

Elle avait soixante-cinq ou soixante-six ans, — elle était petite plutôt que grande, et grasse plutôt que maigre, avec un visage bourgeonné et un nez bulbeux qui, l'un et l'autre, attestaient le culte fervent de la dive bouteille.

Elle était veuve, — elle avait un fils dont nous parlerons dans un instant. — Tout le monde la connaissait sous le nom de la *mère Fint*, et, depuis un temps immémorial, elle exerçait les fonctions de portière et de cantinière du château de Bletterans.

Les années se succédant, elle avait fini, — comme dirait un homme de loi, — *par faire partie de l'immeuble*.

Les événements qui venaient de s'accomplir dans la province, — la guerre, — les combats, — les sièges, — les changements de maître, — rien n'avait pu lui faire déserter le poste dans lequel elle avait passé toute sa vie et où elle comptait bien mourir.

Fidèle à ses habitudes et à sa demeure, à peu près comme l'escargot l'est à sa coquille, elle demeurait étrangère à tout sentiment de patriotisme, — à toute conviction politique, — elle versait à boire aux Français et aux Suédois, aussi volontiers qu'aux Franc-Comtois, et elle formulait fréquemment (en manière d'aphorisme) que l'eau-de-vie et le genièvre devaient couler pour tout le monde... — pour tous ceux du moins, — ajoutait-elle, — qui pouvaient payer la boisson consommée!...

Cet électisme de principes, bientôt connu des soldats des diverses armes, devait protéger la mère Fint contre toute catastrophe et la protégea en effet.

Son logement, situé dans l'épaisseur même du rempart, non loin du pont-levis, était composé de deux petites pièces, — l'une, chambre à coucher, — l'autre, cabaret.

Le cabaret avait une porte toujours ouverte sur l'esplanade du château.

La chambre à coucher prenait jour, par une petite fenêtre garnie de barreaux de fer, sur la campagne, au-dessus d'une poterne pratiquée dans le soubassement de la muraille et communiquant avec les fossés.

La chambre à coucher, — avons-nous besoin de le dire après avoir tracé un croquis de la mère Fint? — était inviolable.

Le cabaret constituait un terrain neutre, et sur ses bancs de bois brut venaient successivement s'asseoir les soldats de tous les partis, parfaitement certains d'être aussi bien accueillis les uns que les autres.

Lorsque les vaincus d'hier devenaient les vainqueurs d'aujourd'hui, et rentraient triomphants dans les murs d'où ils avaient été chassés la veille, la mère Fint les recevait avec une cordialité parfaite, et elle ne s'occupait de la couleur du drapeau qui flottait sur la plus haute tour, — étendard de France aux fleurs de lis d'or, ou drapeau noir de la Comté en deuil, — que pour être toujours exactement de l'opinion du dernier occupant.

Cette versatilité, si merveilleuse et si peu dissimulée, lui avait valu, — chose rare!... — la confiance et l'estime des partis opposés.

Nous avons dit que la mère Fint avait un fils et que nous reparlerions de ce fils.

On le nommait le *grand Nicolas*.

Nicolas, qui devait son surnom de *grand* non pas au développement de son intelligence, mais à celui de sa taille, était un garçon de trente ans, beaucoup plus simple d'esprit que certains enfants à peine arrivés à l'âge de raison.

Boire, — manger, — dormir, — telles étaient les trois principales occupations de sa vie, dont tout le bonheur se résumait en l'assouvissement de ces trois passions, l'ivrognerie, — la gloutonnerie, — la paresse.

En dehors de ce qui touchait de près ou de loin, à la bouteille, à la *gamelle* ou à la possibilité d'étendre sur un lit plus ou moins dur ses longs membres dégingandés, Nicolas n'avait pas une idée et ne ressentait pas un désir.

On ne pouvait affirmer, cependant, qu'il fût de tout point idiot, ni même complètement inutile.

Il aidait sa mère, tant bien que mal, dans le service de la cantine, et il s'acquittait, à la satisfaction générale, des fonctions de porte-clefs, — emploi dans lequel il aurait été bien difficile de le remplacer, car, au milieu des changements continuels de garnison, avec des gouverneurs tantôt franc-comtois, tantôt français, Nicolas seul pouvait dire, du premier coup et avec certitude, à quelle porte allait telle clef.

Aux détails qui précèdent sur la cantinière et sur son fils, nous devons ajouter que la mère Fint était une femme pieuse et qu'elle professait le respect le plus profond et le dévouement le plus absolu pour tout homme revêtu de la soutane de prêtre ou du froc à capuchon du moine.

Rejoignons-la maintenant, s'il vous plaît, au moment de sa brusque apparition sur les remparts où elle avait été attirée par le bruit des éclats de voix et le murmure confus des conversations turbulentes.

— Eh bien?... eh bien?... — demanda-t-elle en se frayant avec les coudes un passage au milieu des groupes, — qu'y a-t-il, et que regardez-vous donc?...
— Voyez... — répondit un soldat en étendant la main vers l'un des points de la plaine.
— Où?... quoi?... — je ne vois rien...
— Tenez, — là, — à quatre ou cinq cents pas, — dans la direction de ce gros arbre...
— Ah! ah! j'y suis, — fit la mère Fint; — il y a quelque chose par terre, — mais qu'est-ce que c'est?
— C'est un pauvre diable que des maraudeurs viennent d'assommer...
— Ah! les brigands! — s'écria la vieille femme.

Puis, regardant mieux, elle ajouta:
— Mais, sainte Vierge Marie!... Dieu me pardonne!... — on dirait presque que c'est un moine!...
— Eh! c'est un moine en effet, la mère.
— Oh! mon Dieu!... est-ce bien possible?... — Mon doux Jésus... — un moine!... — un serviteur du bon Dieu!... Ah! les mécréants, ah! les damnés!...

Et, se faisant comme une sorte de longue-vue avec ses deux mains, la vieille femme, dont le corps tremblait d'émotion, attacha ses regards sur le corps inanimé du religieux, tout en continuant ses lamentations, ses exclamations et ses malédictions.

Au bout de quelques minutes d'attention, elle murmura:
— Ah! mais... ah! mais... ai-je la berlue?...
— Que voyez-vous donc, la mère? — demandèrent les soldats.
— Il n'est pas mort!...
— Comment! il n'est pas mort?...
— Pas plus que vous et moi!... et que le bon Dieu en soit béni!... Tenez! — regardez!... — il vient de faire un mouvement...

L'attention des soldats, un instant distraite, se ranima tout aussitôt.
— Par ma foi, c'est vrai! — fit l'un d'eux, — il remue!...

En effet, le moine, toujours étendu sur le sol, agitait très-visiblement l'un de ses bras.
— Quand je vous le disais! — s'écria la mère Fint triomphante.
— Il peut se vanter, par exemple, d'avoir l'âme fièrement chevillée dans le corps!... — répondit l'interlocuteur de la vieille; — il a reçu plus de coups de rapière qu'il n'en faudrait pour tuer un bœuf!...
— Eh! — répliqua vivement la digne cantinière, — c'est peut-être un miracle!... un vrai miracle du bon Dieu!... — Pour qui donc en ferait-il, je vous le demande, s'il n'en faisait pas pour un saint religieux?...

Le moine se souleva à demi, porta ses mains à son front et jeta tout autour de lui un regard plein de détresse.
— Doux Jésus... — balbutia la vieille, — doux Jésus!... ses yeux se sont tournés de notre côté!...

Et elle se mit à crier de toute la force de ses poumons:
— Par ici... par ici, mon bon père!... il y a d'honnêtes gens qui vous veulent du bien...

L'endroit où se trouvait le moine était trop éloigné du rempart pour que la voix de la mère Fint pût arriver jusque-là.

Sans doute, cependant, un son vague frappa les oreilles du moribond, car il rassembla toutes ses forces pour s'agenouiller, et il étendit ses bras dans la direction de la citadelle avec un geste suppliant, mais presque aussitôt, l'épuisement s'empara de lui de nouveau et il retomba inanimé.

— Il nous a fait signe !... — reprit la vieille femme avec une si grande animation que son visage, naturellement coloré, s'empourpra de façon à faire craindre qu'une attaque d'apoplexie ne fût imminente ; — il nous appelle à son aide !... — Nous serions pires que des païens et des loups-garous si nous le laissions mourir là-bas !... — Il faut le secourir...

— Le secourir ! — répéta un soldat, — et comment ?...
— Comment ? — cria la mère Fint, — ne peut-on l'apporter ici ?...
— Et le moyen de sortir du château ? — Il est plus de cinq heures, — les portes sont fermées et le pont-levis est relevé...
— Qu'importe ?... Si nous l'abandonnions, nous serions dignes d'être pendus dans ce monde, et rôtis dans l'autre...

Le moine avait repris connaissance, — il se traînait maintenant, sur les mains et sur les genoux, vers les fossés du château.

— Vous êtes embarrassés pour des riens ! — reprit la vieille femme. — Les portes sont fermées !... qu'on les ouvre ! — le pont est levé ! qu'on le baisse ! — Ça n'est pas plus difficile que ça !...
— Vraiment !... Et la permission du gouverneur de la place, l'avez-vous ?...
— Il la donnera.
— Dans tous les cas, ce n'est pas moi qui me charge d'aller la lui demander...
— Et pourquoi donc ?... Il me semble que, quand il s'agit de la vie d'un saint homme, on peut se remuer !...
— Iriez-vous, vous, la mère ?...
— Oui, j'irais.
— Eh bien ! allez-y donc !...
— C'est ce que je vais faire...

Et la vieille femme se disposait en effet à descendre le talus des remparts pour gagner l'intérieur de la citadelle, quand le soldat l'arrêta en lui disant :

— Ne vous dérangez pas... — le voici.

Les groupes s'écartèrent avec respect, — le silence s'établit et le gouverneur s'avança parmi les soldats.

Il avait le visage farouche et le sourcil froncé, — il s'appuyait en marchant sur une haute canne à pomme d'or, car une blessure qu'il avait reçue à la cuisse gauche, au siège de Dôle, le faisait encore souffrir.

— Que veut dire ceci ? — demanda-t-il d'un ton rude, — pourquoi ces rassemblements et pourquoi ce bruit ?...

La cantinière (et, d'après l'ébauche que nous avons tracée de son caractère, on doit le comprendre sans peine) s'était mise, non-seulement avec les soldats, mais encore avec les chefs, sur un pied de familiarité que tout le monde acceptait.

— Messire, — répondit-elle hardiment, — il y a là, dans la plaine, un bon religieux que les maraudeurs ont assassiné et qu'ils ont abandonné, le croyant mort... — il se traîne vers les fossés...

Le gouverneur s'approcha des créneaux et regarda.

Le moine était assez rapproché maintenant pour qu'on pût l'entendre murmurer d'une voix entrecoupée :

— Au nom du Dieu vivant, ayez pitié de moi !
— Messire, — continua la vieille femme d'un ton suppliant, — on ne peut pas le laisser mourir sans secours, n'est-ce pas ?...
— C'est très-malheureux, — répondit le gouverneur, — mais je n'y puis rien...
— Vous y pouvez beaucoup, au contraire !... vous y pouvez tout !... — Ordonnez d'abaisser le pont-levis, et d'aller chercher le saint homme...
— Impossible !...
— Comment ! impossible ?... — pourquoi impossible ?... — C'est un chrétien, messire !... c'est un moine !...
— Et quand ce serait le pape, je n'y pourrais pas davantage... — Son Éminence monseigneur le cardinal de Richelieu est le seul maître partout où il se trouve. — Or il a enjoint, d'une façon absolue et sans restriction, de ne plus abaisser le pont-levis après cinq heures et de ne laisser entrer personne au château...
— Eh bien, messire, il faut prévenir Son Éminence qu'il y a tout près de nous un prêtre qui gémit et qui se meurt... — Il se hâtera de donner un contre-ordre...
— Son Éminence est enfermée dans son appartement et ne reçoit personne en ce moment.
— Pas même vous, messire ?...
— Pas même moi...

Le moine semblait cruellement souffrir. — On l'entendait râler comme un agonisant, — il se tordait les mains et il balbutiait :
— Sauvez-moi !...

La vieille femme se meurtrissait le front.

Le gouverneur, fort ému, au fond, de ce douloureux spectacle, mais n'osant enfreindre la consigne donnée par le ministre, se disposait à s'éloigner en répétant :

— Oui, certes, c'est triste... très-triste !... — Mais, encore une fois, je n'y puis rien !...

Déjà il avait fait quelques pas.

— J'ai une idée !... — s'écria tout à coup la mère Fint avec l'accent de la joie et du triomphe. — J'ai une idée !...

Le gouverneur s'arrêta, et il attendit que la cantinière formulât son idée.

XXIV. — PÉRIPÉTIE.

La cantinière, augurant bien de l'attention que le gouverneur semblait disposé à lui accorder, reprit vivement :

— Vous comprenez, messire, que lorsqu'on a comme moi depuis cinquante ans l'avantage d'abreuver la garnison de la citadelle de Bletterans, on sait ce que c'est qu'une consigne, et on connaît le respect dû à la chose... — Mais si la consigne vous défend de faire ouvrir les portes et baisser les ponts, j'imagine cependant qu'elle ne vous oblige pas à être cruel et sans pitié...

— Sans doute, — murmura le gouverneur, qui ne devinait point où la mère Fint en voulait venir.

— Bref, — poursuivit-elle, — vous seriez bien aise, n'est-ce pas, messire, de sauver ce pauvre moine sans violer la consigne ?
— Avez-vous un moyen ?
— Oui, j'en ai un. — Et c'est justement là mon idée...
— Voyons un peu...

La curiosité l'emporta sur le respect, et les soldats, qui s'étaient écartés d'abord, se massèrent de nouveau autour du gouverneur, afin d'être à portée d'entendre le projet de la cantinière.

— Vous savez, messire, — dit cette dernière, — vous savez que j'ai un mulet, et que, lorsque je vais à Lons-le-Saunier chercher des provisions, je lui mets deux grands paniers sur le dos...
— Je sais cela, — mais je ne devine pas quel rapport...
— Vous allez voir. — Qui donc empêche d'attacher une corde à l'un de ces paniers, — de le descendre dans le fossé avec cette corde et de le remonter ensuite, quand le bon moine se sera installé dedans ?... — Vous comprenez cela, messire ?
— Oui.
— De cette façon, la consigne est satisfaite, la charité aussi...
— Je ne dis pas non, — répliqua le gouverneur.
— Ainsi, vous permettez ?...
— Je ne dis pas oui. — Si ce religieux était un moine de quelqu'un des couvents de la montagne... de l'abbaye de Saint-Claude, par exemple ?... un ami du capitaine Lacuzon ?...
— Un Cuanais ! — s'écria la mère Fint, — oh ! que nenni, messire !... C'est un ami des Français, au contraire ; — c'est un moine de l'abbaye de Cuzeau...
— Comment le savez-vous ?...
— Et son costume donc, messire ?... — Est-ce que vous ne voyez pas son costume ?... Robe grise, ceinture de corde et pieds nus. — Il n'y a que les bons moines de Cuzeau qui soient habillés comme cela...
— J'avoue, — répondit le gouverneur avec un sourire, — j'avoue que je me connais mieux en uniforme qu'en froc.
— Enfin, messire, consentez-vous ?...
— Oui, — mais à une condition...
— Laquelle ?
— C'est que le religieux ne sortira pas de votre logement, — qu'il ne se montrera point dans la citadelle, et qu'il se remettra en route dès demain matin.
— Tout ça sera fait, messire... soyez tranquille et rapportez-vous en à moi...

Après avoir accordé la permission si impatiemment attendue, le gouverneur s'éloigna lentement en s'appuyant sur sa longue canne.

La cantinière se mit à crier, tout du haut de sa tête :
— Nicolas !... hé ! Nicolas !...

Au bout de quelques secondes, le grand Nicolas sortit du logis de sa mère.

Il étirait ses longs membres et il se frottait les yeux avec ses poings fermés. — A coup sûr l'honnête garçon venait d'être réveillé trop brusquement, et, tout en marchant, il dormait encore.

— Va me chercher un des grands paniers du mulet, — lui dit la mère Fint, — tu apporteras en même temps une corde à puits et un paquet de petites cordes... Dépêche-toi ; — si tu reviens vite, je te donnerai un verre d'eau-de-vie.

Surexcité par cette promesse, le grand Nicolas déploya une activité digne des plus grands éloges, et cinq minutes ne s'étaient pas écoulées, que déjà il reparaissait avec les objets demandés.

Les soldats se mirent aussitôt à l'œuvre, sous la direction de la vieille femme.

Ils commencèrent par attacher une petite corde à chacun des angles du panier. — Ces quatre cordes furent réunies et fixées à l'extrémité du câble. — On laissa glisser ensuite la machine tout entière au bas du rempart.

Le moine avait trouvé moyen de descendre le talus du fossé, mais là, sans doute, ses forces épuisées venaient de le trahir. — Il restait immobile, étendu sur la terre gelée, ne donnant plus signe de vie.

— Saint homme, — lui cria la mère Fint, — mon bon père !... voici que nous venons à votre aide. — Le panier de mon mulet vous attend... il est tout à fait commode et semble fait exprès. — Prenez votre courage à deux mains, mon bon père, et entrez dedans !...

Tais-toi femme, tais-toi!... (Page 108.)

Le moine ne parut point entendre, et ne bougea non plus qu'un caillou.

— Seigneur mon Dieu, — balbutia la cantinière, — aurait-il déjà rendu l'âme!... Ah! mon doux Jésus, quel malheur!...

Puis, ne pouvant se résigner à perdre tout espoir, elle recommença à s'adresser au religieux et à faire appel à son courage.

Cet appel fut enfin entendu. — Le moine revint à lui-même encore une fois. — Il se traîna jusqu'auprès du panier dans lequel il monta tout en poussant force gémissements.

— Que Dieu soit loué! — s'écria la cantinière, — le saint homme est maintenant hors d'affaire!... — Allons, vous autres, hissez-moi ça doucement et sans secousses. — Je promets du genièvre à tout le monde!...

On voit que quand l'exaltation religieuse s'emparait de la digne femme, ses sages principes d'économie domestique étaient oubliés incontinent.

" Le contenant et le contenu, c'est-à-dire le panier et le moine, arrivèrent sains et saufs au sommet du rempart.

Ce fut alors à qui s'empresserait auprès du vieillard presque miraculeusement sauvé. — Mais ses plaintes et ses gémissements redoublèrent, et il supplia ses libérateurs de ne le point toucher, car, disait-il, il avait tous les membres rompus... et, de la nuque du cou à la plante des pieds, son corps n'était qu'une contusion douloureuse.

— Soyez calme, saint homme!... — lui dit la mère Fint en écartant tout le monde, — on vous soignera mieux qu'un roi, et c'est moi qui m'en charge!... — Deux de ces braves gens vont vous prendre, et ils vous porteront dans ma chambre avec autant de précautions et de respect qu'on en montre le prêtre qui tient le saint sacrement sous le dais, à la procession de la Fête-Dieu!...

C'est ce qui eut lieu en effet, et, au bout de quelques secondes, le moine reposait sur le lit de la vieille femme, dans la chambre située derrière la cantine et dont l'unique fenêtre prenait jour sur les fossés, presque au-dessus de la poterne.

§

Ce n'est pas sans raison que le grand cardinal s'était enfermé dans son appartement, — ainsi que nous avons entendu le gouverneur du château l'affirmer à la mère Fint sur les remparts, — et qu'il avait donné l'ordre de ne laisser pénétrer personne auprès de lui, sous quelque prétexte que ce fût.

Il voulait rester seul, — il voulait réfléchir, longuement et à tête reposée, à cette scène étrange et grandiose dans laquelle il avait donné la réplique au prêtre-soldat.

Il voulait repasser dans son esprit et méditer à loisir chacune des réponses audacieusement franches de cet homme dont l'ardeur, la persévérance et la volonté s'étaient dressées si longtemps, comme un mur d'airain, devant les armées du premier ministre du roi de France! — Homme étrange et sublime que les succès n'enivraient point, que l'approche du supplice ne pouvait abattre!...

Peut-être, — à ceux du moins de nos lecteurs qui ont longuement étudié dans l'histoire le caractère et les habitudes de l'Éminence rouge, — peut-être l'attitude de Richelieu pendant le cours de son entrevue avec le curé Marquis paraît-elle étrange et invraisemblable.

Il ne nous semble point embarrassant de prouver que cette attitude, exceptionnelle sans doute, n'en avait pas moins été ce qu'elle devait être dans une semblable circonstance.

Un homme ordinaire peut et doit s'irriter de s'entendre dire face à face de cruelles vérités. — Si cet homme a le pouvoir en main et qu'il n'y ait dans son âme ni générosité ni grandeur, la vengeance ne se fera pas attendre et suivra de bien près la première explosion de la colère.

Mais à la hauteur où Richelieu se trouvait placé, pouvait-il être atteint par l'ironie sanglante de quelques-unes des paroles de Marquis?...

D'ailleurs, habitué depuis si longtemps à ne voir autour de lui que des courtisans humbles, soumis, tremblants comme des valets, et n'osant même pas exprimer leur opinion avant d'être certains que

Capitaine, prenez garde à vous! (Page 111.)

cette opinion fût conforme à la pensée du maître, Richelieu se sentait las de ces plates adulations et de ces flatteries rampantes.

Il avait ressenti une sorte de satisfaction intime et profonde en rencontrant sur son chemin une intelligence indépendante, un esprit ferme et qui ne craignait point de heurter le sien.

Et d'ailleurs, nous le répétons, la merveilleuse justesse des jugements du prêtre en avait fait pardonner la hardiesse imprudente.

Il était dix heures du soir au moment où le cardinal, ayant pris un parti décisif, quitta le fauteuil dans lequel il venait de s'absorber pendant de longues heures en une profonde méditation.

Le ciel sombre et chargé depuis le matin était devenu pluvieux à la tombée de la nuit, — le vent du nord-ouest soufflait avec violence, et ses rafales impétueuses chassaient les gouttes d'eau contre les hautes fenêtres et faisaient trembler les petits carreaux dans leurs alvéoles d'étain.

Le curé Marquis, — nous le savons, — avait été mis en chapelle par les ordres du cardinal.

Après l'avoir conduit jusque dans le sanctuaire, les soldats s'étaient retirés pour garder extérieurement les issues, laissant ainsi le prêtre seul.

La chapelle n'était éclairée que par le lumignon d'une lampe d'argent suspendue à la voûte.

La lueur de cette lampe, imperceptible aussi longtemps qu'il avait fait jour, s'était agrandie peu à peu, à mesure que descendaient les ténèbres, et, lorsque la nuit fut close, un cercle tremblotant de lumière pâle et blafarde se dessina sur le marbre des dalles, mettant çà et là une douteuse étincelle sur les ornements de l'autel et sur les cadres sculptés des tableaux.

Marquis avait ployé le genou d'abord en face du tabernacle; il avait prié avec la foi du chrétien et la ferveur du prêtre.

Puis, s'étant enfin relevé, il avait croisé ses bras sur sa poitrine, et, les regards tournés vers une image de Jésus crucifié, il s'était abandonné à ses pensées, tout à la fois tristes et consolantes, qui viennent assaillir l'âme du juste qui va mourir; — dans sa rêverie suprême, il ne s'apercevait pas que les heures s'écoulaient.

Depuis la chambre à coucher du cardinal, un étroit couloir conduisait à la chapelle.

Richelieu n'avertit personne. — Il prit une lampe qui brûlait sur la cheminée et il s'engagea seul dans le couloir.

Un soldat français faisait faction près de la porte de la chapelle.

— Vous pouvez vous retirer, — dit le cardinal à ce soldat, — votre présence est inutile ici désormais.

Le garde obéit avec promptitude et le cardinal ouvrit la porte.

Marquis, complétement absorbé en lui-même, ne s'aperçut pas qu'il n'était plus seul.

Richelieu s'avança jusqu'auprès de lui et lui toucha doucement l'épaule... — le prêtre se retourna... — son visage n'exprima ni trouble ni surprise.

Il s'inclina cependant; — mais ce salut fut un hommage qu'il rendait à la pourpre romaine dont le ministre était revêtu et non point au ministre lui-même.

— Prêtre, — lui demanda le cardinal, — à quoi donc pensez-vous ainsi?...

— Je pense, monseigneur, — répondit Marquis avec calme, — je pense que jusqu'à ce jour je vous ai considéré comme un ennemi cruel, — que je vous ai maudit à cause du mal que vous faisiez à tout ce que j'aime, — et que cependant, à cette heure suprême toute haine a disparu de mon âme et je vous pardonne du fond du cœur...

— Et d'où viennent cette résignation et cette mansuétude?

— Regardez, monseigneur...

Et la main de Marquis désignait le Christ.

Il poursuivit :

— Regardez!... — le fils de Dieu meurt sur une croix infâme et pardonne à ses bourreaux!... je lui ai demandé la force d'imiter grand exemple qu'il nous a donné... — Il paraît que ma prière a été entendue, car je vais mourir, et, je vous le répète, il n'y a plus d'amertume en moi...

— Vous ne craignez donc pas la mort?...
— Comment la craindrais-je?... — Soldat, je l'ai vue souvent de bien près ; — homme, je sais que le terme de la vie est incertain et que la mort est toujours là, guettant sa proie comme un vautour ; — prêtre, j'ai combattu chez les autres les terreurs et les défaillances qu'elle amène à sa suite... — Vous voyez que je ne puis craindre celle que je connais si bien !... — Que vos bourreaux viennent, monseigneur, je suis prêt...
— Les bourreaux ne viendront pas, — répliqua lentement Richelieu.
— Que voulez-vous dire?
— Les hommes tels que vous, curé Marquis, réhabiliteraient l'échafaud et ennobliraient le gibet. — pour eux le supplice serait une auréole de plus !... — Je vous trouve assez grand, je ne veux pas vous grandir encore !... — Vous vivrez.
— Moi, monseigneur !... — s'écria le prêtre.
— J'espère, — ajouta Richelieu en souriant, — que vous ne refuserez point d'accepter la vie... et de l'accepter de moi...
Le curé secoua la tête.
— Monseigneur, — répondit-il, — j'ai peur qu'il ne me faille acheter ma tête à un prix trop élevé pour être acceptable !...
— Eh ! qui vous parle de rachat ?... qui vous parle de conditions imposées ?... — Je ne vous vends pas la vie, curé Marquis, je vous la donne.
— Je vous entends, monseigneur, — mais je vous comprends si peu que j'ai peine à vous croire.
Les lèvres du cardinal eurent un sourire amer.
— Ah ! — s'écria-t-il, — je comprends, moi !... — vous ne pouvez ajouter foi à la clémence de Richelieu !...
— Monseigneur, — répondit Marquis — l'histoire dira que Richelieu fut un grand ministre, mais elle n'ajoutera pas qu'il fut un ministre clément.
— Eh bien, en ce qui vous concerne du moins, l'histoire aura tort !... — Je rends grâce sans conditions. — J'ai besoin d'un ennemi tel que vous... — Moins disputée, la conquête de la Franche-Comté serait moins glorieuse, et, quoi que vous en ayez dit, je vous répète que la province que vous défendez doit bientôt appartenir à la France...
— Jamais ! — dit Marquis avec énergie.
— Jamais !... — répéta Richelieu. — Le croyez-vous véritablement?
Le prêtre allait répondre.
Mais soudain il s'arrêta et saisit le bras du ministre en murmurant :
— Silence !...
Un coup de sifflet, long et vibrant, venait de traverser l'espace.
— Qu'est-ce donc ?... — demanda Richelieu, étonné du mouvement du curé Marquis, et surtout de la subite altération de son visage, impassible jusque-là.
Mais le prêtre ne répondit pas.
La tête penchée en avant, — le regard fixe, — la lèvre agitée par une sorte de tremblement, — attentif au moindre bruit, — il attendait.
Un second coup de sifflet se fit entendre.
— Deux ! — s'écria-t-il.
En même temps sa physionomie s'illumina d'une lueur soudaine, — il avait dans les yeux l'éclair, — sur la bouche le sourire du triomphe.
Une réelle et profonde épouvante commençait à se mêler à la stupeur du cardinal, qui demanda d'une voix agitée :
— Mais, encore une fois, qu'est-ce donc, et que signifie tout cela ?
— Silence ! — répéta Marquis. — Attendez...
Un troisième sifflement retentit, plus vibrant, plus prolongé que les deux premiers.
Marquis lâcha le bras de Richelieu, et éleva ses deux mains jointes vers l'image de Jésus crucifié.
— Seigneur mon Dieu ! — s'écria-t-il, — vous m'avez accordé plus que je ne vous demandais !... Soyez béni !..., soyez béni !...
L'effroi et l'anxiété de Richelieu augmentaient de seconde en seconde. — Quoiqu'il fût brave comme un soldat (et il avait donné plus d'une preuve de cette bravoure), il pâlissait d'une façon visible et un tremblement nerveux s'emparait de lui.
L'approche d'un péril mystérieux et inconnu agit invinciblement, même sur les cœurs les plus forts et sur les âmes les mieux trempées.
Au troisième sifflement succéda un coup de mousquet.
Puis une immense clameur s'éleva de toutes parts et enveloppa le château.

XXV. — LE BON MOINE.

La chambre dans laquelle la mère Fint avait installé le vieux moine était étroite et basse, avec une voûte en lieu de plafond. — Son ameublement consistait en un grand lit enveloppé dans des rideaux de serge rouge, — en un bahut de bois de noyer, et en deux ou trois escabeaux.

Deux planches de sapin, ajustées le long de la muraille, supportaient des nombreux et brillants ustensiles de cuisine trop encombrants pour trouver place dans la cantine proprement dite.
Depuis le moment où, quelques heures auparavant, les deux soldats avaient étendu le moribond sur le lit, il avait paru dormir d'un profond sommeil et la mère Fint s'était sentie rassurée par le bruit de sa respiration égale et calme.
La retraite battue par les tambours et sonnée par les clairons avait fait rentrer tous les hommes d'armes dans les casernes. — Les sentinelles seules continuaient leur ronde sur les remparts, en s'enveloppant de leur mieux dans leurs amples manteaux, pour se garantir contre la pluie glaciale chassée par des bourrasques impétueuses.
La mère Fint et le grand Nicolas étaient assis l'un à côté de l'autre dans la première pièce, auprès d'un reste de feu qui se consumait dans la cheminée.
L'œil endormi, les bras ballants, la bouche ouverte et le nez en l'air, le grand Nicolas ne pensait absolument à rien, — nous prenons sur nous de l'affirmer.
La cantinière s'absorbait dans les soins qu'elle prodiguait à un petit pot de terre brune, placé sur les cendres chaudes et contenant un breuvage qu'elle comptait administrer au religieux au moment de son réveil.
Ce breuvage, dont il n'était point possible de révoquer en doute les propriétés quasi miraculeuses, se composait de vin du Jura, fortement sucré et assaisonné de diverses épices, telles que muscade, cannelle et clous de girofle.
Ce remède souverain, — qui s'appellerait aujourd'hui tout simplement un bischof, — était considéré par la mère Fint comme la plus parfaite et la plus complète expression de la panacée universelle.
Le grand Nicolas partageait volontiers cette opinion, et il aurait consenti de grand cœur à se rendre malade, pourvu qu'un semblable remède lui fût administré à hautes doses.
La vieille femme venait de remuer, pour la vingtième fois, le contenu de son petit pot avec une cuiller de bois, quand il lui sembla entendre un léger bruit dans la chambre à coucher.
Elle y courut.
Le moine venait de s'éveiller. — Il avait quitté la position horizontale et s'était assis sur le lit.
— Digne femme, — murmura-t-il d'une voix presque éteinte, — c'est vous sans doute qui avez eu compassion de moi... c'est vous qui m'avez sauvé et recueilli...
— J'ai fait ce que j'ai pu, mon bon père.
— Ceci vous sera payé au centuple dans l'autre monde !...
— Comment vous trouvez-vous maintenant, saint religieux?
— Mieux... beaucoup mieux... — Je souffre encore de mes meurtrissures, mais il me semble que les forces me reviennent...
— Attendez, mon bon père, je vais vous guérir tout à fait...
— Et de quelle façon ?...
— Vous allez voir.
La mère Fint retourna dans la cantine, — elle versa dans un gobelet d'étain le contenu du petit pot, et elle présenta le gobelet au moine, en lui disant :
— Buvez, saint homme !...
— Qu'est-ce que cela ?...
— C'est la vie et c'est la santé... Buvez.
Le vin épicé répandait une odeur suave et pénétrante.
Le moine n'hésita pas, et vida le gobelet d'un trait.
— Eh bien ? — demanda la vieille femme.
— Ah ! vous aviez raison !... c'est la vie... il me semble que je renais... il me semble qu'un nouveau sang coule dans mes veines...
— Je savais bien !... — s'écria la cantinière avec une expression de triomphe.
— Je crois que je pourrais me tenir debout et marcher... — poursuivit le moine.
— Vraiment?...
— Toutes mes douleurs ont disparu...
— Que Dieu soit béni !...
— Si j'essayais ?...
— Essayez, saint homme, rien n'empêche !... vous vous recoucherez après...
Le moine quitta le lit, non sans peine, et fit quelques pas en chancelant.
— Voulez-vous vous appuyer sur mon bras, — lui dit la mère Fint, — et venir un instant vous asseoir au coin du feu?
— Quelle heure est-il?...
— Neuf heures et demie.
— Eh bien, allons.
Le religieux et la cantinière gagnèrent lentement la première pièce. Aussitôt qu'il avait été seul, le grand Nicolas s'était endormi.
Sa mère le réveilla brusquement afin de lui prendre son escabeau et de le donner au moine.
Le pauvre garçon s'en alla se rendormir dans un coin. — Le moine s'assit à sa place, mais non sans pousser force gémissements et force soupirs.

— Vous souffrez donc encore, bon père ? — lui demanda la vieille femme.

— Oui, — plus que je ne le croyais tout à l'heure... — Je sens que tout mon corps est brisé.

— Ah ! — s'écria la mère Fint, dans un transport d'indignation rétrospective, — ah ! les mécréants... traiter ainsi un saint homme ! un vénérable serviteur de Dieu !... Qu'ils soient maudits et damnés !

— Ne maudissons personne, digne femme !... — interrompit le moine ; — d'ailleurs ce n'est pas moi qu'il faut plaindre...

— Et qui donc ?...

— Le pauvre jeune frère qui m'accompagnait... un novice de vingt ans à peine, que ces hommes égarés ont entraîné avec eux pour l'assassiner...

La mère Fint cacha son visage dans ses deux mains.

— L'assassiner !... — répéta-t-elle, — un novice !... Est-ce Dieu possible !...

— Hélas ! ce n'est que trop certain !...

— Mais, dites-moi, vénérable religieux, pourquoi donc ces misérables vous ont-ils traités ainsi ?... — Pourquoi vous arrêter et vous égorger ?... — Ah ! si vous aviez été des intendants de grands seigneurs, ou des collecteurs de dîmes, j'aurais compris ça !... mais vous ?...

— C'est que, digne femme, ces criminels (à qui Dieu veuille accorder le repentir !) savaient sans doute que nous avions aujourd'hui sur nous plus d'or que n'en ont jamais les collecteurs de dîmes et les intendants de grands seigneurs.

La mère Fint ouvrit largement ses petits yeux étonnés.

— Plus d'or !... — répéta-t-elle, — et comment ?...

— Nous sommes des moines de Cuzeau ; — peut-être mon costume vous l'a-t-il appris déjà...

— Oui, bon père.

— Je suis le trésorier du couvent, et j'allais, avec un novice, porter à l'abbaye de Vaux-sur-Poligny une somme que nous devons au prieur.

— Une grosse somme ?

— Dix mille livres.

La mère Fint frappa l'une contre l'autre ses grosses mains.

— Dix mille livres !... — répéta-t-elle. — Ah ! Seigneur mon Dieu ! bonne sainte Vierge Marie !... doux Jésus !... dix mille livres !...

— Hélas, oui ! digne femme, tout autant !... — Mon compagnon en portait la moitié dans un sac de peau attaché sous sa robe... j'avais le reste dans ma besace.

— Et ils ont tout pris ?...

— Ils l'ont cru, du moins...

— Est-ce qu'ils se trompaient, bon père ?...

— Oui, et voici comment. Quand ils se sont jetés sur moi pour m'arracher ma besace, j'ai voulu la défendre ; — elle s'est ouverte dans la lutte, et une bonne partie de ce qu'elle contenait s'en est échappée...

— Et ils ne l'ont pas vu ?...

— Non.

— Vous en êtes sûr, saint homme ?...

— Oh ! parfaitement sûr... voyez plutôt.

Le vieux moine fouilla dans la poche de sa robe et il en tira une dizaine de pièces d'or qu'il mit dans la main de la mère Fint.

— Tenez, — reprit-il, — j'ai ramassé ceci sur le sol, quand je suis sorti de mon premier évanouissement ; — prenez cet or, — gardez-le, je vous le donne...

La cantinière poussa une exclamation joyeuse qui réveilla en sursaut le grand Nicolas.

— Vous me donnez cela... — murmura-t-elle ensuite avec une sorte de délire, — vous me le donnez à moi... pour moi ?...

— Oui, digne femme, et c'est la preuve qu'une bonne action reste rarement sans récompense, et que souvent cette récompense ne se fait pas longtemps attendre...

La mère Fint fit enfermer dans le bahut les pièces d'or que le moine venait de lui donner.

Puis elle revint auprès de la cheminée, et elle resta pendant un instant silencieuse, absorbée dans ses réflexions.

Enfin elle reprit, avec le sourire et le regard enflammé de la cupidité qui s'allumait en elle :

— Et vous dites, saint homme, qu'il est tombé beaucoup d'or de votre besace ?...

— Oui, beaucoup.

— Plus que vous n'en avez ramassé ?...

— Dix fois plus !

— Dix fois plus ! — répéta-t-elle, — une fortune !...

— Les pièces d'or jonchaient le sol, — poursuivit le moine, — elles entraient dans la terre humide, — elles disparaissaient dans les herbes.

— Mais on le trouvera, cet or ?...

— Sans doute.

— On l'emportera...

— Ah ! celui qui, demain, passera par là le premier, fera une riche récolte !...

— Mais, bon père, celui-là sera peut-être un mauvais chrétien qui consacrera tant d'argent à un mauvais usage...

— Cela est bien à craindre, en effet.

— Ne vaudrait-il pas mieux que quelque personne pieuse et de bonne vie profitât de cette richesse ?...

— Oui, certes, cela vaudrait mieux.

— Et si cette personne pieuse, c'était moi ?...

— Ah ! digne femme, je le souhaiterais de tout mon cœur, et, dans ce bonheur qui vous arriverait, je verrais le doigt de Dieu...

— Eh bien ! saint homme, cela est possible...

— Tant mieux !... oh ! tant mieux... — Mais comment ?...

— Êtes-vous disposé à m'aider, bon père ?

— De tout mon pouvoir.

— Alors ce n'est que demain matin qu'il faut ramasser cet or...

— Et quand donc ?...

— C'est cette nuit, — c'est tout de suite...

— Mais par quel moyen sortir du château ?... Vous ne pourrez jamais en venir à bout...

— Je n'ai qu'à vouloir, au contraire, pour pouvoir.

Le moine regarda la mère Fint d'un air étonné.

— Oui, — répéta la vieille femme, — je n'ai qu'à vouloir... — Il y a une poterne à vingt pas d'ici...

— Elle est fermée, sans doute ?

— Oui, mais mon fils est porte-clefs.

— Je ne dis pas non... Seulement, c'est vous exposer à un grand danger...

— Lequel ?

— Si le gouverneur apprenait ?...

— Comment saurait-il ?... — La nuit est noire, — il pleut, — tout le monde dort... les sentinelles ne verront rien...

— Songez donc que le cardinal de Richelieu est dans le château.

— Oui, mais il est enfermé dans son appartement où personne ne peut pénétrer... — Soyez sûr qu'il pense à dormir plus qu'à toute autre chose, et il doit en avoir bien besoin pour se reposer, surtout aujourd'hui...

— Pourquoi surtout aujourd'hui ?

— Parce qu'il a passé toute la nuit à juger l'homme à la robe rouge...

— Quel est cet homme ?...

— Un des chefs de la montagne... un prêtre qui s'appelle le curé Marquis... — Vous en avez entendu parler ?

— Souvent.

— C'est, comme vous le savez, le compagnon de Lacuzon et de Varroz.

— Et j'imagine que l'exécution a suivi de près le jugement et que le curé Marquis est, à cette heure, dans l'autre monde.

— Non. — Il paraît qu'on ne l'exécutera que demain matin.

— Ah !... demain.

— Oui. — Monseigneur le cardinal l'a fait mettre en chapelle pour lui donner le temps de se repentir de ses péchés et de demander pardon à Dieu... — C'est un si bon chrétien que monseigneur le cardinal !... Enfin vous voyez, saint homme, qu'il n'y a véritablement aucun danger, et que le moment est bien choisi pour ramasser l'or...

— Tout cela se peut, cependant...

— Ce serait offenser Dieu, — interrompit la mère Fint, — que de laisser une telle somme tomber aux mains d'un débauché qui la dissiperait en toutes sortes de fâcheux usages...

— Sans doute... sans doute...

— Nous porterions la faute de tous les péchés ! N'est-ce pas votre avis, bon père ?...

— Oui... oui... vous avez raison... — et du moment que vous consentez à vous exposer...

— Je m'exposerais à tout, plutôt que d'abandonner cet argent...

— Au fond, je vous approuve... vous en ferez de bonnes œuvres...

— Beaucoup de bonnes œuvres !... — Vous servirez de guide à Nicolas, n'est-ce pas ?

— C'est-à-dire que je lui indiquerai bien exactement l'endroit où je suis tombé, car je ne puis songer à me traîner jusque-là... je n'en reviendrais jamais à bout.

— Cela suffira... — On le croit bête, mon pauvre Nicolas, mais je suis bien sûre, moi, qu'il saura trouver.

La vieille femme se leva, et, d'une main tremblante d'émotion et de convoitise, elle alluma une lanterne et la referma avec soin.

— Nicolas ! — cria-t-elle ensuite, — hé ! Nicolas...

Le grand garçon se réveilla tant bien que mal, puis, tout en bâillant et en se frottant les yeux, il demanda :

— Eh bien ! mère, qu'est-ce que vous voulez ?...

La vieille femme ouvrit le bahut et lui montra les pièces d'or, en disant :

— Sais-tu ce que c'est que ça ?...

— Ça, c'est de l'argent.

— C'est de l'or, — et l'or vaut dix fois plus d'argent que l'argent.

— Alors, pour une pièce comme celle-là, on a beaucoup d'eau-de-vie ?...

— Oui, beaucoup.
— Combien de verres?...
— Au moins deux cents.
L'œil de Nicolas étincela.
— Donnez-moi une de ces pièces qui valent tant d'eau-de-vie... — fit-il en tendant la main.
— Oui, tu en auras une, mais il faut la gagner...
— Comment?...
— Où est la clef de la poterne?...
Nicolas prit un trousseau suspendu à la muraille; dans ce trousseau il désigna une clef et il dit :
— La voilà.
— C'est bien. — Viens avec nous.
— Et j'aurai la pièce?...
— Oui.
— Mais, — fit alors le vieux moine, — ne faudrait-il pas attendre que la nuit soit plus avancée?...
— Inutile, saint homme... — dix heures vont sonner... il fait noir comme dans un four... — d'ailleurs, entendez-vous la pluie?...
— Puisque vous le voulez, allons... — Seulement, j'ignore si je pourrai marcher.
— Appuyez-vous sur moi, bon père...
La vieille femme, le moine et le grand Nicolas sortirent de la cantine et côtoyèrent le rempart.
La mère Fint soutenait les pas chancelants du religieux. — Nicolas portait la lanterne et le trousseau de clefs.
Le vent mugissait, — la pluie tombait à torrents, — les sentinelles, réfugiées dans leurs guérites, veillaient fort mal à la sûreté de la place.
Au bout d'une vingtaine de pas, nos trois personnages atteignirent l'escalier qui conduisait à la poterne.
Cette poterne s'ouvrait à huit ou dix pieds au-dessus du sol des fossés.
— Il va nous falloir une échelle, — dit la mère Fint, — il y en a une tout justement contre le mur du petit pavillon qu'on est en train de réparer, près de la chapelle. — Nicolas, cours la chercher...
Le grand garçon disparut dans les ténèbres, et revint au bout d'un instant, traînant l'échelle demandée.
— Descends le premier, — reprit la vieille femme, — ouvre la poterne et laisse glisser l'échelle.
Nicolas obéit.
On entendit la clef grincer dans la serrure et les gonds crier.
La poterne s'ouvrit. — L'échelle glissa le long de la muraille et toucha le sol.
— Maintenant, bon père, — dit la mère Fint au moine, — expliquez-lui bien, je vous en prie, ce qu'il faut qu'il fasse.
Puis elle ajouta, en s'adressant à son fils :
Nicolas, écoute le saint homme, et retiens ses moindres paroles...
— Mon enfant, — murmura le religieux, — vous allez descendre avec la lanterne et vous traverserez le fossé, — quand vous serez de l'autre côté, vous ferez trois cent cinquante pas, en allant tout droit devant vous... — vous décrirez ensuite un grand cercle que vous parcourrez dans tous les sens, en ayant bien soin de tenir la lumière de votre lanterne tout près de la terre... — A force de chercher, vous verrez quelque chose briller dans l'herbe; — vous vous arrêterez alors, vous ramasserez toutes les pièces d'or (et il y en a beaucoup); lorsque vos poches seront pleines et que vous ne verrez plus rien, vous reviendrez...
— Tu as compris? — demanda la mère Fint.
— Oui, — répondit Nicolas.
— Alors, va vite.
Le grand garçon fit un pas, puis s'arrêta.
— Comme ça, il y en a beaucoup?... — dit-il d'un air réfléchi.
— Eh, oui !...
— Alors, ce n'est pas une pièce qu'il faudra me donner... c'est deux !...
— Bien... bien... tu les auras, — va vite...
Nicolas se précipita le long de l'échelle, et, tandis qu'il descendait, on l'entendait murmurer en se parlant lui-même :
— Cela me fera quatre cents verres d'eau-de-vie.
Il eut bientôt franchi le revers du fossé, on ne put voir, de l'autre côté du glacis, la lueur pâle de la lanterne éclairant sa marche dans la direction indiquée par le religieux.
Ce dernier demeura seul auprès de la mère Fint. — Il s'était assis sur la plus basse marche de l'escalier, et sa main gauche s'appuyait sur l'un des montants de l'échelle.
La vieille femme se penchait en dehors de la poterne afin de mieux suivre du regard les pas rapides de son fils.
Nicolas était déjà bien loin.
Soudain, au milieu des grandes plaintes du vent et du murmure monotone et continu de la pluie, retentit, derrière la mère Fint, un coup de sifflet formidable et qui ne semblait point s'échapper du gosier d'un homme.
La vieille femme se retourna tremblante.

— Bon père, — s'écria-t-elle, — mon Dieu, que faites-vous?...
— Je fais, digne femme, ce que vous faites vous-même. — J'attends...
— Mais ce sifflement terrible?...
— Je n'ai rien entendu.
La cantinière chancela de stupeur.
— Impossible !... — murmura-t-elle, — et je crois.
Elle n'acheva pas.
Un second coup de sifflet, — pareil au premier, — lui coupa brusquement la parole, mais ce coup de sifflet venait du bas de la muraille.
— Mon père... mon père... — balbutia-t-elle, — cette fois avez-vous entendu?...
— Rien, ma fille, — répondit de nouveau le moine.
— J'ai peur...
— De quoi donc, digne femme?...
— Il se passe des choses étranges...
— Je ne vous comprends pas...
Un troisième sifflement succéda aux deux premiers.
Il semblait retentir au pied de l'échelle.
— Ah ! — cria la cantinière, — nous sommes perdus... fuyons...
Et elle voulut s'élancer pour gravir les marches roides de l'escalier, — mais le moine, debout devant elle, l'arrêta brusquement.
— Tais-toi, femme ! — lui dit-il d'une voix basse et vibrante, — tais-toi !... C'est la justice de Dieu qui monte !...
L'une de ses mains avait saisi le bras de la vieille et le contenait comme dans un étau de fer.
Les jambes de la malheureuse ployèrent sous elle; — elle tomba assise sur une des marches de l'escalier.
Un homme parut alors sur le haut de l'échelle et se dessina dans l'encadrement formé par la poterne, — puis deux, — puis dix, — puis d'autres encore...
Dans les ténèbres, on voyait briller vaguement les poignées des épées et les crosses des pistolets.
— Passez ! — disait le moine à chacun de ces hommes, — passez !...
Tout à coup, sur les remparts, retentit ce cri :
— Aux armes !...
En même temps on entendit la détonation d'un mousquet.
Une clameur immense s'éleva aussitôt de toutes parts, indiquant clairement que le château était enveloppé d'ennemis.
Le moine alors lâcha le bras de la vieille femme, et, redressant sa haute taille, il arracha la barbe postiche qui lui couvrait une partie du visage, il jeta loin de lui son froc et sa ceinture de corde.
— Camarades ! — cria-t-il d'une voix retentissante, — en avant !
La cantinière anéantie balbutia :
— Pitié... au nom du ciel, ayez pitié de moi !...
Le faux moine se retourna vers elle.
— Femme, — lui dit-il, — rentrez chez vous et ne craignez rien; il ne sera fait aucun mal, ni à vous, ni à votre fils... — je vous en donne ma parole !...
— Votre parole... mais qui donc êtes-vous?...
— Je suis le capitaine Lacuzon !...
Et Jean-Claude Prost bondit dans l'escalier, tandis que la cantinière, présageant le succès du hardi coup de main des montagnards, et fidèle à ses habitudes de brusque revirement, s'écriait du haut de sa tête :
— Vive Lacuzon !... vivent les Cuanais !...

XXVI. — L'OTAGE.

Nous avons laissé le cardinal et le prêtre dans la chapelle du château au moment où le troisième coup de sifflet venait de retentir, et où Marquis, élevant vers le crucifix ses deux mains jointes, s'écriait :
— Seigneur mon Dieu, vous m'avez accordé plus que je ne vous demandais !... Soyez béni !... soyez béni !...
— Que se passe-t-il? — murmura Richelieu haletant, — que signifient ces clameurs étranges?...
— Monseigneur, — répondit Marquis, — élevez, vous aussi, votre âme, et remerciez le Dieu tout-puissant qui tient dans sa main la vie des rois et des ministres comme celle des pâtres et des mendiants, et qui vient de sauver la vôtre !...
— Que voulez-vous dire? — demanda le cardinal.
— Je veux dire, monseigneur, que si Dieu ne vous avait inspiré la volonté de me faire grâce, si vous aviez ce soir ordonné mon supplice, il ne vous resterait maintenant que quelques minutes à vivre...
— Vous êtes insensé ! — s'écria le cardinal.
— Non, monseigneur, car, au moment où je vous parle, ce n'est pas le tout-puissant ministre du roi de France qui commande au château de Bletterans...
— Et qui donc?...
— C'est le capitaine Lacuzon.
Les sourcils épais de Richelieu se rejoignirent, — son front se plissa, — tout son visage prit une expression menaçante.

— Lacuzon ici!... — dit-il. — Oh! malheur! — malheur à lui!...
Et il voulut se diriger vers l'une des portes de la chapelle.
Marquis l'arrêta.
— Malheur à vous plutôt, monseigneur, si vous sortez!... — répliqua-t-il. — Ne me quittez pas, monseigneur, car je suis votre égide... ne me quittez pas, en vérité je vous le dis, ou vous êtes perdu!...
— Perdu! — répéta Richelieu. — Allons donc!... — la garnison du château est nombreuse...
— Qu'importe!...
— Elle est vaillante!... elle résistera!...
— On ne résiste pas à Lacuzon, monseigneur...
Richelieu allait répondre.
Mais les dernières paroles de Marquis reçurent une confirmation éclatante et soudaine.
Les clameurs s'étaient rapprochées et à ces clameurs se mêlait un cliquetis d'armes.
Des voix enfiévrées répétaient le cri de guerre montagnard : — *Lacuzon!... Lacuzon!...* et de longs gémissements répondaient à ce cri.
Les portes de la chapelle s'ouvrirent violemment, — les vitraux volèrent en éclats, et par toutes les ouvertures se ruèrent les soldats des corps francs, guidés par Lacuzon.
— Ah! — s'écria ce dernier en s'élançant vers Marquis et en saisissant ses mains qu'il serra avec transport, — c'est vous, mon père! enfin c'est vous!... Je vous retrouve et je vais vous venger!...
Puis, tout à coup, il recula en murmurant :
— Le cardinal!...
Il venait d'apercevoir Richelieu à côté du curé Marquis.
Le moment était suprême et la vie du ministre ne tenait littéralement qu'à un fil.
Les montagnards, surexcités par le combat, — animés par une attente de bien des heures, par une lente et mortelle inquiétude, et aussi par la foudroyante et complète réussite du plus dangereux de tous les projets, — les montagnards, disons-nous, trouvant en face d'eux celui qu'ils devaient, à bon droit, considérer comme leur plus mortel ennemi, — celui dont la mort finirait la guerre d'un seul coup, — pouvaient se laisser entraîner à quelque extrémité terrible!
Marquis le comprenait bien, et Richelieu ne le comprenait pas moins que lui.
Cependant le cardinal avait conservé ou plutôt repris en face du péril imminent toute la fierté de son attitude, et rien dans sa physionomie ne décelait le trouble ou l'effroi.
Entouré par les montagnards l'épée à la main, il avait l'air aussi calme qu'au milieu de ses gardes aux uniformes éblouissants.
Avec sa profonde expérience de tous ces hommes parmi lesquels il vivait depuis si longtemps, le curé Marquis jugea qu'il fallait profiter, pour sauver Richelieu, de ce premier moment de surprise et d'hésitation. — Dans un instant, peut-être serait-il trop tard!...
— Jean-Claude, — dit-il d'une voix forte, — et vous tous, mes amis, mes enfants, vous vous êtes dévoués pour moi... vous m'avez sauvé... vous me ramènerez triomphant dans nos montagnes d'où je suis parti prisonnier!... Je comptais sur vous... je vous attendais... je savais bien que vous feriez votre devoir... je vous connaissais trop pour en douter... — Maintenant, écoutez bien ce que j'ai à vous dire, et souvenez-vous que c'est non-seulement un de vos chefs, mais encore un ministre de Dieu qui parle.
Marquis étendit sa main au-dessus de la tête de Richelieu, et reprit avec une solennité imposante :
— Monseigneur le cardinal de Richelieu, premier ministre de Louis XIII, roi de France, — moi, Pierre Marquis, au nom de l'armée franc-comtoise dont je suis l'un des chefs, je vous fais grâce, — et je vous donne ma parole de prêtre et de soldat que pas un cheveu ne tombera de votre tête!...
Un frémissement de surprise courut dans les rangs des montagnards.
— Mon père!... — s'écria Lacuzon, — songez-vous bien à ce que vous dites!... Epargner Richelieu! c'est éterniser la guerre!... — Nous épargne-t-il donc, lui?... — N'est-il pas notre mortel et implacable ennemi? N'est-il pas le fléau terrible de la province décimée?...
— J'étais au pouvoir du cardinal de Richelieu, — répondit le prêtre, — il n'avait, pour faire tomber ma tête, qu'à prononcer un mot... chacun y applaudissait d'avance, et le seigneur au masque noir demandait tout haut, pour moi, la corde et le gibet!... — C'est alors que Richelieu est venu me trouver et qu'il m'a dit : *Vous vivrez, et je ne vous vends point la vie, je vous la donne.* Condamnerez-vous maintenant celui qui m'a généreusement épargné, et payerez-vous avec du sang ma dette de reconnaissance?... — Ce serait honteux pour moi! — ce serait honteux pour vous, — ce serait déshonorant pour la noble province!...
— C'est vrai! — répondit Lacuzon avec une expression de profond regret.
Puis il ajouta, en s'adressant à Richelieu :
— Monseigneur le cardinal, vous avez fait grâce de la vie au curé Marquis. — Le curé Marquis vous fait grâce de la vie : — Il ne vous doit plus rien...

— Il est écrit, monseigneur, — fit à son tour le prêtre-soldat, — il est écrit là-haut que vous mourrez tout-puissant!...
— Quoi! — s'écria Richelieu, — vous me laissez libre sans conditions?...
— Oui, monseigneur. — Il ne sera pas dit que nous aurons été vaincus par vous dans une lutte de générosité!...
Le cardinal tendit au prêtre sa main presque royale.
— Vous êtes d'invincibles ennemis! — murmura-t-il, — je ne l'avais jamais mieux compris qu'en ce moment!...
— Monseigneur, — reprit Marquis, — il faut que je vous adresse une question.
— Quelle qu'elle soit, j'y répondrai.
— Le gentilhomme au masque noir est-il encore au château?...
— Non, il n'y est plus. — Il en est parti à la tombée de la nuit avec le comte de Guébriant.
Lacuzon fit un geste de colère.
— Ah! sire de Montaigu! — murmura-t-il, — patience!... patience!... vous nous verrez au château de l'Aigle!...
— Ainsi, — demanda vivement Marquis, — Antide de Montaigu?
— Est l'homme au masque noir, — répondit le capitaine; — Magui le savait bien, et Raoul ne se trompait pas!...
— Et tu as la preuve de ce que tu dis?...
— Oui, — et j'ai entendu l'infâme gentilhomme promettre au sire de Guébriant de nous attirer, Varroz et moi, dans un piège, afin de nous livrer ensuite à la France et de finir ainsi d'un seul coup la guerre de l'indépendance franc-comtoise...
— Le misérable!... — murmura Marquis.
— Oui, bien misérable en effet! — répéta Richelieu de sa voix lente et basse, — et bien méprisé par ceux-là mêmes dont il était l'instrument!... — Certes, d'ailleurs, la découverte du secret du Masque noir est l'avantage le plus signalé que vous ayez remporté depuis le commencement de la guerre... — Le seigneur de l'Aigle cesse d'être dangereux pour vous, maintenant que son masque est tombé, et vous ne comptiez que sur lui, il faut bien que je l'avoue, pour nous assurer la possession de la province que vous défendez avec tant d'héroïsme! — L'hiver approche, la campagne est terminée, et je vous jure que dans les conseils de Sa Majesté le roi Louis XIII, elle ne recommencera pas! — Nos troupes vont rentrer en France; — vous avez vaincu Richelieu!... — Pour le faire, il fallait des hommes tels que vous.
— Peut-être, monseigneur, — repartit Marquis avec l'expression d'un orgueil légitime, — peut-être l'histoire, un jour, nous fera-t-elle un titre de gloire, non pas d'avoir vaincu Richelieu, mais de lui avoir résisté!... — Il nous reste maintenant à remplir un devoir terrible, devant l'exécution duquel nous ne faiblirons point!... — Dans les rangs des défenseurs de la Comté-franche, il s'est trouvé un traître. — Plus ce traître était haut placé, plus il faudra que sa punition soit formidable, afin d'arrêter par la terreur ceux qui voudraient trahir encore!... — Dans quelques jours Antide de Montaigu rendra compte de ses crimes au parlement de Dôle... Dans quelques jours le château de l'Aigle aura disparu, et, sur ses ruines, on sèmera du sel... — Les lois féodales, quand elles frappent dans sa personne et dans ses biens un chevalier félon, permettent de laisser debout une des tours du manoir démoli, afin que le nom d'une vieille race ne périsse pas tout entier... — Nous, nous irons plus loin que la loi vengeresse!... — Le nom de Montaigu s'éteindra!... la tour de l'Aiguille tombera en même temps que ses sœurs!...
— Et ce sera justice!... — dit Richelieu, entraîné malgré lui à confesser la vérité.
Le curé Marquis reprit, mais en s'adressant aux soldats des corps francs qui l'entouraient :
— Nous allons quitter le château, — et, comme nous ne rencontrerons pas de résistance pour notre retraite, songez que tout acte de violence serait un crime!...
En ce moment Garbas entra dans la chapelle.
— Capitaine, — dit-il, — vous ne savez pas ce qui se passe?
— Que se passe-t-il? — demanda Lacuzon.
— Des troupes françaises et suédoises, venant de trois directions différentes, marchent sur le château et se rapprochent rapidement... Dans moins d'un quart d'heure la citadelle sera enveloppée...
— Ces troupes sont-elles nombreuses?...
— Nos éclaireurs, qui viennent d'apporter cette nouvelle, évaluent chacun des corps d'armée à cinq mille hommes...
— Bien. — Où est messire Raoul?...
— Il occupe la principale entrée du château. — Il a disposé des postes partout, — tout le monde est sur ses gardes...
— Bien, — répéta Lacuzon.
Puis, après avoir réfléchi pendant un instant, il demanda :
— A-t-on fait des prisonniers?...
— Oui, capitaine.
— Parmi eux, se trouve-t-il quelques officiers d'importance?
— Un seul, capitaine.
— Lequel?
— Le marquis de Feuquières.

— Monseigneur, — dit le curé Marquis au cardinal, — que sont donc devenus MM. de Longueville et de Villeroi?
— Ils ont quitté le château en même temps que le comte de Guébriant et le seigneur de l'Aigle.
— Garbas, — reprit Lacuzon, — fais amener ici le marquis de Feuquières.
Le trompette sortit.
— Monseigneur le cardinal, — poursuivit le capitaine, — les troupes qui viennent à votre aide se sont trop hâtées, et, dans votre propre intérêt, je le regrette.
— Que voulez-vous dire, capitaine?...
— Je veux dire, monseigneur, que vous êtes notre seul otage, et que, pour que nous soyons en sûreté ici puisque la retraite nous est coupée, il faut que vous restiez notre prisonnier...
Marquis fit un geste, et il s'apprêtait à interrompre Lacuzon; mais ce dernier ne lui en donna pas le temps.
— Mon père, — s'écria-t-il, — songez que je réponds de la vie des cinq cents hommes qui m'accompagnent!... — Songez qu'une minute de faiblesse ou d'imprudence peut nous perdre et les perdre avec nous!... — Vous êtes sous l'empire d'un sentiment de générosité chevaleresque que je dois respecter, mais auquel je ne puis obéir! — D'ailleurs, vous ne quitterez point Son Éminence, et nul péril ne saurait l'atteindre à côté de vous... — Nous sommes des soldats, nous ne sommes pas des assassins.
— Capitaine Lacuzon, — dit Richelieu, — je n'ai point de crainte; je sais d'avance que vous ne ferez rien que d'honorable et de juste et que je suis en sûreté.
— Et vous avez raison, monseigneur...
Garbas rentra dans la chapelle, amenant avec lui le marquis de Feuquières.
— Monseigneur, — reprit le capitaine, — voulez-vous donner à M. de Feuquières la mission de faire camper autour du château, dans la position où elles se trouvent, les troupes qui viennent à votre secours... — Il est indispensable que cet ordre arrive avant que nous soyons attaqués.
— Vous avez entendu, général? — demanda le ministre.
— Oui, monseigneur.
— Eh bien, allez... — Vous voyez bien qu'en ce moment ce n'est pas moi qui commande ici...
— Général, — ajouta Lacuzon, — vous plairait-il, après avoir accompli le message dont vous êtes chargé, de revenir au château?
— Il est vraisemblable que Son Éminence aura besoin de vos services...
— Je reviendrai, — répondit le Français.
— Pourquoi, — demanda Marquis après le départ de M. de Feuquières, — pourquoi fais-tu camper les troupes autour du château au lieu de les envoyer dans leurs quartiers?... Est-ce que nous ne partirons point cette nuit?
— Non.
— Pourquoi cela?
— Je ne veux pas que notre retraite ait l'air d'une fuite... — Nous quitterons Bletterans au grand jour, et nos cinq cents hommes passeront triomphants au milieu des quinze mille Français qui leur présenteront les armes!...
— Mais n'est-ce pas courir au-devant du danger?...
— Le danger n'existera pas...
— Quel est ton projet?...
— Vous le connaîtrez quand le moment de l'exécution sera venu.
Marquis n'insista pas.
— Monseigneur, — reprit Lacuzon en s'adressant au cardinal, — rien ne vous empêche de regagner votre appartement et d'y prendre le repos dont vous devez avoir grand besoin... — J'aurai l'honneur, si vous le permettez, de vous servir cette nuit de valet de chambre.
— J'accepte le repos, messire, — répondit Richelieu avec un sourire un peu forcé, — mais je refuse vos services... Une main vaillante comme la vôtre ne peut descendre à des soins vulgaires...
Le ministre rentra dans sa chambre à coucher, et se jeta sur son lit, afin de ne donner les apparences du sommeil profond qui peut-être n'était pas dans son âme, pour y chercher le sommeil qu'il avait la certitude de n'y point trouver.
Lacuzon, Pied-de-Fer et Garbas se placèrent aux trois issues de la chambre, ne voulant point confier à d'autres qu'à eux-mêmes la mission de veiller sur l'illustre prisonnier.
Les troupes françaises avaient obéi religieusement à l'ordre transmis par le marquis de Feuquières, et ce dernier, fidèle à sa promesse, était rentré dans le château.
Le reste de la nuit se passa dans la tranquillité la plus absolue, — on eût dit que le château de Bletterans n'avait pas changé de maîtres.
Enfin le jour parut.
Le capitaine courut aux remparts, après avoir remis à Marche-à-Terre le soin momentané de veiller à sa place à la porte du cardinal.
Les trois corps de l'armée ennemie campaient dans la plaine et couvraient au nord, au sud et à l'ouest, un immense espace de terrain.
Lacuzon jeta un coup d'œil sur sa petite troupe, réunie au milieu de l'esplanade. — Comparativement aux forces ennemies, les cinq cents montagnards étaient une goutte d'eau dans la mer!...
Le capitaine sourit avec une indéfinissable expression, et l'éclair du triomphe flamboya dans son regard.
— Ah! — murmura-t-il, — ce sera beau!... et jamais semblable spectacle n'aura été donné au monde!...
Puis il regagna le château et frappa à la porte de Richelieu.
Le cardinal était déjà debout et s'entretenait de l'air le plus tranquille avec le curé Marquis et avec M. de Feuquières.
— Eh bien! capitaine, — demanda-t-il, — eh bien, que venez-vous nous annoncer?...
— Monseigneur, — répondit Lacuzon, — le moment du départ est venu... et je regrette d'avoir à vous apprendre qu'il faut que Votre Éminence soit notre bouclier pour la retraite comme elle a été notre bouclier pour l'attaque.
— Parlez, capitaine, et je subirai la loi du plus fort... — *Dura lex, sed lex...*
— Il faut, monseigneur, — poursuivit le jeune chef, — il faut que le marquis de Feuquières retourne de votre part porter de nouveaux ordres à l'armée française; — il faut que cette armée se range sur deux lignes, depuis Bletterans jusqu'à Montmorot, en laissant entre ces lignes un espace libre de cinq cents pas... — Nous passerons au milieu de vos soldats, monseigneur, — nous y passerons la tête haute et le cœur tranquille, car vous serez avec nous, — car j'aurai l'honneur d'appuyer votre bras sur le mien, et nul Français, en voyant marcher ainsi, l'un à côté de l'autre, le ministre du roi de France et le chef montagnard, n'aura seulement la pensée de tirer son épée du fourreau.
En écoutant parler Lacuzon, le cardinal avait pâli, et le frémissement involontaire de ses paupières et de ses narines décelait une terrible angoisse intérieure. — C'est qu'en effet son immense orgueil recevait une blessure profonde et douloureuse.
— Vous exigez beaucoup, capitaine!... — dit-il enfin; — mais il faut obéir! Aux siècles de Rome, une voix fatidique a crié ces deux mots éternellement vrais: *Væ victis!...* — malheur aux vaincus!...
— Monseigneur, — reprit le jeune homme, — aussitôt que nous aurons franchi les dernières lignes de l'armée française, vous serez libre.
— Qui m'en répond?...
— Ma parole, monseigneur! — s'écria fièrement Lacuzon.
— Allez, monsieur de Feuquières, — dit le cardinal; — répétez aux officiers les paroles que vous venez d'entendre, et que les officiers les répètent aux soldats...
Au bout de moins d'une heure, les ordres de Richelieu, ou, pour parler d'une manière plus conforme à la vérité, les ordres de Lacuzon avaient été exécutés de point en point, et l'armée ennemie, échelonnée sur deux lignes, formait une immense chaîne dont l'extrémité disparaissait derrière les brumes de l'horizon. Bien des murmures, bien des cris d'indignation s'étaient élevés dans les rangs des Français au moment où s'était répandue la nouvelle de l'exigence du chef montagnard.
Mais il fallait courber la tête et se taire! — Ainsi que l'avait dit le ministre lui-même, il fallait subir la loi du plus fort! — et Richelieu captif mettait la force aux mains de cette poignée d'hommes qui semblaient captifs eux-mêmes au milieu d'une armée.
Le marquis de Feuquières revint annoncer que tout était prêt.
— Monseigneur, — dit Lacuzon, — j'attends vos ordres...
Un sourire amer vint aux lèvres de Richelieu.
— Mes ordres!... — répéta-t-il.
Puis il ajouta:
— Partons!...
Au bout de quelques instants, la porte de la citadelle s'ouvrait, — le pont-levis s'abaissait et laissait sortir la petite troupe des montagnards.
D'abord venait une avant-garde de cent hommes, commandée par Raoul de Champ-d'Hivers et précédée par Garbas dont le clairon sonnait une fanfare triomphante.
Trois cents hommes suivaient l'avant-garde et formaient en quelque sorte l'escorte de Richelieu, qui marchait entre Lacuzon et Marquis, tous deux la tête nue.
Cent autres montagnards, sous les ordres de Pied-de-Fer, fermaient la marche et servaient d'arrière-garde.
Les Français, immobiles, silencieux, l'arme au bras, baissaient la tête d'un air morne, ou jetaient sur les partisans des regards chargés de haine. — Eux aussi ressentaient douloureusement le contre-coup de l'humiliation imposée à leur chef suprême.
Parfois un involontaire frémissement d'indignation courait dans leurs rangs comme un vent d'orage; mais les officiers imposaient silence aussitôt, et l'on n'entendait plus que le pas cadencé des montagnards triomphants et le clairon de Garbas qui sonnait sans relâche sa fanfare victorieuse.
Ainsi que nous avons entendu Lacuzon se le dire à lui-même, jamais aussi étrange spectacle n'avait été donné au monde!...
Enfin on atteignit l'endroit où se terminait la double haie des troupes françaises.

Richelieu s'arrêta.
— Suis-je libre ?... — demanda-t-il.
— Bientôt, monseigneur, — répondit Lacuzon, — cependant pas encore... — Vous êtes trop habile homme de guerre pour ne pas savoir que nous ne pouvons nous croire en sûreté que lorsque la poursuite sera devenue impossible...

En même temps le capitaine donna l'ordre à Marche-à-Terre de se détacher et d'aller prévenir l'un des officiers français qu'il pouvait suivre les montagnards avec cinquante hommes, afin que le cardinal ne se trouvât pas seul au retour.

Puis la troupe se remit en marche.

Au bout d'une demi-heure, on était aux portes de Lons-le-Saulnier. Lacuzon ne voulut point traverser la ville. — Il fit tourner à droite, et les montagnards atteignirent bientôt l'entrée des gorges de Bévigny.

— Monseigneur, — dit alors le capitaine au cardinal, — ici, nous défions toute poursuite ; — vous êtes libre, monseigneur, et voici votre escorte qui vous attend...

— Monseigneur, — dit à son tour le curé Marquis, — permettez-moi d'espérer que nous ne nous reverrons jamais !...

— Qui sait ?... — murmura Richelieu.

Et après avoir répondu par un mouvement de tête empreint d'une dignité toute royale aux saluts respectueux du prêtre et du capitaine Lacuzon, il retourna sur ses pas et il rejoignit les cinquante Francais qui l'attendaient. Son Éminence monseigneur le cardinal de Richelieu avait hâte de se sentir véritablement et complètement libre...

— Vive la Comté !... — crièrent d'une voix unanime tous les montagnards quand le ministre fut hors de vue.

Puis ils se remirent rapidement en marche dans la direction des premiers plateaux du Jura.

XXVII. — UN COUP DE FEU.

Quand les héros triomphants de cette nouvelle retraite des dix mille eurent atteint les premiers plateaux du Jura, l'ordre de la marche subit quelques modifications, et les montagnards ne s'astreignirent plus à former trois pelotons distincts.

Les pelotons de l'avant-garde et de l'arrière-garde se rapprochèrent et se confondirent avec le corps principal, et Lacuzon, au lieu de marcher au centre, à côté du curé Marquis, prit la tête de la colonne en compagnie de ce dernier, de Pied-de-Fer et de Garbas.

Alors seulement le capitaine put raconter au prêtre tous les détails de la merveilleuse expédition qu'il avait entreprise et menée à bien pour sa délivrance, et malgré la gravité de la situation le sourire vint plus d'une fois aux lèvres de Marquis, tandis que Lacuzon lui peignait avec verve la garnison tout entière si complètement abusée par les deux faux moines tombant dans une fausse embuscade.

La crédulité parfaite et l'heureuse cupidité de la digne cantinière furent considérées par lui comme de véritables bienfaits de la Providence, et il remercia Dieu d'avoir réalisé en sa faveur la parole des livres saints : Ils ont des yeux et ils ne voient point !...

Après avoir écouté ce récit, le prêtre interrogea Lacuzon au sujet des événements accomplis au château de l'Aigle, et c'est à peine s'il put contenir l'ardente expression des sentiments qui le dominaient, en apprenant que le père de Raoul et la mère d'Églantine étaient vivants tous deux, et tous deux victimes depuis tant d'années de la féroce soif de vengeance d'Antide de Montaigu.

— Ah ! — murmura-t-il, comme emporté malgré lui, — je suis prêtre du Dieu de miséricorde et de pardon, et cependant il me faut bien crier vengeance !... — Vengeance donc contre vous, seigneur de l'Aigle !... au nom des malheureux opprimés par vous !... au nom du pays vendu par vous !... au nom de nos frères trahis par vous !...

— Oui, vengeance !... — répéta Lacuzon, — vengeance éclatante et formidable, afin que le châtiment soit à la hauteur de l'infamie !...

— As-tu pris un parti, Jean-Claude ? — demanda le curé Marquis.

— Oui.

— Quel est-il ?

— Il faut que demain le château de l'Aigle ait cessé d'exister !... — Il faut qu'Églantine et sa mère soient au milieu de nous, et qu'Antide de Montaigu, prisonnier, aille rendre compte de ses crimes au parlement de Dôle, qui lui réservera le bûcher des traîtres et le gibet des assassins !...

— Quand attaquerons-nous le château ?

— Cette nuit même.

— Y trouverons-nous le traître ?

— J'en doute, car si Richelieu nous a dit la vérité il se dirige vers Besançon avec le comte de Guébriant. — Mais peu importe, — que le manoir disparaisse d'abord, — ensuite, où que se cache le misérable gentilhomme, nous saurons le retrouver, et, s'il le faut, nous mettrons à sa tête à prix !...

Les montagnards et leurs chefs suivaient en ce moment une vallée profonde et sinueuse dont l'un des versants était ombragé par un bois de sapins très-épais.

Cette vallée aboutissait, deux lieues plus loin, au val de la chartreuse de Bonlieu.

— Garbas ! — dit Lacuzon.
— Capitaine ?...
— N'avons-nous pas, de ce côté, quelque fermier qui soit de nos amis ?...
— Oui, capitaine, — nous avons François Drouhin, dont l'un des fils sert dans les corps francs, et qui a sa ferme sur la hauteur à un quart de lieue d'ici...
— François Drouhin a-t-il des chevaux ?...
— Oui, capitaine ; — à ma connaissance, il en a trois...
— Eh bien, grimpe la côte et cours à la ferme...
— Oui, capitaine.
— Tu demanderas un cheval, — tu l'enfourcheras, et tu t'en iras au plus rapide galop, par le chemin le plus direct, jusqu'à la grande cascade ; — là tu continueras ton chemin à pied ; et, aussitôt arrivé au trou des Gangônes, tu raconteras au colonel ce qui se passe, et tu le prieras de venir m'attendre, avec les hommes dont il dispose, auprès du Saut-Girard.
— Oui, capitaine. — Est-ce tout ?...
— C'est tout.

Garbas s'élança comme un chamois sur l'escarpement boisé, et bondissant de rocher en rocher ; il en eut bientôt atteint le sommet.

Là il s'arrêta, et, se dessinant comme une statue sur le ciel clair, il plongea un regard sur la vallée dans laquelle la petite troupe s'avançait rapidement ainsi qu'un long serpent aux anneaux tachetés de noir et de gris.

Mais soudain, son attitude et son geste exprimèrent un profond effroi, — il fit un porte-voix avec ses deux mains, et il cria d'une voix retentissante qui, bien qu'affaiblie par la distance, parvint au fond de la vallée :

— Capitaine !... prenez garde à vous !...

Lacuzon leva vivement la tête, pour chercher quel genre de péril pouvait le menacer.

En même temps, et comme si les paroles du trompette avaient été un signal, un petit nuage de fumée blanche s'éleva parmi les sapins, la détonation d'un mousquet se fit entendre, et le chapeau du capitaine tomba percé d'une balle.

— Bien visé ! — murmura Lacuzon ; — si je n'avais pas fait un mouvement, c'est la tête qui serait percée et non le chapeau.

Cependant Garbas avait saisi ses pistolets et fait feu de deux coups à la fois sur l'ennemi invisible, — mais l'expression manifeste de colère avec laquelle il remit ses armes à sa ceinture, indiqua clairement qu'il avait manqué son but.

Il se servit de nouveau de ses mains comme de porte-voix, et ces mots arrivèrent à Lacuzon :

— Le Masque noir !...

Quelques montagnards gravirent aussitôt, avec une rapidité prodigieuse, le versant de la vallée, et fouillèrent le bois de sapins, arbre par arbre et rocher par rocher, — mais toutes leurs recherches furent inutiles.

— Capitaine, prenez garde à vous !... — répéta Garbas depuis la hauteur.

Et, après avoir jeté ces paroles, il disparut pour aller s'acquitter du message dont le capitaine l'avait chargé.

— Sur ma foi !... — dit Lacuzon en riant, quand les montagnards découragés furent revenus les uns après les autres, — je commence à croire comme nos paysans que le seigneur de l'Aigle pourrait bien être un peu le diable !...

Et il se mit à chanter à demi-voix le premier couplet d'une sorte de ballade populaire dont le Masque noir était le héros.

> Qui passe ainsi dans la nuit sombre,
> Tantôt sur le sommet du mont,
> Tantôt dans le val rempli d'ombre ?
> Est-ce un homme ou bien un démon ?...
> Dans le tourbillon qui l'emporte,
> Quand au loin résonne le fer
> De son cheval plus noir qu'enfer,
> Vous qui dormiez, pas, fermez bien votre porte !...
> Gentilhomme en son manoir
> Et manant dans sa chaumière,
> Murmurent une prière
> En pâlissant quand on parle le soir
> Du Masque noir !!

— Mais de quelle façon, homme ou diable, a-t-il pu nous échapper tout à l'heure ?... Franchement je ne le comprends guère...

— Garbas nous le dira sans doute... — répondit le curé Marquis.

— Dans tous les cas, — poursuivit Lacuzon, — il est au moins étrange qu'Antide de Montaigu, qui devrait être en ce moment sur la route de Besançon, soit ici...

— Rien n'est moins étrange. — Cette vallée est presque son chemin pour retourner au château de l'Aigle.

— C'est vrai, seulement je suis étonné qu'il y retourne si vite...

— Peut-être se doute-t-il de ce qui le menace.

— Je n'en crois rien... Il ignore que le secret du Masque noir n'en est plus un pour nous...

Marquis venait de tomber dans les bras du capitaine. (Page 117.)

— Enfin que veux-tu, Jean-Claude?... — Attendons, puisque nous ne pouvons faire autrement. — L'avenir seul nous garde la clef de toutes ces énigmes...

Lacuzon replaça sur sa tête son chapeau que la balle du Masque noir avait troué, et la petite troupe, arrêtée un instant par l'incident que nous venons de mettre sous les yeux de nos lecteurs, reprit sa marche rapide.

Expliquons sans tarder ce que Lacuzon et le curé Marquis ne pouvaient comprendre, c'est-à-dire la présence d'Antide de Montaigu sur le chemin que suivaient les montagnards.

Ainsi que le cardinal l'avait dit aux deux chefs, le seigneur de l'Aigle était sorti du château un peu avant l'heure de la fermeture des portes, avec le comte de Guébriant et MM. de Longueville et de Villeroi.

Il se trouvait encore dans le camp français au moment du hardi coup de main, couronné d'un si prodigieux succès, qui mettait Richelieu au pouvoir du capitaine et du prêtre.

Au lieu de se diriger sur Bletterans avec les troupes françaises, il avait immédiatement repris le chemin du château de l'Aigle, à cheval et suivi seulement de deux serviteurs sur lesquels il pouvait absolument compter.

Il ignorait que le capitaine Lacuzon eût découvert le secret terrible depuis si longtemps caché, — le secret du Masque noir, — mais il craignait vaguement que le cardinal, prisonnier des montagnards, ne se décidât à acheter sa liberté en révélant à Lacuzon et à Marquis quel était le plus terrible ennemi des libertés franc-comtoises.

Si cette hypothèse se réalisait, Antide de Montaigu verrait immédiatement la province entière se soulever contre lui, les corps francs lui donneraient la chasse comme à une bête fauve, et le traqueraient ainsi qu'on traque un loup enragé.

Contre de tels événements, sinon probables, du moins possibles, Antide de Montaigu se dit qu'il ne trouverait de recours que derrière les bonnes et solides murailles de sa forteresse imprenable.

Cependant il avait du temps devant lui, et il tenait à être promptement instruit des résultats de l'attaque dirigée contre Bletterans par les troupes françaises. — Il laissa donc en arrière un troisième serviteur, avec l'ordre de venir le rejoindre au point du jour, dans un endroit désigné à l'avance et voisin des premiers plateaux du Jura. Ce valet rendit à Antide de Montaigu un compte fidèle des faits accomplis pendant le reste de la nuit. — Il lui dit l'attaque arrêtée par l'ordre même du cardinal; il lui dit la retraite triomphante des montagnards, emmenant Richelieu dans leurs rangs; — il lui apprit enfin quel était le chemin suivi par la petite troupe qui se dirigeait vers la haute montagne.

C'est alors qu'Antide de Montaigu conçut le projet de se placer en embuscade, à mi-côte de la vallée que nous connaissons, et de se débarrasser, par un heureux coup de mousquet, du plus dangereux de ses ennemis.

Il choisit son poste avec une grande habileté. — Entièrement masqué par les rochers et par les sapins, il pouvait ajuster Lacuzon tout à son aise, et regagner ensuite, sans être à découvert un seul instant, le sommet du plateau où ses valets l'attendaient avec les chevaux, — ce qui lui permettait de défier toute recherche et toute poursuite des montagnards.

La présence de Garbas, dans les circonstances que nous avons dites précédemment, compromit la réussite de ce plan. — Troublé par le cri d'alarme du trompette, Antide de Montaigu, dont le coup d'œil était juste et la main sûre au point de lui permettre d'abattre d'un coup de feu un aigle perdu dans l'espace, ne visa point avec assez de promptitude et de sang-froid pour envoyer sa balle droit au but.

Nous savons cependant qu'elle ne s'en écarta que de bien peu de chose.

Après avoir manqué son coup, et essuyé le double feu du trompette, le seigneur de l'Aigle, — qui, par prudence, avait attaché son masque sur son visage avant de se mettre en embuscade, — gagna rapidement l'endroit que Garbas ne pouvait voir et où l'attendaient ses chevaux et ses gens.

Varroz brisa le panneau d'un coup de hach . Page 118.)

Il se mit en selle, — il piqua des deux, — et se dirigea à franc étrier vers la route étroite, mais suffisamment frayée, qui conduisait à Ménétrux-en-Joux, et par conséquent au château de l'Aigle.
Nous ne tarderons guère à le retrouver.

XXVIII. — AU CHATEAU DE L'AIGLE.

Lacuzon, en envoyant Garbas au trou des Gangônes, avait calculé que, si grande que fût la diligence de son messager, le colonel Varroz et Tristan de Champ-d'Hivers ne pourraient arriver au Saut-Girard que plus d'une heure après le moment où lui-même, avec le curé Marquis et les montagnards, y serait parvenu.

Sa surprise fut donc complète et profonde quand il vit que Varroz, au lieu de se faire attendre, était arrivé le premier.

— Voici qui tient du miracle, colonel!... — s'écria-t-il; — Garbas a donc emprunté les ailes du vent pour aller vous prévenir?...

— Garbas n'est pas venu jusqu'au trou des Gangônes, — répondit Varroz, — il nous a trouvés ici...

— Mais comment se fait-il?...

— Nous étions avertis.

— Avertis... — répéta Lacuzon, — par qui?

— Par moi, capitaine, — dit Magui en se montrant tout à coup.

Puis elle ajouta :

— Hier, j'avais suivi de loin les montagnards jusqu'au bois où ils se sont mis en embuscade, près de Bletterans, et quand j'ai eu la certitude que vous étiez maître du château et de la personne du cardinal, je me suis mise en route pour venir apporter au colonel et à monseigneur Tristan la nouvelle de votre succès. — Le bon Dieu m'a donné des forces. — J'ai marché toute la nuit sans m'arrêter, abrégeant ma route par des sentiers que je connais, — et enfin je suis arrivée au trou des Gangônes presque au point du jour ; — je vous laisse à penser, capitaine, avec quelle joie j'ai été accueillie.

Lacuzon serra dans ses mains les mains de la vieille femme.

— Alors, — reprit Varroz, — comme c'était mon chemin de passer au Saut-Girard pour revenir au trou des Gangônes, et comme d'ailleurs il nous semblait vraisemblable que tu viendrais tenter sans retard l'attaque du château de l'Aigle, nous sommes venus t'attendre ici... — Le message dont Garbas était chargé pour moi nous a prouvé que nos conjectures étaient justes.

— Merci de m'avoir deviné, colonel, — répondit Lacuzon.

— Je croyais avoir une nouvelle à te donner, — continua Varroz, — mais j'ai su par Garbas que tu étais instruit avant nous...

— De quoi, colonel?...

— Du retour d'Antide de Montaigu.

— En effet, — dit le capitaine en souriant et en montrant à Varroz le trou fait par la balle dans son chapeau, — le Masque noir a pris soin de me donner de sa propre main une preuve de sa présence ; mais j'espère bien ne pas demeurer en reste de politesse avec lui !... — Maintenant, colonel, parlons de choses sérieuses...

— Du siége du château, n'est-ce pas?

— Oui.

— Que décides-tu?

— C'est ce que nous allons voir tout à l'heure... — Le seigneur de l'Aigle a-t-il beaucoup de monde avec lui?...

— Oui, car outre les hommes de la garnison, une bande de deux cent cinquante Gris est arrivée ce matin.

— Vous en êtes sûr?...

— Parfaitement sûr. — Après ton départ, j'avais donné à quatre de nos montagnards, vêtus en paysans, la mission de surveiller la citadelle et de venir nous rendre compte du moindre mouvement inaccoutumé !...

— L'arrivée de cette bande de Gris prouve jusqu'à l'évidence qu'Antide de Montaigu est sur ses gardes... — Un renfort de deux cent cinquante hommes, dans une citadelle aussi formidablement défendue par la nature que le château de l'Aigle, équivaut à plus de deux mille hommes en rase campagne.

— C'est exact.

— Il devient indispensable de réunir la meilleure partie de nos forces.

— Ce sera un retard.
— Peu important. — Nous allons expédier à l'instant des messagers dans toutes les directions. — Ce soir, nous aurons autour de nous douze ou quinze cents hommes...
— Sera-ce suffisant?
— Je l'espère! Douze cents montagnards valent plus que trois mille Gris et Suédois...
— Et nous attaquerons?
— A la nuit tombante; il faut que les renforts arrivent et que nos hommes, épuisés par les fatigues d'hier et de cette nuit, puissent prendre un peu de repos...

Des ordres furent donnés sans retard, et une vingtaine de montagnards se dispersèrent dans les campagnes environnantes, munis de ces trompes de berger dont les sons aigus, répétés de certaines façons, servaient de signal pour faire prendre les armes à tous les soldats des corps francs.

Un campement provisoire fut alors installé auprès du Saut-Girard.
— Des feux furent allumés pour préparer les vivres apportés du trou des Gangônes par les hommes du colonel. — On plaça des sentinelles afin d'éviter toute surprise, et, après un repas rapide, les montagnards s'enveloppèrent dans leurs manteaux, s'étendirent sous l'abri des rochers et des sapins, et ne tardèrent pas à goûter un repos bien nécessaire pour les préparer à des fatigues nouvelles.

§

La nuit tombait.
Les renforts attendus étaient arrivés successivement. — Quinze cents montagnards environ se trouvaient réunis dans le vallon d'Ilay.
Tous, depuis les trois chefs jusqu'au dernier soldat, étaient animés d'une profonde ardeur de haine et de vengeance.
Tous comprenaient qu'il ne s'agissait point ici d'une de ces vulgaires attaques, d'un de ces combats sur lesquels l'habitude les avait blasés, mais qu'un grand acte de justice allait s'accomplir, et que ceux qui succomberaient dans la lutte mourraient, non pas victimes du hasard des batailles, mais martyrs d'une sainte cause.
Le curé Marquis avait passé la journée entière à recevoir la confession de ses soldats à la barbe absoute, comme le firent plus tard un grand nombre de prêtres, sur les champs de guerre de la Vendée.
Au moment où le signal du départ eut retenti, Marquis, toujours revêtu de sa robe rouge, monta sur un quartier de rocher, du haut duquel il dominait la petite armée; il donna, du cœur, des lèvres et de la main, une absolution et une bénédiction suprêmes à tous ces hommes pressés autour de lui et dont beaucoup, peut-être, allaient mourir.
Puis Lacuzon cria :
— En avant!...
La troupe s'élança silencieusement.
Il était nuit close depuis plus d'une heure au moment où les montagnards, dont la présence ne se trahissait par aucun bruit, enveloppèrent le château, dont les masses sombres se détachaient à peine sur le ciel faiblement éclairé par la lune encore cachée derrière les cimes neigeuses des pics les plus voisins.
La terrible citadelle semblait endormie, ou plutôt abandonnée. — Le pas mesuré des sentinelles ne foulait point les remparts, — on n'entendait d'autre bruit que les soupirs du vent passant dans les créneaux et se heurtant aux angles des tours, et le grondement affaibli des torrents lointains.
Alors, près de l'entrée du premier pont-levis, un clairon sonna lentement une lugubre fanfare, dont tous les échos des vieux murs répétèrent les notes menaçantes.
Ensuite, — après un silence, — une voix s'éleva dans la nuit.
Et voici ce que disait cette voix :
— A toi, Antide de Montaigu, comte et seigneur de l'Aigle, et l'homme au masque noir, à toi curé Pierre Marquis, le colonel Jean Varroz et le capitaine Lacuzon, tous les trois chefs de la montagne!...
« Antide de Montaigu, comte et seigneur de l'Aigle, trois fois traître et trois fois parjure, tu as voulu la Comté-Franche à la France, et tu as conspiré la perte de ses défenseurs en jurant de les perdre par des pièges infâmes et par l'assassinat. — En attendant l'arrêt du parlement qui te condamnera à mourir au supplice des assassins et des traîtres, nous, chefs de la montagne, nous te déclarons félon et hors la loi. — Nous ordonnons que ton château soit détruit par le fer et par le feu, sans en excepter la plus haute tour. — Nous ordonnons que toi-même, appréhendé au corps, pour être conduit à Dôle, mort ou vif, et livré au bourreau qui te réclame.
« Et, comme chefs de la montagne, nous avons signé tous les trois cette déclaration et ces ordonnances : » — Pierre Marquis, prêtre ×, — le colonel Jean Varroz, — Jean-Claude Prost, le capitaine Lacuzon.
« J'ai dit!... »
La voix se tut.
Le clairon de Garbas fit retentir une nouvelle fanfare, plus lugubre, plus menaçante encore que la première.
Quand la dernière note se fut éteinte, la voix bien connue d'Antide de Montaigu se fit entendre sur le rempart, avec une intonation vibrante et railleuse, et répliqua ces mots insultants :
— A vous qui vous donnez le titre de chefs de la montagne, — à toi, Pierre Marquis, mauvais prêtre et mauvais soldat, — à toi, Jean Varroz, vieux soudard édenté, dogue hargneux qui ne peut plus mordre, — à toi, Lacuzon, chef d'une poignée de bandits rebelles : moi, le seigneur de l'Aigle, moi, l'homme au masque noir, je réponds que je vous défie, et que je vous ferai pendre tous trois au sommet de la tour de l'Aiguille!...
« J'ai dit!... »
Un morne silence accueillit cette terrible réponse, — mais ce silence ne dura que la dixième partie d'une minute.
— Feu! — cria Antide de Montaigu, — feu sur les manants qui osent venir attaquer l'aigle dans son aire!!
Aussitôt un serpent de feu sembla courir sur les murailles du château; — les échos des vallées répétèrent la terrible détonation de trois cents coups de mousquet tirés à la fois, et Lacuzon et Garbas, qui se trouvaient auprès du pont-levis, furent enveloppés dans un ouragan de flamme et de fumée.
Par un hasard presque miraculeux, les balles jaillissant de toutes parts se croisèrent autour d'eux sans les toucher.
— A l'assaut! — dit alors le capitaine d'une voix éclatante, en brandissant la hache qu'il tenait à la main. — A moi, mes montagnards!

§

Quittons pour un instant les assiégeants et les assiégés, — les chefs de la montagne et le seigneur de l'Aigle, — retournons de quelques pas en arrière, et rejoignons Églantine que nous avons abandonnée au moment où le fantôme blanc l'emportait évanouie entre ses bras comme un avare emporte son trésor.
Au prologue de ce livre, nous avons pénétré avec le médecin des pauvres dans la tour de l'Aiguille, — nous avons passé sous cette voûte basse sur laquelle il devait laisser l'empreinte de la main sanglante, — nous avons gravi l'escalier de vingt et une marches qui conduisait au premier étage, — enfin nous avons franchi le seuil de cette pièce circulaire occupant toute la largeur de la tour.
Nos lecteurs se souviennent sans doute que le seigneur de l'Aigle, pour la nuit sinistre du 17 janvier 1620, avait fait recouvrir de tapisseries les murailles, — le plafond, — les embrasures des fenêtres, — la cheminée, et jusqu'au plancher, — afin qu'aucun indice, aucun souvenir ne pussent guider les recherches de Pierre Prost, si jamais ce dernier essayait de porter la lumière au milieu des ténèbres épaisses à dessein autour de lui.
Le Masque noir voulait envelopper la naissance d'Églantine dans les voiles d'un impénétrable mystère, et rendre impossible, dans l'avenir, tout rapprochement entre la mère et la fille.
Mais le hasard ou la Providence en avaient décidé autrement, et l'églantine de diamants du médaillon remis par la malheureuse femme au médecin des pauvres avait été l'étoile tutélaire qui devait conduire à un port inattendu ces naufragés de la vie, et jeter l'enfant de Pierre Prost entre les bras de Blanche de Mirebel.
Cette dernière, au moment où elle éprouvait la joie immense et inespérée de retrouver sa fille qu'elle croyait à tout jamais perdue pour elle, était une femme jeune encore, puisqu'elle n'atteignait pas sa quarantième année; — seulement les tortures physiques et les angoisses morales de sa longue captivité avaient flétri sa figure bien longtemps avant l'âge, sans effacer cependant les derniers vestiges de cette miraculeuse beauté qui jadis avait fait battre le cœur de Tristan de Champ-d'Hivers.
Le visage de Blanche était devenu d'une pâleur uniforme et livide, marbré de tons bleuâtres autour des yeux qui semblaient agrandis, et dont le regard, autrefois si doux, offrait maintenant une expression étrange et parfois égarée.
La malheureuse femme n'avait point perdu cette chevelure splendide dont les tresses innombrables tombaient jadis jusqu'à ses talons, ainsi qu'un manteau de velours sombre. — Seulement, ces cheveux magnifiques, tout en conservant leur soyeuse épaisseur, étaient devenus d'une blancheur de neige et ruisselaient comme des fils d'argent sur ses épaules et sur sa poitrine amaigrie.
Peut-être nos lecteurs se sont-ils étonnés déjà de l'espèce de liberté relative dont jouissait la prisonnière, à qui le seigneur de l'Aigle permettait de se montrer sur la plate-forme qui couronnait la tour de l'Aiguille et sur cette partie de la terrasse dont une grille constamment fermée défendait l'approche.
Cette liberté avait été conquise en quelque sorte par Blanche de Mirebel, cinq ou six ans après l'époque à laquelle sa captivité avait commencé.
A la suite d'une maladie assez longue et pendant laquelle le délire s'était emparé d'elle à plus d'une reprise, la pauvre femme avait eu l'idée de feindre une folie douce et continuelle, un apparent dérangement de ses facultés intellectuelles, qui sans la pousser à des actes de violence, ou même de démence, ne lui laissait ni le souvenir de son nom, ni la mémoire de ce qu'elle avait été et de ce qu'elle avait souffert.

Elle faisait flotter ses cheveux, — elle s'enveloppait dans les draps de son lit comme dans un voile long et flottant, et elle marchait ainsi, pendant des heures entières, dans la chambre qui lui servait de prison, tout en répétant d'une voix lente, basse, continue, les couplets de quelques ballades populaires avec lesquelles on avait bercé son enfance.

Antide de Montaigu, convaincu que cette folie n'avait rien de simulé, — désireux d'ailleurs d'augmenter, par tous les moyens possibles, l'atmosphère de terreur vague qui flottait autour des donjons du château de l'Aigle, se dit que les apparitions d'un fantôme enveloppé dans son suaire et se montrant parfois sur le sommet de la tour de l'Aiguille ou parmi les arbres de la terrasse, donneraient un merveilleux cachet de réalité aux légendes fantastiques qui commençaient à s'accréditer dans le pays.

C'est à ces causes que Blanche de Mirebel dut de voir les limites de sa captivité singulièrement élargies.

Elle n'avait pas la liberté, mais au moins l'air et le soleil ne lui manquaient plus.

XXIX. — LA MÈRE ET LA FILLE.

Blanche de Mirebel, serrant Eglantine dans ses bras et l'appuyant contre sa poitrine avec une force surhumaine, franchit en quelques bonds l'escalier qui conduisait à sa chambre ou à sa prison, et plaça sur le lit la jeune fille toujours sans connaissance.

En ce moment une terreur folle s'empara de son esprit et fit tressaillir son corps.

— Si elle était morte!... murmura-t-elle... — oh! si elle était morte!...

Alors elle s'agenouilla auprès du lit, et elle appuya son oreille contre la poitrine d'Eglantine, afin d'aller surprendre le mouvement et la vie jusque dans leurs sources. — Les battements calmes du cœur la rassurèrent bien vite.

Mais d'autres angoisses remplacèrent presque aussitôt l'inquiétude qui s'envolait.

La malheureuse femme se dit que sans doute le seigneur de l'Aigle et ses gens s'étaient aperçus de la disparition de la jeune fille qu'ils poursuivaient, — qu'ils allaient chercher à découvrir ce qu'elle était devenue et que, peut-être, soupçonnant que la tour de l'Aiguille lui servait d'asile, ils la viendraient saisir jusque-là.

— Ah! — se dit Blanche qui sentait un véritable délire s'emparer d'elle à cette pensée, — ah! ils me tueront avant d'avoir seulement porté la main sur elle!...

Et elle entassait les couvertures et les draps du lit sur le corps et jusque sur le visage de sa fille, espérant que ce fragile rempart suffirait pour la mettre à l'abri de tous les regards, pour la dérober à toutes les recherches.

Puis elle se plaçait devant cette couche qui renfermait son cher trésor, — elle prenait une attitude menaçante, et elle se jurait de défendre son enfant jusqu'à la mort.

Mais il devint bientôt manifeste pour elle que la présence d'Eglantine dans la tour de l'Aiguille était ignorée du seigneur de l'Aigle, et alors elle se livra aux plus folles démonstrations de cette joie sans bornes, qui, après tant d'années de douleur et de désespoir, débordait tout à coup dans son âme.

L'instinct de la maternité, comprimé jusque-là, se développait en elle avec une soudaine violence et avec d'incroyables et adorables enfantillages.

Après avoir ôté les couvertures entassées sur Eglantine, elle avait pris la jeune fille dans ses bras; elle l'avait assise, ou plutôt couchée sur ses genoux, et elle la berçait comme on berce un enfant, en lui prodiguant tous ces noms si doux, syllabes charmantes qui ne se retrouvent que dans le langage des jeunes mères et avec lesquelles elles endorment leurs petits enfants.

Sous ces baisers et sous ces caresses, Eglantine fit un mouvement léger. — Après un évanouissement de près d'une heure, elle commençait à reprendre l'usage de ses sens.

— Où suis-je? — balbutia-t-elle d'une voix faible encore, en ouvrant les yeux et en ne voyant autour d'elle que d'épaisses ténèbres.

En même temps la mémoire lui revint. — Elle se souvint des derniers événements accomplis et de l'écrasante terreur qui l'avait foudroyée en voyant le fantôme se dresser devant elle au moment où Lacuzon allait l'entraîner hors du château, — et cette terreur renaissant avec le souvenir de ce qui l'avait causée, Eglantine poussa un cri, voulut dénouer l'étreinte des bras qui l'enlaçaient, et fit un violent effort pour s'enfuir.

Instinctivement, Blanche se rendit compte de cette épouvante et s'efforça de la calmer. — Elle se laissa tomber à genoux devant Eglantine dont elle saisit les deux mains qu'elle couvrit de baisers et de larmes, en murmurant d'une voix suppliante, dont les accents avaient une douceur infinie :

— O mon enfant, mon enfant chérie... mon enfant bien-aimée!... au nom du ciel, n'aie pas peur...

La jeune fille se sentit aussitôt rassurée, sinon par les paroles elles-mêmes qui, pour elle, n'offraient aucun sens, du moins par l'accent avec lequel ces paroles étaient prononcées.

Il lui sembla qu'une voix si touchante et si profondément émue ne pouvait pas être une voix menteuse, et elle balbutia :

— Qui donc êtes-vous, vous qui m'appelez votre enfant?...
— Ah! — s'écria Blanche en refermant ses deux bras sur Eglantine palpitante, — qui je suis?... Je suis ta mère!...
— Ma mère!... — répéta la jeune fille avec une profonde stupeur.
— Oui... oui... oui... ta mère... ta mère qui t'aime de plus d'amour que Dieu n'en a mis jamais au cœur d'une créature humaine... ta mère qui donnerait sa vie entière pour sauver un seul de tes jours... ta mère qui, depuis dix-huit ans, te pleurait et se désespérait à cette pensée cruelle de mourir sans t'avoir revue...—ta mère, enfin!... ta mère!...
— Hélas! — murmura Eglantine,—je voudrais bien vous croire...
— Tu ne me crois donc pas?...
— Comment vous croirais-je, quand je sais que ce que vous me dites est impossible...
— Impossible!... pourquoi?...
— Ma mère est morte... morte depuis longtemps...
— Qui te l'a dit?...
— Mon père...

Une terreur nouvelle s'empara de Blanche. — Est-ce qu'elle se serait trompée?... est-ce que cette enfant qu'elle pressait contre son cœur ne serait point véritablement sa fille?... — Est-ce que l'homme qui la lui avait jetée dans les bras l'aurait abusée volontairement ou involontairement?...

Elle éleva son âme vers Dieu qui seul pouvait lui donner la force et le courage de résister à une déception.

Puis, tremblante, elle demanda :
— Comment vous nommez-vous, mon enfant?
— Eglantine.
— Comment s'appelle votre père?
— Pierre Prost, du village de Longchaumois.
— Il est médecin, n'est-ce pas?
— Oui, et dans le pays tout entier, on le nomme le médecin des pauvres...
— Quel est votre âge?...
— Dix-huit ans...
— Avez-vous connu votre mère?...
— Non. — On m'a dit qu'elle était morte en me mettant au monde...
— Avez-vous vu quelquefois, entre les mains de votre père, un bijou... un médaillon d'or, enrichi de diamants, qui renfermait une rose sauvage?...
— Je l'ai vu souvent, et c'est à cause de ce médaillon qu'on m'a appelée Eglantine...
— Savez-vous, enfin, quelle est la date de votre naissance?...
— Oui. — Je suis née dans la nuit du 17 janvier 1620...

La jeune fille avait à peine prononcé les derniers mots de cette réponse, qu'un cri de joie s'échappait de la gorge contractée de Blanche. — Désormais elle ne pouvait plus douter, — elle venait d'acquérir une certitude matérielle irrécusable.

Mais, en même temps, elle se souvint des dernières paroles du capitaine Lacuzon.

— Voici l'enfant de la nuit du 17 janvier 1620! — lui avait-il dit; — voilà votre fille... — elle s'appelle Eglantine, elle croit que sa mère est morte et que le médecin des pauvres est son père. — Prenez-la!... — gardez-la!... — cachez-la... — Je suis Jean-Claude Prost — je suis le capitaine Lacuzon. Je reviendrai bientôt vous sauver toutes deux!...

Ces paroles disaient clairement qu'Eglantine ne savait rien de sa naissance. — Il était manifeste que dans le but de lui conserver cette ignorance absolue, celui qu'elle croyait son père avait dû lui répéter que sa mère était morte depuis longtemps.

Blanche pouvait l'éclairer sans doute, en lui révélant tous les faits qu'elle avait ignorés jusque-là... — mais, pour faire briller la lumière à ses yeux, il fallait souiller la virginale candeur de la jeune fille par le récit des infâmes violences d'Antide de Montaigu.

Blanche recula devant cette tâche qui semblait une profanation.

— Ecoute, mon enfant, — murmura-t-elle au bout d'un instant — tu es bien ma fille, et je pourrais te le prouver, mais je laisse ce soin à ceux en qui, sans doute, tu as placé toute ta confiance... Ce que Pierre Prost et le capitaine Lacuzon te diront, tu le croiras n'est-ce pas?...
— Oh! oui!... — répondit vivement Eglantine.
— Eh bien! commence à m'aimer dès à présent, chère enfant bien-aimée! — car je te jure que tous deux ils t'affirmeront que je suis ta mère...
— Quand les reverrai-je?... — demanda la jeune fille.
— Bientôt... — Le capitaine Lacuzon a promis de revenir pour nous sauver...
— Nous sommes donc en péril?..
— Non, mais nous sommes prisonnières.
— Dans la tour de l'Aiguille?

— Oui.
— Et c'est vous qu'on appelle le fantôme blanc, n'est-ce pas ?...
— C'est moi qui suis une pauvre captive, bien malheureuse et bien désespérée pendant des années longues comme des siècles, mais assez heureuse en ce moment pour oublier tout le passé sinistre... — Plus tard tu sauras ma vie, mon enfant. — Maintenant, ne parlons que de toi... explique-moi ta présence au château de l'Aigle.

Eglantine commença le récit des événements que nous avons mis sous les yeux de nos lecteurs dans le cours des précédents chapitres, et nous n'avons pas besoin d'ajouter que ses paroles furent écoutées avec une attention avide, avec un fiévreux intérêt.

La fin de la nuit se passa ainsi ; — enfin le jour parut.

Il nous faut renoncer à décrire la scène touchante dont les vieilles tapisseries de la tour de l'Aiguille furent les seuls témoins, quand, pour la première fois, aux pâles lueurs de l'aube naissante, la pauvre mère put contempler les traits, encore inconnus, de sa fille.

Certes, Blanche de Mirebel, dans ses longues heures de rêverie, s'était fait un idéal ; — son imagination avait créé une image de l'enfant de ses entrailles, et elle s'était plu à parer cette image de tous les dons exquis de la grâce et de la beauté.

Il est plus facile de comprendre que d'exprimer ce qui se passa dans l'âme de la mère quand il lui fut possible de voir que son idéal était dépassé et que la réalité allait plus loin que le rêve.

Malgré la faiblesse de notre plume, nous n'aurions point reculé devant la difficulté inouïe d'essayer de reproduire cette scène avec tout son charme vivace et pénétrant, — mais nous nous sommes souvenu à temps de ce merveilleux chapitre de la *Notre-Dame de Paris* de Victor Hugo, dans lequel la recluse du trou aux rats retrouve la Esméralda, son enfant perdue depuis vingt ans.

Nous laisserons donc à l'imagination de nos lecteurs le soin de suppléer à notre silence modeste, — ou plutôt nous les engageons à relire les pages splendides du chantre des *Feuilles d'automne* et des *Chants du crépuscule*.

Deux jours se passèrent.

Aucun danger immédiat ne menaçait les prisonniers.

D'abord Antide de Montaigu n'était pas au château de l'Aigle, — et d'ailleurs, quand bien même son absence n'eût point été un nouveau motif de sécurité, une visite de lui à la tour de l'Aiguille était la chose du monde la moins à redouter.

Depuis plus de quinze ans, il n'avait point franchi le seuil de cette tour, et le valet chargé d'apporter des aliments à Blanche agissait avec elle à peu près de la même façon qu'avec Tristan de Champ-d'Hivers dans le cachot de la citerne, c'est-à-dire qu'il déposait un panier rempli de provisions sur la première marche de l'escalier, et qu'il se retirait sans avoir eu la curiosité de monter plus haut et d'adresser la parole à la captive.

Blanche, depuis que sa fille lui était rendue, jouissait délicieusement de ces moments de calme; elle aurait voulu pouvoir les éterniser. Elle s'absorbait dans l'heure présente, — oubliant le passé, — s'efforçant de ne point songer à l'avenir, et se trouvant si complètement heureuse, qu'il lui semblait que tout changement ne pouvait que lui être fatal.

Eglantine était bien loin de partager cette opinion... A chaque instant du jour elle se rappelait les dernières paroles adressées par le capitaine à la femme pâle : *Je reviendrai bientôt vous sauver toutes deux !...* — et elle hâtait de ses vœux les plus ardents la venue du libérateur attendu.

Cependant, vers le soir du second jour, une inquiétude vague commençait à se mêler au bonheur de Blanche. — Des nuages orageux montaient dans son ciel un moment éclairci.

Par intervalles, pendant toute la journée, la malheureuse femme avait cru entendre dans le château des bruits d'armes, des rumeurs confuses décelant la présence d'une nombreuse troupe d'hommes.

Avec l'obscurité croissante, le silence était revenu; mais du milieu de ce silence s'échappaient de sourds et lointains murmures, pareils à ces sonorités étranges qu'on entend dans les airs à l'approche d'un violent orage.

Que voulait dire ceci ? et l'avenir réservait-il de nouveaux malheurs à celles que le passé avait éprouvées si cruellement ?...

Brisée par les fatigues du corps et de l'esprit, Eglantine, couchée tout habillée sur le lit, dormait d'un calme et profond sommeil.

Blanche, debout dans la profonde embrasure de la fenêtre où donnait la vue sur la vallée d'Ilay, attachait son regard sur les ténèbres épaissies et prêtait l'oreille à ces bruits douteux et confus dont nous parlions il n'y a qu'un instant.

Soudain le clairon de Garbas retentit dans les ténèbres, égrenant les notes lentes et sinistres de sa fanfare.

Blanche tressaillit.

Cette mélodie lugubre, — pleine de terreurs et pleine de menaces, — s'accordait bien avec l'état de son âme.

Eglantine dormait toujours.

Au clairon succéda la voix.

Les paroles qui déclaraient Antide de Montaigu, comte et seigneur de l'Aigle, trois fois traître et trois fois parjure, et qui le mettaient hors la loi, éveillèrent un écho dans le cœur de Blanche.

— Entends-tu... entends-tu ?... — murmura-t-elle en se rapprochant du lit et en saisissant les mains d'Eglantine.

— Quoi, ma mère ?... — demanda la jeune fille réveillée brusquement.

— Ils viennent ! ils sont venus !...

— Qui donc ?...

— Les chefs de la montagne... les héros... les libérateurs... — Lacuzon, Varroz et Marquis.

— Ah ! — cria Eglantine avec un transport de joie en s'élançant du lit, — ah ! que Dieu soit béni !... nous sommes sauvées !... nous sommes libres !...

La voix d'Antide de Montaigu sembla se charger de répondre : — Pas encore !... — car elle s'éleva pour cette terrible réplique :

— A vous qui vous donnez le titre de chefs de la montagne, — à toi, Pierre Marquis, mauvais prêtre et mauvais soldat, — à toi, Jean Varroz, vieux soudard édenté, dogue hargneux qui ne peut plus mordre, — à toi, Lacuzon, chef d'une poignée de bandits rebelles, — moi, le seigneur de l'Aigle, — moi, l'homme au masque noir, je réponds que je vous défie, et que je vous ferai pendre tous trois aux créneaux de la tour de l'Aiguille !!

Et l'on se souvient que l'infâme gentilhomme ajouta presque aussitôt :

— Feu sur les insolents qui osent venir attaquer l'aigle dans son aire !...

Et qu'une décharge formidable enveloppa le château de feu et de fumée.

— Ma mère... ma mère, — balbutia Eglantine en se jetant dans les bras de Blanche, — ils l'ont tué !... nous sommes perdues !...

Mais elle n'avait pas achevé, que déjà la voix retentissante du capitaine succédait au grondement de la mousqueterie et criait :

— A l'assaut !... A moi, mes montagnards !...

La jeune fille passa, sans transition, de la terreur la plus profonde à la confiance la plus entière ; elle releva la tête, et de même qu'elle venait de balbutier : — Nous sommes perdues !... — elle murmura de nouveau :

— Nous sommes sauvées !

XXX. — L'ASSAUT.

Antide de Montaigu, — nous l'avons déjà dit, — craignait que le secret de sa trahison n'eût été livré par le cardinal de Richelieu aux chefs montagnards, et il savait bien qu'il ne devait attendre de ceux-ci, dans ce dernier cas, ni grâce ni merci.

Il résolut donc de se tenir prêt pour la défense, et (convaincu que le château de l'Aigle, muni d'une garnison suffisante, était une forteresse imprenable) tandis qu'il s'embusquait dans la gorge que nous connaissons, pour y tenter un assassinat sur la personne du capitaine, il envoyait un homme sûr à Clairvaux, afin d'y marchander les services d'une bande de deux cent cinquante Gris, et de les diriger immédiatement sur le château de l'Aigle.

Ces soldats mercenaires arrivèrent au château presque en même temps que leur maître futur.

Il leur distribua aussitôt tous les postes, — il leur donna des munitions abondantes, — il leur paya d'avance un mois de solde, — et enfin il leur enjoignit de se tenir sur leurs gardes comme si une attaque devait avoir lieu ce même jour.

Les instinctives prévisions d'Antide de Montaigu ne devaient pas tarder, nous le savons, à recevoir une confirmation éclatante.

Si nos lecteurs n'ont point oublié les détails dans lesquels nous sommes entré précédemment sur la situation du château de l'Aigle et sur ses moyens de défense, ils se rappellent qu'il est presque inutile de leur répéter que la forteresse était inabordable du côté de la vallée d'Ilay, grâce au rocher taillé à pic sur lequel elle s'élevait.

Seulement, dans la direction de la Chaux-de-Dombief, c'est-à-dire du côté de l'entrée principale, les obstacles à surmonter offraient plus de chance à une réussite, sinon probable, du moins possible.

Le plan d'attaque avait été arrêté d'avance entre Lacuzon, Varroz et Marquis. — Il était d'une extrême simplicité, mais pour le mettre à exécution il fallait toute l'audace fougueuse et irrésistible des montagnards et de leurs chefs.

Deux pelotons de cinquante hommes chacun, placés sous les ordres de Marquis, étaient chargés de balayer par un feu continuel cette partie des remparts dans laquelle se trouvaient pratiquées la première porte et le premier pont-levis.

Tandis que les meilleurs tireurs des corps-francs s'acquittaient de cette tâche avec une grande habileté, et jetaient par terre, percés de balles, tous les Gris qui ne se tenaient point suffisamment à l'abri des créneaux, Varroz et Lacuzon, descendus dans les fossés, faisaient dresser des échelles le long de la muraille, et, la hache d'une main et le pistolet de l'autre, ils tentaient une escalade et arrivaient, suivis d'une vingtaine d'hommes, au sommet du rempart.

Là, une résistance énergique les attendait ; mais cette résistance dut céder à leur irrésistible élan. — Le cercle s'élargit autour d'eux, et, couverts par les montagnards qui maintenaient les Gris à distance, ils attaquèrent à coups de hache les poutres auxquelles les chaînes du pont-levis étaient attachées.

Tandis que le bois volait en éclats sous leurs cognées, les décharges de mousqueterie pétillaient sans relâche ; — les assaillants continuaient l'escalade à l'aide des échelles, et devant leur nombre toujours croissant les Gris battaient en retraite, mais sans désordre et défendant le terrain pied à pied et pour ainsi dire pouce à pouce.

Soudain, un fracas pareil à l'écroulement d'une montagne se fit entendre.

Ce fracas fut suivi d'un immense cri de joie et de triomphe poussé par les assiégeants.

Le pont-levis venait de tomber.

Les montagnards se ruèrent sous la voûte, — brisèrent la porte qui s'opposait à leur passage et, se croyant déjà les maîtres du château, envahirent la première enceinte.

Mais cet avantage, — quoique important, — n'avait rien de décisif.

Antide de Montaigu, — qui combattait au premier rang et payait de sa personne avec un incontestable courage, — avait commandé la retraite au moment où le pont-levis s'abattait, et les Gris, après avoir reculé en bon ordre jusque dans la seconde enceinte, venaient de relever derrière eux le deuxième pont-levis et de fermer la deuxième porte.

Bref, les montagnards se trouvaient maîtres de l'espace compris entre les deux murailles parallèles, mais ils ne pouvaient aller au-delà sans recommencer un siège plus difficile et plus périlleux que le premier, car les parties élevées du château dominaient cette enceinte étroite, et les assiégés, parfaitement garantis par les profondes embrasures des fenêtres, tiraient du haut en bas sur les assaillants qu'ils ajustaient avec une parfaite et complète sécurité.

Les partisans tombaient un à un sous une grêle de balles lancées par des mousquets invisibles. — Aussitôt que l'un d'eux voulait riposter, l'éclair de son mousquet trahissait sa présence en rayant les ténèbres, et il devenait à l'instant même un point de mire pour les assiégés.

Un pareil état de choses ne pouvait se prolonger.

Lacuzon fit apporter les échelles qui avaient servi pour la première escalade ; — elles furent appliquées de nouveau contre la muraille, et le capitaine se tint prêt à donner le signal d'un nouvel assaut.

Marquis, auquel il communiqua son projet, fut d'un avis complètement opposé au sien.

— Cependant, — disait Lacuzon, cinq minutes d'impétuosité nous feraient franchir ce nouvel obstacle et nous jetteraient sur l'esplanade. — Or, une fois l'esplanade à nous, le château nous appartiendra...

— Tu as raison, — répondit le prêtre, — mais nous aurons sacrifié inutilement beaucoup de monde, et la vie des hommes est sacrée...

— Que faire donc ?...

— Il faut, ce me semble, que Varroz tente une attaque sur quelque autre point... — Que cette tentative réussisse ou qu'elle échoue, peu importe... — l'essentiel est d'opérer une diversion et d'empêcher que l'attention et la résistance des soldats du seigneur de l'Aigle ne se concentrent sur l'unique endroit par lequel nous espérons arriver à nous rendre maîtres de la place... — Es-tu de mon avis, Jean-Claude ?

— Certes ! et cent fois pour une !...

— Eh bien, rien n'empêche de tenter sur-le-champ la diversion dont je te parle... — Où est le colonel ?...

— Il doit être là. — Nous avons sapé ensemble, tout à l'heure, les poutres du pont-levis.

— Varroz !... — cria le curé Marquis.

Personne ne répondit à cet appel.

— Colonel !... — dit à son tour Lacuzon.

Le même silence inquiétant mit une vague angoisse dans le cœur du prêtre ainsi que dans celui du capitaine. — Varroz n'était plus là, ou Varroz était mort, — et pour quiconque connaissait le colonel, sa mort semblait plus vraisemblable que son absence au moment du danger. Cependant les montagnards les plus rapprochés avaient entendu qu'on appelait Varroz, et que Varroz ne répondait pas.

Avec une promptitude électrique, le bruit de sa mort se répandit de proche en proche et de rang en rang, et grandissant non moins rapidement, selon la coutume des mauvaises nouvelles, ce bruit ne tarda point à affirmer que Marquis avait succombé à côté du colonel.

Alors un découragement profond, une démoralisation complète s'emparèrent de ces hommes habitués depuis le commencement de la guerre à voir le succès couronner presque toujours leur premier élan, dans ces nombreux coups de main qui ne réussissaient qu'à force de rapidité et d'audace.

Combien en ce moment la situation leur paraissait différente !...

— L'assaut victorieux de la première enceinte ne les avait amenés qu'à un résultat sans portée. — Ils se trouvaient maintenant en face d'un obstacle presque infranchissable, — dans de profondes ténèbres, car les Gris avaient cessé leur feu depuis un instant et les éclairs de la mousqueterie ne rayaient plus la nuit sombre, le

teau de l'Aigle, ce manoir infernal, si célèbre dans les légendes des veillées d'hiver, les enveloppait de ses mystères et de sa terreur, — et voici que deux de leurs chefs, toujours victorieux jusqu'à cette heure et que les balles et les épées semblaient respecter, succombaient à la fois !... — et l'un de ces chefs était le curé Marquis, frappé à mort, — disait-on, — malgré la robe rouge qui le rendait invulnérable !...

Elle était donc bien puissante et bien invincible, l'influence du château maudit !... — Il était donc sans bornes le pouvoir du démon qui triomphait ainsi de la robe sacrée du prêtre !...

Alors une profonde et superstitieuse terreur s'empara de ces hommes vaillants d'habitude jusqu'à la témérité ; — on put les entendre murmurer tout bas :

— Varroz est mort !... Marquis est mort !... — On ne peut lutter contre des démons.

Et ces héros, devenus tout à coup presque lâches, songeaient déjà à s'enfuir honteusement. — Cependant quelques restes de discipline militaire et de respect humain les arrêtaient encore.

Les murmures des montagnards épouvantés arrivèrent aux oreilles du prêtre et du capitaine.

Marquis entendit que de toutes parts on se disait :

— Marquis est mort !...

Et il comprit en même temps que si l'on n'arrêtait point dès sa naissance ce bruit mensonger, il ne faudrait bientôt plus compter sur des soldats devenus faibles et craintifs comme des enfants.

Mais de quelle façon, au milieu de ces profondes ténèbres, de quelle façon prouver aux montagnards que Marquis était bien vivant, et que la robe rouge restait plus que jamais un invulnérable talisman ?

Étrange situation d'un homme vivant qui ne savait comment démontrer sa vie !...

Vainement Marquis s'écriait : — Me voilà !... je suis à vous !...

Ses paroles se perdaient parmi les murmures grandissants des montagnards qui répétaient :

— La robe rouge a disparu !... Dieu nous abandonne !...

Vainement Lacuzon allait de l'un à l'autre en s'efforçant de les désabuser. La terreur superstitieuse qui frappait les montagnards les rendait sourds. — Ils n'écoutaient plus la voix de leur chef.

— Que faire ?... mon Dieu !... que faire ?... — demanda le capitaine au curé.

— Il n'y a pas deux partis à prendre, — répondit vivement celui-ci : — il faut leur montrer la robe rouge !...

— Mais comment ?...

— Fais allumer des torches et commande l'assaut. — Je franchirai le premier la muraille et de cette façon, s'il plaît à Dieu, ils me verront tous !...

— Oui, — répliqua Lacuzon, — mais les Gris aussi nous verront !

— Eh bien, qu'importe !...

— Vous allez devenir le but d'une grêle de balles...

— Qu'importe !... — répéta Marquis.

Et il ajouta en souriant :

— Tu sais bien que la robe rouge est invulnérable !...

Lacuzon, le cœur gonflé par un pressentiment funeste, obéit cependant aux volontés du prêtre.

Il fit allumer les torches, et au moment où leur clarté flamboyante enveloppait dans une auréole de flammes la robe écarlate de Marquis, — au moment où les montagnards rassurés poussaient une joyeuse clameur, le capitaine commanda l'assaut.

Les soldats des corps-francs, chez lesquels une ardeur bouillante venait de remplacer un découragement profond, s'élancèrent aux échelles. Le prêtre marchait le premier, suivi par Lacuzon.

Une décharge terrible partit des fenêtres hautes du château et des créneaux de la muraille.

— Éteignez les torches ! — cria Marquis, — et en avant... — Lacuzon !...

— Lacuzon !... Lacuzon !... — répétèrent les montagnards, et animés par ce cri de guerre, ils escaladèrent le rempart avec une irrésistible impétuosité.

Mais le curé ne les suivait pas ; — il venait de tomber dans les bras du capitaine et de Garbas.

— Êtes-vous blessé, mon père ?... — murmura Lacuzon avec angoisse.

— Oui, — répondit Marquis, — blessé... blessé à mort... — Mais silence, il ne faut pas qu'ils sachent...

Le sang qui montait à flots de la poitrine trouée du prêtre à sa gorge, étouffait sa voix. Cependant, au bout d'une seconde, il reprit :

— Écoute, Jean-Claude... les montagnards croient à la robe rouge... ne les désabuse pas... qu'ils ne sachent pas que Marquis est mort...

— Mort !... — répéta Lacuzon avec stupeur. — Non.. non... c'est impossible... vous ne mourrez pas !... vous ne pouvez pas mourir !...

— Dans une minute, — poursuivit le prêtre d'une voix plus indistincte, dans une minute ce sera fini... Sois calme, mon enfant, sois fort... — Tu m'enterreras toi-même au Champ-Sarrazin, je le veux... et surtout que ma tombe garde bien le secret de la robe rouge...

— Mon Dieu... Seigneur mon Dieu... protégez la cause sainte à laquelle je donne mon sang... Mon Dieu... bénissez les armes des défenseurs de la Comté...

La voix de Marquis s'éteignait, — les convulsions suprêmes de l'agonie roidissaient ses membres.

Cependant il eut la force d'ajouter encore :

— Ta main... mon fils... le secret... adieu...

Puis il s'affaissa dans les bras qui le soutenaient. — Il était mort.

Lacuzon, écrasé sous le poids d'une des plus amères douleurs qu'il pût ressentir, essaya pendant une seconde de douter de la réalité terrible. Il s'agenouilla près du corps de Marquis et il appuya sa main sur son cœur, — mais c'était fini, — bien fini ; — ce généreux cœur avait cessé de battre.

— Mon Dieu !... — balbutia-t-il, — mon Dieu, pourquoi ne m'avez-vous pas pris à sa place ?... pourquoi est-ce moi qui reste vivant ?

Mais il lui fallait concentrer en lui-même cet immense chagrin ; — le temps manquait pour les larmes !...

Lacuzon se tourna vers Garbas.

— Il faut accomplir la dernière volonté du héros qui n'est plus !... — lui dit-il, — il faut que le secret de la robe rouge soit gardé... — Demain, nous creuserons la fosse de Marquis dans le Champ-Sarrasin... — En ce moment, prends ce corps et va le cacher dans les rochers que domine la tour de l'Aiguille... Moi je retourne au combat...

Garbas, suffoqué par les larmes, balbutia une réponse inintelligible, et le capitaine, gravissant à son tour une des échelles appuyées contre la muraille, se jeta au milieu du combat engagé sur l'esplanade, et se rua sur les Gris avec une impétuosité presque féroce, en murmurant à chaque coup qu'il frappait :

— Au moins je le vengerai !...

La situation des montagnards était loin d'être rassurante au moment où Lacuzon venait de les rejoindre. — Plus nombreux que les Gris, mais se bornant à déployer à cause du peu d'espace qui leur était offert, ils subissaient le feu incessant dirigé sur eux depuis tous les bâtiments dont l'esplanade formait le centre... — la mousqueterie pétillait aux fenêtres du principal corps de logis, — à celles du bâtiment des hommes d'armes, — à celles du bâtiment des femmes, — et les pertes incessantes que faisaient subir aux montagnards ces continuelles décharges, contre-balançaient l'avantage qu'ils pouvaient retirer d'une lutte corps à corps, dans laquelle leur courage indomptable leur assurait la supériorité.

Nous devons ajouter, pour être juste, que les Gris se battaient bien et qu'ils gagnaient loyalement la solde à eux donnée par le seigneur de l'Aigle.

Bref, de part et d'autre le combat était vigoureusement disputé, et il eût été bien difficile de prévoir à qui, en définitive, devait rester l'avantage, quand un incident inattendu vint tout à coup changer entièrement la face des choses.

Les assiégés entendirent soudain retentir derrière eux des clameurs triomphantes, mêlées à des exclamations d'épouvante ; — le feu des fenêtres se ralentit, et le cri de guerre montagnard : — Lacuzon !... Lacuzon !... fut répété dans l'intérieur même du château.

Les Gris étaient pris entre deux feux !...

XXXI. — JUSTICE.

Le moment est venu d'expliquer cette heureuse diversion et la disparition si brusque et si invraisemblable de Varroz.

Le colonel se trouvait avec Marquis et avec Lacuzon dans la première enceinte et au milieu des plus profondes ténèbres, quand il avait senti tout à coup une main saisir sa main et la serrer avec force.

— Que me voulez-vous ? — demanda-t-il.

— Venez, colonel, — répondit une voix étouffée à dessein.

— Qui êtes-vous ?...

— Je suis Magui...

— Ah ! — murmura Varroz avec étonnement.

— Venez, — répéta la vieille femme.

— Où voulez-vous me conduire ?

— Dans un endroit où votre présence est nécessaire.

— Mais, — dit vivement Varroz, — ma présence n'est-elle donc pas nécessaire ici ?...

— Elle l'est bien plus ailleurs, puisque la prise du château dépend de ce que vous allez faire...

Magui, depuis quelques jours, avait donné à la cause de la liberté franc-comtoise tant de gages éclatants de dévouement, — elle lui avait rendu des services d'une telle importance, que Varroz, après le premier moment d'hésitation, se décida à la suivre.

Elle le fit sortir du château et l'entraîna rapidement sur la route, où ils rencontrèrent Tristan de Champ-d'Hivers et son fils, qui, à la tête d'une troupe de deux cents montagnards, venaient en aide aux assiégeants.

Elle leur fit changer de direction, et les amenant jusqu'au pied de la muraille de rochers sur laquelle s'élevaient les remparts, elle écarta quelques broussailles, puis, introduisant dans la serrure d'une poterne la clef qui lui avait été remise par le seigneur de l'Aigle lui-même, elle ouvrit cette poterne en s'écriant :

— Maintenant le château est à vous... — Suivez-moi sans crainte, je vais vous conduire.

Elle s'élança dans le passage souterrain, suivie par Varroz, par les deux Champ-d'Hivers et par les montagnards qui marchaient en bon ordre, deux par deux.

Arrivée en face du panneau mystérieux, fermé par le portrait du dernier des Vaudrey, Magui s'arrêta et dit à Varroz :

— Colonel, entre vous et le salon du château de l'Aigle, il n'y a plus que cette porte.

Varroz brisa le panneau d'un coup de hache et bondit dans l'intérieur de la pièce en criant :

— Lacuzon !... Lacuzon !...

Une douzaine de Gris qui depuis les fenêtres faisaient feu sur les montagnards, furent massacrés avant même d'avoir eu le temps de se mettre en défense.

Le colonel rassembla rapidement ses hommes, — les forma en colonne serrée, et fit irruption avec eux sur l'esplanade, attaquant à l'improviste les Gris par derrière, et répétant le cri montagnard :

— Lacuzon !... Lacuzon !...

Cependant Tristan de Champ d'Hivers et Raoul n'avaient point suivi la bande de Varroz.

Restés seuls dans le salon, ils s'étaient empressés d'ouvrir cette porte que nous connaissons et qui communiquait de plain-pied avec la terrasse.

Tristan songeait à Blanche de Mirebel.

Raoul pensait à Églantine.

Tous deux s'écrièrent à la fois :

— A la tour de l'Aiguille !...

Nous demandons pardon, fort humblement, à nos lecteurs, de les transporter sans cesse d'un lieu à un autre, ainsi que nous le faisons depuis quelques chapitres.

Nous ne sommes point assez novice dans le périlleux métier de conteur pour ignorer les cruelle façon de procéder nuit à l'intérêt de le dispersant, mais nous alléguons pour notre excuse que nous ne faisons qu'obéir à la suprême loi de la nécessité.

Lorsque plusieurs actions se passent à la fois dans des endroits différents, et que cependant ces actions sont subordonnées les unes aux autres, comment éviter ces brusques déplacements du récit ?...

Quand un cas semblable se présente dans une comédie ou dans un drame, on tourne parfois la difficulté en changeant de théâtre, ce qui devient une affaire de décorateur ; — mais le livre n'offre point, sous ce rapport, les mêmes ressources que la scène.

Il nous faut donc rejoindre Églantine et sa mère au moment où la jeune fille, entendant le capitaine Lacuzon commander l'assaut, venait de s'écrier :

— Nous sommes sauvées !...

Presque aussitôt la mousqueterie retentit de nouveau, et plusieurs balles égarées vinrent frapper les murailles de la tour de l'Aiguille.

L'une d'elles brisa même un carreau de la fenêtre et se perdit dans les tapisseries.

Les deux femmes se reculèrent en poussant un cri de terreur, et se réfugièrent dans une partie de la chambre où les balles ne pouvaient atteindre.

Pendant plus d'une heure elles assistèrent par la pensée aux péripéties du combat, entendant tout, mais ne voyant rien, et réduites à conjecturer, d'après les exclamations de triomphe ou de colère, lequel des deux partis avait l'avantage.

Tout à coup, et au moment où les Gris venaient de se replier sur l'esplanade, laissant derrière eux la seconde porte et levant le second pont-levis, Blanche entendit la voix du seigneur de l'Aigle retentir sur la terrasse, au pied de la tour. — Antide de Montaigu donnait des ordres à un valet.

Blanche, en entendant cette voix, se sentit chanceler.

En même temps la porte de l'escalier tourna sur ses gonds, et le bruit d'un talon ferré retentit sur les marches.

Le seigneur de l'Aigle montait.

— Mon Dieu !... — balbutia Blanche, presque folle de terreur, — mon Dieu, protégez-nous !...

Et sans répondre aux questions d'Églantine qui s'effrayait de l'épouvante de sa mère, elle la prit dans ses bras, — elle souleva la portière de tapisserie qui cachait l'entrée de l'escalier tournant conduisant à la partie supérieure de la tour, — elle assit la jeune fille sur l'une des marches de cet escalier, et après avoir murmuré à son oreille : — Silence... silence... nous sommes perdues toutes deux !... — elle referma la porte, elle rentra dans la chambre, et sentant que ses jambes se dérobaient sous elle, elle s'assit ou plutôt se laissa tomber sur le lit.

Antide de Montaigu, tenant de la main droite une épée ensanglantée et de la main gauche une lampe, parut sur le seuil.

Rien ne se pouvait imaginer de plus sinistre que son aspect. — Ses sourcils froncés se touchaient, — quelques gouttes de sang, coulant d'une légère blessure reçue à la joue droite, rendaient sa pâleur habituelle plus livide encore.

Les muscles violemment contractés de son visage et l'expression farouche et haineuse de ses yeux le faisaient ressembler à Satan foudroyé.

Il s'approcha lentement de la cheminée, sur laquelle il posa sa lampe, — il remit son épée au fourreau, puis il se tourna du côté de Blanche, puis, croisant ses bras, tandis qu'un sourire véritablement infernal venait à ses lèvres, il attacha son regard sur les traits bouleversés de la malheureuse femme, et pendant près d'une minute il prolongea cet examen silencieux.

Blanche, éperdue, palpitait sous ce regard acéré, d'où semblait émaner une fascination de terreur pareille à celle que les croyances populaires attribuent à l'œil du serpent.

Enfin, n'y tenant plus, et préférant la plus terrible certitude à l'angoisse odieuse et intolérable qu'elle éprouvait, la prisonnière balbutia :

— Au nom du ciel, que voulez-vous de moi ?...

— Et qui vous dit que je veuille quelque chose de vous ?... — demanda Antide avec une intonation railleuse.

— Votre présence seule n'est-elle pas la preuve qu'un nouveau malheur me menace ?...

— Je vous fais bien peur, n'est-ce pas ?...

Blanche baissa la tête sans répondre.

— Vous me haïssez de toutes les puissances de votre âme, n'est-ce pas ?... — reprit le seigneur de l'Aigle.

— Non, — répliqua la prisonnière, — il n'y a plus de haine en moi, — il n'y a plus que du pardon !...

— Le pardon !... — répéta Antide, — que veut dire ceci ?...

— Dans la profonde solitude où je vis depuis vingt ans, — reprit Blanche, — si mener l'existence que vous m'avez faite peut s'appeler vivre, — j'ai élevé vers Dieu mon cœur et mon âme, en le suppliant de les accueillir et de les purifier. — Il m'a accordé le courage et la résignation, — il m'a donné l'oubli du triste passé, — l'espoir de l'avenir meilleur, — il m'a envoyé surtout l'indulgence.

— Voilà pourquoi, monseigneur, je pardonne au lieu de maudire...

Antide de Montaigu s'attendait peu à un semblable langage.

Il s'était préparé à entendre des reproches, des imprécations, — des cris de rage et d'horreur ; — disons plus, il désirait ces manifestations de la colère impuissante de sa victime.

Rien ne pouvait l'irriter autant que ce calme angélique, que cette résignation surhumaine.

C'était pour lui un premier échec, — c'était l'avortement d'une partie de la mise en scène de l'étrange dessein qui l'amenait à la tour de l'Aiguille, et que nous connaîtrons bientôt.

Aussi répliqua-t-il avec une irritation contenue, qui se trahissait dans le tremblement nerveux de sa voix et dans l'amertume de son accent :

— Je ne comprends guère, je l'avoue, quel peut être le but que vous vous proposez en jouant vis-à-vis de moi une malhabile comédie à laquelle vous savez bien que je n'ajouterai pas foi !...

— Une comédie !... — répéta Blanche étonnée.

— Certes !... — poursuivit le seigneur de l'Aigle en frappant du pied ; — espériez-vous donc que je vous croirais ?... — Non, — non, madame !.. vous ne pouvez point oublier !... vous ne pouvez point pardonner !... — Je vous ai fait trop de mal pour que l'indulgence ait pu remplacer en votre âme la haine !...

— Le mal que vous m'avez fait, — répondit Blanche, — je ne m'en souviens pas... je ne veux pas m'en souvenir...

— C'est impossible !... Depuis plus de vingt ans, dites-vous, votre âme s'est élevée vers le ciel, — mais votre cœur, qu'en avez-vous fait ?... — Vous avez tout oublié, — allons donc !.. avez-vous oublié aussi le nom de votre amant... le nom de Tristan de Champ-d'Hivers ?...

— Tristan... — balbutia Blanche. — Oh ! mon Dieu !... mon Dieu... pourquoi prononcez-vous ce nom ?... pourquoi me parlez-vous de lui ?...

— Il vous aimait d'une passion ardente, n'est-ce pas, ce beau gentilhomme ?... — continua Antide avec un redoublement d'ironie ; — il vous aimait de toutes les forces de son tendre cœur !... et au mépris de la parole donnée à un autre, au mépris de la foi jurée, vous aussi, vous l'aimiez éperdument !... — Un amour comme celui-là ne se peut éteindre !... — les années passent, et le feu reste vivant !

— Vous avez tant aimé Tristan, que vous l'aimez encore !... les âmes comme la vôtre ne sont point oubliettes !...

Blanche ne répondit que par un soupir douloureux.

Antide de Montaigu reprit avec une croissante amertume :

— Et quoi de plus simple d'ailleurs, que ce qui s'est passé jadis ? — N'étais-je pas un indigne rival de Tristan de Champ-d'Hivers ?... N'était-il pas plus jeune, plus beau, plus noble et plus riche ?... Pouviez-vous faire autrement que de le préférer à moi ?... — Vous m'étiez promise, il est vrai, mais ceci importait peu !... — avec un hobereau tel qu'Antide de Montaigu, comte et seigneur de l'Aigle, on retire sa parole, et tout est dit !... — J'ai bien compris cela, croyez-le !... — Je n'ai jamais eu la pensée coupable de disjoindre pour toujours Tristan de Champ-d'Hivers et Blanche de Mirebel... je n'ai voulu qu'éprouver leur constance... je me suis réservé la joie

douce et pure de réunir un jour ces deux parfaits amants... dans un monde meilleur.

— Dans la tombe ! — murmura la prisonnière anéantie.

— Dans la vie !... — répliqua le seigneur de l'Aigle.

— Que dites-vous ! — s'écria Blanche qui sentait sa tête s'égarer.

— Tristan est mort, assassiné par vous !...

— Non, — répondit Antide avec une exaltation féroce, — non Tristan n'est pas mort !... — Ma vengeance, si j'avais tué Tristan, eût été bien incomplète et bien pâle !... j'ai trouvé mieux que cela !...

Blanche tomba à genoux en joignant les mains. — Sous les paroles du seigneur de l'Aigle, elle commençait à entrevoir quelque mystère sombre et terrible.

— Non, Tristan n'est pas mort ! — reprit le comte de Montaigu. — Le petit-fils de l'assassin du baron de Vaudrey, l'homme qui m'a volé ma fiancée, cet homme est mon prisonnier... — cet homme, depuis vingt ans, picore et souffre dans un cachot de ce château...

— Tristan est ici, — Tristan est près de vous !...

— Bourreau ! — cria Blanche, en proie à un véritable délire, — vous mentez !... — Ce que vous venez de me dire est un mensonge inouï, inventé pour me faire subir de nouvelles tortures !...

— Ainsi, — demanda le seigneur de l'Aigle, — vous ne me croyez pas ?...

— Non, je ne vous crois pas !...

— Et me croirez-vous lorsque, dans un instant, Tristan de Champ-d'Hivers sera là, devant vous ? — Me croirez-vous quand vous le verrez garrotté, bâillonné, impuissant ?... — quand vous m'entendrez lui dire que cette jeune femme, enlevée par moi jadis, dans le temps où elle était jeune, belle et pure, je la lui rends aujourd'hui vieille et flétrie, et souillée de mes caresses dans une nuit d'orgie ?... — Me croirez-vous quand je vous laisserai seuls, tous les deux, dans cette tour que l'incendie va dévorer, car je veux célébrer par un gigantesque feu de joie vos fiançailles nouvelles, et la tour de l'Aiguille s'écroulera sur vous au moment où je quitterai le château ?... — Me croirez-vous, Blanche de Mirebel, quand je vous dirai : — Vous allez mourir, et Tristan de Champ-d'Hivers mourra avec vous !...

Le seigneur de l'Aigle se tut, et attendit la réponse de Blanche.

Mais Blanche ne pouvait pas répondre.

Écrasée par le désespoir, elle pensait à Églantine, et elle se tordait les mains, et elle essayait de parler, dans l'espoir insensé d'attendrir son bourreau ; mais les paroles expiraient sur ses lèvres, d'où s'échappait seulement un râle pareil à celui de l'agonie.

Le cœur de tigre du seigneur de l'Aigle battait d'une joie farouche.

Sa vengeance était bien complète ! — elle était bien telle qu'il la rêvait depuis si longtemps ! — il la savourait délicieusement, — il se repaissait des tortures de sa victime ; — il était heureux !

Et qu'on ne vienne pas nous dire que le caractère d'un pareil homme est une monstruosité impossible, sans équivalents et sans précédents.

Pour l'honneur de l'humanité, nous souhaiterions qu'on pût nous accuser, sans injustice, de faire de l'horrible à faux et à froid.

Malheureusement, les exemples sont là, dans le passé et dans le présent. — Qu'était-ce qu'Antide de Montaigu à côté de Tibère et de Néron, à côté du marquis de Sade, à côté de certains scélérats du dix-neuvième siècle ?...

En ce moment un bruit de pas se fit entendre dans l'escalier.

— Écoutez !... — écoutez !... — écoutez !... — Est-ce que votre cœur ne bat pas ?... — est-ce que la rougeur de l'amour et de l'espoir ne monte point à votre front ? — Voici le fiancé qui vient, — voici l'époux attendu, — voici Tristan de Champ-d'Hivers.

— Vous avez dit vrai, Antide de Montaigu ! — répondit une voix grave depuis le seuil de la porte, — voici le fiancé — voici l'époux, — voici le vengeur...

Le seigneur de l'Aigle tressaillit et se retourna brusquement.

Le baron Tristan et Raoul, tous les deux l'épée à la main, se trouvaient en face de lui.

Blanche, subitement ranimée, poussa un cri de joie et se précipita vers ses libérateurs que Dieu lui envoyait.

— Qui donc êtes-vous ?... — demanda Antide de Montaigu en mettant la main sur la garde de son épée.

— Je suis celui que vous attendez, répondit Tristan, — je suis le baron de Champ-d'Hivers.

— Non... — balbutia Antide d'une voix étranglée, — non !... non !... c'est impossible !...

— Vingt années de tortures ont changé mon visage, n'est-ce pas ?

— Regardez-moi bien en face cependant, seigneur de l'Aigle, et vous me reconnaîtrez...

— Alors, — cria Antide de Montaigu en bondissant sur le baron, l'épée haute, — alors, vous allez mourir !...

Mais il rencontra la pointe de l'épée du père et de l'épée du fils, et il lui fallut reculer.

— Seigneur de l'Aigle, — reprit Tristan, — l'heure de la justice a longtemps tardé pour vous, mais elle est venue enfin... Le démon vous abandonne, et Dieu vous condamne... — Vous êtes notre prisonnier...

Le feu venait de prendre aux barils de poudre. (Page 122.)

— Pas encore! — hurla Antide dans un transport de rage furibonde ; — il faut me prendre d'abord, et vous ne me tenez pas!...
— Des gentilshommes ne croisent pas le fer avec un bandit, — répliqua le baron, en se contentant de parer les coups formidables que lui portait le seigneur de l'Aigle, mais sans chercher lui-même à le toucher. — A nous, montagnards! — cria-t-il en même temps.

Cinq ou six soldats des corps francs firent irruption dans la pièce où se passaient les terribles scènes que nous racontons... — ils entourèrent Antide de Montaigu, et en moins d'une minute il était désarmé et garrotté.

Ceci fait, sur un signe de Raoul, les montagnards se retirèrent.
— Où est Eglantine? — demanda tout bas le jeune homme à Blanche.
— Ici, — répondit-elle.
— Antide de Montaigu l'a-t-il vue?...
— Non.
— Alors, elle ne sait rien?...
— Rien...
— Que Dieu en soit béni!... — murmura Raoul, — et puisse-t-elle ignorer toujours que ce misérable est son père!
— Vous voyez, seigneur de l'Aigle, — continua Tristan, tandis qu'Antide, écumant de fureur, se débattait vainement sous ses liens, — vous voyez que j'ai raison de vous dire que Dieu vous a condamné..., — vous voici pieds et poings liés en notre pouvoir, et, si je ne vous tue pas, comme je le pourrais, c'est qu'il appartient à d'autres de vous juger, de vous condamner et de vous infliger un supplice auprès duquel la pointe de mon épée dans votre poitrine serait peu de chose!...
— Les rôles changeront peut-être, — répliqua Antide; — on va s'apercevoir de mon absence, — mes fidèles viendront me délivrer, et alors, malheur à vous!...
— Etes-vous insensé jusqu'au point d'espérer encore?... Le château de l'Aigle n'est plus à vous, Antide de Montaigu, — il est aux montagnards...
— Vous en avez menti par la gorge!...
— Approchez-vous de cette fenêtre et regardez...

Le prisonnier auquel les cordes qui l'enlaçaient permettaient cependant de se mouvoir, se traîna jusqu'à l'embrasure de l'étroite fenêtre.

Là, un spectacle terrifiant pour lui s'offrit à ses yeux.

A la lueur de quelques torches que le capitaine venait de faire allumer, il vit qu'en effet le combat avait cessé. — Les Gris, pris entre deux feux par les troupes de Lacuzon et par celles de Varroz, s'étaient débandés, laissant l'esplanade jonchée de cadavres. — Ils fuyaient maintenant de toutes parts et dans toutes les directions.

Ils se précipitaient dans les fossés, — ils se jetaient du haut des remparts, — ils se laissaient glisser le long des rochers.

Une petite troupe de vingt-cinq ou trente hommes avait seule trouvé moyen de pratiquer une trouée sanglante au milieu des vainqueurs et s'échappait par les ponts-levis.

Depuis l'esplanade et depuis la terrasse, les montagnards ajustaient les fugitifs et les abattaient à coups de mousquet comme des braconniers abattent des lièvres dans la plaine.

Antide de Montaigu comprit que tout était fini, — bien fini, — et qu'il ne pouvait lui rester aucun espoir. — Alors une immense terreur s'empara de lui, — ses dents se heurtèrent, une sueur froide coula sur son front, — un tremblement convulsif secoua ses membres.

Après avoir eu la férocité du tigre, le seigneur de l'Aigle n'avait plus désormais que la honteuse lâcheté de l'hyène et du chacal.

— Ah! — s'écria Tristan de Champ-d'Hivers, — vous tremblez maintenant, — vous avez peur. — Vous si hautain, si menaçant tout à l'heure,.. — courbez la tête sous le poids du remords et de l'épouvante, gentilhomme félon, car nous venons à vous de la part du Dieu vengeur!... — Vous avez mis le pied sur tous les degrés de l'échelle du crime, Antide de Montaigu!... vous avez passé par le meurtre, par le rapt, par l'incendie, par le viol, par la trahison!...
— regardez devant vous, et voyez où vous a conduit cette échelle

Les deux hommes entaillèrent le sol avec leurs épées et remuèrent la terre avec leurs mains. (Page 127.)

infâme !... — Vous avez assassiné le père de cette noble et malheureuse femme, qui plus tard a dû subir la honte et la torture de votre hideux amour... — à la suite de ces violences un enfant est né, — une fille, — et vous avez confié cette enfant à un homme amené par vous les yeux bandés et le pistolet sous la gorge !... — Vous avez assassiné cet homme sur la place Louis XI, pour ensevelir avec lui le secret dont vous craigniez la révélation !... — mais avant d'aller à la mort, Pierre Prost avait parlé, — le capitaine Lacuzon avait reçu ses confidences, et en même temps un mystérieux bijou, glissé dans la main du médecin des pauvres par Blanche de Mirebel, devait, un jour, faire reconnaître l'enfant de la nuit du 17 janvier 1620.
— Cette enfant est morte ! — balbutia le seigneur de l'Aigle.
— Cette enfant est vivante ! — répliqua Tristan, — elle est vivante et vous la connaissez ; — elle est ici, — près de sa mère : — c'est Eglantine, — c'est votre fille !...
— Ma fille !... — répéta Antide de Montaigu.
— On en douterait, n'est-ce pas ?... — poursuivit le baron. — Qui pourrait croire en effet que cette fille charmante, aux yeux doux et purs, cet ange de candeur et d'innocence, est l'enfant du misérable et infâme seigneur de l'Aigle ?... Et cela est vrai, cependant !... — Dieu permet parfois que les fleurs les plus belles et les plus parfumées naissent sur les fanges les plus infectes !...
— Ah ! — murmura Antide avec un accablement profond, — la voilà donc expliquée cette voix étrange qui parlait dans mon cœur pour cette enfant... — Voilà donc pourquoi j'ai subi sans colère ses hautaines répliques, lorsque, captive, elle me bravait et me monaçait !... — La voix du sang me criait : — C'est ta fille... — Ma fille... — je la retrouve... — et c'est en ce moment !... — Oh ! Dieu est juste !... Dieu est juste !...
— Oui, Dieu est juste, — reprit Tristan, — et il ne permettra point que d'effroyables révélations viennent troubler les beaux rêves de la douce enfant... — Eglantine ne rougira jamais de son père, car elle ne le connaîtra point... — Vous avez voulu anéantir à tout jamais le secret de sa naissance ! vous avez réussi, seigneur de l'Aigle ! — ce secret mourra dans votre sein !... — Pour le monde, Eglantine restera la fille du médecin des pauvres, — elle portera le nom de son père adoptif jusqu'au jour prochain où elle prendra celui de baronne de Champ-d'Hivers...

La livide pâleur d'Antide de Montaigu se teignit de pourpre, et autour de ses yeux se dessina un cercle sanglant.
— Qu'avez-vous dit ? — balbutia-t-il d'une voix étranglée, — qu'avez-vous dit ?...
— Eglantine aime mon fils, et mon fils aime Eglantine...
— Votre fils !... il a péri dans l'incendie du château de Champ-d'Hivers !... — Votre race abhorrée s'éteindra avec vous !...
— Mon fils, sauvé des flammes, est digne du grand nom qu'il fera refleurir ; — je voilà, seigneur de l'Aigle !... — regardez-le bien en face, comme vous avez regardé son père, et vous verrez que Raoul et Tristan ont non-seulement la même âme, mais encore le même visage !
— Ah ! — s'écria le comte, — c'est impossible !... c'est impossible !... — ce Champ-d'Hivers et Montaigu ne peuvent s'allier... Le sang des Vaudrey et des Montaigu se révolterait !...
— Le sang des Champ-d'Hivers purifiera la goutte de sang impur qui coule dans les veines d'Eglantine !...
— Jamais !... jamais !... plutôt la mort pour elle !... — Je lui crierai qu'elle est ma fille et qu'elle doit vous abhorrer tous !...
— Vous vous tairez, seigneur de l'Aigle !...
— Jamais !...
— Vous vous tairez ! .. — il le faut, — je l'exige !...
— Tuez-moi si vous voulez, mais je ne me tairai pas !...
Raoul fit un signe aux montagnards qui montaient la garde dans l'escalier.
Deux d'entre eux bâillonnèrent Antide de Montaigu, qui, réduit à pousser des cris inarticulés, se débattit vainement et roula sur le sol, en proie à d'effroyables convulsions. — Ces convulsions s'affaiblirent peu à peu, et le misérable gentilhomme demeura immobile, inerte et pareil à un cadavre.

Cependant sa respiration haletante et ses yeux farouches indiquaient clairement qu'il vivait encore.

Tristan de Champ-d'Hivers lui mit le pied sur la poitrine.

— Blanche, — dit-il alors, — allez chercher Eglantine, — il est grandement temps de calmer l'inquiétude de la pauvre enfant.

En ce moment un des montagnards s'écria :

— Voici le colonel et le capitaine...

Varroz et Lacuzon entrèrent.

Tristan leur montra le seigneur de l'Aigle, écumant sous ses pieds, et il ajouta :

— Vous voyez que l'œuvre de justice est commencée!...

— Oui, — répondit Lacuzon, — et je vous jure que cette œuvre s'achèvera, et qu'elle sera assez éclatante pour remplir d'une salutaire épouvante les traîtres de l'avenir!...

Puis il demanda :

— Où est Eglantine?...

— La voici, — dit le baron.

En effet, la jeune fille, — bien pâle, mais bien heureuse, — apparaissait dans l'étroite ouverture de l'escalier tournant, enlacée à demi aux bras de sa mère.

Elle se jeta au cou du capitaine avec un transport de joie et de fraternelle tendresse; — elle tendit son front à Raoul, — et sa pâleur se dissipa comme par enchantement sous le baiser du jeune homme.

— Mon enfant, — fit alors Tristan d'une voix que l'émotion rendait tremblante, — votre mère, que voici, s'unit à moi pour bénir votre union avec mon fils Raoul de Champ-d'Hivers... La fille du médecin des pauvres, la cousine du capitaine Lacuzon honore la famille dans laquelle elle entrera, si haut placée que soit cette famille...

Et Tristan et Blanche, ces deux martyrs enfin sauvés, mirent leurs mains sur les fronts inclinés de Raoul et d'Eglantine.

Le seigneur de l'Aigle, témoin désespéré de cette scène de bonheur, râlait comme le démon vaincu sous le glaive de l'archange Raphaël.

Une soudaine pensée vint à Tristan.

Il jeta autour de lui un regard circulaire et rapide, et il murmura :

— Il manque ici quelqu'un...

— Qui donc? — demanda le capitaine d'une voix sourde.

— Le curé Marquis.

Lacuzon se détourna pour essuyer une larme qui coulait sur sa joue.

— Marquis nous attend au trou des Gangônes, — répondit-il.

Puis, entraînant le baron à quelques pas, il lui dit tout bas :

— Marquis est mort!...

— Mort! — répéta Tristan atterré.

— Oui, il est mort, mais plus un mot maintenant... — Il faut que cette mort reste secrète!... c'est la dernière volonté du héros qui n'est plus...

Quelques secondes de silence succédèrent à la triste nouvelle que Lacuzon venait d'apprendre au baron.

Cette subite transition de la joie à la tristesse pouvait être commentée par les montagnards témoins de cette scène. — Le capitaine rompit le silence.

— Raoul, — dit-il en s'adressant au jeune homme, — prenez le commandement d'une escorte de deux cents hommes et conduisez au trou des Gangônes votre fiancée et sa mère...

— Ne nous accompagnez-vous pas, capitaine?

— Plus tard je vous rejoindrai.

— Que vous reste-t-il à faire ici?

— Il me reste à accomplir un grand acte de justice...

— Lequel?

— Vous le saurez bientôt sans que je vous le dise... Allez, Raoul, allez, mon enfant...

— Ferai-je prendre des torches aux hommes de l'escorte?...

— Des torches!... — répéta Lacuzon avec un sourire sinistre. — C'est inutile, — vous n'en aurez pas besoin...

— La nuit est profonde, cependant.

— Dans quelques minutes la nuit sera plus lumineuse, je vous le jure, que si le soleil montait à l'horizon!...

Raoul regarda le capitaine avec étonnement.

L'expression de son visage lui fit comprendre sans doute le sens caché de ses paroles, car il ne l'interrogea plus, et il sortit de la chambre et bientôt de la tour et du château, avec Blanche de Mirebel et avec Eglantine.

Lacuzon, Varroz et les montagnards étaient restés seuls auprès d'Antide de Montaigu, — toujours garrotté, — toujours bâillonné, — toujours étendu sur le tapis qui couvrait le plancher.

Pied-de-Fer entra.

— Eh bien?... — lui demanda Lacuzon.

— C'est fait, capitaine, — répondit le lieutenant.

— Tous mes ordres sont exécutés?

— Tous.

— Nos hommes sont à leurs postes?

— Oui, capitaine.

— C'est bien...

Lacuzon fit un signe.

Plusieurs montagnards relevèrent le seigneur de l'Aigle, et sans toucher aux liens qui retenaient ses mains captives, ni au bâillon qui lui fermait la bouche, ils dénouèrent les cordes qui entouraient ses jambes et qui l'empêchaient de marcher librement.

Antide de Montaigu, placé entre le capitaine et le colonel et précédé et suivi par des soldats des corps-francs, fut contraint d'obéir à l'impulsion qu'il recevait et de quitter la tour en même temps que ceux qui se faisaient ses gardiens.

Presque tous les montagnards étaient rangés en bon ordre sur l'esplanade et sur la terrasse.

Ils accueillirent par des clameurs de haine et de vengeance l'apparition du prisonnier.

Çà et là, dans l'intérieur des différents corps de logis, on voyait passer des hommes agitant des torches et roulant des barils aux cercles de fer.

Lacuzon donna le signal du départ.

Les troupes s'ébranlèrent aussitôt, quittèrent l'esplanade par masses serrées, traversèrent les ponts-levis et prirent position sur les hauteurs environnantes.

Le capitaine fit placer Antide de Montaigu sur la pointe d'un rocher qui surplombait l'abîme. — Pied-de-Fer et deux montagnards tenaient l'extrémité des cordes qui liaient ses mains et ses bras.

Lacuzon, alors, approcha ses doigts de sa bouche, et l'on entendit retentir le coup de sifflet terrible qui si souvent avait jeté l'épouvante dans l'âme des Français, des Suédois et des Gris.

A l'instant, des nuages d'une fumée pâle qui ressemblait à une vapeur, s'élevèrent autour des bâtiments du château; — quelques secondes suffirent pour rendre cette fumée plus épaisse; — bientôt elle jaillit par torrents impétueux des portes brisées et des fenêtres ouvertes, — le manoir entier disparut sous un rideau de brouillards rougeâtres, pareils à ces nuages sulfureux qui s'exhalent du Vésuve ou de l'Etna au moment d'une éruption imminente.

Une ou deux minutes s'écoulèrent encore; puis le brouillard sembla se fendre à la fois en cent endroits, et d'immenses jets de flammes élevèrent jusqu'aux toits leurs langues fourchues et leurs crêtes ardentes.

Les premiers reflets de l'incendie naissant commencèrent à projeter leurs clartés vacillantes sur la vallée d'Ilay, comme une étrange aurore boréale.

Un immense cri de joie, composé de mille cris qui s'échappaient de toutes les poitrines, salua le fléau vengeur.

Le seigneur de l'Aigle poussait des gémissements sourds, étouffés par son bâillon.

— Antide de Montaigu, — dit alors Lacuzon, — vous avez attaché l'incendie aux murailles du château de Champ-d'Hivers, — nous attachons l'incendie aux murailles du château de l'Aigle! — C'est justice...

Le misérable gentilhomme, ne voyant de refuge que dans la mort contre les tortures qu'il éprouvait déjà et contre celles qu'il prévoyait, fit un effort pour se précipiter dans l'abîme béant ouvert sous ses pieds. Pied-de-Fer et les montagnards le maîtrisèrent et le forcèrent à s'agenouiller sur le rocher.

— Comte de Montaigu, — reprit le capitaine, — n'espérez pas mourir maintenant!... — Vous vivrez jusqu'à l'heure où le bourreau qui vous attend à Dôle accomplira sa tâche!... — Regardez, seigneur de l'Aigle, voici la tour de l'Aiguille qui s'enflamme!... j'ai promis une torche splendide à Raoul de Champ-d'Hivers, à Blanche de Mirebel et à Eglantine pour éclairer leur marche!... Vous voyez que je tiens parole!

Puis, après une seconde de silence, pendant laquelle Antide se tordait sous ses liens comme se tord un serpent jeté sur des charbons ardents, Lacuzon continua :

— Oui, périsse cette tour qui ne saurait rester debout pour perpétuer le nom et la mémoire d'un traître!... Demain le passant cherchera vainement un pan de mur croulant sur ce rocher, à la place où tout à l'heure se dressait le château de l'Aigle!...

Le manoir tout entier n'était plus qu'un brasier colossal, et la montagne ainsi couronnée ressemblait au roi des volcans pendant la plus formidable de ses éruptions. — De l'orient à l'occident et du nord au midi, le ciel avait pris des teintes de sang. — Jamais plus grandiose et plus terrible spectacle ne fut offert aux regards des hommes épouvantés!...

Tout à coup ce spectacle changea de nature.

Les profondeurs du ciel semblèrent s'entr'ouvrir, traversées par un ouragan de flammes qui montaient de la terre en panaches étincelants.

On entendit retentir une détonation auprès de laquelle les fracas du tonnerre et du canon n'étaient que des bruits sourds.

Puis une obscurité profonde remplaça les clartés étincelantes.

Le feu venait de prendre aux barils de poudre entassés dans l'arsenal d'Antide de Montaigu, et à ceux que les montagnards avaient disséminés sur les voûtes.

Le château de l'Aigle n'existait plus!...

Le capitaine donna un ordre, et les troupes commencèrent lentement et en silence à descendre vers la vallée, emmenant le prisonnier que douze hommes, l'épée à la main, enveloppaient dans un cercle de fer.

Lacuzon et Varroz restèrent seuls en arrière.

Ils avaient tous les deux un triste devoir, un devoir sacré à remplir!...

Ils avaient à obéir aux dernières volontés de Marquis mourant.

Ils avaient à creuser dans le Champ-Sarrasin une fosse pour la dépouille mortelle du prêtre soldat.

Et il fallait qu'ils accomplissent seuls cette terrible tâche, puisque les lèvres défaillantes du martyr de la liberté avaient dit :

— Que la tombe garde bien le secret de la robe rouge!!...

Une heure après le moment où les dernières clartés de l'incendie du château de l'Aigle avaient fait place aux profondes ténèbres, deux hommes étaient assis auprès d'un cadavre sous la voûte naturelle d'une petite grotte pratiquée à l'entrée de la vallée d'Ilay.

Ces deux hommes étaient Varroz et Lacuzon. Ce cadavre était celui du curé Marquis.

D'abondantes larmes coulaient sur les joues ridées du vieillard et sur les joues bronzées du jeune homme.

Le colonel pressait, dans ses mains tremblantes d'émotion, la main glacée du prêtre soldat, et ses lèvres murmuraient des paroles sans suite qui s'échappaient de son cœur déchiré.

— Ainsi donc, — disait-il, — ainsi donc, te voilà parti le premier, vieil et cher ami de mon enfance, — vaillant et loyal compagnon de ma jeunesse et de mon âge mûr!... — Dieu t'a rappelé à lui... — Je n'ai pas le droit de me plaindre, — mais pourquoi donc m'a-t-il laissé sur la terre où tu n'es plus!... — nous avions grandi ensemble, nous avions marché l'un à côté de l'autre dans la vie, ensemble nous avions combattu sous le même drapeau et pour la même cause, — ne devions-nous pas mourir ensemble?... — Oh! mon frère, oh! mon ami, je ne te pardonne de m'avoir devancé que parce que je sens que j'irai bientôt te rejoindre!...

Et Varroz appuyait contre son front, — contre ses lèvres, — contre son cœur, la main froide et inerte du cadavre.

Lacuzon, lui, s'absorbait dans une douleur moins communicative, mais non moins profonde. — Il ne prononçait aucune plainte, — il ne songeait point à essuyer les larmes qui coulaient de ses yeux, — son regard vague et sans expression se fixait sur les ténèbres de la vallée, mais ne cherchait point à en sonder la profondeur.

C'est que sa pensée, plus large que celle de Varroz, embrassait de plus vastes horizons, — c'est qu'il regrettait non-seulement l'homme, mais encore le chef de parti, — c'est qu'il comprenait toute la gravité de la perte que la province venait de faire, et qu'à côté de son chagrin d'ami, il y avait son chagrin de Franc-Comtois.

Ce n'était pas vainement que dans la trinité des chefs de la montagne le curé Marquis avait été surnommé le Saint-Esprit. — Marquis était l'âme et la pensée de la guerre de l'indépendance; Lacuzon ne l'ignorait pas. — Aucune tête ne savait, aussi bien que la sienne, créer un plan dans son ensemble et le combiner dans ses détails. — Le capitaine lui-même ne pouvait prétendre à cette hauteur de vues, à cette profondeur de jugement qui faisaient presque Marquis le rival de Richelieu; — et puis, le caractère sacré dont le prêtre soldat était revêtu lui donnait sur les masses populaires une influence dont Lacuzon appréciait l'immense portée.

Qu'allait devenir la montagne, privée de la présence et des lumières du curé Marquis? — De quelle façon remplir le vide laissé par cette mort, si une nouvelle invasion venait de nouveau rendre la résistance nécessaire?...

Le capitaine s'adressait ces questions, et ce n'est pas sans terreur qu'il en envisageait la douteuse solution, et il sentait se courber sa tête sous le poids de l'effrayante responsabilité qu'il assumerait désormais presque entièrement sur lui seul, — car Varroz, nous le savons, était plus encore un bras pour l'exécution qu'une pensée dans le conseil!...

La soudaine apparition d'une forme humaine surgissant des ténèbres vint arracher le capitaine à ses réflexions et Varroz à son désespoir.

— Qui va là? — demanda Lacuzon en mettant la main sur ses pistolets.

— C'est moi, capitaine, — moi, — Garbas, — répondit la voix du trompette.

— As-tu trouvé ce qu'il nous fallait?...

— Oui, capitaine, et mieux encore. — Vous m'avez demandé une civière, je me suis procuré une charrette.

— Où?

— Au moulin d'Ilay.

— Tu n'as réveillé personne?

— Non, capitaine. — La charrette était sous un hangar... — je l'ai prise sans faire de bruit. — Je la ramènerai demain...

— Où l'as-tu laissée?...

— Sur la route, à deux pas d'ici.

— Allons...

Lacuzon et Garbas enveloppèrent d'un manteau le cadavre du prêtre, et, suivis de Varroz qui continuait à pleurer comme un enfant, ils le portèrent jusqu'à la charrette, sur laquelle ils l'étendirent.

Le trompette s'attacha au brancard, — le capitaine et le colonel prirent place à droite et à gauche, et cette étrange voiture de deuil, accompagnée par ce triste cortége, se mit en marche dans la direction du Champ-Sarrasin.

Derrière la tour du Meix, — d'après M. Louis Jousserandot auquel nous empruntons textuellement ce passage, — à une grande lieue d'Orgelet, — un peu en amont du pont de la Pile, l'Ain, qui coule là entre deux montagnes, fait un coude qui forme une presqu'île sur la rive droite. — Une tradition fort ancienne prétend qu'à l'époque de leur invasion, sous Charles Martel, les Sarrasins y avaient établi un camp.

Ce qui donne quelque crédit à cette interprétation, c'est d'abord cette presqu'île est par sa nature une véritable forteresse, bornée, du côté de la vallée, par des rochers à pic qui s'élèvent sur un talus rapide, lequel descend jusqu'au bord de la rivière.

Aujourd'hui encore, on trouve des vestiges d'un reste de construction fort ancienne qui la séparait du continent et en défendait sans doute l'accès de ce côté.

Quoi qu'il en soit, le paysan a toujours nommé ce lieu le Champ-Sarrasin, et le nom s'est conservé jusqu'à nous.

Le Champ-Sarrasin fut longtemps un épouvantail pour cette partie des montagnes. — Sans doute des siècles s'écoulèrent sans qu'aucun être humain osât franchir ses limites et pénétrer au milieu des broussailles qui le couvraient.

C'était, — disait-on, — un pied-à-terre de Satan, — le rendez-vous de tous les esprits malins, de tous les follets du pays.

A l'époque où se passaient les faits que nous racontons, la superstition avait encore de trop profondes racines dans les montagnes de la Comté, pour que la croyance dont il s'agit eût perdu de sa force.

La terreur qu'inspirait le Champ-Sarrasin, dans lequel chaque nuit, — selon la bruit populaire, — le roi des épouvantements lâchait ses bandes de fantômes, suffisait pour en défendre l'approche.

Est-il sans la connaissance de ces frayeurs superstitieuses n'avait pas engagé Marquis à désigner le Champ-Sarrasin pour le lieu de sa sépulture? — N'était-il point certain d'avance que personne n'irait chercher en un pareil lieu le secret de la robe rouge?...

Il était environ deux heures du matin au moment où Lacuzon, Varroz et Garbas se mirent en route avec la précieuse dépouille confiée à leurs soins.

La nuit était obscure, — le ciel sombre, et c'est à peine si par intervalles la lune se montrait pendant quelques secondes entre deux nuages pour disparaître presque aussitôt après.

Dans la nécessité de cacher aux montagnards la mort de Marquis, le capitaine avait dû renoncer à se faire accompagner par une escorte; — il se réservait de trouver le lendemain un prétexte plausible pour expliquer l'absence du prêtre. — Déjà même il songeait à répandre le bruit que Marquis s'était rendu à la cour de France pour y traiter de la paix avec le roi lui-même.

Un semblable prétexte, qui peut-être semble un peu naïf à nos lecteurs, devait être accepté facilement et sans conteste par les esprits simples des bons Franc-Comtois.

Depuis les rochers sur lesquels avait été construit le château de l'Aigle, il n'y avait pas plus de trois lieues jusqu'au Champ-Sarrasin, surtout en marchant selon la ligne droite, c'est-à-dire en traversant la campagne sans suivre la grande route ni même les chemins frayés, et c'est ce que projetait le capitaine, auquel il semblait prudent d'éviter toute chance de rencontre.

Les trois hommes passèrent non loin du village de Théria; — ils firent un détour pour éviter de traverser celui des Petites-Chiettes, — puis ils se lancèrent à travers champs, passant sur les hauteurs de la vallée de la Franée (qui sera le théâtre de scènes étranges et dramatiques dans un prochain ouvrage) et longeant la côte sous Châtel-de-Joux.

Jusque-là tout avait marché sans encombre, — mais un obstacle sérieux allait se rencontrer, — la rivière coulait entre le Champ-Sarrasin et les nocturnes aventuriers, et cette rivière était rapide et profonde. Comment la traverser?...

Varroz proposa de prendre sur la droite, — de gagner la route de Saint-Claude et de franchir l'Ain au pont de la Pile.

A cette heure de la nuit, il était plus que vraisemblable qu'on ne rencontrerait personne.

Lacuzon pensa qu'il pouvait sans risque se ranger à l'opinion du colonel, et les trois hommes s'engagèrent avec la charrette sur la route qui conduisait à Saint-Claude.

Déjà ils étaient parvenus à un demi-quart de lieue du pont de la Pile, quand Garbas s'arrêta tout à coup.

— Qu'y a-t-il?... — lui demanda Lacuzon.

— N'entendez-vous rien, capitaine?... — murmura le trompette.

Lacuzon prêta l'oreille.

— Non, — dit-il ensuite.

— Écoutez mieux...

Lacuzon s'agenouilla et appuya son oreille contre le sol de la route.

Un bruit de pas rapides, — lointain encore, mais parfaitement distinct, — arriva jusqu'à lui.
— C'est vrai, — dit-il en se relevant, — il y a des hommes derrière nous...
— Et ils sont nombreux ! — ajouta Garbas après avoir écouté à son tour, — au moins vingt-cinq ou trente.
— Et, — reprit Lacuzon, — ils ne marchent pas, — ils courent.
— On nous poursuit donc, fit Varroz.
— C'est évident. — Mais qui?... Il est impossible, complètement impossible, qu'on sache ou qu'on devine qui nous sommes...
— Je crois, capitaine, — fit le trompette, — que ce pourrait bien être une bande de ces Gris chassée cette nuit du château de l'Aigle et qui erre au hasard à travers le pays.
— C'est possible... — Tâchons qu'ils ne rencontrent pas notre fuite... hâtons le pas!... — Une fois le pont traversé, nous nous jetterons dans la campagne.
Garbas prit son élan et entraîna rapidement la charrette le long d'une montée extrêmement roide dont le sommet dominait le pont de la Pile.
Là le trompette hors d'haleine dut s'arrêter pendant une seconde.
Le bruit des pas se faisait entendre de plus en plus rapproché. — Il devenait manifeste qu'une poursuite était organisée et que les fugitifs, depuis le bas de la côte, avaient perdu beaucoup de leur avance.
— Nous avons été trahis par le bruit de la charrette..., — murmura Garbas.
— Que faire?... — demanda Varroz.
— Nous débarrasser avant tout de ce lourd véhicule qui ralentit notre marche et gêne nos mouvements... — Emportons le corps et cachons-nous dans le bois, à gauche du chemin, — peut-être ne nous découvriront-ils point..., — répondit le capitaine.
En même temps il souleva le cadavre qu'il chargea sur ses épaules, et il s'élança dans le bois qui couvrait toute la pente de la montagne jusqu'à la rivière. — Varroz imita son exemple.
Garbas, avant de les suivre, lança la charrette en avant. — Elle franchit la descente avec une prodigieuse vitesse et alla se briser contre un des parapets du pont.
Cinq minutes ne s'étaient pas écoulées, quand les trois hommes, qui s'étaient blottis sous un rocher, au bord de la route, virent passer à toute course auprès d'eux la bande qui leur donnait la chasse, les prenant pour des paysans attardés qu'il serait facile et lucratif de dévaliser.
C'étaient bien en effet des Gris, et ils étaient une trentaine.
Arrivés au pont de la Pile, ils s'arrêtèrent pendant une ou deux secondes auprès des débris de la charrette. — Après cet instant d'hésitation, ils se remirent en marche en courant toujours, et ils gravirent rapidement la côte opposée.
— A gauche!... toujours à gauche!... — dit Lacuzon, — et hâtons-nous!... ici nous ne sommes point en sûreté. — Peut-être tout à l'heure les bandits voudront-ils revenir sur leurs pas, et il leur serait bien facile de nous découvrir... — Gagnons le bord de l'eau, — tâchons de trouver quelque gué, ou franchissons la rivière à la nage... Une fois sur l'autre rive, nous serons presque arrivés au but, et rien ne nous empêchera, après avoir accompli le triste devoir qui nous amène ici, de passer le reste de la nuit dans la grotte qui se trouve au bord de l'eau, dans les rochers, sous le Champ-Sarrasin.
Les trois hommes se glissèrent aussitôt dans les taillis, — s'efforçant de ne faire aucun bruit en écartant les branches et en se frayant un étroit passage parmi les jeunes arbres et parmi les ronces.
Déjà ils atteignaient la lisière du bois, — entre eux et la rivière il n'y avait plus qu'un espace découvert large de cent cinquante ou deux cents pieds. — En face d'eux se trouvait la presqu'île que couronnait le Champ-Sarrasin, soutenu par un contre-fort de rochers d'une immense hauteur, presque pareils aux gigantesques falaises qui forment une ceinture aux côtes de la Manche, depuis le Havre jusqu'au Tréport, en passant par Étretat, Fécamp et Dieppe.
De l'autre côté de la rivière était le salut.
Parvenus à la lisière du bois, les trois fugitifs s'arrêtèrent pour tâcher de se rendre compte des mouvements des Gris qui les poursuivaient.
Ces derniers avaient franchi tout d'une haleine le versant de la côte, puis, parvenus au sommet de cette côte, ils s'étaient arrêtés, eux aussi, ils avaient écouté; — surpris de ne rien entendre sur la route qui s'étendait devant eux, ils étaient revenus sur leurs pas, furetant dans toutes les directions, comme des chiens de meute qui veulent retrouver la voie perdue, et, collant leur oreille sur le sol, ils avaient redoublé d'attention
Lacuzon, Varroz et Garbas avaient été trahis sans doute par le bruit, si léger qu'il fût, de leur marche à travers le taillis. — Bref, les Gris comprirent que le bois situé à gauche de la route servait d'asile à ceux qu'ils cherchaient, et, se divisant en trois bandes, les unes restèrent sur le chemin qui dominait le fond de la vallée, — les autres se jetèrent dans le bois, — d'autres, enfin, suivirent le bord de l'eau.
— Nous n'avons maintenant qu'un parti à prendre, — dit alors Lacuzon, — engageons-nous résolument dans la prairie, traversons la rivière à la nage, — elle est profonde et large, — s'ils ne sont pas d'excellents nageurs, ils n'oseront pas nous suivre. — Gagnons les rochers sans nous arrêter un seul instant, sans même nous retourner. — Sans doute ils ne connaissent pas l'existence de la grotte, et d'ailleurs, s'ils la découvrent, nous pourrons nous défendre. — Colonel, avez-vous de la poudre et des balles?...
— Oui, — répondit Varroz.
— Et toi, Garbas?
— Moi aussi, capitaine.
— Eh bien, attachons nos cornes à poudre au galon de notre chapeau, — mettons nos pistolets à notre cou, et courons...
Lacuzon donna l'exemple ; — toujours chargé de son précieux fardeau, il s'élança dans l'espace découvert, et, suivi de près par ses deux compagnons, il bondit en quelques élans jusqu'à la rivière, dans laquelle il se laissa glisser.
Le bruit et le mouvement de cette course avaient attiré l'attention des Gris, qui poussèrent de grands cris et s'appelèrent les uns les autres en disant :
— Les voilà !... les voilà !...
En même temps, ils tirèrent quelques coups de mousquet, au hasard, dans la direction des fugitifs.
Aucune des balles ne porta ; mais l'éclair des cartouches éclaira vivement les trois hommes qui luttaient contre le courant de toute la vigueur de leurs bras robustes.
Aussitôt eut lieu une seconde décharge, et les balles, mieux ajustées, firent jaillir l'eau tout près de Lacuzon.
— Du courage!... — murmura le capitaine, — quelques brassées encore et nous toucherons la terre !...
Les trois nageurs redoublèrent d'impétuosité.
Un coup de feu isolé retentit.
— Ah ! — cria Varroz.
Et le vieillard, tournant sur lui-même, battit l'eau de ses deux mains.
— Qu'avez-vous? — demanda vivement Lacuzon.
— Soutiens-moi... — balbutia Varroz, — soutiens-moi... je suis touché...
Une balle venait de lui briser l'épaule gauche.
Garbas, qui se trouvait à la droite du colonel, se rapprocha de lui.
— Appuyez-vous sur moi, — lui dit-il, — nous arriverons...
Le cri poussé par Varroz avait été entendu par les Gris.
Trois d'entre eux se jetèrent à l'eau, et peut-être les autres allaient-ils en faire autant, mais l'homme qui les commandait les arrêta en leur disant :
— A quoi bon?... — Courons au pont de la Pile et suivons l'eau de l'autre côté... — ils sont avec eux un blessé, — nous les rattraperons.
Et ils s'éloignèrent de toute leur vitesse.
Cependant les fugitifs avaient atteint la rive.
— Souffrez-vous, colonel ? — demanda Lacuzon.
— Horriblement ! — J'ai une balle dans l'épaule...
— Reposons-nous un instant...
— Non... non... j'aurai la force d'arriver à la grotte. Marchons...
— Débarrassons-nous d'abord des bandits qui nous serrent de près et qui indiqueraient notre retraite aux autres... ils sont peu nombreux, nous en aurons bon marché...
— Soit, — dit Varroz en tirant son épée.
Lacuzon étendit à terre le cadavre de Pierre Marquis, et il se cacha derrière un saule. — Le colonel et Garbas en firent autant, et, au moment où les Gris sortaient de l'eau, ils se précipitèrent sur eux.
Les trois bandits tombèrent pour ne plus se relever. — Deux d'entre eux étaient morts, — le troisième était mortellement blessé.
— Maintenant, colonel, — reprit Lacuzon, — à la grotte... et hâtons-nous!...

XXXII. — LA GROTTE.

Varroz, presque défaillant, mais se soutenant à force d'héroïsme, s'appuya sur Garbas tandis que Lacuzon reprenait son fardeau, et s'orientant à travers les ténèbres, ils prirent le chemin des rochers dans lesquels se trouvait la grotte.
Tandis qu'ils se dirigeaient vers cette retraite, les Gris avaient passé la rivière sur le pont de la Pile, et ils remontaient le fil de l'eau.
Arrivés à l'endroit où ils pensaient rencontrer leurs camarades, ils les appelèrent.
Un gémissement leur répondit.
Ils cherchèrent alors dans l'obscurité, et, après avoir heurté des cadavres, ils trouvèrent l'homme expirant qui, se soulevant à demi et rassemblant toutes ses forces, murmura :
— Varroz... c'est Varroz...
— Que dis-tu? — s'écria le chef, — l'un de ces hommes est Varroz?...
— Oui...
— Comment le sais-tu?
— Ils l'ont appelé colonel... et ils ont dit : A la grotte...
Le Gris retomba en arrière et rendit son âme au diable.

— Ce n'est guère possible, — reprit le chef; — comment Varroz serait-il ici, à cette heure, et sans escorte?... et quelle est cette grotte dont on a parlé?...

— Ah! — fit un des hommes, — la grotte existe, je le sais... — elle est dans les rochers qui sont là, devant nous, sous le Champ-Sarrasin, — elle sert souvent d'asile aux Cuanais de Lacuzon...

— Mais alors, — continua le chef, dans la tête duquel se faisait tout un travail de conjectures, — mais alors, si l'un de ces hommes est Varroz, les deux autres pourraient bien être Lacuzon lui-même et Marquis... — Ah! si cela était, quelle capture!... — L'un d'eux est blessé!... — ils sont trois et nous sommes encore vingt-sept... — nous en viendrons à bout .. — Mais d'abord, trouvons la grotte.

Et les Gris se dirigèrent, à leur tour, vers les rochers.

La grotte dans laquelle Varroz, Lacuzon et Garbas allaient chercher un refuge, — et qui, dans les montagnes du Jura, est connue encore aujourd'hui sous le nom de *la grotte à Varroz*, — était pratiquée à une hauteur de soixante et dix ou quatre-vingts pieds au-dessus du niveau de la rivière, c'est-à-dire à moitié de la hauteur de la falaise granitique qui soutenait le Champ-Sarrasin.

Il fallait, pour y parvenir, suivre un sentier presque à pic, à peine tracé par les chèvres et par les bergers, et obstrué complétement de place en place par des broussailles et par des amas de pierres croulantes.

L'entrée de la grotte était étroite et basse, sur une longueur de quinze à vingt pieds. Cette entrée donnait accès dans une haute et vaste *chambre* voûtée, — puis venait un second défilé, — puis une deuxième chambre, sans issue.

On supposait généralement que, jadis, il existait un couloir dans le rocher et que ce couloir montait au Champ-Sarrasin. — Mais un énorme bloc tombé de la voûte, et que les forces réunies de cent hommes n'auraient pu seulement ébranler, condamnait cette issue, si véritablement elle avait jamais existé.

Il était difficile, — même en plein jour et quand rien ne venait embarrasser la marche, — il était difficile, disons-nous, de parvenir jusqu'à la grotte.

Qu'on juge de ce que dut être une pareille ascension pour trois hommes dont l'un portait un pesant fardeau et dont l'autre souffrait d'une horrible blessure.

Cependant, — et tant il est vrai qu'une volonté ferme peut surmonter des obstacles presque insurmontables, — Lacuzon, Varroz et Garbas arrivèrent à la grotte sans qu'aucun bruit inquiétant fût venu leur faire supposer que les Gris avaient retrouvé leurs traces.

Plus d'une fois les montagnards des corps francs s'étaient réfugiés, pour y passer la nuit, dans les deux chambres voûtées. — Ils y avaient laissé des amas de paille. — Garbas rassembla cette paille, et il en fit une sorte de lit sur lequel Varroz put s'étendre.

— Vous trouvez-vous mieux, colonel? — lui demanda Lacuzon.

— Non, mon enfant. — Je souffre comme un damné, — je perds tout mon sang, — mes forces s'en vont, — je suis un homme mort...

— Colonel, au nom du ciel, ne dites pas cela!...

— Et pourquoi ne le dirais-je pas, puisque c'est la vérité?... — J'avais demandé à mon bon Dieu de m'envoyer rejoindre Marquis... — il a exaucé ma prière, et je crois bien, mon pauvre Jean-Claude, que tu pourras nous ensevelir, le prêtre et moi, dans la même tombe...

Seulement, j'aurais désiré mourir en soldat, dans un vrai combat, et non pas assassiné par ces bandits, comme un renard qu'on tue dans un affût...

— Colonel, vous me désespérez... — Ne pensez pas à mourir!... vous vivrez.

— Je suis bien sûr du contraire, mon fils... — S'il faisait jour, tu verrais que mon sang coule comme un ruisseau...

— Nous l'arrêterons...

— Et comment?...

— Je vais faire des compresses, colonel, et bander la blessure...

— A quoi bon?...

Le capitaine, sans se préoccuper de la profonde indifférence de Varroz à l'endroit de sa propre vie, déchira une partie de ses vêtements et comprima de son mieux la terrible blessure du vieillard.

Mais la balle, en brisant l'épaule, avait tranché sans doute une artère, et le sang, arrêté pendant quelques secondes, recommençait bien vite à ruisseler à travers les bandes.

Lacuzon, découragé et désespéré, laissa tomber sa tête sur sa poitrine en murmurant :

— Mon Dieu, ayez pitié de nous!...

— Tu vois que l'espoir s'en va, mon pauvre enfant! — dit Varroz; — tant qu'il restera quelques gouttes de sang dans mon vieux corps, je vivrai... — Quand tout sera parti, — quand il n'y aura plus rien dans mes veines, je rendrai mon âme à ce Dieu bon et terrible qui en appelle le Dieu des armées, et que j'ai tâché de servir en bon chrétien... — J'espère qu'il m'ouvrira, sans trop de peine, les portes de son paradis... — J'ai confiance, — ma chère Marquis est là-haut, à la droite du trône céleste, — il dirait au besoin quelques mots pour moi, et il ne me laisserait pas dans l'embarras... — Tu comprends que le colonel Varroz, Varroz le Franc-Comtois, ne peut point aller en enfer, où il rencontrerait les Suédois et les Gris, et où le seigneur de l'Aigle viendrait le rejoindre dans quelques jours... — Non!... non!... c'est impossible!... — Fais donc comme moi, mon enfant, mets-toi l'esprit en repos... — Le curé est mort, — je vais mourir, — ton tour viendra, et bientôt peut-être...

Lacuzon pleurait.

Il s'était agenouillé auprès du colonel, et ses lèvres balbutiaient d'une façon à peine distincte :

— Tous les deux... tous les deux dans la même nuit... Oh! Seigneur, pourquoi donc frappez-vous des coups si terribles et si pressés!...

Varroz reprit :

— Je ne souffre plus... — mon épaule s'engourdit... — je ne sens plus ma blessure... — le sommeil vient... — je vais dormir... — Enfant, c'est mon dernier sommeil...

— Mon père!... — s'écria le capitaine avec une intonation déchirante, — mon père, bénissez-moi!...

— Couche-toi à mon côté, — sur le lit de paille, et mets ma main droite sur ton front. — Je veux m'endormir ainsi, — je veux que ma bénédiction plane encore sur toi, même quand j'aurai commencé mon éternel sommeil...

Lacuzon obéit, — le colonel sembla s'assoupir. — Un gémissement faible et doux s'échappait de sa bouche à chaque aspiration de sa poitrine épuisée.

Garbas, les mains posées sur les crosses de ses pistolets dont il avait renouvelé les amorces, s'était assis dans la première chambre de la grotte, le dos appuyé à la muraille de rocher, et faisant face à l'étroite issue qui conduisait au dehors.

XXXIII. — UN HÉROS D'HOMÈRE.

Une heure environ s'était écoulée.

La lune, baissant rapidement à l'horizon, avait fini par triompher des nuages épais qui couvraient le ciel, et ses rayons obliques traçaient un cercle faiblement lumineux à l'entrée du couloir sur lequel veillait Garbas.

Cette pâle lueur faisait paraître plus sombres encore les ténèbreuses profondeurs de la grotte.

Tout à coup le trompette tressaillit.

Il venait d'entendre le bruit léger produit par une pierre roulant sur le versant de la côte.

— Oh! oh! — murmura-t-il, — que veut dire cela?... — Est-ce la course d'un lièvre, l'aile d'un oiseau de nuit, ou le pied d'un homme, qui vient de détacher ce caillou?...

Dans la situation des trois personnages, la solution de ce problème était évidemment une question de vie ou de mort.

Garbas se souleva à demi, retint son haleine, s'efforçant d'arrêter les battements de son cœur, il écouta.

Au bout d'un instant, un nouveau bruit se fit entendre.

On agitait des broussailles à une faible distance de la grotte.

— Ceci devient sérieux! — pensa le trompette, — c'est un homme... et qui dit homme, en ce moment, dit ennemi...

Quelques secondes passèrent encore.

Garbas ne respirait plus.

Soudain une ombre opaque intercepta en partie les rayons de la lune.

Quelqu'un était debout, en dehors, à l'extrémité du couloir.

L'ombre se pencha, puis se redressa presque aussitôt et disparut.

En même temps une voix cria :

— Hé! camarades!... par ici... nous les tenons!... voici l'entrée de la tanière!...

— Alarme!... capitaine, — dit vivement Garbas, — nous sommes découverts...

— J'avais bien entendu, — répondit Lacuzon. — Si je ne remuais pas, c'est que j'avais peur de réveiller le colonel.

— Ah! — fit alors Varroz d'une voix défaillante, — je ne dors pas et je vis encore, — et je crois bien que le rêve de ma vie va s'accomplir et que je vais mourir en soldat... — Aide-moi à me lever, mon fils, et mets mon épée dans ma main...

Soutenu par Lacuzon, le héros se mit d'abord à genoux, — puis se dressa sur ses jambes défaillantes, et, s'appuyant sur sa forte et vaillante épée, il attendit.

Un bruit de pas, un murmure de voix se faisaient entendre au dehors et se rapprochaient d'instant en instant.

Les Gris arrivaient.

Bientôt les bleuâtres clartés du ciel furent interceptées de nouveau et plus complétement que la première fois.

Les assaillants obstruaient l'entrée du couloir.

— Ah çà, mais, — s'écria l'un d'eux, — il fait plus noir là dedans que dans un four!... Ce trou a l'air d'un soupirail de l'enfer!... — Allumons des broussailles afin de voir où nous allons.

Le conseil était bon, et il fut suivi tout aussitôt. — Des tiges de buis, arrachées aux fentes de la pierre, s'embrasèrent en pétillant, et une lumière vive éclaira l'entrée de la grotte.

En même temps, quelques-uns des Gris se penchèrent pour voir à l'intérieur.

C'était ce qu'attendait Garbas.

Il fit feu de ses deux pistolets.

Deux hommes tombèrent. — Les autres reculèrent en poussant un long gémissement de terreur et de rage.

Garbas céda la place au capitaine, qui se tint prêt à tirer, tandis que le trompette rechargeait ses pistolets.

A peine avait-il achevé que les Gris revinrent à l'assaut. — Les quatre coups des deux Francs-Comtois jetèrent sur le terrain quatre cadavres.

— Rechargeons !... — dit Lacuzon, — rechargeons et hâtons-nous...

Fort déconcertés par la manière dont ils avaient été reçus, les assaillants n'osaient plus se mettre en vue.

Postés sur le revers de la montagne, un peu au-dessous de l'ouverture, ils commencèrent à diriger dans la grotte un feu de mousqueterie bien soutenu.

Mais leurs balles allaient frapper la voûte sans atteindre les trois Francs-Comtois.

Découragés de ce résultat négatif, les Gris interrompirent leur feu.

Ils parurent se consulter pendant un instant, puis la voix du chef cria :

— Rends-toi, Varroz, et tu auras la vie sauve...

— Non, de par tous les diables, je ne me rendrai pas (1) !... — répondit le colonel.

Après un silence, la voix reprit :

— Quand nous devrions nous faire tuer ici jusqu'au dernier, tu ne sortiras point vivant, si tu ne te rends pas ! — Rends-toi donc !...

Et Varroz répéta :

— Non, de par tous les diables, je ne me rendrai pas !...

Exaspérés par les pertes qu'ils venaient de subir, les Gris étaient bien véritablement décidés à ne point reculer devant trois hommes dont l'un était blessé.

Seulement, ils changèrent de tactique.

Ils relevèrent les cadavres des leurs, — ils se servirent de ces cadavres comme de boucliers, et, protégés ainsi par leurs morts, ils se ruèrent dans le couloir qui menait à la première chambre.

Leur calcul était juste ; les balles de Lacuzon et de Garbas ne purent traverser les égides humaines qu'elles rencontrèrent. — Un combat terrible et corps à corps s'engagea dans une obscurité qui n'était combattue que par la clarté vacillante du feu de broussailles allumé au-dehors.

Les Gris étaient six.

Les Francs-Comtois n'étaient que deux, car il ne semblait point possible de compter sur Varroz mourant.

Alors il se passa une chose étrange, — presque miraculeuse.

On vit le héros défaillant, — dont l'épaule était brisée, — dont les veines n'avaient plus de sang, — dont les jambes chancelantes ne supportaient qu'à peine le poids du corps presque sans vie, — on le vit, — ranimé soudain par un effort inouï de la volonté, du cœur et des nerfs, — marcher d'un pas ferme jusqu'aux groupes de combattants enlacés qui se tordaient dans des étreintes homicides, lever sa lourde épée et la laisser retomber deux fois.

Deux ennemis roulèrent sur le sol, la tête fendue jusqu'aux épaules. Les autres lâchèrent pied et s'enfuirent.

— Oh ! — murmura Varroz en appuyant contre ses lèvres le pommeau en forme de croix de son épée, — Seigneur mon Dieu, soyez béni... maintenant je puis mourir !...

Et le vieux soldat tomba sur un genou, puis glissa doucement à terre, en serrant toujours son épée.

Dieu avait exaucé son dernier vœu, — il était mort en combattant.

— Mon père ! — cria Lacuzon, — attends-nous !... — nous allons te suivre !...

— Vous croyez donc qu'ils vont revenir, capitaine ? — demanda Garbas.

— Oui, certes, je le crois, — et, comme ils sont encore près de vingt, et que nous sommes plus que deux, il est évident pour moi que notre dernière heure va sonner... — Nous sommes perdus. — Seulement, nous leur vendrons chèrement notre vie. — Nous allons mourir, mais ils mourront avec nous !...

— Comment cela se fera-t-il, capitaine ?... nous n'avons que quatre coups à tirer...

— J'ai un projet...

— Lequel ?

— Tu vas voir... — donne-moi la corne à poudre du colonel et la tienne...

— Les voici.

— Viens maintenant...

Lacuzon se dirigea avec Garbas vers la deuxième chambre de la grotte.

Nous avons dit qu'à l'extrémité du second défilé, un bloc de granit tombé de la voûte obstruait une fissure qui, selon les traditions populaires, était le commencement d'une issue souterraine conduisant au Champ-Sarrasin.

Le capitaine dévissa l'extrémité des cornes remplies de poudre, et il glissa ces cornes sous le bloc de granit. — Il fit ensuite une traînée de poudre sur le sol, et il attendit, un pistolet à la main.

— Ah ! ah ! — dit Garbas, — je commence à comprendre, capitaine, vous allez nous faire sauter...

— Et eux avec nous. — Que dis-tu de mon idée, Garbas ?...

— Je dis qu'elle est bonne et qu'elle doit réjouir, là-haut, le colonel et le curé Marquis.

— Cela t'afflige-t-il de mourir si jeune, mon pauvre Garbas ?...

— En aucune façon, capitaine. — Songez donc, — mourir avec vous, et de votre propre main, car c'est vous qui mettrez le feu aux poudres ! Quel bonheur pour un pauvre trompette !... Un jour ou l'autre, un peu plus tôt ou un peu plus tard, il faut toujours s'en aller de ce monde !... — Mieux vaut que ce soit de cette façon et en si glorieuse compagnie !...

— Eh bien ! mon ami, viens m'embrasser...

— Ah ! capitaine, de tout mon cœur !...

— Maintenant, faisons notre prière à Dieu et tenons-nous prêts...

Cinq minutes s'écoulèrent.

On n'entendait aucun bruit, nul mouvement ne se manifestait auprès de l'ouverture de la grotte.

— Capitaine, — dit Garbas, — qu'est-ce que peuvent donc faire là-bas ces bandits ?... — A vous parler franchement, l'incertitude me pèse... — Je voudrais en finir tout de suite, et, dans la situation où nous sommes, l'attente me semble un peu longue...

Et, avec une héroïque insouciance, Garbas se mit à fredonner ce couplet de chanson qui avait servi de signal à Lacuzon et à Raoul de Champ-d'Hivers, la nuit de leur entrée à Saint-Claude :

> Comte Jean, voici venir l'heure,
> Le soleil penche à l'horizon...
> L'Angélus dans le clocher pleure,
> L'oiseau chante dans le buisson ;
> La fleur de l'églantier parfume
> Le val où s'égarent mes pas ;
> Je te cherche en vain dans la brume.
> Comte Jean me voici : Pourquoi ne viens-tu pas ?

Garbas finissait à peine le dernier vers de son couplet, quand un tumulte soudain vint indiquer aux deux jeunes gens que les assaillants revenaient à la charge.

— A la bonne heure ! — murmura Garbas, — ils se décident enfin ! — mieux vaut tard que jamais !...

Les Gris, — se coulant un à un, en rampant comme des couleuvres, — avaient franchi le premier couloir et pénétré dans la première chambre.

Là, ils s'étaient relevés tous à la fois, et, ignorant l'existence d'une seconde grotte, ils s'élançaient contre les murailles, l'épée haute, frappant le vide et poussant de grands cris.

— Le moment est venu ! — dit Lacuzon, — que Dieu nous reçoive !

Alors, approchant de la traînée de poudre la gueule de son pistolet, il pressa la détente.

Une sourde, mais puissante détonation retentit. — Le bloc de granit se souleva comme une feuille sèche fouettée par le vent, — la montagne trembla jusque dans les profondeurs de ses entrailles souterraines. — La voûte de la grotte se fendit en deux parties. — Celle de la première salle s'écroula avec un fracas terrifiant, ensevelissant les Gris sous ses ruines. — Celle de la seconde resta debout et immobile, ainsi qu'un arceau de cathédrale.

Quand la terre cessa de trembler, — quand la fumée se fut dissipée, Lacuzon et Garbas, — stupéfaits et presque effrayés de se trouver vivants encore, — virent, aux clartés de la lune tombant de la voûte entr'ouverte, les premières marches d'un immense escalier qui montait jusqu'au Champ-Sarrasin.

Ils étaient sauvés, ils étaient libres !...

— Par ma foi, capitaine ! — s'écria Garbas, — nous revenons de bien loin... — Jamais un homme, j'imagine, n'a pu se vanter d'avoir vu ce que nous venons de voir !...

XXXIV. — JUSTICE DES HOMMES.

Une explication est-elle ici nécessaire ? — A tout hasard nous allons la donner.

L'explosion, en déplaçant le bloc de granit dont nous avons parlé, avait mis à découvert l'issue depuis longtemps fermée et l'escalier construit jadis par les Sarrasins, — travail immense, entrepris et mené à bien par eux, dans le but de pouvoir, sans ouvrir le camp, venir puiser les provisions d'eau à la rivière.

Lacuzon, en pénétrant dans la seconde salle, avait apporté avec lui le cadavre de Marquis.

Quant au corps de Varroz, il avait disparu sous les roches amoncelées, comme si le hasard avait voulu donner à ce dernier descendant d'une race de géants, une montagne pour tombeau.

— Si Dieu nous a laissés vivants, — murmura Lacuzon, — c'est que Dieu a besoin de nous... — Achevons notre tâche !...

---

(1) Réponse historique.

Le capitaine et Garbas, soutenant tous les deux la dépouille mortelle du prêtre, gravirent les marches rapides de l'escalier que, pour la première fois depuis des siècles qu'il était construit, les rayons du soleil levant allaient éclairer.

Parvenu dans le Champ Sarrasin, Lacuzon dit :
— Creusons la fosse...

Et, en effet, les deux hommes entaillèrent le sol avec leurs épées et enlevèrent la terre avec leurs mains.

Quand, au bout de deux heures de travail silencieux, la tombe fut assez profonde, ils étendirent le cadavre du prêtre dans cette couche glacée. — Puis ils comblèrent la fosse avec la terre fraîchement remuée, et ils répandirent sur cette terre des cailloux, des mousses et des lichens, afin d'effacer toute trace de ce qui venait de se passer.

Ensuite Lacuzon s'agenouilla, et il s'écria, des lèvres et du cœur :
— Christ, fils du Dieu vivant ! — de la Trinité qui règne au ciel, c'est toi qui t'es sacrifié, toi qui es descendu sur la terre et qui es mort pour sauver les hommes. — Dieu le Père et Dieu le Saint-Esprit sont restés là-haut!... — De la trinité qui défendait la Comté, moi seul, le Fils, je reste ici-bas. — Le Père et le Saint-Esprit viennent de monter au ciel... — Christ, ma mission dans ce monde n'est-elle donc pas terminée ? — Je me mets sous ta sauvegarde ! — Donne-moi l'intelligence de Marquis et la force de Varroz, si le pays a besoin encore de la force et de l'intelligence de l'un et de l'autre!... — Christ ! je t'implore !... — Christ ! entends-moi !...

Puis Lacuzon se releva, un peu raffermi par sa prière, et il dit à Garbas : — Partons...

Et tous deux s'éloignèrent sans tourner la tête.

§

Le troisième jour après la nuit dont nous venons de raconter les événements, il y avait grand mouvement et grand tumulte dans les rues de la bonne ville de Dôle.

Il était onze heures du matin.

Les boutiques restaient closes, — les cloches sonnaient ; — les habitants, en habits de fête, parcouraient les rues comme un flot sans cesse croissant, comme une véritable marée humaine.

Une foule plus nombreuse encore, et plus bruyante, couvrait les hauteurs qui dominaient la route du côté de Lons-le-Saulnier.

A coup sûr, quelque grand événement allait s'accomplir, — quelque haut personnage allait arriver dans la ville.

Soudain, une exclamation unanime s'échappa de toutes les bouches.

On venait de voir apparaître sur la route un nuage de poussière qui s'avançait rapidement.

Cette poussière était soulevée par le galop impétueux d'un cheval dont le cavalier portait l'uniforme des soldats des corps francs.

Quand le montagnard passa devant les curieux, ceux-ci lui crièrent :
— Vient-il ?
— Il vient, répondit laconiquement le cavalier, qui continua sa course impétueuse et qui s'engouffra dans la ville.
— Vive Lacuzon!... — hurlèrent les citadins sur tous les tons.

Au bout d'un quart d'heure d'impatiente attente, un nouveau nuage de poussière s'éleva sur la route, — il était autrement large et lourd que le premier, et, au lieu de dévorer l'espace, il s'avançait avec une majestueuse lenteur.

— Voici le cortége !... — dirent les badauds, — voici le cortége...

Et les badauds ne se trompaient pas.

Cinquante montagnards ouvraient la marche.

Pied-de-Fer venait ensuite, à la tête d'un corps de cinq cents hommes.

Lacuzon et Garbas, à cheval l'un et l'autre, précédaient quelques pas un étrange attelage.

C'était un grand chariot à quatre roues, attelé de quatre bœufs, dont le train supportait une sorte de grande cage en bois, à peu près pareille à ces cages de fer dont le cardinal de la Balue avait donné l'idée et le modèle au bon roi Louis XI.

Dans cette cage on voyait un homme accroupi, garrotté et bâillonné, et dont la tête et les épaules étaient nues.

En haut de la cage, on avait cloué un masque noir.

Une foule de paysans poussant des cris de haine et de mort escortaient la voiture et encombraient les bas-côtés du chemin.

Un autre corps de cinq cents montagnards suivait l'attelage.

Le prisonnier ainsi encagé, ainsi insulté, — dont l'œil était éteint comme celui d'un cadavre, et dont le visage disparaissait sous une couche épaisse de boue et d'immondices qui lui avaient été jetés chemin faisant, — cet homme, ce misérable, était Antide de Montaigu, comte et seigneur de l'Aigle.

Lacuzon avait voulu donner une grande et terrible leçon !...

Il avait voulu graver dans tous les esprits l'ineffaçable souvenir du hideux châtiment d'un traître.

— Vive Lacuzon !... — criait la foule, avec ivresse, sur son passage.
Il entendait à peine.

Absorbé par sa douleur, songeant sans cesse à Marquis et à Varroz qui, hélas ! n'étaient plus auprès de lui, il traversait son triomphe avec une sombre indifférence.

Le cortége arriva dans la ville et se dirigea vers l'hôtel du parlement.
Les montagnards écartèrent la foule, et le seigneur de l'Aigle fut arraché de sa cage et introduit dans l'hôtel où son jugement allait être prononcé.

Le populaire se dirigea tout aussitôt vers une vaste place attenante aux remparts et située au nord-est de la ville.

Au milieu de cette place garnie de spectateurs se dressaient un échafaud, un bûcher et une potence.

On ne savait pas encore à quel genre de mort le criminel serait condamné, et afin que rien ne vînt retarder le supplice il fallait tout prévoir !...

Au bout d'une heure, il se fit dans la foule un grand silence et les masses s'entr'ouvrirent avec respect.

C'est que Lacuzon s'avançait, suivi de tous les membres du parlement en robes noires, garnies d'hermine.

Le condamné, entre le bourreau et ses aides, et sous la garde d'une escorte de montagnards, venait derrière les juges.

On le soutenait, ou plutôt on le portait, car il ne pouvait marcher.

Alors le greffier en chef, déployant son parchemin, lut à haute et intelligible voix l'arrêt de mort conçu en ces termes :

« Cejourd'hui, 16 novembre de l'an de grâce 1638, nous, siégeant au parlement de Dôle, en vertu des pouvoirs qui nous ont été donnés par les trois bailliages, et confirmés par Sa Majesté catholique Philippe IV, roi d'Espagne ;

« Jugeant au nom de Dieu et de la province de Franche-Comté ;

« Considérant que noble homme, Antide de Montaigu, comte et seigneur de l'Aigle, a commis les crimes de félonie et de trahison envers son pays et envers Sa Majesté Philippe IV ;

« Considérant qu'il a conspiré la ruine de la Comté en s'alliant à ses ennemis et en vendant à la France les chefs de la montagne ;

« Attendu que tous ces crimes sont prouvés ;

« Déclarons le sire de Montaigu, comte et seigneur de l'Aigle, traître et félon ; — ordonnons qu'il soit mis à mort et que son corps soit brûlé et ses cendres jetées au vent ; — mais faisant droit à la juste requête du capitaine Jean-Claude Prost, laissons ce dernier libre de désigner le genre de supplice que devra subir Antide de Montaigu, seigneur de l'Aigle.

« Fait en l'hôtel du parlement de Dôle, siégeant en séance :

« Le président,

« BOIVIN. »

Une immense et joyeuse clameur accueillit la lecture de cet arrêt.
— Justice ! justice !... — criait le peuple. — Vive le parlement !... vive le capitaine Lacuzon !...

Quand la clameur se fut éteinte, la voix du greffier s'éleva de nouveau.

— Capitaine Jean-Claude Prost, — dit cette voix, — quel est le supplice dont vous faites choix ?... — Parlez, et il sera fait selon votre volonté...

— Un jour, — répondit Lacuzon, — un jour, le seigneur de l'Aigle, interrogé par le cardinal de Richelieu, a dit, en parlant du curé Marquis : Pour cet homme il n'est qu'un supplice, — celui des manants : la corde!... — Antide de Montaigu, seigneur de l'Aigle, je vous inflige la peine du talion ! — La hache du bourreau ne touchera pas votre tête infâme ! — A vous la potence et la corde...

Puis, promenant un long regard sur la foule attentive, Lacuzon ajouta : — La guerre est finie, la Comté victorieuse est vivante et libre!... — Vive la Comté !... — Puisse le gibet d'aujourd'hui n'avoir plus désormais à se dresser pour punir un traître !...

— Vive la Comté ! — répéta le peuple, — vivent les défenseurs de la Comté-Franche !

Un instant après, la justice des hommes était satisfaite.

La justice de Dieu commençait.

Le lendemain, dans la cathédrale de Dôle, un mariage était célébré sans faste et dans une solitude cherchée à dessein.

Raoul de Champ-d'Hivers donnait son nom à Eglantine, en présence du capitaine Lacuzon, du baron Tristan, de Blanche de Mirebel et de la vieille Magui, rajeunie par l'espérance de voir bientôt une troisième génération de Champ-d'Hivers.

Certes, au fond des cœurs, il y avait une joie vive, mais il y avait aussi une profonde amertume.

On comptait les absents!...

Hélas ! ils étaient nombreux !...

Pierre Prost manquait ! — Marquis manquait ! — Varroz manquait !...

Aussitôt des prières pour suffire à cette lourde tâche de veiller sur les libertés et sur les destins de la vieille et noble province, il avait hâte de s'agenouiller de nouveau sur la tombe inconnue qui gardait pour toujours le secret de la robe rouge.

PARIS. — IMP. WALDER, RUE BONAPARTE, 44.

www.ingramcontent.com/pod-product-compliance
Lightning Source LLC
Chambersburg PA
CBHW060157100426
42744CB00007B/1063